U0895418

此防伪页系专门制造

※此防伪页内有多层次固定水印，透光看水印清晰，
水印凹凸立体感明显。

※此防伪页上有开天窗安全线，安全线在可见光下
改变角度可变色，线上印有“自学考试”激光字。

全国高等教育自学考试指定教材
金融专业（专科）

证券投资与管理

（含：证券投资与管理自学考试大纲）

（2018 年版）

全国高等教育自学考试指导委员会　组编
主　编　　李　玫
副主编　　叶　青　迟远英

中国人民大学出版社
·北京·

图书在版编目（CIP）数据

证券投资与管理/李玫主编. —北京：中国人民大学出版社，2018.4
全国高等教育自学考试指定教材
ISBN 978-7-300-25673-3

Ⅰ.①证… Ⅱ.①李… Ⅲ.①证券投资-高等教育-自学考试-教材②证券交易-高等教育-自学考试-教材
Ⅳ.①F830.91

中国版本图书馆 CIP 数据核字（2018）第 061722 号

全国高等教育自学考试指定教材
金融专业（专科）
证券投资与管理
（含：证券投资与管理自学考试大纲）
（2018 年版）
全国高等教育自学考试指导委员会 组编
主 编 李 玫
副主编 叶 青 迟远英
Zhengquan Touzi yu Guanli

出版发行	中国人民大学出版社		
社 址	北京中关村大街 31 号	**邮政编码**	100080
电 话	010－62511242（总编室）		
网 址	http://www.crup.com.cn http://www.ttrnet.com（人大教研网）		
印 刷	北京市鑫霸印务有限公司		
规 格	185 mm×260 mm 16 开本	**版 次**	2018 年 4 月第 1 版
印 张	24	**印 次**	2024 年 4 月第 3 次印刷
字 数	560 000	**定 价**	49.00 元

官方淘宝店 网址：http://shop136348527.taobao.com

本书如有质量问题，请与教材供应部门联系。

组编前言

21 世纪是一个变幻莫测的世纪，是一个催人奋进的时代。科学技术飞速发展，知识更替日新月异。希望、困惑、机遇、挑战，随时随地都有可能出现在每一个社会成员的生活之中。抓住机遇，寻求发展，迎接挑战，适应变化的制胜法宝就是学习——依靠自己学习、终身学习。

作为中国高等教育组成部分的自学考试，其职责就是在高等教育这个水平上倡导自学、鼓励自学、帮助自学、推动自学，为每一个自学者铺就成才之路。组织编写供读者学习的教材是履行这个职责的重要环节。毫无疑问，这种教材应当适合自学，应当有利于学习者掌握和了解新知识、新信息，有利于学习者增强创新意识、培养实践能力、形成自学能力，也有利于学习者学以致用，解决实际工作中所遇到的问题。具有如此特点的书，我们虽然沿用了“教材”这个概念，但它与那种仅供教师讲、学生听，教师不讲、学生不懂，以“教”为中心的教科书相比，已经在内容安排、编写体例、行文风格等方面都大不相同了。希望读者对此有所了解，以便从一开始就树立起依靠自己学习的坚定信念，不断探索适合自己的学习方法，充分利用自己已有的知识基础和实际工作经验，最大限度地发挥自己的潜能，达到学习的目标。

欢迎读者提出意见和建议。

祝每一位读者自学成功!

全国高等教育自学考试指导委员会

2018 年 1 月

目　录

证券投资与管理自学考试大纲

证券投资与管理

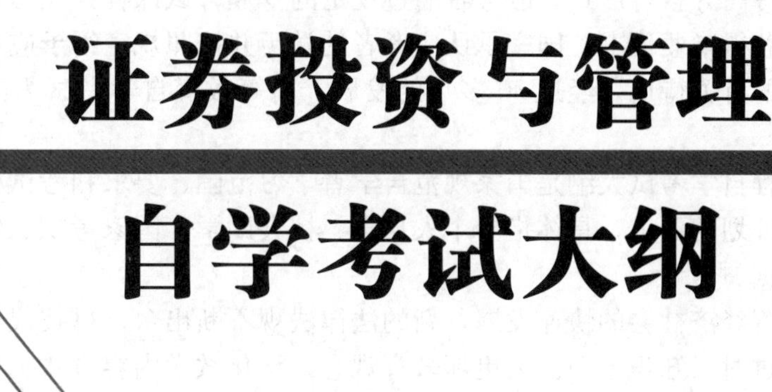

证券投资与管理

自学考试大纲

出版前言

为了适应社会主义现代化建设事业的需要，鼓励自学成才，我国在20世纪80年代初建立了高等教育自学考试制度。高等教育自学考试是个人自学、社会助学和国家考试相结合的一种高等教育形式。应考者通过规定的专业考试课程并经思想品德鉴定达到毕业要求的，可获得毕业证书，国家承认应考者的学历并按照规定给予应考者与普通高等学校毕业生同等的有关待遇。经过30多年的发展，高等教育自学考试为国家培养造就了大批专门人才。

课程自学考试大纲是国家规范自学者学习范围、要求和考试标准的文件。它是按照专业考试计划的要求，具体指导个人自学、社会助学、国家考试、编写教材、编写自学辅导书的依据。

随着经济社会的快速发展，新的法律法规不断出台，科技成果不断涌现，原大纲中有些内容过时、知识陈旧。为更新教育观念，深化教学内容方式、考试制度、质量评价制度改革，使自学考试更好地提高人才培养的质量，各专业委员会按照专业考试计划的要求，对原课程自学考试大纲组织了修订或重编。

修订后的大纲，在层次上，本科参照一般普通高校本科的水平，专科参照一般普通高校专科或高职院校的水平；在内容上，力图反映学科的发展变化，增补了自然科学和社会科学近年来研究的成果，对明显陈旧的内容进行了删减。

全国高等教育自学考试指导委员会经济管理类专业委员会组织制定了《证券投资与管理自学考试大纲》，经教育部批准，现颁发施行。各地教育部门、考试机构应认真贯彻执行。

全国高等教育自学考试指导委员会
经济管理类专业委员会
2018年1月

Ⅰ　课程性质与课程目标

一、课程性质和特点

“证券投资与管理”是全国高等教育自学考试金融专业专科必考课程，是适应市场发展需要，为培养自学应考者掌握并运用证券投资与管理的基本理论解决实际问题而设置的一门专业基础必修课程。

本课程是研究证券投资的原理及其运行规律的一门综合性、应用性课程。具体来讲，它是介绍证券投资者正确地选择证券投资工具、规范地参与证券市场运作、科学地进行证券投资决策分析、成功地使用证券投资方法与技巧等相关知识的课程。同时，本课程中还涉及国家通过监管机构对证券投资活动进行监督管理等相关知识。

本课程的教学目的是使学生能够系统、全面地掌握证券市场及证券投资的基本知识，熟悉证券市场及相应的投资运作和管理措施，学会进行科学的、理性的投资并能够将所学理论运用和服务于投资活动实践中。

本课程具有如下特点：

（一）强调理论与实践相结合

理论与实践相结合是掌握知识和获取技能的一般途径，对于本课程来说亦不例外。在本课程的内容体系中，各种传统的和衍生的证券投资工具及证券投资分析部分内容所占比例相对较大，目的是突出实用性。

（二）体系的完整性

本课程注重学科知识的全面性和系统性。结合本课程学习者的特点和市场对专业人才的需要，力争做到课程体系相对完整、通俗易懂、结构清晰、内容充实。

（三）体例的多样化

为了方便自学，增强可读性，本课程在每章前面以案例导读的形式启发学生进行带入式学习，引导学生更好地理解和运用每章内容。在每章篇首有学习目标，便于自学者提前对要学的知识有个大概的了解。在每章结尾提供了基于本章内容的本章小结和思考题，以加深学习者对整个章节内容的理解。本课程还在各章的适当位置安排了“拓展阅读”专栏，以解读相关基础知识，开拓学习者的视野。

二、课程目标

通过对本课程的系统学习，学生应该能够灵活运用各项投资工具，熟练掌握证券市场运行规律并能够运用基本面分析和技术分析的方法参与交易，掌握证券市场基本知识、证券投资理论、证券交易行为、证券投资风险管理、证券市场监管等知识的基本概念和基本理论。本课程旨在培养能够理论结合实际，熟练认识国家的宏观经济政策，懂得证券投资的基本理论知识，通晓证券投资、证券管理的各项具体业务，具备独立从事证券各项投资的操作能力和管理能力的基层型人才。

本课程的具体目标如下。

（一）知识考核目标

（1）掌握证券与证券市场、证券投资工具、证券市场运行、证券投资基本分析、证券投资技术分析、证券投资理论、证券投资风险管理、证券市场监管、证券交易行为等证券投资与管理的基本概念和基本理论知识。

（2）了解我国证券市场运行、各种投资工具的使用、我国的证券市场监管等相关内容。

（3）拥有分析证券市场现实问题的能力，掌握各种投资工具的交易规则和方法，具备基本的证券市场投资能力以及证券投资风险管理能力。

（二）能力考核目标

（1）考核综合运用传统和衍生投资工具进行配置投资的能力。

（2）考核运用证券发行市场和流通市场筹集资金的基本运作能力。

（3）考核运用所学知识进行宏观、中观和微观方面分析的能力。

（4）考核运用所学的技术指标及趋势知识进行技术分析的能力。

（5）考核运用所学知识防范证券投资风险的水平。

（6）考核避免各种证券交易行为陷阱方法的能力。

三、与相关课程的关系

本课程是一门综合性、应用型、交叉性的独立课程，是金融专业学生必须掌握的专业主干课程之一。本课程的综合性和实务性较强，综合性较强体现在需要多学科的理论知识支撑，如经济学、货币银行学、会计学、财务管理学等，实务性较强体现在证券投资的具体操作层面。

本课程的综合学科性质主要反映在它以众多学科为基础和所涉及范围的广泛性上。首先，本课程作为金融学课程体系的一个分支。国民经济运行的状况对于证券市场的走势具有重要意义，因此一般的经济范畴，诸如资本、利润、利息等也是本课程的基本范畴。其次，本课程作为金融学课程体系的重要组成部分，研究的是证券市场运行和投资者如何在证券市场进行运作，必然涉及货币银行学知识，需要研究货币供应、市场利率及其变化对证券市场价格以及证券投资者收益的影响。更何况证券投资活动自始至终都是与银行等金融机构联系在一起，因此货币银行学的专业知识是必不可少的知识基础。再次，证券投资者在作出投资决策时必须对上市公司进行一番调查，掌握其经营情况和财务状况，从而作出分析、判断。在进行这些基础分析时必须掌握一定的会计学和财务管理学的知识，能够利用各种财务信息作出科学决策。因此，会计学的专业知识也是本课程所必不可少的知识基础。

四、课程的重点和难点

本课程的学习重点章节包括证券投资工具（股票、债券、证券投资基金、可转换债

券、衍生金融工具）、证券市场运行（证券发行市场、证券流通市场）、证券投资基本分析、证券投资技术分析，次重点内容为证券市场概述、证券投资理论、证券交易行为、证券投资风险管理、证券市场监管。对于自学者而言，本课程的难点在于实践性极强的相关章节，如证券投资技术分析和理论性极强的相关章节，如证券投资理论、证券投资风险管理等内容。

Ⅱ　考核目标

本大纲在考核目标中，按照识记、领会、简单应用和综合应用四个层次规定考生应达到的能力层次要求。这四个能力层次是递进关系，各能力层次的含义如下：

识记：要求考生能够识别和记忆本课程中有关证券投资与管理的基本概念，并能够根据考核的不同要求，做正确的表述、选择和判断。

领会：要求考生能够领悟和理解本课程中有关证券投资与管理相关原理的内涵及外延，理解证券投资与管理相关知识的区别和联系，并能根据考核的不同要求对证券投资与管理的相关的问题作出正确的判断、解释和说明。

简单应用：要求考生能够根据已知的相关资料，对证券投资与管理问题进行本领域的分析和论证，得出正确的结论或作出正确的判断。

综合应用：要求考生能够根据已知的证券投资与管理发展状况，对现实中的证券市场问题进行多个章节的综合知识分析和论证，并得出解决问题的综合方案。

Ⅲ　课程内容与考核要求

第一章　证券与证券市场

一、学习目标与要求

通过本章的学习，考生应掌握证券与有价证券的含义、分类及基本特征；能够描述证券市场的基本情况；掌握证券市场的结构及基本功能；熟悉证券市场的主要参与者；了解证券市场产生、发展的过程与未来的发展趋势。

二、课程内容

第一节　证券

一、证券与有价证券

（一）证券的含义

（二）证券的分类

1. 无价证券

（1）证据证券

（2）资格证券

2. 有价证券

（三）有价证券的分类

1. 按财产权利的性质划分

（1）商品证券

（2）货币证券

（3）资本证券

2. 按证券发行主体划分

（1）政府证券

（2）公司证券

（3）金融证券

3. 按证券是否在交易所挂牌划分

（1）上市证券

（2）非上市证券

4. 按证券收益是否固定划分

(1) 固定收益证券
(2) 非固定收益证券
5. 根据发行的地域或国家划分
(1) 国内证券
(2) 国际证券
6. 根据募集方式划分
(1) 公募证券
(2) 私募证券
7. 按证券性质划分
(1) 原始证券
(2) 衍生证券
(四) 有价证券的特征
1. 产权性
2. 收益性
3. 流动性
4. 风险性
二、证券市场的含义及特征
(一) 证券市场的含义
(二) 证券市场的特征
1. 证券市场是价值直接交换的场所
2. 证券市场是财产权利直接交换的场所
3. 证券市场是风险直接交换的场所
(三) 证券市场的构成
1. 发行市场和交易市场
2. 股票市场、债券市场、基金市场
(1) 股票市场
(2) 债券市场
(3) 基金市场

第二节　证券市场参与者

一、证券发行人
二、证券投资者
三、证券中介机构
(一) 证券经营机构
(二) 证券服务机构
1. 会计师事务所
2. 律师事务所
3. 资产评估机构
4. 证券登记结算公司

5. 证券投资咨询公司
6. 证券评级机构
四、证券监管机构和自律性组织
（一）证券监管机构
（二）自律性组织
第三节　证券市场结构与功能
一、证券市场的结构
（一）场内市场
（二）场外市场
1. 柜台交易
2. 第三市场
3. 第四市场
二、证券市场的基本功能
（一）筹资向投资转化功能
（二）资本定价功能
（三）资本配置功能
（四）风险管理功能
第四节　证券市场发展趋势
一、证券市场的产生与发展
（一）证券市场产生的基础
1. 信用关系是证券市场产生的基础
2. 股份公司是证券市场产生的前提条件
（二）证券市场的发展
1. 早期的证券市场
2. 英国证券市场
3. 美国证券市场
4. 日本证券市场
5. 中国香港证券市场
（三）中国内地证券市场的产生与发展
二、证券市场的发展趋势
（一）全球化
1. 证券全球化的过程
(1) 离岸金融的发展阶段
(2) 放松金融管制阶段
(3) 证券全球化阶段
2. 证券全球化的内容
(1) 市场交易的国际化
(2) 市场参与者的国际化

3. 全球化与证券市场开放
(1) 证券市场准入原则
(2) 证券市场的国民待遇原则
(3) 逐步自由化原则
(二) 自由化
(三) 证券化
(四) 机构化
(五) 电子化

三、考核知识点与考核要求

(一) 证券

1. 识记：(1) 证券；(2) 无价证券；(3) 证据证券；(4) 资格证券；(5) 有价证券；(6) 政府证券；(7) 公司证券；(8) 金融证券；(9) 上市证券；(10) 非上市证券；(11) 固定收益证券；(12) 非固定收益证券；(13) 公募证券；(14) 私募证券；(15) 原始证券；(16) 衍生证券；(17) 证券市场；(18) 股票市场；(19) 债券市场；(20) 基金市场。

2. 领会：(1) 证券的特征；(2) 有价证券的特征；(3) 证券市场的特征；(4) 证券市场的构成。

3. 简单应用：(1) 发行市场和流通市场；(2) 有价证券的分类。

4. 综合应用：证券的分类。

(二) 证券市场参与者

1. 识记：(1) 证券中介机构；(2) 证券经营机构；(3) 证券发行人；(4) 证券投资者；(5) QFII；(6) QDII；(7) 证券承销业务。

2. 领会：(1) 证券发行人进入市场目的；(2) 证券投资者种类。

3. 简单应用：(1) 证券服务机构的种类；(2) 证券中介机构类型。

4. 综合应用：证券监管机构和自律性组织。

(三) 证券市场结构与功能

1. 识记：(1) 场内市场；(2) 柜台交易；(3) 第三市场；(4) 第四市场。

2. 领会：证券市场的结构。

3. 简单应用：(1) 证券市场的资产定价功能；(2) 证券市场的资本配置功能。

4. 综合应用：证券市场的基本功能。

(四) 证券市场发展趋势

1. 识记：(1) 机构化趋势；(2) 证券市场产生的前提条件；(3) 资产证券化。

2. 领会：(1) 证券市场产生的基础；(2) 证券全球化的内容。

3. 简单应用：(1) 证券市场的发展；(2) 证券全球化。

4. 综合应用：证券市场发展趋势。

四、本章重点、难点

本章内容的重点包括：有价证券的分类及基本特征；证券市场的结构及基本功能；证

券市场的发展趋势。

本章内容的难点包括：证券市场结构；证券市场的四个功能。

第二章　证券投资工具

一、学习目标与要求

通过本章的学习，考生应理解投资与证券投资的含义；掌握证券投资的特点及目的；掌握股票、债券、证券投资基金及各种衍生金融产品的特征和类型；熟练掌握证券投资基金与股票、债券之间的区别；掌握金融衍生工具的概念、基本特征、分类和功能。

二、课程内容

第一节　证券投资概述

一、投资的含义

二、证券投资

（一）证券投资的定义

（二）证券投资的特点及目的

（三）证券投资的要素

1. 收益

2. 风险

3. 时间

第二节　股票

一、股份有限公司

（一）股份有限公司的性质

1. 股份公司的概念

2. 股份公司的性质

（二）股份公司的分类

1. 股份有限公司

2. 股份两合公司

（三）股份有限公司的特征

1. 承担有限责任

2. 资本总额平分为等额的股份

3. 向社会公开发行股票

4. 股东人数有下限但无上限

5. 股东大会是最高权力机构

（四）股份有限公司的设立

1. 设立方式

（1）发起设立

(2) 募集设立

① 定向募集

② 社会募集

2. 设立条件

(1) 发起人要符合法定人数

(2) 法定资本最低限额

(3) 股份发行符合法律规定

(4) 发起人制定公司章程并经创立大会通过

(5) 有公司名称，建立符合股份有限公司要求的组织机构

(6) 有固定的生产经营场所和必要的生产经营条件

3. 设立程序

(1) 设立准备

(2) 申请与批准

(3) 募集股份

(4) 召开创立大会

(5) 登记注册

(五) 股份有限公司的组织结构

1. 股东大会

2. 董事会

3. 监事会

4. 总经理

二、股票概述

(一) 股票的概念

(二) 股票的性质

1. 股票是财产价值和财产权利的统一表现形式

2. 股票应记载一定的事项

3. 股票是权利的一种物化的外在形式

4. 股票是吸引认购者投资以筹措公司自有资本的手段

(三) 股票的特征

1. 收益性

2. 风险性

3. 流通性

4. 永久性

5. 决策性

三、股票的价值与价格

(一) 股票的价值

1. 票面价值

2. 账面价值

3. 清算价值
4. 市场价值
(二) 股票的价格
1. 股票的发行价格
2. 股票的理论价格
3. 股票的市场价格
四、股票的分类
(一) 按是否记名分类
1. 记名股票
2. 不记名股票
(二) 按有无面值分类
1. 有面值股票
2. 无面值股票
(三) 按股东的权利分类
1. 普通股股票
(1) 参与公司经营的表决权
(2) 参与股息红利的分配权
(3) 优先认购新股的权利
(4) 请求召开临时股东大会的权利
(5) 公司破产后依法分配剩余财产的权利
2. 优先股股票
(四) 按股东性质分类
1. 国有股
2. 法人股
3. 公众股
4. 外资股
五、股票投资收益
(一) 股息的含义
(二) 股息的来源
(三) 股息的形式
1. 现金股利
2. 股票股利
3. 财产股利
(四) 股息的分配
1. 分配公告日
2. 股权登记日
3. 除权除息日
(1) 现金股利计算方法

(2) 股票股利送股除权价和配股除权价计算方法
(3) 同时送股及配股的除权价计算方法
(4) 同时送股、派息、配股的除权价计算方法
第三节　债券
一、债券概述
(一) 债券的发行主体
(二) 债券的面值
1. 面值币种
2. 票面金额的大小
(三) 债券的票面利率
(四) 债券的偿还期限
(五) 债券的市场价格
二、债券的性质
(一) 债券是一种债权债务关系凭证
(二) 债券是一种信用关系凭证
(三) 债券是一种固定收益凭证
三、债券的特征
(一) 偿还性
(二) 流通性
(三) 安全性
(四) 收益性
四、债券与股票的关系
(一) 共同点
1. 两者都属于有价证券
2. 两者都是筹措资金的手段
3. 两者的收益率相互影响
(二) 区别
1. 两者的权利不同
2. 两者的发行目的及所筹资金的性质不同
3. 两者的期限不同
4. 两者的风险和收益不同
五、债券的分类
(一) 按发行主体分类
1. 政府债券
2. 金融债券
3. 公司债券
(二) 按期限长短分类
1. 短期债券

2. 中期债券
3. 长期债券
4. 无限期国债
(三) 按计息方式分类
1. 单利债券
2. 复利债券
3. 附息债券
4. 贴现债券
5. 累进利率债券
(四) 按利率是否固定分类
1. 固定利率债券
2. 浮动利率债券
(五) 按债券形态分类
1. 实物债券
2. 凭证式债券
3. 记账式债券
(六) 按发行区域分类
1. 国内债券
2. 国际债券

第四节　可转换债券

一、可转换债券的概念
二、可转换债券的特征
(一) 兼具债权和股权特征
(二) 具有双重选择权的特征
三、可转换债券的发行意义
(一) 增强公司证券对投资者的吸引力
(二) 增加投资者的选择机会
四、可转换债券的构成要素
(一) 有效期限和转换期限
(二) 票面利率
(三) 转股比例或转股价格
(四) 赎回条款与回售条款
(五) 转换价格修正条款

第五节　证券投资基金

一、证券投资基金概述
(一) 证券投资基金的性质
1. 集合投资制度
2. 信托投资方式

3. 金融中介机构
4. 证券投资工具
（二）证券投资基金的特征
1. 集合理财
2. 分散风险
3. 专业管理
4. 独立托管
二、证券投资基金与股票、债券的区别
（一）投资者的地位不同
（二）所反映的经济关系不同
（三）所筹资金的投向不同
（四）风险水平不同
（五）价格影响不同
（六）投资退出方式不同
三、证券投资基金的类型
（一）按设立方式分类
1. 契约型基金
2. 公司型基金
3. 契约型基金与公司型基金的比较
(1) 资金的性质不同
(2) 投资者的地位不同
(3) 基金的营运依据不同
(4) 资本结构不同
(5) 收益分配不同
（二）按可否赎回分类
1. 封闭式基金
2. 开放式基金
3. 封闭式基金与开放式基金的区别
(1) 存续期限不同
(2) 发行规模的限制不同
(3) 基金单位交易方式不同
(4) 价格决定因素不同
(5) 投资策略不同
（三）按投资目标分类
1. 成长型基金
2. 收入型基金
3. 平衡型基金
（四）按投资对象分类

1. 股票基金
2. 债券基金
3. 货币市场基金
4. 指数基金
(1) 费用低廉
(2) 风险较小
(3) 平均的投资回报
(4) 可以作为避险套利的工具
(五) 按基金来源和运用国界分类
1. 国内基金
2. 国际基金
3. 离岸基金
4. 海外基金
四、分级基金
五、证券投资基金的运作
(一) 证券投资基金的设立、销售和交易
1. 证券投资基金的设立
2. 申请设立证券投资基金应提交的文件和内容
3. 证券投资基金的销售与申购
(1) 基金销售
(2) 申购程序
4. 证券投资基金的交易
(1) 基金的交易方式因基金性质不同而有所区别
(2) 基金的交易价格
(3) 认购
(4) 申购
(二) 证券投资基金的管理与托管
六、证券投资基金的费用与估值
(一) 基金的费用
1. 管理费
2. 托管费
3. 运作费
4. 宣传费用
5. 清算费用
6. 开放式基金的申购费和赎回费
(二) 基金资产的估值
七、投资目标
(一) 本金安全

（二）收入稳定
（三）资本增长
八、投资原则
九、投资限制
（一）投资对象的限制
（二）投资数量的限制
（三）特殊投资行为的限制
十、证券投资基金的发展
（一）海外证券投资基金的发展历史
（二）我国证券投资基金的形成与发展
1. 1997年10月前投资基金的发展状况
2. 规范发展阶段
3. 快速发展阶段
第六节　金融衍生工具
一、金融衍生工具概述
（一）衍生金融工具市场产生的背景
（二）金融衍生工具的概念
（三）金融衍生工具的基本特征和风险
1. 金融衍生工具的基本特征
(1) 跨期性
(2) 杠杆性
(3) 联动性
(4) 高风险性
(5) 虚拟性
2. 金融衍生工具的风险
二、金融衍生工具的分类
（一）根据产品形态分类
1. 独立衍生工具
2. 嵌入式衍生工具
（二）按照基础工具种类分类
1. 股权类的衍生工具
2. 货币衍生工具
3. 利率衍生工具
4. 信用衍生工具
5. 其他衍生工具
（三）按照自身交易的方法及特点分类
1. 金融期货
2. 金融期权

3. 金融远期合约
4. 金融互换
5. 结构化金融衍生工具

三、金融远期、期货与互换

(一) 现货交易、远期交易、期货交易

1. 现货交易
2. 远期交易
3. 期货交易

(二) 金融远期合约与远期合约市场

1. 股权类资产的远期合约
2. 债权类资产的远期合约
3. 远期利率协议
4. 远期汇率协议

(三) 金融期货合约

1. 金融期货的特征

(1) 交易对象不同
(2) 交易目的不同
(3) 交易价格的含义不同
(4) 交易方式不同

2. 金融期货交易制度

(1) 集中交易制度
(2) 标准化期货合约和对冲机制
(3) 保证金及其杠杆作用
(4) 结算所和无负债结算制度
(5) 限仓制度
(6) 大户报告制度
(7) 每日价格波动限制规则

3. 金融期货的种类

(1) 外汇期货
(2) 利率期货
(3) 股权类期货

4. 金融期货的基本功能

(1) 套期保值
(2) 价格发现
(3) 投机与套利

① 投机功能
② 套利功能

(四) 金融互换交易

1. 利率互换
(1) 利率互换的概念
(2) 利率互换的运用案例
2. 远期利率协议
(1) 远期利率协议的概念与作用
(2) 远期利率协议交易的一般原则
(3) 远期利率协议的运用与案例
3. 货币互换
(1) 货币互换的概念
(2) 货币互换的一般交易步骤
① 确定和交换本金
② 利息的互换
③ 本金的再次互换
(3) 货币互换的运用与案例
(五) 股票价格指数期货
1. 股指期货的概念
2. 股指期货的特点
(1) 基础资产并非某种特定金融资产
(2) 交割时采取现金差额结算
(3) 具有极强的杠杆作用
(4) 可以防范证券交易的系统风险
(5) 交割月份固定
3. 股指期货的运用
(1) 多头套期保值
(2) 空头套期保值
四、金融期权与期权类衍生产品
(一) 金融期权的概念与特征
1. 金融期权的概念
2. 金融期权的特征
(二) 金融期货与金融期权的区别
1. 基础资产不同
2. 交易者权利与义务的对称性不同
3. 履约保证不同
4. 现金流转不同
5. 盈亏特点不同
6. 套期保值的作用和效果不同
(三) 金融期权的分类
1. 按照选择权的性质分类

（1）看涨期权
（2）看跌期权
2. 按照合约所规定的履约时间分类
（1）欧式期权
（2）美式期权
（3）修正的美式期权
3. 按照金融期权基础资产性质分类
（1）利率期权
① 现货期权
② 利率期货期权
（2）股票期权
（3）股指期权
（四）金融期权的基本功能
五、权证
（一）权证的分类
1. 按基础资产分类
2. 按基础资产的来源分类
3. 按持有人的权利分类
4. 按行权的时间分类
5. 按权证的内在价值分类
（二）权证的要素
（三）权证发行、上市与交易
1. 权证的发行
2. 权证的上市和交易
六、存托凭证
（一）存托凭证的概念及种类
1. 存券银行
2. 托管银行
3. 中央存托公司
4. 存托凭证的种类
（1）无担保的存托凭证
（2）有担保的存托凭证
5. 存托凭证的优点
（1）对发行人的优点
（2）对投资者的优点
（二）存托凭证在中国的发展
七、资产证券化和证券化产品
（一）资产证券化的种类

1. 按基础资产分类
2. 按资产证券化的地域分类
3. 按证券化产品的属性分类

（二）资产证券化的有关当事人

1. 发起人
2. 特定目的机构或特定目的受托人
3. 资金和资产存管机构
4. 信用增级机构
5. 信用评级机构
6. 承销人
7. 证券化产品投资者

（三）中国资产证券化的发展

三、考核知识点与考核要求

（一）证券投资概述

1. 识记：（1）证券投资；（2）投资。
2. 领会：（1）证券投资的特点及目的；（2）证券投资的要素。

（二）股票

1. 识记：（1）股票；（2）股份公司；（3）发起设立；（4）募集设立；（5）股息；（6）定向募集；（7）社会募集。

2. 领会：（1）股份公司的性质；（2）股份公司的分类；（3）股份有限公司的特征；（4）股票的性质；（5）股票的特征；（6）股票的分类；（7）普通股；（8）优先股；（9）股票投资收益。

3. 简单应用：（1）股份有限公司的设立；（2）股份有限公司的组织结构；（3）股票的价值；（4）股息的形式；（5）股息的分配。

4. 综合应用：股票的价格。

（三）债券

1. 识记：（1）债券；（2）政府债券；（3）金融债券；（4）公司债券；（5）国际债券。
2. 领会：（1）债券的基本要素；（2）债券的性质；（3）债券的特征。
3. 简单应用：债券与股票的关系。
4. 综合应用：债券的分类。

（四）可转换债券

1. 识记：可转换债券。
2. 领会：（1）可转换债券的特征；（2）可转换债券的发行意义。
3. 简单应用：可转换债券的构成要素。
4. 综合应用：可转换债券转股比例或转股价格。

（五）证券投资基金

1. 识记：（1）证券投资基金；（2）契约型基金；（3）公司型基金；（4）封闭式基金；

(5) 开放式基金；(6) 分级基金；(7) 指数基金。

2. 领会：(1) 证券投资基金的性质；(2) 证券投资基金的特征；(3) 契约型基金与公司型基金的比较；(4) 封闭式基金与开放式基金的区别；(5) 指数基金的优势；(6) 证券投资基金的交易；(7) 证券投资基金的投资目标；(8) 证券投资基金的投资原则；(9) 证券投资基金的投资限制。

3. 简单应用：(1) 证券投资基金的类型；(2) 证券投资基金的费用与估值；(3) 证券投资基金的发展。

4. 综合应用：(1) 证券投资基金与股票、债券的区别；(2) 证券投资基金的运作。

(六) 金融衍生工具

1. 识记：(1) 金融衍生工具；(2) 远期利率协议；(3) 金融期货合约；(4) 利率互换；(5) 货币互换；(6) 股指期货；(7) 期权；(8) 权证；(9) 存托凭证；(10) 资产证券化；(11) 金融期货；(12) 金融期权；(13) 金融远期合约。

2. 领会：(1) 金融衍生工具的基本特征和风险；(2) 结构化金融衍生工具；(3) 金融远期合约与远期合约市场；(4) 金融期货的特征；(5) 金融期货交易制度；(6) 金融期货的基本功能；(7) 远期利率协议交易的一般原则；(8) 股指期货的特点；(9) 金融期货与金融期权的区别；(10) 权证的分类；(11) 权证的要素；(12) 存托凭证的优点；(13) 资产证券化的种类和当事人；(14) 衍生金融工具的产生背景；(15) 衍生金融工具的风险。

3. 简单应用：(1) 金融衍生工具的分类；(2) 金融期权的分类；(3) 金融远期合约、金融期货与金融换货；(4) 金融期权与期权类衍生产品；(5) 资产证券化产品。

4. 综合应用：(1) 利率互换的运用；(2) 货币互换的运用。

四、本章重点、难点

本章内容的重点包括：证券投资的特点及目的；股票、债券、证券投资基金及可转换债券的概念、特征和类型；证券投资基金与股票、债券之间的区别；各种金融衍生工具的基本特征、分类和功能。

本章内容的难点包括：可转换债券的转股比例和转股价格；各种金融衍生工具的概念、业务及操作。

第三章　证券市场运行

一、学习目标与要求

通过本章的学习，考生应掌握证券市场的作用；掌握股票发行市场和债券发行市场的相关概念、制度和运行机制；掌握证券交易指令和买空卖空交易；掌握证券流通市场的各种交易类型；理解股价指数的编制方法。

二、课程内容

第一节　证券市场的作用

一、证券市场是筹集资金的重要渠道

二、证券市场是商业银行安全经营的保证

三、证券市场有利于推动企业加强经营管理

四、证券市场是国家宏观调控的桥梁

第二节　证券发行市场

一、股票发行市场

（一）股票发行的目的

1. 发行股票是筹集资金的有效手段

2. 通过发行股票来分散投资风险

3. 通过发行股票来实现创业资本的增值

4. 提高自有资本比率，改善财务结构

5. 维持或扩大经营

6. 满足证券交易所的上市标准

7. 促进合作或维护经营支配权

8. 通过股票的发行上市提高企业知名度

（二）股票发行审核制度

1. 股票发行审核的目标

(1) 保护投资者

(2) 确保公正、有效和透明的市场

(3) 减少系统风险

2. 股票发行审核的原则

(1) 公开原则

(2) 公平原则

(3) 公正原则

3. 股票发行审核的类型

(1) 审批制

(2) 核准制

(3) 注册制

(4) 注册制和核准制的对比

（三）股票发行的方式

1. 公募发行和私募发行

(1) 公募发行

(2) 私募发行

2. 直接发行和间接发行

(1) 直接发行

(2) 间接发行

3. 设立发行与增资发行

(1) 设立发行

(2) 增资发行

（四）股票发行的程序
1. 股票发行公司与主承销商的双向选择
2. 组建发行工作小组
3. 全面调查
4. 制订与实施重组方案
5. 制订发行方案
6. 编制募股文件与申请股票发行
7. 路演
8. 确定发行价格
9. 组建承销团
（五）股票发行的价格
1. 股票发行价格的种类
（1）面值发行
（2）时价发行
（3）中间价发行
（4）折价发行
2. 股票发行价格的影响因素
（1）股票流通市场的状况
（2）发行人所处行业的发展状况
（3）发行公司自身的因素
① 发行人主营业务发展前景
② 产品价格有无上升的潜在空间
③ 管理费用与经济规模性
④ 投资项目的投产预期和盈利预期
（4）政策因素
3. 股票发行价格的确定方法
（1）现金流贴现法
（2）市盈率法
（3）可比公司定价法
（4）净资产倍率法
二、债券发行市场
（一）国债的发行
1. 国债的发行方式
（1）定向发售
（2）承购包销
（3）招标发行
① 缴款期招标
② 价格招标

③ 收益率招标
2. 国债的发行程序（以承购包销方式为例）
(1) 凭证式国债的发行程序
(2) 记账式国债的发行程序
(二) 金融债券的发行
(三) 公司债券的发行
1. 发行条件
2. 发行程序
(四) 银行间债券市场非金融企业债务融资工具的发行
三、债券信用评级
(一) 债券信用评级的概念
(二) 债券信用等级的划分
(三) 债券信用评级的原则
1. 权威性
2. 科学性
3. 公正性
第三节　证券流通市场
一、证券流通市场的构成
(一) 场内交易市场
1. 场内交易市场的特点
(1) 集中交易
(2) 公开竞价
(3) 经纪制度
(4) 市场监管严密
2. 证券交易所的组织形式
(1) 会员制
(2) 公司制
(二) 场外交易市场
1. 场外交易市场的含义
2. 场外交易市场的特点
(1) 分散的无形市场
(2) 采取做市商制度
(3) 交易对象主要是未上市证券
(4) 议价方式交易
(5) 管理宽松
3. 场外交易市场的类型
(1) 柜台交易市场
(2) 第三市场

(3) 第四市场
二、影响股票价格变动的因素
(一) 市场内部因素
(二) 基本面因素
(三) 公司内部因素
(四) 政策因素
三、证券流通市场交易原则
(一) 公开、公平、公正的原则
(二) 自愿、有偿、诚实信用的原则
(三) 遵守法律、行政法规
四、证券交易的程序
(一) 开户
1. 开设证券账户
2. 开设资金账户
(二) 委托
(三) 成交
(四) 清算交割
(五) 过户
五、除息除权报价
六、交易指令的类型
(一) 市价委托指令
(二) 限价委托指令
(三) 止损委托指令
(四) 限价止损委托指令
七、融资融券交易
(一) 买空交易
(二) 卖空交易
(三) 我国融资融券交易的相关规定
(四) 信用交易的意义
第四节 证券价格指数
一、股票价格指数
(一) 用算术平均法编制股价指数
1. 股票价格平均数
2. 除数修正法
3. 股价指数
(二) 用市值加权平均法编制股价指数
二、中外主要股票指数
(一) 国外主要的股票价格指数

1. 道·琼斯股票价格指数
2. 标准普尔指数
3. 纳斯达克指数
4. 英国《金融时报》股票价格指数
5. 日经股票价格指数
6. 东证股票价格指数
(二) 我国主要的股票价格指数
1. 香港恒生股票价格指数
2. 中证指数有限公司及其指数
(1) 沪深 300 指数
(2) 中证规模指数体系
3. 上海证券交易所的股价指数
(1) 成分指数类
① 上证成分股指数
② 上证 50 指数
③ 上证 380 指数
(2) 综合指数类
① 上证综合指数
② 新上证综合指数
4. 深圳证券交易所的股价指数
(1) 成分指数类
① 深证成分股指数
② 深证 100 指数
(2) 综合指数类
① 深证综合指数
② 深证 A 股指数
③ 深证 B 股指数
④ 行业分类指数
⑤ 中小板综合指数
⑥ 创业板综合指数
⑦ 深证新指数
(三) 债券指数
1. 中债指数
2. 上证国债指数
3. 银行间债券指数系列
4. 上证企业债指数
(四) 基金指数

三、考核知识点与考核要求

（一）证券市场作用

综合应用：证券市场的作用。

（二）证券发行市场

1. 识记：（1）公募发行；（2）私募发行；（3）直接发行；（4）间接发行；（5）市盈率；（6）注册制；（7）核准制；（8）增资发行；（9）设立发行；（10）债券信用评级。

2. 领会：（1）股票发行目的；（2）股票发行审核目标；（3）股票发行审核原则；（4）股票发行价格种类；（5）股票发行价格；（6）公司债券发行条件；（7）债券信用评级原则。

3. 简单应用：（1）股票发行审核类型；（2）注册制和核准制的对比；（3）股票发行方式；（4）股票发行价格确定方法；（5）国债发行方式。

4. 综合应用：（1）债券信用评级；（2）股票发行价格影响因素。

（三）证券流通市场

1. 识记：（1）证券交易所；（2）会员制的证券交易所；（3）公司制证券交易所；（4）柜台交易市场；（5）第三市场；（6）第四市场；（7）买空交易；（8）卖空交易；（9）场外交易市场。

2. 领会：（1）场内交易市场特点；（2）证券交易所组织形式；（3）场外交易市场的特点；（4）证券流通市场交易原则；（5）信用交易的意义；（6）证券交易指令类型。

3. 简单应用：（1）证券流通市场的构成；（2）交易指令类型；（3）融资融券交易；（4）场外交易市场类型；（5）证券交易程序。

4. 综合应用：（1）除息除权报价；（2）影响股票价格变动的因素。

（四）证券价格指数

1. 识记：（1）股票价格指数；（2）股价平均数。

2. 领会：（1）国外主要的股票价格指数；（2）中证指数有限公司指数；（3）上海证券交易所的股价指数；（4）深圳证券交易所的股价指数；（5）债券指数。

3. 简单应用：用算术平均法编制股价指数。

4. 综合应用：（1）用市值加权平均法编制股价指数；（2）中外主要股票价格指数。

四、本章重点、难点

本章内容的重点包括：证券市场的作用；股票发行市场和债券发行市场的相关概念、制度和运行机制；证券流通市场的各种交易类型；股价指数编制方法。

本章内容的难点包括：股票发行价格的影响因素；股票发行价格的确定方法；影响股票价格变动的因素；股价指数的编制。

第四章　证券投资基本分析

一、学习目标与要求

通过本章的学习，考生应掌握证券投资的基本分析方法，能够通过宏观分析、行业分析、公司分析三种由宏观到中观再到微观的分析方法来判断有价证券的内在价值，最终通过与其市场价格进行比较，作出购买或者出售有价证券的投资决策。

二、课程内容

第一节　基本分析概述

一、基本分析的概念和理论基础

（一）基本分析的概念

（二）基本分析的理论基础

二、基本分析的分类

（一）宏观分析

（二）行业分析

（三）公司分析

三、基本分析与其他分析方法的关系

第二节　宏观分析

一、宏观分析的目标、意义和方法

（一）宏观分析的目标

（二）宏观分析的意义

1. 判断国家宏观经济政策的走向及对证券市场的影响

2. 引导投资者发现证券市场的投资价值

（三）宏观分析的主要方法

1. 总量分析法

2. 结构分析法

二、宏观分析的信息

三、宏观分析的基本指标

（一）经济总体指标

1. 国内生产总值与国民生产总值

2. 工业增加值

3. 通货膨胀

4. 失业率

5. 采购经理指数

6. 国际收支

（二）金融指标

1. 货币供应量

2. 利率

（1）存贷款利率

（2）贴现率和再贴现率

（3）同业拆借利率

3. 汇率

（三）财政指标
1. 财政收入
2. 财政支出
3. 结余（赤字）
四、宏观经济分析与证券市场
第三节　行业分析
一、行业的概念与行业分析的内容
二、行业的分类
（一）根据行业与宏观经济发展周期的关系划分
1. 增长型行业
2. 周期型行业
3. 防守型行业
（二）证监会行业分类
三、行业生命周期
（一）幼稚期
（二）成长期
（三）成熟期
（四）衰退期
四、行业结构分析
（一）行业结构类型
1. 完全竞争
2. 垄断竞争
3. 寡头垄断
4. 完全垄断
（二）行业结构的分析方法
1. 行业集中度测量
2. 波特五力模型
第四节　公司分析
一、公司分析的意义
（一）公司与上市公司的概念
（二）公司分析的意义
二、公司分析
（一）公司地位分析
（二）公司竞争能力分析
1. 公司产品分析
2. 市场占有率
（三）公司财务分析
1. 公司的主要财务报表

（1）资产负债表

（2）利润表

（3）现金流量表

2. 公司财务分析的目标和方法

（1）公司财务分析的目标

（2）公司财务分析的方法

3. 公司财务比率分析

（1）公司盈利能力分析

（2）公司变现能力分析

（3）公司营运能力分析

（4）公司偿债能力分析

（5）公司成长能力分析

三、考核知识点与考核要求

（一）基本分析概述

1. 识记：基本分析。

2. 领会：（1）基本分析的理论基础；（2）基本分析与其他分析方法的关系。

3. 简单应用：基本分析的分类。

（二）宏观分析

1. 识记：（1）CPI；（2）PPI；（3）PMI。

2. 领会：（1）宏观分析的目标；（2）宏观分析的意义；（3）宏观分析信息的来源；（4）宏观分析的主要内容。

3. 简单应用：（1）宏观分析的主要方法；（2）宏观分析的经济总体指标；（3）宏观分析的金融指标；（4）宏观分析的财政指标；（5）宏观经济分析与证券市场。

4. 综合应用：宏观分析的基本指标。

（三）行业分析

1. 识记：行业。

2. 领会：（1）行业分析的内容；（2）行业结构的类型。

3. 简单应用：（1）行业的分类；（2）行业生命周期。

4. 综合应用：行业结构的分析方法。

（四）公司分析

1. 识记：（1）上市公司；（2）流动比率；（3）速动比率；（4）超速动比率；（5）已获利息倍数；（6）每股收益率；（7）股利支付率。

2. 领会：（1）公司分析的意义；（2）公司地位分析；（3）公司竞争能力分析；（4）公司的主要财务报表；（5）公司财务分析的目标；（6）公司财务分析方法。

3. 简单应用：（1）公司盈利能力分析；（2）公司变现能力分析；（3）公司财务比率分析；（4）公司营运能力分析；（5）公司偿债能力分析；（6）公司成长能力分析。

4. 综合应用：公司财务分析。

四、本章重点、难点

本章内容的重点包括：证券投资的宏观分析、行业分析、公司分析三种由宏观到中观再到微观的分析方法；三种分析方法所用的各项指标。

本章内容的难点包括：宏观分析的基本指标；公司财务分析。

第五章　证券投资技术分析

一、学习目标与要求

通过本章的学习，考生应掌握证券投资的技术分析方法；掌握K线的基本种类及含义；理解股价变动的趋势特征及如何确认趋势线的有效突破；理解股价支撑与阻力的含义及判断；理解股价的图形形态及含义；掌握各种技术指标的含义、应用规则及计算方法；能够通过分时图与K线图、切线分析、形态分析、指标分析等方法来判断有价证券的投资价值，最终作出购买或者出售的投资决策。

二、课程内容

第一节　技术分析概述

一、技术分析的基础

（一）技术分析方法

（二）技术分析的三大假设

1. 一切信息均完全反映在市场行为上

2. 证券价格沿着趋势运动

3. 历史将重复

二、技术分析的理论

三、技术分析的种类

第二节　K线分析

一、分时图

二、K线图

（一）K线的画法

（二）K线的形状

1. 有上下影线的K线

2. 光头阳线和光头阴线

3. 光脚阳线和光脚阴线

4. 光头光脚的阳线和阴线

5. 十字星线

6. T字形和倒T字形线

7. 一字形K线

（三）两根 K 线的组合
1. 连续两根阳线或者连续两根阴线组合
2. 一根阳线一根阴线组合
（四）三根 K 线的组合
1. 三根 K 线组合之反击成功
2. 三根 K 线组合之反击失败
3. 三根 K 线组合之反击两天失败
4. 三根 K 线组合之反击一天失败后再获优势
5. 三根 K 线组合之两阴（阳）夹一阳（阴）
6. 三根 K 线组合之两阴吃一阳
7. 三根 K 线组合之两阳吃一阴
（五）常用的上升和下降多根 K 线组合形态
1. 上升形态 K 线组合
2. 下跌形态 K 线组合
（六）K 线理论应用
1. K 线理论应用的注意事项
2. K 线分析的主要原则
第三节　切线分析
一、趋势分析
（一）支撑线和压力线
1. 支撑线和压力线的定义
2. 支撑线和压力线的作用
3. 支撑线与压力线的互相转化
（二）趋势线和轨道线
1. 趋势线
(1) 趋势线的定义
(2) 趋势线的绘制
(3) 趋势线的作用
(4) 趋势线有效突破的判断
2. 轨道线
(1) 轨道线的定义
(2) 轨道线的突破
第四节　形态分析
一、股价变化规律
二、持续整理形态
（一）三角形形态
1. 对称三角形形态
2. 上升三角形形态

3. 下降三角形形态
（二）矩形形态
（三）旗形与楔形形态
1. 旗形形态
2. 楔形形态
三、反转突破形态
（一）头肩顶（底）形态
1. 头肩顶形态
2. 头肩底形态
3. 复合头肩顶（底）形态
（二）双重顶和双重底（M头和W底）形态
1. 双重顶形态（M头）
2. 双重底形态（W底）
（三）三重顶（底）形态
（四）圆弧顶（底）形态
（五）喇叭形态
（六）V形反转形态
四、缺口形态
（一）普通缺口
（二）突破缺口
（三）持续缺口
（四）消耗性缺口
五、形态理论的应用
第五节 指标分析
一、趋势类指标
（一）移动平均线
1. 移动平均线的分类
2. 移动平均线的计算
3. 移动平均线的特点
4. 移动平均线的判断原则
5. 移动平均线的组合
(1) 金叉与死叉
(2) 长、中、短期移动平均线的组合使用
（二）指数平滑异同移动平均线
1. 指数平滑异同移动平均线的计算公式
2. 指数平滑异同移动平均线的判断原则
二、超买、超卖类指标
（一）威廉指标

1. 威廉指标的计算公式
2. 威廉指标的判断原则
(二) 随机指标
1. 随机指标的计算公式
2. 随机指标的判断原则
(三) 相对强弱指标
1. 相对强弱指标的计算公式
2. 相对强弱指标的判断原则
(四) 乖离率指标
1. 乖离率指标的计算公式
2. 乖离率指标的判断原则
三、人气类指标
(一) 心理线指标
1. 心理线指标的计算公式
2. 心理线指标的判断原则
(二) 能量潮指标
1. 能量潮指标的计算公式
2. 能量潮指标的判断原则
四、大势类指标
(一) 腾落指数
1. 腾落指数的计算公式
2. 腾落指数的判断原则
(二) 涨跌比指标
1. 涨跌比指标的计算公式
2. 涨跌比指标的判断原则
(三) 超买超卖指标
1. 超买超卖指标的计算公式
2. 超买超卖指标的应用法则
五、技术指标的应用法则

三、考核知识点与考核要求

(一) 技术分析概述
1. 识记：技术分析法。
2. 领会：(1) 技术分析的基础；(2) 技术分析的三大假设；(3) 技术分析的种类。
(二) K 线分析
1. 识记：(1) 分时图；(2) K 线图。
2. 领会：(1) K 线的画法；(2) K 线的形状；(3) K 线理论应用的注意事项；(4) K 线分析的主要原则。

3. 简单应用：(1) 两根 K 线的组合；(2) 三根 K 线的组合。

4. 综合应用：上升和下降多根 K 线组合形态。

(三) 切线分析

1. 识记：(1) 切线；(2) 趋势；(3) 支撑线；(4) 压力线；(5) 趋势线；(6) 轨道线。

2. 领会：(1) 支撑线和压力线的作用；(2) 支撑线与压力线的互相转化；(3) 趋势线的作用。

3. 简单应用：(1) 趋势线有效突破的判断；(2) 轨道线的突破。

(四) 形态分析

1. 识记：(1) 矩形形态；(2) 三重顶（底）；(3) 缺口。

2. 领会：(1) 持续整理形态种类；(2) 矩形形态种类；(3) 头肩顶形态的特征；(4) 双重顶形态反转的特征；(5) 圆弧顶（底）形态的特征；(6) 形态理论的应用。

3. 简单应用：(1) 三角形形态；(2) 旗形与楔形形态；(3) 双重顶和双重底（M 头和 W 底）形态。

4. 综合应用：(1) 反转突破形态；(2) 缺口形态。

(五) 指标分析

1. 识记：(1) 指标分析；(2) 移动平均线。

2. 领会：(1) 移动平均线的特点；(2) 技术指标的应用法则。

3. 简单应用：(1) 移动平均线的计算；(2) 移动平均线（MA）的判断原则；(3) 指数平滑异同移动平均线的计算公式及判断原则；(4) 威廉指标（WMS）的计算公式及判断原则；(5) 随机指标的计算公式及判断原则；(6) 相对强弱指标的计算公式及判断原则；(7) 乖离率指标计算公式及判断原则；(8) 心理线指标的计算公式及判断原则；(9) 能量潮指标的计算公式及判断原则；(10) 腾落指数的计算公式及判断原则；(11) 涨跌比指标的计算公式及判断原则；(12) 超买超卖指标的计算公式及判断原则。

四、本章重点、难点

本章内容的重点包括：K 线的基本种类及含义；股价变动的趋势特征及如何确认趋势线的有效突破；股价支撑与阻力的含义及判断；股价的图形形态及含义；各种技术指标的含义、应用规则及计算方法；利用分时图与 K 线图、切线分析、形态分析、指标分析等方法来判断有价证券的投资价值，最终作出购买或者出售的投资决策。

本章内容的难点包括：趋势分析；各种形态分析和指标分析的判断原则。

第六章 证券投资理论

一、学习目标与要求

通过本章的学习，考生应了解技术分析、价值投资、理性金融、行为金融等学派的理论的内容；熟练掌握资产定价理论、套利定价理论、有效市场等假说的前提条件及核心内容。

二、课程内容

第一节　投资理论发展历程
一、技术分析理论
二、价值投资理论
三、理性金融理论
四、行为金融理论
第二节　资产定价理论
一、资本资产定价模型的前提假设
二、资本资产定价模型
三、资本资产定价模型的基本结论
四、市场组合与资本市场线
（一）市场组合
（二）资本市场线
五、资本资产定价模型的意义
六、资本资产定价模型中的收益
七、资本资产定价模型与资产组合理论的关系
八、证券市场线与资本市场线的关系
（一）二者的适用范围不同
（二）二者选择的风险变量不同
第三节　套利定价理论
一、套利定价理论的假定前提
二、影响收益的因素
（一）正常收益或期望收益
（二）不确定性收益或风险收益
三、系统性和非系统性风险
四、单因素套利模型
五、多因素套利模型
六、套利定价理论和资本资产定价模型的比较
（一）APT 与 CAPM 的一致性
（二）APT 与 CAPM 的区别
1. 假设不同
2. 实际运用效果不同
3. 理论基础不同
第四节　有效市场理论
一、有效市场的前提条件
（一）信息公开的有效性

（二）信息从公开到被接受的有效性
（三）投资者对信息作出判断的有效性
（四）投资者实施决策的有效性
二、有效市场的三种形式
（一）弱式有效市场
（二）半强式有效市场
（三）强式有效市场
三、有效市场假说与投资分析
四、积极与消极的资产组合管理
五、资产组合在有效市场中的作用

三、考核知识点与考核要求

（一）投资理论发展历程
1. 领会：(1) 技术分析理论的内容；(2) 价值投资理论的内容；(3) 理性金融理论的内容；(4) 行为金融理论的内容。
（二）资产定价理论
1. 识记：(1) 资本资产定价模型；(2) 市场组合；(3) 证券市场线。
2. 领会：(1) 资本资产定价模型的前提假设；(2) 资本资产定价模型的基本结论；(3) 证券市场线与资本市场线的关系。
3. 简单应用：(1) CAPM 模型的意义；(2) CAPM 模型中的收益。
（三）套利定价理论
1. 领会：(1) 套利定价理论的假定前提；(2) 影响收益的因素；(3) 单因素套利模型。
2. 简单应用：多因素套利模型。
3. 综合应用：套利定价理论和资本资产定价模型的比较。
（四）有效市场理论
1. 识记：(1) 弱式有效市场；(2) 半强式有效市场；(3) 强式有效市场。
2. 领会：(1) 有效市场的前提条件；(2) 有效市场的形式。
3. 简单应用：(1) 积极与消极的资产组合管理；(2) 资产组合在有效市场中的作用。

四、本章重点、难点

本章内容的重点包括：技术分析、价值投资、理性金融、行为金融等学派的理论内容；资产定价理论、套利定价理论、有效市场等假说的前提条件及核心内容。
本章内容的难点包括：资本资产定价模型；市场组合；证券市场线；套利定价理论。

第七章　证券交易行为

一、学习目标与要求

通过本章的学习，考生应掌握行为金融学基本特征；证券投资过程中自我控制、锚定效应、心理账户、沉没成本、过度自信、后悔厌恶、框定偏差、禀赋效应、羊群效应等各种交易行为的含义和表现；掌握证券投资行为的管理。

二、课程内容

第一节　证券投资交易行为理论基础
一、行为金融学的定义
二、行为金融学的特征
三、行为金融学与传统主流金融学的关系
第二节　证券投资行为
一、自我控制
（一）自我控制的概念
（二）自我控制的表现
1. 代表性偏差
2. 自我成就归因偏差
3. 浅尝辄止偏差
4. 有效性偏差
5. 事后诸葛亮偏差
（三）认知偏差产生的原因
二、锚定效应
（一）锚定效应的定义
（二）锚定效应的表现
（三）产生锚定效应的原因
三、心理账户
（一）心理账户的概念
（二）心理账户的表现
（三）心理账户出现的原因
四、沉没成本
（一）沉没成本的概念
（二）沉没成本的表现
五、过度自信
（一）过度自信的概念
（二）过度自信的表现
1. 频繁交易效应
2. 事后聪明偏差
3. 爱冒风险及分散化不足
4. 赌场资金效应
5. 一月效应
（三）过度自信的后果

六、后悔厌恶
(一) 后悔厌恶的概念
(二) 后悔厌恶的表现
1. 维持现状偏差
2. 赠予效应
3. 短视的损失厌恶
七、框定偏差
(一) 框定偏差的概念
(二) 框定偏差产生的原因
八、代表性偏差
(一) 代表性偏差的概念
(二) 代表性偏差的表现
1. 代表性启发法
2. 可得性启发法
九、禀赋效应
(一) 禀赋效应的概念
(二) 禀赋效应的表现
十、羊群效应
(一) 羊群效应的概念
(二) 产生羊群效应的原因
第三节 证券投资行为管理
一、自我控制调节
二、锚定效应控制
三、沉没成本控制
四、过度自信防范
五、后悔厌恶控制
六、代表性偏差控制
七、禀赋效应控制
八、羊群行为控制

三、考核知识点与考核要求

(一) 证券投资交易行为理论基础
1. 识记：行为金融学。
2. 领会：行为金融学的特征。
3. 简单应用：行为金融学与传统主流金融学的关系。
(二) 证券投资行为
1. 识记：(1) 自我控制；(2) 锚定效应；(3) 心理账户；(4) 沉没成本；(5) 过度自信；(6) 后悔厌恶；(7) 框定偏差；(8) 禀赋效应；(9) 代表性偏差；(10) 羊群

效应。

2. 领会：(1) 自我控制的表现；(2) 认知偏差的原因；(3) 锚定效应的表现；(4) 锚定效应的原因；(5) 心理账户的表现；(6) 沉没成本的表现；(7) 过度自信的表现；(8) 后悔厌恶的表现；(9) 框定偏差的表现；(10) 代表性偏差的表现；(11) 羊群效应的表现。

(三) 证券投资行为管理

简单应用：证券投资行为管理。

四、本章重点、难点

本章内容的重点包括：行为金融学的特征；证券投资过程中自我控制、锚定效应、心理账户、沉没成本、过度自信、后悔厌恶、框定偏差、禀赋效应、羊群效应等各种交易行为的含义和表现；证券投资行为的管理。

本章内容的难点包括：证券交易行为中的自我控制；心理账户；框定偏差；禀赋效应。

第八章　证券投资风险管理

一、学习目标与要求

通过本章的学习，考生应了解投资组合的概念，掌握证券投资中所讲风险和收益的含义、风险管理的基本方法、资产组合的收益和风险、资产组合的业绩评价方法。

二、课程内容

第一节　投资风险管理

一、风险的含义

二、证券投资收益

(一) 收益的衡量

(二) 平均收益率

1. 算术平均法

2. 几何平均法

(1) 估计同一时期不同种类证券的平均收益率

(2) 估计预期收益率

(三) 时间权重收益率

(四) 时间权重收益率和几何平均收益率之间的区别

三、应计利息与税后收益

(一) 应计利息

(二) 税后收益

四、名义利率与实际利率

（一）名义利率
（二）实际利率
五、期望收益率
（一）直接预测法
（二）历史数据法
（三）期望的到期收益率与承诺的到期收益率
六、证券投资风险的度量

第二节　资产组合的收益与风险

一、资产组合的含义
二、资产组合的收益
三、资产组合的风险
四、资产组合中的协方差和相关系数
（一）协方差
（二）相关系数

第三节　证券投资风险与管理

一、系统风险与非系统风险
（一）非系统风险
1. 商业风险
2. 财务风险
（二）系统风险
1. 市场风险
2. 利率风险
3. 购买力风险
二、风险管理的方法
（一）风险回避
（二）预防并控制损失
（三）风险留存
（四）风险转移
三、风险转移的方法
（一）套期保值
（二）购买保险
（三）分散投资
四、证券投资组合
（一）证券投资组合的含义
（二）构建证券投资组合的原因
1. 降低风险
2. 实现收益最大化
（三）证券投资组合的类型

1. 避税型证券投资组合
2. 收入型证券投资组合
3. 增长型证券投资组合
4. 收入和增长混合型证券投资组合
5. 货币市场型证券投资组合
6. 指数化型证券投资组合
(四) 证券投资组合管理的基本步骤与方法
1. 证券投资组合管理的概念
2. 证券投资组合管理的特点
(1) 多元化投资
(2) 风险与收益相匹配
(三) 证券投资组合管理的基本步骤
1. 确定证券投资政策
2. 证券投资分析
3. 构建证券投资组合
4. 证券投资组合的修正
5. 证券投资组合的业绩评价
(四) 证券投资组合管理的方法
1. 被动型投资管理
2. 主动型投资管理
第四节　证券组合投资业绩评价
一、单因素整体业绩评价模型
(一) 特雷纳指标评估模型
(二) 夏普指数评估模型
(三) 詹森指数评估模型
(四) 估价比率
(五) M2 测度指标
二、多因素整体业绩评估模型
三、市场时机选择的业绩评估模型
(一) T-M 模型
(二) H-M 模型
(三) C-L 模型

三、考核知识点与考核要求

(一) 投资风险管理

1. 识记：(1) 风险；(2) 算术平均收益率；(3) 时间权重收益率；(4) 税后收益；(5) 名义利率；(6) 实际利率。

2. 领会：时间权重收益率和几何平均收益率之间的区别。

3. 简单应用：(1) 收益的衡量；(2) 期望收益率的计算。

4. 综合应用：证券投资风险的度量。

(二) 资产组合的收益与风险

1. 识记：(1) 资产组合；(2) 协方差。

2. 简单应用：(1) 资产组合的收益；(2) 资产组合的风险。

(三) 证券投资风险与管理

1. 识记：(1) 系统风险；(2) 非系统风险；(3) 证券组合管理；(4) 证券投资组合。

2. 领会：(1) 非系统风险的构成；(2) 系统风险的构成；(3) 风险管理的方法；(4) 风险转移的方法；(5) 证券组合管理的特点；(6) 构建证券投资组合的原因。

3. 简单应用：(1) 证券投资组合的类型；(2) 证券组合管理的基本步骤。

4. 综合应用：证券组合管理的方法。

(四) 证券组合投资业绩评价

1. 识记：(1) 特雷纳指标；(2) 夏普指数；(3) 估价比率。

2. 领会：(1) 特雷纳指标评估模型；(2) 夏普指数评估模型；(3) 詹森指数评估模型；(4) M2 测度指标；(5) T-M 模型；(6) H-M 模型；(7) C-L 模型。

3. 简单应用：(1) 单因素整体业绩评价模型；(2) 多因素整体业绩评估模型。

4. 综合应用：市场时机选择的业绩评估模型。

四、本章重点、难点

本章内容的重点包括：投资组合的概念；证券投资中所讲风险和收益的含义；风险管理的基本方法；资产组合的收益和风险；资产组合的业绩评价方法。

本章内容的难点包括：资产组合收益和风险的计算；资产组合中的协方差和相关系数；证券组合投资业绩的评价。

第九章　证券市场监管

一、学习目标与要求

通过本章的学习，考生应掌握证券市场监管的目标和原则；掌握证券发行的监管，证券市场信息披露的监管，证券操纵市场的监管，证券内幕交易的监管，虚假陈述、信息误导行为和欺诈客户行为的监管体系；掌握证券监管的具体目标；了解证券监管的内容、法律法规及应承担的法律责任。

二、课程内容

第一节　证券市场监管概述

一、证券市场监管的概念及意义

(一) 证券市场监管的概念

(二) 证券市场监管的意义

（三）证券市场监管的构成要素

二、证券市场监管的目标和原则

（一）证券市场监管的目标

（二）证券市场监管的原则

三、证券市场监管手段

（一）法律手段

（二）经济手段

（三）行政手段

（四）技术性手段

（五）信息性手段

四、监管模式

（一）集中立法管理模式

1. 集中管理模式的特点

（1）有一整套全国性的证券市场管理法规

（2）设有全国性负责管理、监督证券市场的管理机构

① 以独立监管机构为主体

② 以中央银行为主体

③ 以财政部为主体

2. 集中管理模式的优点

3. 集中管理模式的缺陷

（二）自律管理模式

1. 自律管理模式的特点

2. 自律管理模式的优点

3. 自律管理模式的缺陷

第二节　证券市场监管的主要内容

一、证券市场监管的对象和实施机构

（一）证券市场监管的对象

（二）证券市场监管的实施机构

1. 中国证监会及其派出机构

2. 证券交易所

（1）证券交易所的职能

（2）证券交易所交易规则的内容

（3）上海证券交易所异常交易行为

（4）深圳证券交易所异常交易行为

（5）沪深证券交易所异常交易行为差异

3. 行业协会

4. 证券投资者保护基金公司

（1）设立证券投资者保护基金公司的意义

(2) 证券投资者保护基金公司的职责

二、证券市场监管的具体内容

(一) 对证券发行的监管

1. 证券发行监管的目标

2. 证券发行的审核制度

3. 违反证券发行规定的法律责任

(二) 对证券市场信息披露的监管

1. 证券市场信息披露及证券市场信息披露监管的定义

(1) 信息披露

(2) 证券市场信息披露监管

2. 证券市场信息披露监管的目的

3. 证券市场信息披露义务的特性

(1) 信息披露的单向性

(2) 信息披露的强制性

(3) 信息披露时间的持续性

4. 我国现行证券市场信息披露监管的具体内容

5. 违反证券市场信息披露规定的法律责任

(三) 对操纵市场行为的监管

1. 操纵市场的定义

2. 操纵市场行为的具体内容

3. 操纵市场的法律责任

(四) 对证券内幕交易的监管

1. 证券内幕交易的定义

2. 证券内幕信息内容

3. 证券内幕交易行为主体

4. 证券内幕交易的法律责任

(五) 对虚假陈述、信息误导行为和欺诈客户行为的监管

1. 虚假陈述、信息误导行为

2. 欺诈客户行为

3. 诱骗投资者买卖证券的刑事责任认定

4. 金融机构刑事责任认定

(六) 对其他证券交易行为的监管

1. 短线交易的法律责任

2. 非法进行证券交易的法律责任

第三节 证券市场监管的方式

一、证券市场监管的方针

二、证券市场监管的具体方式

(一) 法律法规监管

1. 证券市场法律法规效力
2. 证券市场法律、法规和部门规章
3. 证券监管法律法规立法沿革

（二）行业自律性监管规则

1. 证券交易所自律性规则
2. 证券业协会自律性规则
3. 证券从业人员买卖股票限制
4. 证券从业人员违反交易规定的法律责任

（三）其他监管方式

三、考核知识点与考核要求

（一）证券市场监管概述

1. 识记：证券市场监管。
2. 领会：（1）证券市场监管的意义；（2）证券市场监管的目标；（3）证券市场监管的原则；（4）证券市场监管构成要素。
3. 简单应用：证券市场监管手段。
4. 综合应用：证券市场监管模式。

（二）证券市场监管主要内容

1. 识记：（1）证券市场信息披露；（2）证券市场信息披露监管；（3）操纵市场；（4）证券内幕交易。
2. 领会：（1）证券市场监管的对象；（2）证券市场监管的实施机构；（3）证监会的监管职责；（4）证券交易所的职能；（5）行业协会的监管职责；（6）证券投资者保护基金的职责；（7）证券发行监管的目标；（8）证券市场信息披露义务的特性；（9）证券市场信息披露监管的目的。
3. 简单应用：（1）证券发行的监管；（2）证券虚假陈述、信息误导行为和欺诈客户行为的监管；（3）其他证券交易的监管。
4. 综合应用：证券操纵市场的监管。

（三）证券市场监管方式

1. 领会：（1）证券市场监管的方针；（2）证券市场的其他监管方式。
2. 简单应用：证券市场监管方式。

四、本章重点、难点

本章内容的重点包括：证券市场监管的目标和原则；证券发行的监管，证券市场信息披露的监管，证券操纵市场的监管，证券内幕交易的监管，虚假陈述、信息误导行为和欺诈客户行为的监管体系。

本章内容的难点包括：证券市场信息披露的监管；证券操纵市场的监管；证券内幕交易的监管。

Ⅳ　关于大纲的说明与考核实施要求

为使本大纲在个人自学、社会助学和课程考试命题中得到贯彻落实，现对有关问题做如下说明，并提出具体考核实施要求。

一、自学考试大纲的目的和作用

本大纲根据专业自学考试计划的要求，结合自学考试的特点，明确了课程学习的内容以及深广度、考试范围和标准，其目的是对个人自学、社会助学和课程考试命题进行指导和规定。因此，它是编写自学考试教材和辅导书的依据，是社会助学组织进行自学辅导的依据，是自学者学习教材、掌握课程内容知识范围和程度的依据，也是进行自学考试命题的依据。

二、课程自学考试大纲与教材的关系

课程自学考试大纲是进行学习和考核的依据，教材的内容是大纲所规定的课程知识和内容的扩展与发挥。课程内容在教材中可以体现一定的深度或难度，但在大纲中对考核的要求一定要适当。

大纲与教材所体现的课程内容应基本一致；大纲里面的课程内容和考核知识点，教材里要全部覆盖。反过来，教材里有的内容，大纲里就不一定体现。（注：如果教材是推荐选用的，其中有的内容与大纲要求不一致的地方，应以大纲规定为准）

三、关于自学教材

《证券投资与管理》，全国高等教育自学考试指导委员会组编，李玫主编，中国人民大学出版社，2018 年版。

四、关于自学要求和自学方法的指导

本大纲的课程基本要求是依据专业考试计划和专业培养目标而确定的。课程基本要求还明确了课程的基本内容，以及对基本内容掌握的程度。基本要求中的知识点构成了课程内容的主体部分。因此，课程基本内容掌握程度、课程考核知识点是高等教育自学考试考核的主要内容。

为有效地指导个人自学和社会助学，本大纲已指明了课程的重点和难点，在章节的基本要求中一般也指明了章节内容的重点和难点。

本课程共 5 学分。

对本课程的自学方法，作者的建议如下：

（1）在学习每章内容之前，先认真阅读自学考试大纲中对该章的具体考核知识点，做到学习时有的放矢。

（2）从每章“案例导读”所引出的问题入手，建立对各章的整体认识框架。

（3）要熟练掌握各章的基本概念、基本原理和基本知识，做到融会贯通，抓住重点，举一反三。

（4）“证券投资与管理”是一门理论性和实践性都极强的课程，考生在学习过程中应注重理论联系实际，紧密结合我国实际分析解决问题，通过学习提高分析和解决问题的能力。

五、应考指导

（1）如何学习？很好地计划和组织是你学习成功的法宝。如果你正在接受培训学习，一定要跟紧课程并完成作业。为了在考试中作出令人满意的回答，你必须很好地理解所学课程内容。你阅读课本时可以做读书笔记，对需要重点注意的内容，可以用彩笔来标注。如：红色代表重点、绿色代表需要深入研究的领域、黄色代表可以运用在工作之中的知识点。

（2）如何考试？卷面整洁非常重要。书写工整、段落与间距合理、卷面赏心悦目有助于教师评分，教师只能为他能看懂的内容打分。回答问题时，要回答所问的问题，而不是回答你自己乐意回答的问题！避免超过问题的范围。相信自己的职业阅历积累，卷面尽量不留“天窗”。

（3）如何处理紧张情绪？要正确处理对考试失败的惧怕，要知道，几乎所有的人面对考试都会紧张和恐惧。如果可能，在考试前请教已经通过该科目考试的人，问他们一些问题。考试前合理膳食，保持旺盛精力，保持冷静。考试时做深呼吸放松，这有助于使头脑清醒，缓解紧张情绪。

（4）如何克服心理障碍？当你阅读考卷时，一旦有了思路就快速记下“线索”。答题时一般按照先后顺序依次作答，并合理分配答题时间；遇有不会的问题或没有思路的问题直接跳过，把困难留在最后的富裕时间解决，这样可以保证在有效的时间里解决比较简单的基本问题，最大限度地答卷。

六、对社会助学的要求

（1）社会助学者应根据大纲规定的考试内容和考核目标认真钻研教材，对自学应考者进行切实有效的辅导，把握好社会助学的正确导向。

（2）准确理解各知识点要求达到的认知层次和考核要求，并在辅导过程中帮助考生掌握这些要求。

（3）要帮助考生将识记、领会同应用联系起来，提高考生将基础知识、基础理论转化为应用能力的水平。

（4）助学单位在安排本课程辅导时，授课时间建议为 80 小时，具体各章的学时建议

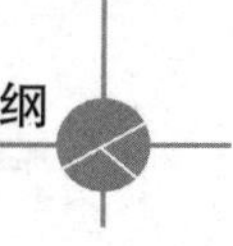

见下表。

各章学时建议

章	章节名称	建议学时
第一章	证券与证券市场	6
第二章	证券投资工具	18
第三章	证券市场运行	12
第四章	证券投资基本分析	10
第五章	证券投资技术分析	10
第六章	证券投资理论	6
第七章	证券交易行为	6
第八章	证券投资风险管理	6
第九章	证券市场监管	6

七、对考核内容的说明

（1）本课程要求考生学习和掌握的知识点都作为考核的内容。课程中各章的内容均由若干知识点组成，在自学考试中称为考核知识点。因此，课程自学考试大纲中所规定的考试内容是以分解为考核知识点的方式给出的。由于各知识点在课程中的地位、作用以及知识自身的特点不同，自学考试将对各知识点分别按四个认知（或称能力）层次确定其考核要求。

（2）在考试之日起 6 个月前，由全国人民代表大会和国务院颁布或修订的法律、法规都将列入相应课程的考试范围。凡大纲、教材内容与现行法律、法规不符的，应以现行法律法规为准。命题时也会对我国经济建设和科技文化发展的重大方针政策的变化予以体现。

八、关于考试命题的若干规定

（1）本课程考核采用闭卷笔试形式，满分 100 分，60 分为及格。考试时间为 150 分钟。考生可携带钢笔、签字笔、铅笔、橡皮、无记忆存储及通信功能的计算器参加考试。

（2）本大纲各章所规定的基本要求、知识点及知识点下的知识细目都属于考核的内容。考试命题既要覆盖到章，又要避免面面俱到。要注意突出课程的重点、章节重点，加大对重点内容的覆盖度。

（3）命题不应有超出大纲中考核知识点范围的题，考核目标不得高于大纲中所规定的相应的最高能力层次要求。命题应着重考核自学者对基本概念、基本知识和基本理论是否了解或掌握，对基本方法是否会用或熟练。不应出与基本要求不符的偏题或怪题。

（4）本课程在试卷中对不同能力层次要求的分数比例大致为：识记占 20%，领会占 30%，简单应用占 30%，综合应用占 20%。

（5）要合理安排试题的难易程度。试题的难度可分为：易、较易、较难和难四个等级，每份试卷中不同难度试题的分数比例一般为：2∶3∶3∶2。必须注意试题的难易程度与能力层次有一定的联系，但二者不是等同的概念。在各个能力层次中对于不同的考生都存在不同的难度，考生切勿混淆。

（6）课程考试命题的主要题型一般有单项选择题、多项选择题、名词解释、简答题、计算题、论述题、案例分析等题型。在命题工作中必须按照本课程大纲中所规定的题型命制，考试试卷使用的题型可以略少，但不能超出本课程大纲对题型的规定。

附录 题型举例

一、单项选择题

1. 非交易所会员在交易所外买卖挂牌上市证券的场所是（　　）。

A. 场内市场　　B. 第三市场

C. 柜台交易市场　　D. 第四市场

2. 股指期货属于（　　）。

A. 货币衍生工具　　B. 利率衍生工具

C. 信用衍生工具　　D. 股权类衍生工具

二、多项选择题

1. 金融衍生工具的特征包括（　　）。

A. 跨期性　　B. 杠杆性

C. 联动性　　D. 安全性

E. 虚拟性

2. 宏观分析的基本指标有（　　）。

A. 通货膨胀率　　B. 利率

C. 资产负债率　　D. 汇率

E. 总资产周转率

三、名词解释

1. 债券

2. 证券市场监管

四、简答题

1. 简述可转换债券的特征。

2. 简述证券市场过度自信的表现。

五、计算题

假设 A 股票当年按照每股 0.3 元的股息实施现金分红，若当期市场利率为 1.5%，试计算 A 股票的理论价格。（计算结果精确到小数点后两位）

六、论述题

1. 试论述证券市场的基本功能。

2. 试论述证券投资基金与股票、债券的区别。

后　记

本大纲由北京工业大学经管学院李玫副教授担任主编，北京工业大学经管学院叶青讲师、迟远英教授担任副主编，中国国际石油化工联合有限责任公司李菀佳，中拉产能合作投资基金有限责任公司秦红、曹兴阳，中国对外经济贸易大学国际商学院杨理嘉，包头财经信息职业学校王琦凡，中国人保财险北京分公司苗劲松，渤海汇金证券资产管理有限公司吕晓雯，中原证券股份有限公司王斌，北京农商银行总行营业部杜向祎，西部证券股份有限公司杜桦林，北京工业大学经管学院佟巍、李晓梅、侯晓莘参与编写。

大纲完成后，北京大学吕随启副教授、中央财经大学聂利君副教授、中国人民大学刘俊彦副教授参加审稿工作，全国高等教育自学考试指导委员会经济管理类专业委员会审定。

对参与本大纲编写和审稿的各位专家表示感谢。

全国高等教育自学考试指导委员会
经济管理类专业委员会
2018 年 1 月

证券投资与管理

第一章 证券与证券市场

学习目标

通过本章的学习，考生应掌握证券与有价证券的含义、分类及基本特征；能够描述证券市场的基本情况；掌握证券市场的结构及基本功能；熟悉证券市场的主要参与者；了解证券市场产生、发展的过程与未来的发展趋势。

学习方法

(1) 预习法。通过预习，了解本章的内容，对证券的相关概念及证券市场的结构、基本功能及发展趋势有一个初步把握。

(2) 联系学习法。本章是证券投资的起始，在此之前，考生也许对证券与证券市场已有了一定的了解，也许只是对证券投资具有浓厚的兴趣，也许对证券投资方面的知识还是一片空白。证券及证券市场是证券投资与管理的基础，考生通过本章的学习，能够奠定必要的专业基础，激发新的学习兴趣，并对证券投资有一个系统而全新的认识。

将证券与证券投资工具、证券市场与证券市场运行联系起来学习，有助于考生把握证券的基本概念及证券市场的构成，更好地理解证券市场的整体状况。

（3）完成本章后面的思考题。

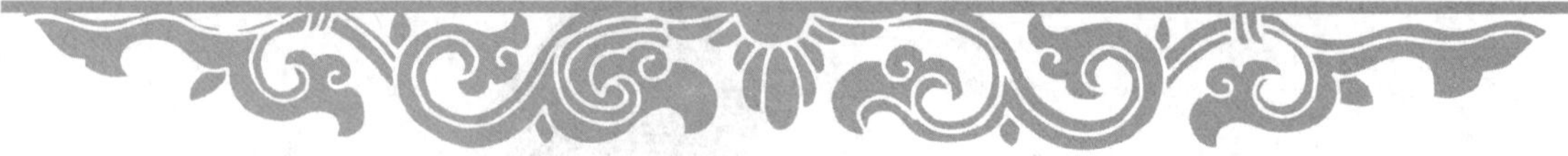

案例导读

案例 1：

上海飞乐音响有限公司创立于 1984 年 11 月 18 日，由上海电声总厂发起成立，经营成套设备并承包宾馆、影剧院、体育馆等音响设施的设计、安装工程。公司委托中国工商银行上海分行证券部公开向社会发行股票一万股，每股 50 元。这是改革开放以来中国金融机构第一次发行的股票。

这一举动甚至惊动了世界证券市场，也在相当的程度上印证了外界对中国必将以更大步伐走向市场经济、全面推广企业股份制改革、开放证券市场的预期。

1986 年 11 月 14 日，中国改革开放的总设计师邓小平将飞乐音响股票赠送给来访的时任美国纽约证券交易所主席约翰·范尔霖先生，“飞乐音响”由此载入了中国股份制改革的史册。

上海飞乐音响有限公司是集绿色照明产业、IC 卡产业、电子部件产业、计算机系统集成与软件开发于一体的多元化产业公司，产品远销世界四十多个国家和地区。与 RENESAS、飞利浦、欧司朗、佳能、日立、先锋、索尼等著名企业建立了良好的合作伙伴关系，拥有国家建筑智能化系统集成专项工程设计甲级、建筑智能化工程专业承包三级、上海市安全技术防范工程设计施工三级从业资格等资质。公司自主设计开发的智能身份识别系统获国家计算机软件著作权并在 2001APEC 会议、第 35 届亚行年会上得到成功运用。照明产品被广泛用于天安门、八达岭长城等著名建筑以及体育场馆、市政道路等场

飞乐音响股票

所，为城市景观增添了光彩。

2005年，公司收购深圳力合数字电视有限公司90%的股权。深圳力合数字电视是清华DMB-T数字电视标准的推广企业，并且担负了大力推广清华DMB-T数字电视标准的任务。通过深圳清华力合创业投资有限公司等机构投资介入，飞乐音响事实上已经成为"清华系"的一员。从某个角度上说，随着全面收购力合数字电视，飞乐音响已成为资本市场上数字电视的旗舰。

资料来源：http://chinafaces.360500.com/introduction-20817-6-301.aspx，有改动。

案例2：

上海证券交易所成立于1990年11月26日，同年12月19日开业，归属中国证监会垂直管理。按照"法制、监管、自律、规范"的八字方针，上海证券交易所致力于创造透明、开放、安全、高效的市场环境，其主要职能包括：提供证券交易的场所和设施；制定证券交易所的业务规则；接受上市申请，安排证券上市；组织、监督证券交易；对会员、上市公司进行监管；管理和公布市场信息。

深圳证券交易所于1990年12月1日试营业，是经国务院批准设立的全国性资本市场。其主要职能包括：提供证券交易的场所和设施；制定交易所业务规则；接受上市申请、安排证券上市；组织、监督证券交易；对会员和上市公司进行监管；管理和公布市场信息；中国证监会许可的其他职能。

深圳证券交易所根植于中国改革开放的前沿，服务中国经济发展战略，致力于建设全球最具活力的资本市场平台。20多年来，在中国证监会的领导下，深圳证券交易所努力建设完善多层次市场体系、多样化产品体系，已经成为我国国民经济不可分割的重要组成部分，成为支持实体经济发展、服务国家战略的重要基础平台。

资料来源：根据上海和深圳证券交易所官网资料编写.

思考题：

1. 什么是股票？
2. 股票上市发行对股份公司有什么意义？
3. 上海证券交易所和深圳证券交易所是怎样的金融机构？
4. 证券交易所的作用是什么？

第一节 证券

一、证券与有价证券

（一）证券的含义

证券是各类记载并代表一定权利的法律凭证，是用以证明或设定权利而形成的书面凭证，它表明证券持有人或第三者有权取得该证券拥有的特定权益，或证明其曾经发生过的行为。证券的本质是一种交易契约或合同。

证券具有两个特征：第一是法律特征，即它本身必须是合法的，所包含的特定内容具备法律效力；第二是书面特征，即它必须采取特定的书面形式或与书面形式具备同等效力的形式，载明有关法规规定的全部必要事项。

（二）证券的分类

按性质的不同，证券可以分为无价证券和有价证券两大类。

1. 无价证券

无价证券又称凭证证券，是指具有证券的某一特定功能，但不能作为财产使用的书面凭证。这类证券不能流通，不存在流通价格，也不能使持有人或第三者获得合法的资本增值收益。无价证券按照其功能的不同，通常分为证据证券和资格证券。

（1）证据证券。

证据证券是单纯证明某一特定事实的书面凭证，如借据、收据等。

（2）资格证券。

资格证券是表明证券持有人具有行使一定权利资格的书面凭证，如机票、车船票、电影票等。

2. 有价证券

有价证券是指标有票面金额，证明持有人有权按期取得一定收入并可自由转让和买卖的所有权或债权凭证。有价证券有广义与狭义两种概念。狭义的有价证券指资本证券；广义的有价证券包括商品证券、货币证券、资本证券。本教材中的“证券”专指狭义的有价证券即资本证券。

有价证券是虚拟资本的一种形式。所谓虚拟资本，是指独立于实际资本之外而存在的一种资本存在形式。虚拟资本有两大特征：第一，虚拟资本并不直接参与生产；第二，尽管虚拟资本的市场价格由其真实资本价值决定，但由于虚拟资本与实际资本两者相互分割，因而其市场价格与真实价值并不完全相等，其市场价格的变化也不完全反映实际资本额的变化。

（三）有价证券的分类

1. 按财产权利的性质划分

按财产权利性质的不同，有价证券可分为商品证券、货币证券及资本证券。

（1）商品证券。

商品证券是证明持券人拥有商品所有权或使用权的凭证，如提货单、运货单、仓库栈单等，取得该证券就是取得了该商品的所有权或使用权。

（2）货币证券。

货币证券是指能使持券人或第三者取得货币索取权的有价证券。货币证券包括两大类：第一类是商业证券，如商业汇票、商业本票；第二类是银行证券，如银行汇票、银行本票、支票等。

（3）资本证券。

资本证券是指由与金融投资有直接联系的活动而产生的证券。持券人对发行人有一定的收入要求权。资本证券包括股票、债券、基金及其衍生品种。

资本证券与商品证券和货币证券的最大区别是资本证券能为持有人带来一定的收益，而商品证券和货币证券则分别是特定商品或者货币的代表，不产生投资收益。

2. 按证券发行主体划分

按证券发行主体的不同，有价证券可分为政府证券、公司证券和金融证券。

（1）政府证券。

政府证券是指政府财政部门或其他代理机构为筹集资金，以政府名义发行的证券。它主要包括国库券和国家债券两大类。国库券由财政部发行，用以弥补财政收支不平衡；国家债券是政府为筹集建设资金而发行的一种债券。人们也将两者统称为公债。

（2）公司证券。

公司证券是指公司或企业等经济法人为筹集资金而发行的证券。它通常包括股票、公司债券等。

（3）金融证券。

金融证券是指银行、保险公司、投资公司等金融机构为筹集经营资金而发行的证券。它主要包括金融机构股票、金融债券、定期存款单、可转让大额存款单和其他储蓄证券等。

3. 按证券是否在交易所挂牌划分

按是否在证券交易所挂牌交易，证券可分为上市证券和非上市证券。

（1）上市证券。

上市证券又称挂牌证券，是指公司提出申请，经证券监督管理机构或证券交易所依法审核同意，并与证券交易所签订上市协议，获得在交易所内公开买卖资格的证券。

（2）非上市证券。

非上市证券也称非挂牌证券或场外证券，指未申请上市或不符合在证券交易所挂牌交易条件，不允许在证券交易所交易但可以在其他证券交易场所交易的证券。

4. 按证券收益是否固定划分

按收益是否固定，证券可分为固定收益证券和非固定收益证券。

（1）固定收益证券。

固定收益证券是指持券人可以在特定的时间内取得固定的收益并预先获知取得收益的数量和时间的证券，如固定利率债券、优先股股票等。

（2）非固定收益证券。

非固定收益证券是指其收益随客观条件变化而变化的证券。如普通股股票，其股息收入事先不确定，而是随公司税后利润的多少来确定。浮动利率债券也属此类证券。

一般说来，非固定收益证券比固定收益证券的收益高、风险大，但是在通货膨胀条件下，固定收益证券的风险比非固定收益证券要大。

5. 根据发行的地域或国家划分

根据发行地域或国家的不同，证券可分为国内证券和国际证券。

（1）国内证券。

国内证券是一国国内的金融机构、公司企业等经济组织或该国政府在国内资本市场上以本国货币为面值发行的证券。

（2）国际证券。

国际证券是由一国政府、金融机构、公司企业或国际经济机构在国际证券市场上以其他国家的货币为面值而发行的证券，包括国际债券和国际股票两大类。

6. 根据募集方式划分

根据募集方式的不同，证券可分为公募证券和私募证券。

（1）公募证券。

公募证券是指发行人通过中介机构向不特定的社会公众投资者公开发行的证券，一般审核较严格并采取公示制度。

（2）私募证券。

私募证券是指向少数特定的投资者发行的证券，其审核条件相对较松，投资者也较少，不采取公示制度。私募证券的投资者多为与发行者有特定关系的机构投资者，也有发行公司或企业的内部职工。

7. 按证券性质划分

按性质的不同，证券可分为原始证券和衍生证券。

（1）原始证券。

原始证券是指直接从实物资产演变而来的金融资产。股票、债券和投资基金都属于原始证券，它们是最活跃的投资工具，是证券市场的主要交易对象。

（2）衍生证券。

衍生证券是指由原始证券派生出来的证券交易品种，其价格取决于原始证券的价格。如金融期货与金融期权、可转换债券、存托凭证、认股权证等。

（四）有价证券的特征

1. 产权性

产权性是指有价证券记载着权利人的财产权内容，代表着一定的财产所有权，拥有证券就意味着享有财产的占有、使用、收益和处分的权利。现代经济中，财产权利和证券密不可分，两者已融为一体，证券已成为财产权利的一般形式。

2. 收益性

收益性是指持有证券本身可以获得一定数额的收益，这是投资者转让资本使用权的回报。有价证券的收益表现为利息收入、红利收入和买卖证券的差价。衡量股票收益的基本指标是收益率。

3. 流动性

流动性又称变现性，是指证券持有人可按自己的需要灵活地转让证券以换取现金。

有价证券的流动性满足了投资者对于现金的随机需要，因而是有价证券的生命力所在。保持资产的流动性也是投资者投资于有价证券的主要动机之一。流动性不仅可以使证券持有人随时把证券转变为现金，而且还可以使证券持有人根据自己的偏好选择有价证券的种类。

4. 风险性

风险性是指证券持有者面临着预期投资收益不能实现，甚至使本金也受到损失的可能。这是由证券的期限性和未来经济状况的不确定性所致。因此，投资者难以确定其所持有的证券将来能否取得收益和能获得多少收益，从而就使持有证券具有风险。在正常情况下，有价证券的风险与其收益成正比，预期收益越高的证券，其风险越大；预期收益越低的证券，其风险越小。

二、证券市场的含义及特征

（一）证券市场的含义

证券市场是有价证券发行和交易的场所，通常包括证券发行市场和证券交易市场，是资本市场的基础和主体。证券市场是市场经济发展到一定阶段的产物，是为解决资本供求矛盾和流动性而产生的市场。证券市场以证券发行与交易的方式实现了筹资与投资的对接，有效地化解了资本的供求矛盾和资本结构调整的难题。证券市场是一国市场体系的重要组成部分，在资源配置中起着极为重要的作用，对整个宏观经济的运行具有重要影响。

（二）证券市场的特征

1．证券市场是价值直接交换的场所

有价证券是价值的直接代表，是价值的直接表现形式。虽然证券交易的对象是各种各样的有价证券，但由于有价证券是价值的直接表现形式，所以证券市场本质上是价值的直接交换场所。

2．证券市场是财产权利直接交换的场所

证券市场上的交易对象是作为经济权益凭证的股票、债券、投资基金等有价证券，它们本身是财产权利的代表，代表着对一定数额财产的所有权、债权以及相关的收益权。证券市场实际上是财产权利的直接交换场所。

3．证券市场是风险直接交换的场所

有价证券既是一定收益权利的代表，同时也是一定风险的体现。有价证券的交换者在转让出一定收益权的同时，也把有价证券所特有的风险转让了出去。所以，从风险的角度分析，证券市场也是风险的直接交换场所。

（三）证券市场的构成

证券市场是一个证券类型众多的庞大体系，由众多的子市场体系所构成。根据不同的划分标准，证券市场可以由不同的子市场体系构成。

1．发行市场和交易市场

根据有价证券进入市场的顺序，证券市场的构成可分为发行市场和交易市场。证券发行市场又称“一级市场”或“初级市场”，是发行人以筹集资金为目的，按照一定的法律规定和发行程序向投资者出售新证券所形成的市场。证券交易市场又称“二级市场”或“次级市场”，是已发行的证券通过买卖交易实现流通转让的市场。

证券发行市场和流通市场相互依存、相互制约，是一个不可分割的整体。证券发行市场是流通市场的基础和前提，有了发行市场的证券供应，才有流通市场的证券交易，证券发行的种类、数量和发行方式决定着流通市场的规模和运行。流通市场是证券得以持续扩大发行的必要条件，为证券的转让提供市场条件，使发行市场充满活力。此外，流通市场的交易价格制约和影响着证券的发行价格，是选择证券发行时机时需要考虑的重要因素。

2. 股票市场、债券市场、基金市场

按照有价证券品种来划分，证券市场的构成主要有股票市场、债券市场、基金市场等。

（1）股票市场。

股票市场是股票发行和交易的场所。股票市场的发行人为股份有限公司。股份有限公司通过发行股票募集公司的股本，或是在公司营运过程中通过发行股票扩大公司的股本。股票市场交易的对象是股票，股票的市场价格除了与股份公司的经营状况和盈利水平有关外，还受到诸如政治、社会、经济等方面因素的综合影响，因此，股票价格的波动性较大。

（2）债券市场。

债券市场是进行各种债券发行和买卖交易的场所。债券的发行人有中央政府、地方政府、金融机构、公司企业等。债券发行人通过发行债券筹集的资金都有一定的期限，债券到期时债务人必须按时归还本金并支付约定的利息。债券是债权凭证，债券持有者与债券发行人之间是债权债务关系。债券市场交易的对象是债券。债券因有固定的票面利率和期限，其市场价格相对股票价格而言比较稳定。

（3）基金市场。

基金市场是进行基金受益凭证自由买卖和转让的市场。由于投资基金是一种利益共享、风险共担的集合投资制度，它通过发行基金受益凭证，集中投资者的资金，交由基金托管人托管，由基金管理人管理，主要从事股票、债券等金融工具的投资。在证券市场上，投资基金作为一种投资工具，可以自由买卖和转让，从而形成了投资基金的流通市场。封闭式基金在证券交易所挂牌交易，开放式基金通过投资者向基金管理公司申购和赎回以实现流通。

第二节　证券市场参与者

证券市场的主体主要包括证券发行人、证券投资者、证券中介机构、证券监管机构和自律性组织等，不同的主体在市场上扮演着不同的角色。

一、证券发行人

证券发行人是指为筹措资金而发行股票、债券等证券的发行主体，包括公司、金融机构、政府等。

证券发行人进入市场的主要目的是通过发行证券筹集资金，具体的发行人主要有政府、企业和金融机构。在一个开放的证券市场上，不仅国内的证券发行人可以发行证券，国外发行人也可以进入本国证券市场发行证券。

二、证券投资者

证券投资者是指在证券市场购买股票、债券、期货等证券品种进行投资的法人机构与个人。

进入证券市场进行证券买卖的投资者主要有三类：第一类是个人；第二类是企业，包括各种以营利为目的的工商企业和非营利性机构；第三类是金融机构，主要有商业银行、保险公司、证券公司和基金公司等。后两类投资者并称为机构投资者。

随着一国证券市场的发展，证券投资的机构化趋势会日益明显，机构投资者在市场中将占主导地位，个人投资者主要通过投资于基金、券商理财产品或银行理财产品等间接进入市场。在一个开放的证券市场上，不仅有本国投资者，也有外国投资者。中国于2002年12月1日起实施QFII制度（Qualified Foreign Institutional Investors），即合格的境外机构投资者制度，外国投资者可以通过QFII的形式进入中国证券市场。而QDII制度（Qualified Domestic Institutional Investor），即合格境内机构投资者，是指在人民币资本项下不可自由兑换、资本市场未开放条件下，在一国境内设立，经该国有关部门批准，有控制地允许境内机构投资境外资本市场的股票、债券等有价证券投资业务的一项制度安排。设立该制度的直接目的是进一步开放资本账户，以创造更多外汇需求，使人民币汇率更加平衡、更加市场化，并鼓励国内更多企业走出国门，从而减少贸易顺差和资本项目盈余，直接表现为让国内投资者直接参与国外的市场，并获取全球市场收益。

拓展阅读

全球最大两只新兴市场基金已经进A股了

全球最大的新兴市场基金是领航集团（Vanguard）的新兴市场基金，规模515亿美元；而追踪MSCI指数最大的新兴市场基金是贝莱德（Blackrock）旗下安硕（iShare）的新兴市场基金，规模254亿美元。这两只基金可以说是外资布局A股的“先遣队”和“风向标”。从目前看，这两大机构都已经准备就绪了——获得相当规模的QFII或者RQFII额度。

外资进入A股，目前主要有两种形式：QFII（包括RQFII）和沪港通。沪港通是不需要申请的，重点是QFII和RQFII的情况。根据外管局最新的报告，贝莱德和领航两大国际基金公司获得的额度如下表：

贝莱德和领航两大国际基金公司所获A股额度

公司名称	额度（亿美元）	额度（亿元人民币）	类型	批准时间
贝莱德（BLACKROCK）	6.3	41	RQFII	2014-08-26
贝莱德（BLACKROCK）	12.5	81.25	QFII	2015-08-25
贝莱德（BLACKROCK）		200	RQFII	2016-05-30
领航（VANGUARD）		300	RQFII	2016-01-17

注：表中部分数据来自前海开源.

从时间来看，领航和贝莱德自2015年就开始积极布局了A股，点位在3 000～3 300点。在经历了2016年1月份熔断后，领航立即申请300亿额度，其A股RQFII额度因此也成为国际基金公司之最。贝莱德也不甘落后，立即追上，2016年5月份申请了200亿元

RQFII额度，也拥有超320亿元额度。在MSCI决议的前夕，贝莱德的创始人兼CEO Larry Fink在接受采访时说，今年如果不投资中国，投资人会后悔。

资料来源：中国基金报，2016-06-03.

三、证券中介机构

证券中介机构是为证券市场参与者提供相关服务的专业机构，按所提供服务内容的不同，可以分为证券经营机构和证券服务机构。前者是由证券监管机构依法批准设立的在证券市场上经营证券业务的金融机构，典型的如证券公司；后者是在证券市场上提供专业性服务的机构，包括会计师事务所、律师事务所、资产评估机构、证券登记结算公司、证券投资咨询公司、证券评级机构。

（一）证券经营机构

证券经营机构主要是证券公司。证券公司是按照《中华人民共和国公司法》的规定设立并经证券监督管理机构审批而成立的专门经营证券业务的金融机构。证券公司分为综合类证券公司和经纪类证券公司。前者可以从事证券承销、证券经纪和证券自营业务以及融资融券业务，而后者只能从事证券经纪业务。证券公司在国外通常被称为投资银行。

证券承销业务是证券公司代理证券发行人发行证券的中介业务，是证券公司的传统核心业务。在整个发行过程中，证券公司要为发行人提供一整套服务，包括提供建议、设计产品、制作文案、确定发行时机和发行条件，以及采取包销或代销的方式销售证券等。证券经纪业务是证券公司接受投资者委托代理买卖证券并收取佣金的证券中介业务。证券自营业务是证券公司以自己的名义买卖证券、赚取差价并承担相应风险的业务。融资融券业务是证券公司为借钱买股票的投资者提供融资服务，为卖空股票的投资者提供融券服务。

（二）证券服务机构

1. 会计师事务所

会计师事务所是依法独立承办注册会计师业务，实行自收自支、独立核算、依法纳税的中介服务机构。它是注册会计师执行业务的工作机构，通常采用合伙制，主要为上市公司、证券公司、证券交易所等提供会计报表审计、资产验证、咨询服务等相关业务。

2. 律师事务所

律师事务所是律师开展业务的工作机构。在我国，律师事务所从事的证券法律业务主要有三项：第一，为公开发行和上市的公司出具法律意见书；第二，对招股说明书的内容进行验证并制作验证笔录；第三，参与起草、审查、修改、制作股份公司的创立文件、证券发行文件、证券上市文件、证券承销协议等法律文件以及公司并购重组过程中的法律事务等。

3. 资产评估机构

资产评估机构是依照国家有关规定和数据资料，按照特定的目的，遵循适当的原则和方法，对资产价格进行评定估算的专门机构。在企业股份制改造、公司兼并收购、资产重组、资产拍卖等过程中，均需要进行资产评估。

4．证券登记结算公司

证券登记结算公司是专门为证券以及证券交易办理登记、存管、过户和资金结算交收业务的中介服务机构。我国的证券登记结算业务主要由中央国债登记结算有限责任公司和中国证券登记结算公司及其下属的上海分公司、深圳分公司承担。

5．证券投资咨询公司

证券投资咨询公司也称投资顾问，是为证券市场参与者提供专业性投资咨询的中介服务机构。投资咨询公司的主要业务是根据客户的需要开展研究，向客户提供分析报告和交易建议，帮助客户制定投资策略，确定投资计划等。

6．证券评级机构

证券评级机构是对证券或证券发行人进行评级的中介服务机构，如美国的标准普尔公司、穆迪投资者服务公司、晨星评级公司等都是国际著名的评级机构，它们给出的评级结果对市场有巨大的影响力。

四、证券监管机构和自律性组织

证券监管机构和自律性组织的职责是根据证券法规和行业规定，对证券发行、交易活动及市场参与者行为实施监督和管理，以保护投资者的利益，促进证券市场和社会经济的健康发展。

（一）证券监管机构

在我国，对证券市场进行监管的机构是中国证券监督管理委员会，即中国证监会。中国证监会是国务院直属的证券监督管理机构，按照国务院的授权和依照法律法规对我国证券市场实行集中、统一监管。其主要职责是依法制定有关证券市场监督管理的规章、规则，负责监督有关法律、法规的执行，负责保护投资者的合法权益，对全国的证券发行、交易、中介机构行为等依法实行全面监管，维持公平而有序的证券市场。经授权，中国证监会的派驻机构也在一定范围内行使监管职能。

（二）自律性组织

自律性组织是指行业协会，它发挥政府、投资者与证券经营机构之间的桥梁和纽带作用，这些组织根据行业规定实施自我监管，以确保市场公平，确保成员遵纪守法、合规经营，维护投资者和会员的合法权益，促进证券业的发展。我国证券业自律性机构主要有中国证券业协会、中国证券投资基金业协会、中国国债协会、中国银行间市场交易商协会等。

第三节 证券市场结构与功能

一、证券市场的结构

证券市场的结构是指证券市场的构成及其各部分之间的量比关系。证券市场可分为场内市场和场外市场。

（一）场内市场

场内市场即交易所交易。证券交易所是证券最主要的交易场所，它是整个证券交易市场的核心所在。交易所交易是根据国家有关证券的法律规定，有组织地、规范化地在交易所内进行证券买卖。

证券交易所交易拥有一整套科学严密的组织管理体系。证券交易所在选址上，一般选在商业或金融中心地区；在时间上，规定交易的开盘和收盘时间；在方式上，采取公开竞价的交易，通过公平合理、持续的双向竞拍方式进行；在管理上，具有严密的组织体系，只有交易所的会员才能在交易所内从事交易活动，公众则通过经纪人进行证券交易；在对象上，进入交易所交易的证券必须符合有关条件，并经严格审查批准。

（二）场外市场

在证券交易所形式之外的证券交易市场称作场外市场，通常是指柜台交易市场（店头市场）、第三市场和第四市场。

1. 柜台交易

柜台交易一般通过证券交易商来进行，采用协议价格成交。这种协商大多数在交易商之间进行，有时也在交易商与证券投资者之间进行。在柜台交易方式中，交易的证券有上市证券，也有一部分未上市证券。

2. 第三市场

第三市场是指非证券交易所成员在交易所之外买卖挂牌上市证券的场所。因此，第三市场的出现往往会对场内市场形成一定的冲击，从而增强了证券市场的竞争性，最终从客观上促使证券交易所采取相应措施来吸引顾客。

3. 第四市场

第四市场是指在大企业集团、上市公司、金融机构之间直接进行的证券买卖。由于在这个市场上进行的证券交易可以不经过证券经纪商，因此，不仅可以大大简化交易过程，而且可以大幅度地降低交易费用。

从场内市场和场外市场的角度看，我国证券市场的场内市场有沪、深证券交易所市场。从目前的定位来看，上海证券交易所的定位是主板市场，在此上市的主要是大型上市公司；深圳证券交易所的定位是中小企业板和创业板市场，在此上市的主要是具有高成长性的中小企业。沪、深证券交易所是股票、公司债券和国债的交易场所。场外市场主要有银行间债券市场、全国中小企业股份转让系统和区域性股权交易市场。银行间债券市场是各类债券包括资产支持证券发行和交易的场所。全国中小企业股份转让系统经历了“老三板”和“新三板”市场两个发展阶段。“新三板”市场是在“老三板”市场的基础上发展起来的。“老三板”市场主要是为退市上市公司和深、沪证券交易所成立之前的STAQ系统历史遗留的数家公司提供代办股份转让服务的市场。自2006年起试行中关村科技园区非上市股份有限公司进入股份报价转让系统，因为挂牌企业为高新技术企业，故称为新三板。2013年1月16日，在“新三板”基础上发展起来的全国中小企业股份转让系统在京举行揭牌仪式。截至2017年7月19日，挂牌公司达到11 275家。基础层挂牌公司9 886家，创新层挂牌公司1 389家，协议转让挂牌公司9 751家，做市转让挂牌公司1 524家。

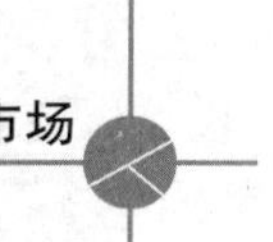

区域性股权交易市场是各地方政府创办的为未上市公司提供股份托管、股份挂牌转让和债券融资服务的私募市场，是我国多层次资本市场的重要组成部分。

随着科学技术与证券市场的发展，场内市场与场外市场之间的划分已经不很清晰，出现了多层次的证券市场结构。很多传统意义上的场外市场由于报价商和电子撮合系统的出现而具有了集中交易特征，而交易所市场也开始逐步推出兼容场外交易的交易组织形式。

二、证券市场的基本功能

证券市场以其独特的方式和活力对社会经济生活产生多方面影响，在筹集资本、引导投资、配置资源等方面有着不可替代的独特功能。

（一）筹资向投资转化功能

证券市场的筹资向投资转化功能是指证券市场一方面为资金需求者提供了通过发行证券筹集资金的机会，另一方面为资金供给者提供了投资对象。在证券市场上交易的任何证券，既是筹资的工具，也是投资的工具。在经济运行过程中，既有资金盈余者，又有资金短缺者。资金盈余者为使自己的资金价值增值，必须寻找投资对象；资金短缺者为了发展自己的业务，就要向社会寻找资金。为了筹集资金，资金短缺者可以通过发行各种证券来达到筹资的目的，资金盈余者则可以通过买入证券而实现投资。筹资和投资是证券市场基本功能不可分割的两个方面。各类经济主体通过在证券市场上发行证券筹集资金，将社会的储蓄转变为投资，作为最重要的发行者的企业是财富的创造者。证券市场的重要功能就是将社会资本配置到能够最有效地使用资本的企业中。2006—2016 年各年末，我国证券市场上市公司数量与市值（亿元）情况及我国证券市场股权融资次数与股权融资金额（亿元）情况如图 1－1 和图 1－2 所示。

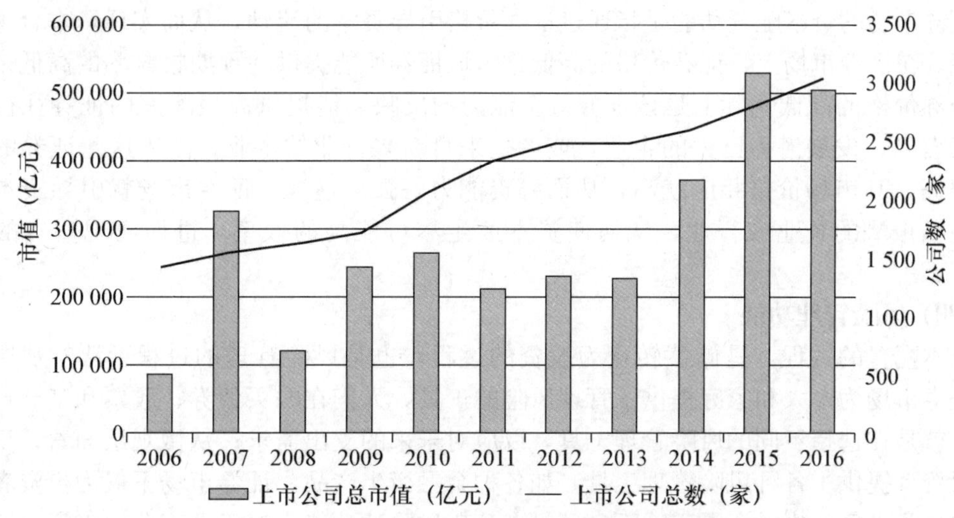

图 1－1　我国证券市场上市公司数量以及市值情况

数据来源：根据公开资料整理.

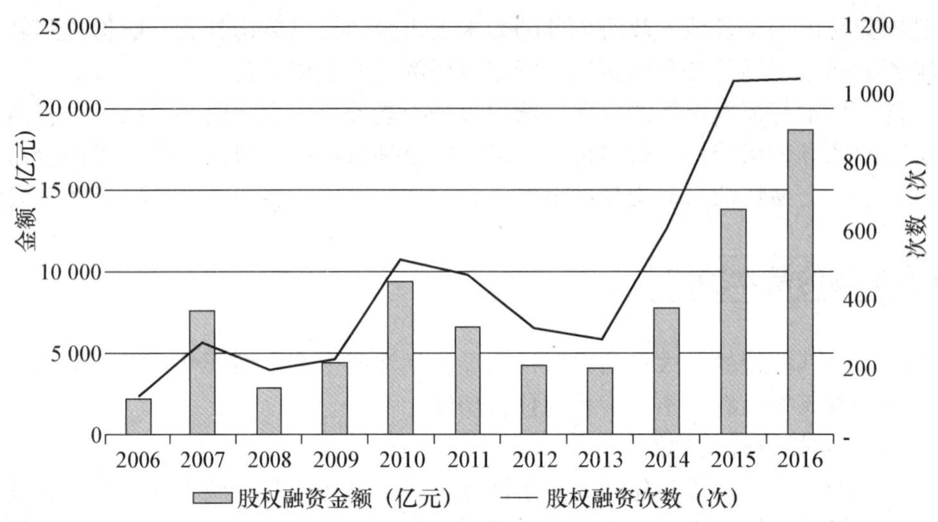

图 1-2　我国证券市场股权融资次数与股权融资金额情况

数据来源：根据公开资料整理.

（二）资本定价功能

证券市场的第二个基本功能就是为资本决定价格。证券是资本的表现形式，所以证券的价格实际上是证券所代表的资本的价格。证券的价格是证券市场上证券供求双方共同作用的结果。证券市场的运行形成了证券需求者和供给者的竞争关系，这种竞争的结果是高投资回报的资本，市场的需求就大，相应的证券价格就高；反之，证券的价格就低。因此，证券市场提供了资本的合理定价机制。

（三）资本配置功能

证券市场的资本配置功能是指通过证券价格引导资本的流动，从而实现资本合理配置的功能。在证券市场上，证券价格的高低是由该证券所能提供的预期报酬率的高低来决定的。证券价格的高低实际上是该证券筹资能力的反映。能提供高报酬率的证券往往来自那些经营好、发展潜力巨大的企业，或者是来自新兴行业的企业。由于这些证券的预期报酬率高，其市场价格相应就高，从而筹资能力就强。这样，证券市场就引导资本流向能产生高报酬的企业或行业，从而使资本产生尽可能高的效率，进而实现资本的合理配置。

（四）风险管理功能

资本配置的过程，是储蓄转化为投资的过程，也是风险管理的过程。从宏观层面上看，证券市场为个人和家庭提供了管理风险的工具，人们在购买债券、股票和基金产品的时候，就是在选择不同的风险管理工具，以应对未来的支出需求；从微观层面看，证券市场为投资者提供了各种风险管理工具，如各种金融衍生产品。证券市场不仅为投资者和融资者提供了丰富的投融资渠道，而且还具有分散风险的功能。对于上市公司来说，通过证券市场融资可以将经营风险部分地转移和分散给投资者，公司的股东越多，单个股东承担的风险就越小。另外，企业还可以通过购买一定的证券，保持资产的流动性和提高盈利水平，减少对银行信贷资金的依赖，提高企业对宏观经济波动的抗风险能力。对于投资者来

说，可以通过买卖证券和建立证券投资组合来转移和分散资产风险。投资者往往把资产分散投资于不同的对象，证券作为流动性、收益性都相对较好的资产形式，可以有效地满足投资者的需要，而且投资者还可以选择不同性质、不同期限、不同风险和收益的证券构建证券组合，分散证券投资的风险。

拓展阅读

香港股市保卫战

香港在20世纪90年代转口贸易和金融业逐渐崛起，成为颇有影响的国际金融中心。1994—1996年香港GDP年均增长率达到4.5%，同时大型国有企业如上海石化、青岛啤酒等公司纷纷在香港上市，美国摩根士丹利等投资银行和国际基金不断加大港股在投资组合中的比例，香港恒生指数在1994年2月4日达到12 157点，之后经历了一段时期的下调，随着香港回归的临近，政治经济等不明确因素逐渐消除，市场再度活跃，1997年8月7日创造出16 673点的历史新高，较1990年的2 918点，涨幅达到659%。

随着美国国内经济的复苏，美联储也开始加息抑制通胀，这导致热钱纷纷回流美国。原先受益于热钱流入的东南亚各国由于实行的是和美元挂钩的固定汇率制度，为维持固定汇率，在热钱外逃时必须买入本币。外汇储备薄弱的东南亚国家难以支撑大规模的热钱外流，这又进一步加强了本币贬值的预期，国际投机者们趁机大肆做空这些国家的货币。继泰国在1997年7月率先放弃固定汇率制后，菲律宾、印度尼西亚和马来西亚也相继放弃。我国香港成为索罗斯等国际炒家的下一个攻击目标。

1997年10月，国际炒家开始围攻香港，纷纷做空港股和港元。虽然香港外汇储备充足，足以维持币值稳定，但金管局的市场操作及相应的加息却直接导致了港股的大跌，做空者依旧获利。

1997年10月22日至28日，恒生指数下跌3 343点，累计跌幅达27%，其中10月23日单日下跌10.4%，1998年1月，恒生指数已跌破8 000点，仍遭受量子基金及老虎基金等国际游资的继续打压，到1998年8月13日指数最低跌至6 660点。

香港政府为维护港元，转变以往“积极不干预”的经济政策，采取了一系列措施在股票市场和期货市场进行应对。

1. 香港政府和金管局直接进入股市

在意识到单纯抛售美元不足以阻止投机者后，香港金管局和时任财政司司长的曾荫权在1998年8月主动向投机者宣战，动用约1 200亿港元外汇基金购买恒生指数成分股和股指期货。金管局从8月14日入市坐庄起，逐步将恒指推升至8 000点的水平。金管局在大力买入8月期指的同时卖出9月期指，拉开两者的价值差距，使得金融炒家炒作的成本上升。部分蓝筹和红筹公司也在政府的号召下回购本公司的股票，成功阻击了国际游资的做空行为。

2. 香港金管局直接进入汇市，稳定汇率和利率

香港政府用外汇基金买入港元，同时把买到的港元存到香港银行，使得机构投资者从银行借走的港元能够得到补充，使港元的供求平稳，汇率和利率可以保持稳定。

3. 限制恶意卖空行为

1998 年 8 月 31 日到 9 月 7 日，香港政府、金融管理局分别颁布了限制卖空和外汇、证券交易和结算的新规定，使炒家的投机大受限制。香港政府限制放空港元，将股票和期货的交割期限由 14 天减少为 2 天，裸卖空受到极大的限制。为了降低期指的杠杆作用，香港政府将每张期货的面值由 5 万港元/万点提升到 12 万港元/万点，香港政府还将持仓申报的限额从 500 单位降为 250 单位，加设空头未平仓合约的申报机制，使得金融炒家暴露身份。在整个救市行动中，香港政府消耗了近 13%的外汇基金，动用超过 150 亿美元的资金，远超 1993 年英国政府在“英镑保卫战”中约 77 亿美元的投入。

香港政府坚决主动做多的策略，使得国际炒家铩羽而归，恒生指数逐渐企稳回升，到 1999 年 7 月重上 14 000 点。香港政府的直接入市干预一度引发国际对香港全球金融中心地位的质疑，但事后来看，香港政府此举成功地维护了香港金融市场的稳定，非常时期的大规模救市行动更是成为十年之后的 2007 年全球金融危机中各国政府普遍的选择。

第四节　证券市场发展趋势

一、证券市场的产生与发展

（一）证券市场产生的基础

1. 信用关系是证券市场产生的基础

社会生产力的发展，促进了商品生产和交换的发展。商品交换发展到一定阶段，商品内在的矛盾运动导致货币的出现。商品经济中矛盾的进一步发展，货币资金在不同经济主体中的盈缺，使得商品买卖中出现了赊销赊购、延期付款和货币借贷行为。这就是信用关系。

在借贷信用关系运动中，需要有一种形式来证明借贷双方的债权债务关系，于是产生了借贷票据。早期的票据不能流通，随着商品经济发展，出现了可流通的有价证券，并出现了买卖转让证券的市场，即证券市场。在长期交易实践中人们发现，证券市场具有可以促进资本集中的多种功能，这样，证券和证券市场便迅速发展起来。

第二次世界大战后，西方国家经济恢复和发展较快，特别是 20 世纪 60 年代末期，由于新技术革命的兴起，各国相继进行信用制度变革，信用工具多种多样，银行信用出现证券化趋势。证券信用以银行信用为基础，但又不同于银行信用，是一种直接融资形式。证券信用的特点是把价值贮藏与价值流通功能统一起来，使投资者和筹资者都能获得一个互相选择的机制，从而使证券信用比银行信用具有更高的流动性和效益性，更有效、更灵活地提高社会资金的周转率和使用效率。

2. 股份公司是证券市场产生的前提条件

证券市场的产生和发展，与股份公司的出现与发展密不开分。1600 年，英国成立了著名的东印度公司。东印度公司采用股份形式集资，获得利润按股份分配。18 世纪初期，

英国产业革命爆发，大机器生产逐步取代工场手工业，股份公司的发展加快了步伐。

19世纪以后，股份公司已普遍存在于各产业部门。股份公司有了多种形式，典型的、成熟的形态为股份有限公司。股份有限公司是一种发行股票、合资经营的企业组织形式，它把资本划分为若干以股票表现的股份，按照一定的章程和法律程序，通过发行和认购股票的方式，把分散的资本集聚起来，形成庞大的资本，以适应生产和经营大规模发展的需要。

20世纪以后，西方各工业国家的股份公司和金融持股公司骤增，有价证券发行总额急剧上升，促使证券市场高速发展。全世界有价证券的发行额增加迅速。证券的大量发行又促进了其转让流通，这就使证券市场蓬勃发展起来。

综上所述，商品货币关系的发展推动了信用关系的产生，信用关系的发展催生了债券。股份公司的出现，导致了股票的诞生。股票和债券既要向社会公开发行，又要有交易转让的场所，于是就有了证券市场。正是因为股份公司的出现与发展，才为证券市场的产生与发展提供了前提与基础。特别是股份公司的发展，使证券市场有了迅猛的发展，有了大量的、形形色色的发行和交易对象以及蓬勃的交易活动。证券市场在现代经济中具有如此重要的地位和作用，是由股份公司来支撑和保证的。股份公司不仅为证券市场的产生，更为它的发展提供了前提条件。

（二）证券市场的发展

1. 早期的证券市场

早在资本原始积累时期，在利比亚的安特利普和法国的里昂就出现了证券交易活动。1611年，荷兰的阿姆斯特丹证券交易大厦落成，在这里主要进行荷兰东印度公司的股票交易和政府债券交易。到1613年，阿姆斯特丹证券交易所正式成立，它被认为是世界上最早的证券交易所。当时的股份公司还很少，股票不多，证券交易的主要对象是公债。随着贸易和金融中心的变化，英国代替荷兰成为欧洲经济中心，伦敦的证券交易地位日益重要起来。

2. 英国证券市场

英国的证券交易活动开始得较早。1694年英格兰银行成立，银行股票和公债出现，证券交易也逐渐兴起。当时英国政府为解决战争所引发的财政困难，发行被称为“金边债券”的政府债券，因其信用卓著，保证兑现，比较能吸引投资者。英国正式组织的第一家证券交易所成立于1773年，是伦敦证券交易所的前身。1802年3月，伦敦证券交易所的新营业大厦开业，最初主要进行政府债券交易，到1853年，伦敦证券交易大厦重建，业务进一步扩大，英国证券市场的发展已达到制度化和组织化的程度了。伦敦证券交易所是世界上最大的证券交易中心之一。

3. 美国证券市场

美国建国的历史比较短，但其经济发展的速度却相当快，证券交易对美国经济发展起着重大的促进和推动作用。18世纪末开始的产业革命迅速席卷美国，股份公司大量涌现，股票交易量增加很快。美国的第一家证券交易所是1790年成立的费城证券交易所。到1894年，美国工业产值已赶上和超过英国，跃居世界首位。第一次世界大战后，美国经济地位继续上升，各国对美国产品和资本的需求大量增加，纽约取代伦敦成为世界主要金融中心。在这一背景下，纽约证券交易所便成为主要的国际证券市场。美国纽约证券市场是由纽约证券交易所和美国证券交易所为主组成的。纽约证券交易所是世界最大的证券交易所，它具有悠久的历史。美国证券交易所是美国第二大证券交易所。

拓展阅读

纽约证券交易所

纽约证券交易所是目前世界上规模最大的有价证券交易市场。在美国证券发行之初，尚无集中交易的证券交易所，证券交易大都在咖啡馆和拍卖行里进行。1792 年 5 月 17 日，24 名经纪人在纽约华尔街和威廉街的西北角一家咖啡馆门前的梧桐树下签订了“梧桐树协定”，这便是纽约证券交易所的前身。到了 1817 年，华尔街上的股票交易已十分活跃，于是市场参加者成立了“纽约证券和交易管理处”，至此，一个集中的证券交易市场基本形成。1863 年，纽约证券和交易管理处易名为纽约证券交易所，此名一直沿用至今。由于第一次世界大战爆发，纽约证券交易所在 1914 年 7 月被关闭，但同年 11 月又重新开放，各种证券自由交易，有力地支持了美国的一战。1929 年 10 月的“黑色星期四”导致美国股票市场崩溃，股价下跌引起的恐慌又引致了美国经济的大萧条。纽约证券交易所随后推出恢复投资者信心的计划，重振了资本市场，对美国经济的复苏和发展功不可没。1971 年 2 月 18 日，纽约证券交易所成为非营利性法人团体。2005 年 4 月，纽约证券交易所宣布收购电子交易运营商 Archipelago 控股公司，纽约证券交易所从非营利性法人团体转化为营利性公司，合并后的新公司命名为纽约证券交易所集团公司，集团的股票在纽交所上市。2006 年 6 月 1 日，纽约证券交易所宣布与泛欧证券交易所合并组成纽约—泛欧证券交易所。2007 年 4 月 4 日，纽约—泛欧证券交易所正式成立，总部设在纽约，由来自 5 个国家的 6 家货币股权交易所以及 6 家衍生产品交易所共同组成，其上市公司总数约4 000家，成为当年上市公司总市值居世界第一、IPO 数量及市值居世界第一、交易量居世界第二的交易所。

在多年的发展过程中，纽约证券交易所为美国经济的发展、社会化大生产的顺利进行、现代市场经济体制的构建起到了举足轻重的作用，也是世界上规模最大，对世界经济有着重大影响的证券交易所。

4. 日本证券市场

日本的证券市场始于明治维新时期。不过在第二次世界大战前，日本证券市场一直未能发展。二战期间，证券交易所一度被解散。直到二战结束，在美国占领军的督促下，日本实行经济改革，政府采取措施发展证券市场。随着日本经济实力的增长，日本在世界经济中扮演了重要角色，触角开始伸向世界各地。东京证券交易所迁进了用电子计算机装备起来的新建筑内营业，这使它大大提高了通信速度和信息能力，服务也更精良，声誉更高。如今，东京证券交易所是仅次于纽约交易所的世界第二大证券交易所。

5. 中国香港证券市场

中国香港证券交易的历史可追溯到 1866 年。1969 年至 1972 年间，香港设立了远东交易所、金银证券交易所、九龙证券交易所，加上原来的香港证券交易所，形成了四家交易所鼎

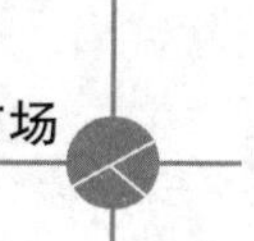

立的局面。四家交易所于1986年3月27日收市后全部停业，所有业务转移至联交所。

香港是亚太地区最重要的金融中心之一，香港证券市场就其交易品种来说，包括股票市场、衍生工具市场、基金市场、债券市场。香港市场的衍生产品种类繁多，主要可分为股票指数类衍生工具、股票衍生工具、外汇衍生工具、利率衍生工具、认股权证等五大类。在香港注册成立的基金几乎都是开放式基金。

（三）中国内地证券市场的产生与发展

中国内地的股份制最早出现于列强在中国开办的企业中。由中国人自己创办的第一家股份公司是1873年成立的上海轮船招商总局。早在1870年，中国就有了买卖外商股票的经纪人。

中国出现的第一家证券交易所是外商于1891年成立的上海股份公所。由中国人自己开办的第一家证券交易所，是1920年2月1日创立的上海证券物品交易所（即20世纪40年代的上海证券交易所的前身）。成立较早的还有1921年的天津证券物品交易所。在1949年之前，国内其他几个大城市也有证券交易活动。当时中国的证券市场，特别是上海证券市场，在世界证券交易活动中占有重要地位。

中华人民共和国成立后，保留了天津和北京两家证券交易所，短期进行过股票买卖活动。这种活动对吸收游资、稳定物价、打击投机曾起过积极作用。1952年，两家交易所先后撤销。

1978年，我国开始改革开放后，金融市场逐步放开。1984年11月，上海飞乐音响公司率先向社会公开发行50万元不偿还的股票，这是新中国第一例规范的股票发行。中国证券市场是从债券市场开始的，首先从国库券的发行开始。从1981年起，由财政部每年发行国库券，主要用于弥补建设资金的不足。此外国家还发行了重点建设债券和重点企业建设债券，国有银行还发行了金融债券。我国证券流通市场开始于1986年8月5日由沈阳市信托投资公司开办的证券交易业务。全国性的证券交易业务从1988年4月21日部分国库券的上市开始。在1990年末以前，我国的证券市场还处于试点阶段，发行和交易规模都很小。在这之后我国证券市场的发展进入一个新阶段。

1990年11月26日，上海证券交易所正式成立，并于12月19日起开张营业。深圳证券交易所于1990年12月1日试营业，于1991年7月3日正式开业。

1992年，中国证监会成立，标志着我国证券市场开始逐步纳入全国统一监管框架，全国性市场由此开始发展。我国证券市场在监管部门的推动下，建立了一系列的规章制度，初步形成了证券市场的法规体系。

1999年7月《证券法》的实施，以法律形式确认了证券市场的地位。2005年11月，修订后的《证券法》发布。在这期间，随着国企改革的深入，国有和非国有股份公司不断进入证券市场，成为证券市场新的组成部分，股票市场得到较快发展，上市公司数量快速增长。但是，证券市场发展过程中积累的遗留问题、制度性缺陷和结构性矛盾也逐步显现。2001年12月，我国加入世界贸易组织，此后，我国证券市场对外开放步伐明显加快。

2005年5月，我国证券市场开始进行股权分置改革，彻底解决了自1990年沪深证券交易所成立以来积累形成的股权分置问题。

2006年年底，我国已全部履行了加入世贸组织时有关证券市场对外开放的承诺。

2008年10月5日，证监会宣布启动证券公司融资融券业务试点工作，并于12月1日起正式受理券商申请融资融券业务。

创业板市场于2009年10月23日正式宣布开板，同年10月30日，首批28家公司集体在创业板打包上市交易。标志着多层次资本市场体系框架基本建成。

2010年3月16日，沪深300股指期货在中国金融期货交易所成功上市，标志着证券市场制度创新取得新的突破。融资融券和股指期货的推出为资本市场提供了双向交易机制，这是中国证券市场金融创新的又一重大举措。

2012年8月、2013年2月，转融资和转融券业务陆续推出，有效地扩大了融资融券发展所需的资金和证券来源。

2013年11月，中国共产党第十八届中央委员会第三次全体会议召开，全会提出的对金融领域的改革，为证券市场带来了新的发展机遇。2013年11月30日，中国证监会发布《关于进一步推进新股发行体制改革的意见》，新一轮新股发行制度改革正式启动。2013年12月，新三板准入条件进一步放开，新三板市场正式扩容至全国。2014年5月，证监会印发《关于进一步推进证券经营机构创新发展的意见》，就进一步推进证券经营机构创新发展，建设现代投资银行、支持业务产品创新、推进监管转型提出了15条意见。2015年11月，证监会发布《关于进一步推进全国中小企业股份转让系统发展的若干意见》，进一步强调加快发展全国股转系统的重要意义，进一步明确全国股转系统在多层次资本市场体系中的战略定位，进一步明确全国股转系统下一步转型发展的方向和重点，对推进全国股转系统创新发展具有重要指导意义。

2016年6月，中国证监会正式发布《证券公司风险控制指标管理办法》及配套规则，并于2016年10月1日正式实施。通过风险覆盖率、资本杠杆率、流动性覆盖率及净稳定资金率四个核心指标，构建更加合理有效的风控指标体系，进一步促进证券行业长期健康发展。2016年11月，中国证监会和香港证券及期货事务监察委员会发布联合公告，批准于2016年12月5日正式启动深港通；在沪港通试点成功的基础上，深港通的启动标志着中国资本市场在法制化、市场化和国际化方向上又迈出了坚实一步，对提升我国金融业的国际竞争力和服务实体经济的能力具有重要意义。国家产业政策对证券行业的支持，对证券行业未来发展将起到积极的促进作用。

根据中国证券业协会的统计，截至2016年12月31日，129家证券公司总资产为5.79万亿元，净资产为1.64万亿元，净资本为1.47万亿元，客户交易结算资金余额（含信用交易资金）1.44万亿元，托管证券市值33.77万亿元，资产管理业务受托资金总额为17.82万亿元。129家证券公司2016年实现营业收入3 279.94亿元，各主营业务收入分别为代理买卖证券业务净收入（含席位租赁费）1 052.95亿元、证券承销与保荐业务净收入519.99亿元、财务顾问业务净收入164.16亿元、投资咨询业务净收入50.54亿元、资产管理业务净收入296.46亿元、证券投资收益（含公允价值变动）568.47亿元、利息净收入381.79亿元，全年实现净利润1 234.45亿元，124家公司实现盈利。

随着多层次资本市场体系的建立和完善，新股发行体制改革的深化，新三板、股指期货等制度创新和产品创新的推进，我国证券市场逐步走向成熟，证券市场为我国经济提供投融资服务等功能日益突出。经过多年的发展，无论是从上市公司的数量来看，还是从融资金额、上市公司市值等方面来看，我国资本市场均已具备了相当的规模，其在融资、优化资源配置等方面为经济的发展发挥着越来越重要的作用。

二、证券市场的发展趋势

随着信息处理和电子通信领域的技术进步、资金国际流动限制的取消和宽松、国内证券市场放松监管、经营业务混业化、离岸金融市场的发展，使得无论是发达国家还是发展中国家，无论是国际还是国内，证券市场的发展都出现了一些新的特点，呈现出一些新的发展趋势。

（一）全球化

全球化是指因金融自由化和放松管制，各国证券市场相互依赖程度日益提高、国际证券市场日趋一体化、国际证券交易特别是资本流动日益超过国际商品生产和贸易的一种现象。它是经济全球化的一个重要内容，是20世纪90年代以来经济全球化最重要的标志。

1. 证券全球化的过程

真正意义上的证券全球化是20世纪90年代开始的，它与历史上的各种金融国际化现象有着一脉相承的关系，特别是20世纪70—80年代以来，发达国家普遍放松资本管制和一些新兴市场金融开放，为证券全球化做好了铺垫，其演变过程经历了以下发展阶段：

（1）离岸金融的发展阶段。

二战后，以美国为主导的布雷顿森林体系建立，西方国家之间实行严格的固定汇率制度，各国资本流动受到严格控制，各国政府对金融管制甚严。直到20世纪60年代初，欧洲美元市场出现并逐步演变成欧洲货币市场。此后，亚洲、中东和拉美的美元市场也相继发展起来，成为国际化的先导。

（2）放松金融管制阶段。

20世纪80年代后期，放松金融管制之风开始刮遍西方国家，金融监管体制、做法与观念发生重大变化。为了吸引资金，一些国家甚至出现“竞争性的放松管制”，竞相出台优惠宽松的政策。这一趋势大大提高了金融效率，推进了经济全球化，同时还规范了这些国家政府对金融的干预行为。国际资本市场和金融业务国际化在这一阶段得到了较大拓展，为真正意义上证券全球化时代的到来奠定了基础。

（3）证券全球化阶段。

20世纪90年代以来，各国纷纷告别了过去封闭的内向型战略，相继走上开放之路，一些新兴工业化经济体开始走金融自由化的道路。另外，信息技术的突破和网络经济的发展以及金融创新的层出不穷，也进一步推动了证券全球化。

2. 证券全球化的内容

金融体系是一个复杂的整体，证券的全球化意味着资金可以在国家间自由流动，证券交易的币种和范围超越国界。它具体包括以下内容：

（1）市场交易的国际化。

证券全球化实际上意味着各证券子市场交易的国际化。在资产证券化的趋势影响下，传统的以国际银行为主的间接信贷市场已让位于证券的发行和买卖。

首先，从货币市场交易的国际化来看，货币市场涉及银行间的拆借、定期存单的发行及交易和各国大银行进行的银团贷款活动。西方主要发达国家及部分发展中国家的银行及其他一些大金融机构通过货币市场筹集或运用短期资金，参与国际金融市场的活动。一些跨国公司也通过国际货币市场发行短期商业票据来融通资金。

其次，从国际资本市场交易的角度来看，为适应企业跨国经营和国内企业对外融资的需要，一些国家的政府和一些大企业纷纷进入国际资本市场融资。国际资本市场的功能在于发行国际债券和国际性的股票直接募集资金。国际债券市场一般分为两类：一类是各国在发达国家国内金融市场发行的以发行国货币计值的外汇债券，如美国的扬基债券、日本的武士债券。另一类是离岸债券市场，即欧洲债券市场发行的以多种货币计值的债券，它是以政府名义在国外发行的以第三国货币计值的债券，不受发行国法规的约束，其发行地也不一定局限于欧洲。股票市场交易的国际化体现在以下两个方面：一方面是一些重要的股票市场纷纷向外国的公司开放，允许国外公司的股票到该国的交易所上市交易，像英国的伦敦、德国的法兰克福、美国的纽约等都是国外上市公司的上市可选地；另一方面是一些国家既允许外国投资者参与本国股票市场上股票的买卖，如 1986 年 10 月 27 日被称为“大爆炸”的伦敦证券交易所改革使国外的银行、非银行金融机构及证券商等可以直接进入英国股市进行交易，也允许本国投资者买卖在国外市场交易的股票。

（2）市场参与者的国际化。

证券市场的全球化还表现为市场参与者的国际化。大企业、投资银行、保险公司、投资基金，甚至私人投资者也纷纷进入国际资本市场，参与国际投资组合，以分散投资风险，获取高收益。在这个过程中，各种非银行金融机构纷纷向全球各金融中心扩散，代理本国或国外的资金供求者的投资与筹资活动，或直接在金融市场上参与以营利为目的的交易活动。各国金融机构之间并购重组浪潮风起云涌，各种各样的投资基金在全球证券市场上取得空前的发展，大大促进了证券市场交易的国际化。

3. 全球化与证券市场开放

我国在《服务贸易总协定》中对证券市场开放所持的立场如下：

（1）证券市场准入原则。

我国所做的承诺主要有：确保在华外资证券服务提供者在取得证券服务方面享有最惠国待遇；允许外国证券服务提供者在华设立机构并有开业权；确保外资证券服务提供者在中国境内提供本国暂缺的任何形式的新金融服务。

（2）证券市场的国民待遇原则。

我国所做的承诺主要有：外国证券服务提供者在取得我国境内证券组织成员资格，进入任何形式的证券市场享有与本国证券服务提供者相同的待遇，包括投资品种、投资数量、投资比例等方面。就证券市场的透明度来说，除紧急情况之外，每一缔约方必须将其证券市场有关的法律、法规、行政命令及所有的其他决定、规定以及习惯做法，最迟在生效之前予以公布，以便给国内外市场主体有充分的时间予以了解和掌握，尽量使市场环境变得可以预见，进而决定自身的行为取向。

（3）逐步自由化原则。

中国坚持金融部门的开放必须循序渐进，在资本项目完全开放之前，外资全面进入的可能性不大，但最终会全面开放市场，使得外资能从事中国证券市场中的一切业务。

（二）自由化

证券市场自由化趋势是指西方发达国家出现的逐步放松甚至取消对金融活动的某些限制的过程。它主要表现为：(1) 减少或取消国与国之间对金融机构活动范围的限制，如国与国之间相互开放本国的金融市场，给予外国金融机构国民待遇等。(2) 放松或解除外汇管制，使资本的国际流动进程大大加快。(3) 放宽对金融机构业务活动范围的限制，允许金融机构之间的业务适当交叉。

现代计算机及通信技术飞速发展，一些新的金融工具不断地被开发出来。这些新的金融工具有效地避开和绕过了原有的管制条例，使监管者意识到许多旧的条例已不适应形势的变化，从而在客观上促进了管制的放松。金融自由化导致金融市场的竞争日趋激烈，这在一定程度上促进了金融业经营效率的提高。

（三）证券化

证券化趋势的一个表现是筹资人以证券融资逐渐取代传统的银行贷款的过程，即融资非中介化的过程。证券化趋势的另一个表现是资产证券化，即把流动性较差的资产，如金融机构的一些长期固定利率放款或企业的应收账款等通过商业银行或投资银行的集中及重新组合，以这些资产作抵押来发行证券，增强相关债权的流动性。证券化已成为国际金融市场的一个显著特点，传统的以银行为中心的融资借贷活动开始发生了新的变化。

经过几十年的发展，资产证券化产品已经成为美国债券市场非常重要的品种，市场规模巨大。从发行量来看，2006 年美国债券市场上的资产证券化产品占总规模的 49%，接近半数。2008 年次贷危机之后，资产证券化产品整体存量有所下降，增长处于放缓态势。2016 年资产证券化产品的发行规模达到了总规模的 31%。从存量来看，其存量比最高时超过 35%。

资产证券化的主要特点在于将原来不具有流动性的融资形式变成具有流动性的市场性融资。它最早起源于美国，最初是储蓄银行、储蓄贷款协会等机构的住宅抵押贷款的证券化，接着商业银行也纷纷仿效，对其债权实行证券化，以增强资产的流动性和市场性。

融资的非中介化和资产的证券化趋势表明现代金融正在由传统的银行信用阶段发展到证券信用阶段。在证券信用阶段，融资活动以有价证券作为载体，有价证券把价值的储藏功能和价值的流通功能集于一身，即意味着短期资金可以长期化，长期资金也可以短期化，从而更好地适应了现代化大生产发展对资金调节的要求。

拓展阅读

资产证券化

资产证券化是以特定资产组合或特定现金流为支持，发行可交易证券的一种融资形式。自 1970 年美国的政府国民抵押协会首次发行以抵押贷款组合为基础资产的抵押支持证券，完成首笔资产证券化交易以来，资产证券化逐渐成为一种被广泛采用的金融创新工具并得到了迅猛发展。

广义的资产证券化是指某一资产或资产组合采取证券资产这一价值形态的资产运营方

式。它包括以下四类：

（1）实体资产证券化。它是指实体资产向证券资产的转换，是以实物资产和无形资产为基础发行证券并上市的过程。

（2）信贷资产证券化。它是指将一组流动性较差的信贷资产，如银行贷款、企业的应收账款，经过重组形成资产池，使这组资产所产生的现金流收益比较稳定并且预计今后仍将稳定，再配以相应的信用担保，在此基础上把这组资产所产生的未来现金流的收益权转变为可以在金融市场上流动、信用等级较高的债券型证券进行发行的过程。

（3）证券资产证券化。它是指证券资产的再证券化过程，就是将证券或证券组合作为基础资产，再以其产生的现金流或与现金流相关的变量为基础发行证券。

（4）现金资产证券化。它是指现金的持有者通过投资将现金转化成证券的过程。

狭义的资产证券化是指信贷资产证券化。按照被证券化资产种类的不同，信贷资产证券化可分为住房抵押贷款支持的证券化（MBS）和资产支持的证券化（ABS）。

央行和银监会联合发布《信贷资产证券化试点管理办法》后，建设银行和国家开发银行获准进行信贷资产证券化首批试点。在央行和银监会的主导下，基本确立了以信贷资产为融资基础，由信托公司组建信托型破产隔离机制，在银行间债券市场发行资产支持证券并进行流通的证券化框架。

资产证券化能够将流动性较差的资产，如银行贷款、应收账款、房地产等转化为流动性较高的可交易证券，提高了基础资产的流动性，也便于投资者进行投资。但如果在资产证券化过程中过度利用财务杠杆打包基础产品，就会产生较高的杠杆风险，引发金融危机，如美国次贷危机。

（四）机构化

机构化趋势是指在金融市场的投资者中，机构投资者所占比重相对上升，个人投资者所占比重相对下降的一种趋势。机构投资者是指拥有大量资金投入资本市场的机构大户，它大体上可以分为两类：一类是保险公司、养老基金等金融机构；另一类是从事集合投资的各种投资基金。

投资机构化趋势的不断发展对金融市场产生的影响主要表现在：（1）机构化趋势在一定程度上有利于证券投资者平均素质的提高和投资行为的理性化。这是因为机构投资者集中了众多的个人投资资金，这就要求他们采取稳健而不保守、进取而不过分冒险的投资战略，运用较强的专业方法进行风险管理。机构投资者除了具备信息、知识和经验优势外，又受信托责任的制约，其投资行为与个人相比具有较强的理性。（2）机构化趋势有利于推动金融创新，从而使金融市场交易更加复杂化和成熟化。这是因为机构投资者是由相关金融专家进行投资管理的，具有个人投资者所无法比拟的信息、知识和经验优势。机构投资者不仅能够熟练运用现有的各种市场经营战略，而且具有较强的金融创新能力，尤其是使新型风险转移技术的创新得到进一步发展，金融市场交易将更趋复杂化和成熟化。（3）机构投资者在金融市场上的崛起，会引起企业传统控制模式的转变。在很多国家，企业一般是受管理部门、传统业主以及银行共同控制的。在市场上公开交易的股票数量常常只占企业资本总额的较小部分，在很多情况下，企业否决某些股东的投票权完全是正常的。但

是，由于机构投资者的壮大，股东要求企业经营更加公开，要求加强机构投资者在董事会的代表地位，要求对公司管理部门采取更加严格的经营标准，已经成为一种普遍的趋势。(4) 对于金融市场起步较晚、居民投资意识和金融知识欠缺的发展中国家来说，机构投资者可以作为集合投资的媒介，这有利于加快国内储蓄向投资的转化，推动国民经济的增长。在外汇资金短缺的国家，发展国外集合投资基金，比吸引外国直接投资简便灵活，更富魅力，可以广泛吸收国外的小额资本，同时还可避免国外投资者直接控制国内股权的问题。

(五) 电子化

随着以计算机技术、通信技术等为代表的高新技术取得突破性的进展，社会经济正在经历一场变革。在这场变革中，经济全球化、数字信息化、金融电子化是重中之重。这场变革给证券业带来了机遇与挑战，新技术在金融市场的广泛运用，使得金融市场呈现电子化的趋势，具体表现在交易电子化、交割电子化和组织电子化等方面。目前，电子交易已成为证券市场发展的战略制高点，证券公司开通了证券电子交易、电子交易咨询和投资顾问、电子投资者交流社区等证券电子商务，证券市场的电子化、证券电子商务已步入轨道，充分显示了日渐兴隆的证券市场电子化的发展前景。电子化提高了价格传输、交易执行、交割清算等交易环节的效率，极大地降低了金融市场运行的成本，但同时也带来了网络信息安全等问题，成为推进证券市场电子化进程中备受关注的问题。可以说，证券市场电子化交易已给整个证券市场带来了巨大的改变与无限的发展空间。

本章小结

1. 证券的本质是一种交易契约或合同，是用以证明权利的书面凭证，它表明证券持有人或第三者有权取得该证券拥有的特定权益，或证明其曾经发生过的行为。证券一般具有两个特征：第一，法律特征，即它本身必须是合法的，所包含的内容具备法律效力；第二，书面特征，即它必须采取书面形式或与书面形式具备同等效力的形式。

2. 证券市场是有价证券发行和交易的场所，通常包括证券发行市场和证券交易市场，是为解决资本供求矛盾和流动性而产生的市场。证券市场是财产权利直接交换的场所，是风险直接交换的场所。证券市场是一个类型众多的庞大体系，由众多的子市场体系所构成。

3. 证券市场的参与者主要包括证券发行人、证券投资者、证券中介机构、证券监管机构和自律性组织等，不同的主体在市场上扮演不同的角色。

4. 证券市场的结构是指证券市场的构成及其各部分之间的量比关系。证券市场是金融市场的重要组成部分，证券市场以其独特的方式和活力对社会经济生活产生多方面影响，在筹集资本、引导投资、配置资源等方面有着不可替代的独特功能。

5. 证券市场产生的基础是商品货币关系及信用关系的产生；股份公司为证券市场的产生与发展提供了前提条件。

6. 信息处理和电子通信领域的科技进步、资金国际流动限制的取消和宽松、国内证券市场放松监管、经营业务混业化、离岸金融市场的发展，使得证券市场的发展出现了一些新的特点，呈现出全球化、自由化、资产证券化、机构化、电子化等发展趋势。

思考题

1. 名词解释

证券　有价证券　公募证券　证券市场　股票市场　债券市场　基金市场　场内市场　柜台交易　第三市场　第四市场　证券中介机构

2. 叙述题

（1）证券的分类。

（2）证券的市场特征。

（3）证券的市场构成。

（4）证券的市场结构。

（5）证券市场的基本功能。

（6）证券市场的发展趋势。

第二章　证券投资工具

学习目标

通过本章的学习，考生应理解投资与证券投资的含义；掌握证券投资的特点及目的；掌握股票、债券、证券投资基金及各种衍生金融产品的特征和类型；熟练掌握证券投资基金与股票、债券之间的区别；掌握金融衍生工具的概念、基本特征、分类和功能。

学习方法

（1）预习法。通过预习，了解本章的内容，对证券投资的相关工具有一个初步的把握和了解。

（2）联系学习法。本章是证券投资与管理的重点。通过本章的学习，考生要在对上一章的知识点进一步掌握的基础上，对证券投资的各类工具有一个系统和全新的认识。

后面所学的所有章节都是对本章节内容在理论和实践知识上的延伸和拓展。

(3) 完成本章后面的思考题。

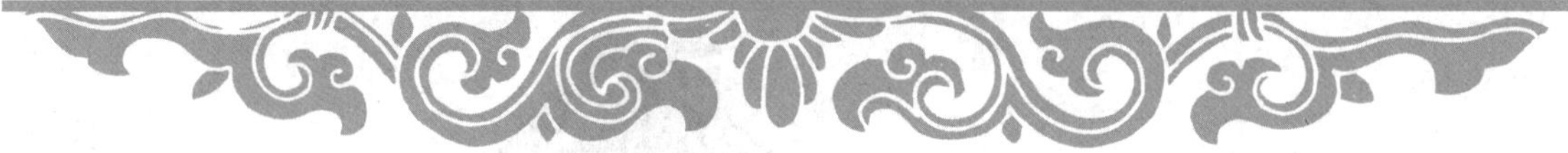

案例导读

案例 1:

“90 后”小蔡善于运用各种金融工具。小蔡进行了一段时间的基金、债券和股票的投资，但碰到股票系统性风险时，所有的证券都在下跌。小蔡听说期货这种投资工具很好，可以双向交易，涨跌都可以赚钱，好奇心驱使小蔡又开始了认真地学习。期货是一种金融衍生工具，按其交易对象的不同可以划分为商品期货和金融期货。商品期货又分工业品、农产品、其他商品等，我国有四大期货交易所。

案例 2:

巴林银行倒闭事件

巴林银行是英国历史最悠久的商业银行，成立于 1762 年。该银行集团主要包括四个部分：一是巴林兄弟公司，主要业务是公司融资、银行业务及国际资本市场交易；二是巴林证券公司，主要从事证券经纪；三是巴林基金管理部，该部门代为管理全球 400 多亿美元的机构及个人基金；四是控制美国一家投资银行 40%的股份。到 1993 年年底，巴林银行资产额为 59 亿英镑，到 1994 年 10 月，该行赢利 5 500 万英镑，英国女王伊丽莎白二世也是该行的顾客。但是这家经营良好的老牌商业银行顷刻间却陷入破产的境地。

巴林银行倒闭的直接原因是一名交易员越权使用金融衍生工具。巴林兄弟公司在新加坡的附属机构期货交易部经理尼尔森被授权从日本的股票市场与利率市场中套利，在一个市场买进一种金融工具，然后在另一个市场卖出。尼尔森在一个时期以来沽售日本政府债券和欧洲日元，并购进日经指数期货合约。1995 年 1、2 月份，尼尔森开始大量买入日经指数合约多头。不幸的是，日本股市自 1995 年初不断下滑，尼尔森并不甘心，继续入市购买，并瞒过新加坡国际期货交易所（SIMEX）和巴林银行的监管，从 1995 年 1 月底到 2 月 23 日共买进 15 000～20 000 笔日经指数期货合约，总价值达 70 多亿美元。

按照新加坡期货交易所的规定，日经股指每份期货合约需缴纳保证金 62.5 万日元，如因价格变动使得保证金降低到 50 万日元水平以下时客户补足保证金至 62.5 万日元水平。至 1995 年 2 月 23 日，新加坡期货交易所要求巴林银行为其所持多头日经期货增加保证金时，伦敦巴林银行总部方才发现尼尔森已亏损 9 亿多美元，而且因其期货合同仍在敞口，损失继续在增加。日经指数每下跌 1 点，巴林银行的损失便增加 2 000 万日元。由于巴林银行资本金加储备 1993 年底为 3.1 亿英镑，合 4.5 亿美元，而损失已达 9 亿美元，致使该行已无法独立生存，巴林银行不得不寻求英格兰银行的保护。

巴林银行宣布破产之后，金融市场受到了不小的冲击。1995 年 2 月 27 日，亚洲股市不同程度地下跌，其中日经指数下跌了 664.24 点，收市时为 16 808.70 点，跌幅为 3.8%；英镑汇率也受到极大冲击，当天英镑汇率下跌至两年多来的最低点，英国股市也受到压力。

1995 年 3 月 5 日，巴林银行被荷兰商业银行收购，至此，一场震惊全球的金融风波暂告平息，但巴林银行事件给金融市场带来的影响是深远的。

案例 3：

利用利率期货防止借款利率上涨

美国芝加哥米契贸易公司于 2016 年 6 月底向泰国华侨商人经营的大丰行出口一批电子元件，货价为 100 万美元，支付条件为货物运抵曼谷 180 天后（即 12 月底）付款。为防止延期付款的信用风险，米契贸易公司要求大丰行提供泰国第一流银行担保付款的保函。由于延期付款占压资金，米契贸易公司从芝加哥当地市场先筹借了 100 万美元资金，按年息 4%的浮动利率计息，借款期限为半年。如 2016 年 12 月底还款时，市场利率上涨，则按上涨后的利率计息。米契贸易公司为防止还款时利率上涨，增加其出口成本，使其预期利润减少，在筹借资金的同时，决定利用短期利率期货，即面值100 万美元、年利率 4%的半年期的国库券来规避利率上涨的风险，并与芝加哥交易所签订了合约。

案例 4：

大鳄栽过的跟头

（1）英国巴林银行破产案。

1995 年，业务员尼尔森投资日经 225 期货指数合约失利，合计损失相当于巴林银行的全部资产。

（2）德国 MGRM 集团期货投资案。

1994 年 1 月，德国 MGRM 集团在美国高息筹资，投资石油期货，损失 13 亿美元，相当于集团一半的资产。

（3）美国橘郡破产事件。

1994 年 12 月，美国加州橘郡财务长雪铁龙以政府名义筹资，进行票据投资，最后亏损 18 亿美元，地方政府宣布破产。

（4）日本大和银行债券投资案。

1995 年 9 月，因为交易员井口俊英账外买卖美国联邦债券，造成 11 亿美元的巨额亏损，相当于大和银行 1/7 的资产。

思考题：

1. 投资工具的种类有哪些？
2. 各种投资工具的区别是什么？
3. 投资工具的收益和风险的关系是什么？
4. 为什么说金融衍生工具是双刃剑？

第一节　证券投资概述

一、投资的含义

投资是货币转化为资本的过程，是经济实体为了获得未来的预期收益，预先垫付一定量的货币或实物以经营某项实业的经济行为。投资既包括对金融资产如股票、债券、基金或金融衍生产品的投资，也包括对实际资产如生产设备、房地产、基础设施、贵重金属及收藏品等的投资。投资具有时间性，即投入的价值或牺牲的消费是现在的，而获得的价值或消费是将来的。投资的目的在于得到报酬（利润、利息、股息、资本利得）以及财富的保值或权利的获得。投资具有风险性，即投资收益有不确定性与波动性。

二、证券投资

（一）证券投资的定义

狭义的投资仅指证券投资，是指企业或个人通过买卖有价证券，以期获得收益的投资行为。证券投资是金融投资的重要形式，证券投资的主要对象包括政府债券、企业债券和股票等有价证券。

（二）证券投资的特点及目的

证券投资的特点及目的等可参见表 2-1。

表 2-1　　证券投资的特点及目的

特点	表现
（1）流动性强	（1）证券交易频繁
（2）价格不稳定	（2）证券价格受到宏观和微观等多种因素的影响，价格起伏波动较大
（3）交易成本低	（3）证券交易成本主要是手续费和相关税金，同时，由于证券交易十分便捷，其他成本基本可以忽略不计
目的	方式
（1）暂存放闲置资金	（1）主要是通过短期投资来实现
（2）与筹集长期资金配合	（2）发行长期债券所筹集的资金暂时无用途时，可投资于有价证券
（3）满足未来的财务需求	（3）通过购买有价证券积累资金
（4）满足季节性经营对现金的需求	（4）在现金剩余时购入有价证券，在现金短缺时予以出售
（5）获得对相关企业的控制权	（5）主要通过股票投资来实现

(三) 证券投资的要素

证券投资有三个基本要素，即收益、风险与时间。

1. 收益

任何证券投资都是为了实现资产的保值和增值，获得收益是实现这一目标的必然途径。一般来说，证券投资的收益包括利息、股息等经常性收益和由证券价格涨跌所带来的资本利得两部分。

证券投资的收益水平可以用年收益率来衡量，其计算公式如下：

年收益率＝(经常性收入＋资本利得)/(投入成本×持有年数)×100％

例题：某投资者在 2016 年 1 月 1 日以每股 20 元的价格买入某股 10 000 股，于 2016 年 12 月 31 日以每股 21.5 元卖出，持股期间每股获得现金股利 0.05 元，则该投资者的年收益率是多少?

年收益率＝[0.05×10 000＋(21.5－20)×10 000]÷(20×10 000×1)×100％
＝7.75％

2. 风险

证券投资的预期收益是不确定的，一般来说，风险与收益成正比，风险越大，收益越高。但这并不代表只要承担了高风险就一定能获得高回报。同时，风险还与投资的时间跨度有关。一般来说，时间越长的投资，其风险越大。

3. 时间

对于任何证券投资，获得投资都需要经过一个时间跨度。不同的证券品种，其时间跨度是不同的。债券一般都有还本期限，而股票没有还本期限，但投资者可以根据自己的实际情况在二级市场转让股票。

第二节　股票

股票是股份公司为筹集长期资金而发行的一种有价证券，是股份公司发给股东证明其所入股份的凭证。投资者在认购了股份公司的股票以后，就成为该公司的股东，股东按其持有的股份多少，对公司经营管理、重大投资事项的决定、红利分配等享有相应的权利。股票是股东对股份公司享有权利的依据。

股票是伴随着股份有限公司的出现，由股份有限公司发行的一种有价证券。股票与股份有限公司之间存在内在的、不可分割的联系。

一、股份有限公司

股份公司是指以公司资本为股份所组成的公司，股东以其认购的股份为限对公司承担责任的企业法人。由于所有股份公司均须是负担有限责任的公司，所以称为股份有限公司。

（一）股份有限公司的性质

最早的企业组织形态是个体企业，由单个出资者出资设立，所有权和经营权归个人拥有。其后出现了合伙的企业组织形态，由两个或两个以上的出资者出资设立、共同经营，一般通过签订共同经营合同的形式来确定出资各方所承担的责任和收益分配的方式。随着社会进一步发展，出现了新的企业组织形态，即股份公司。

1. 股份公司的概念

股份公司是随着商品经济和社会化大发展而形成的一种典型的企业财产制度，是通过发行股票把分散的资金集中起来的企业组织形式。股份公司是对外享有独立的民事权利、承担民事义务、负有民事责任、依法经营的独立法人。

2. 股份公司的性质

作为独立法人，股份公司有完备的组织结构，有独立的财产并独立承担民事责任。以股份筹资形式组建股份公司并由一定人数以上的股东发起，可按照法定程序向社会公众发行股票，使不同所有者的资本融为一体，自负盈亏。股份有限公司具备独立法人资格。

股份公司的股东是公司财产的所有者，股东大会是公司的最高权力机构，股东通过股东大会选举董事会，并由董事会任命的经理人员负责公司的经营管理工作。

（二）股份公司的分类

1. 股份有限公司

股份有限公司是股份公司的一种，根据《中华人民共和国公司法》的规定，股份有限公司是指其全部资本分为等额股份，股东以其所持股份为限对公司承担责任，公司以其全部资产对公司的债务承担责任的公司。

2. 股份两合公司

股份两合公司是由无限责任股东和有限责任股东共同出资组成，是介于无限责任公司和股份有限公司之间的一种股份公司。无限责任股东管理和控制公司的经营活动，对公司债务承担无限连带清偿责任，有限责任股东一般不参与公司的经营管理，对公司债务仅以其出资额为限负有责任。

（三）股份有限公司的特征

股份有限公司与有限责任公司一起，构成了股份公司的两种基本组织形式。股份有限公司的特征如下。

1. 承担有限责任

股东以其认购的股份对公司承担有限责任。

2. 资本总额平分为等额的股份

股份有限公司的资本由不同的投资者分别投入，每个投资者投入的金额可以不等，但公司的资本（或称股本）全部划分为等额股份，股东的出资按股计算。

3. 向社会公开发行股票

股份有限公司可以按照规定向社会公开发行股票，股票可以流通，股份有限公司实行财务公开制度，定期向股东公布公司的财务报告，公开发行股票的公司还需要向社会公开财务报告，便于投资者监督。有限责任公司不发行股票，只向股东签发出资证明书，公司股份的转让有一定的限制条件，公司账目也可以不公开。

4. 股东人数有下限但无上限

在股份有限公司中，股东人数不得少于规定的数目。有限责任公司中，股东人数有数量规定，一般设最低和最高限制。

5. 股东大会是最高权力机构

股东大会是公司的最高权力机构，由股东大会选举的董事会领导公司的一切活动。

(四) 股份有限公司的设立

股份有限公司的设立，是指依照法定程序组建公司的实体并取得法人资格的行为。

1. 设立方式

股份有限公司的设立，有发起设立和募集设立两种方式。

(1) 发起设立。

发起设立是指由发起人认购公司发行的全部股份而设立的公司。采用这种方式组建的股份有限公司，实际上是在发起人中筹集全部的资本金，公司设立时的股东都是发起人。每个发起人都是公司的原始股东。发起人在认购股份后，可以一次缴足认购款，也可以分期缴纳，期限由发起人共同议定。认股款可以用现金支付，也可以按事先协议用设备、房屋、地产等实物资产，经作价后抵缴股款。发起设立方式比较简便，只要注册申请，经过批准，即可开始新公司的营业活动。

(2) 募集设立。

募集设立是指由发起人认购公司发行股份的一部分，其余部分向社会公开募集而设立公司。在我国的股份制改革中，募集设立有定向募集和社会募集两种基本形式。

①定向募集。定向募集即股份有限公司发行的股份除由发起人认购一部分外，其余的向其他法人定向募集或向本公司内部职工募集，也可以既向其他法人也向本公司内部职工募集。

②社会募集。社会募集即股份有限公司发行的股份由发起人认购一部分，其余股份向社会公众公开发行，该公司也可以公开认购一定比例的股份。

与募集设立相比，发起设立是由公司的全部发起人认购股份，而募集设立则除了发起人认购外，其他法人和社会公众都可以认购。所以，募集设立股东人数众多，这样发起人承担的风险相应比较分散。

2. 设立条件

我国的公司法明确规定了设立股份有限公司须具备的条件。

(1) 发起人要符合法定人数。

发起人是指依照有关法律规定订立发起人协议，提出设立公司申请，认购公司股份，并对公司设立承担责任者。我国《公司法》规定，设立股份有限公司，应当有5人以上为发起人，其中须有过半数以上的发起人在中国境内有住所。

(2) 法定资本最低限额。

发起人认缴和社会公开募集的股本须达到法定资本最低限额。我国《公司法》规定，股份有限公司注册资本的最低限额为人民币500万元，所以，发起人认缴和社会公开募集的股本应达到这个标准。另外，某些行业的股份有限公司注册资本最低限额需高于上述限额时，有关法律、行政法规可另行加以规定。

（3）股份发行符合法律规定。

股份有限公司设立时，其股份发行应按有关的法律规定进行，这是保证公司具备合法性的必要条件，我国《公司法》和其他相关法规对股份有限公司的股份发行等事项有具体的规定。

（4）发起人制定公司章程并经创立大会通过。

股份有限公司章程是指导公司运行的依据，起草工作应由该公司的发起人担任，并且须经公司的创立大会通过才能生效。

（5）有公司名称，建立符合股份有限公司要求的组织机构。

股份有限公司名称应在设立公司的申请书及公司章程中载明，而且要符合企业法人名称登记管理的规定。股份有限公司的组织机构应按有关法律规则的要求建立，如股东大会、董事会、监事会等均应依据《公司法》等法律规章制度运作。

（6）有固定的生产经营场所和必要的生产经营条件。

股份有限公司必须有固定的生产经营场所及必要的生产经营条件。

3. *设立程序*

组建股份有限公司要经过设立准备、申请与批准、募集股份、召开创立大会、登记注册等过程。

（1）设立准备。

发起人在正式提出设立股份有限公司申请之前的基础性工作，大致包括拟定设立方案、成立筹备工作组、资产评估、财务审计、拟定股票发行方案和聘请法律顾问等内容。

（2）申请与批准。

完成准备工作后，发起人应向政府有关部门提出设立股份有限公司的申请并提交设立公司申请书、设立公司可行性研究报告等有关文件。

（3）募集股份。

股份有限公司的设立申请获批准后，即可按规定募集股份。发起人若要向社会公开募集股份，必须向国务院证券管理部门递交募股申请。向社会公开募集股份时，必须公告招股说明书，并由依法设立的证券经营机构承销。

（4）召开创立大会。

募集股份完成后，召开创立大会，创立大会由认股人组成。创立大会行使如下职权：审议发起人关于公司筹办情况的报告；通过公司章程；选举董事会和监事会成员；对公司的设立费用进行审核；对发起人用于抵作股款的财产的作价进行审核。

（5）登记注册。

创立大会结束后，董事会应向公司登记机关申请办理公司设立登记，同时报送《公司法》规定的有关文件。公司登记机关自接到股份有限公司设立登记申请之日起规定天数内作出是否予以登记的决定。对符合《公司法》规定条件的予以登记，并发给公司营业执照。

（五）股份有限公司的组织结构

股份有限公司的组织结构主要包括股东大会、董事会、监事会、总经理。

1. 股东大会

股东是股份有限公司的投资者和股份持有人。股东作为出资者，按投入公司的资本额享有所有者的资产收益、重大决策和选择管理者等权利，并以其所持股份为限对公司承担责任。

股东大会由公司股东组成，它是股份有限公司的权力机构。股东大会的职权是决定公司的经营方针和投资计划，选举和更换董事及股东代表出任的监事，决定有关董事和监事的报酬事项，审议批准董事会的报告和监事会的报告，审议批准公司的年度财务预算方案、决算方案以及利润分配方案和亏损弥补方案，对公司增加或减少注册资本作出决议，对发行公司债券作出决议，对公司合并、分立、解散和清算等事项作出决议，修改公司章程。

2. 董事会

董事会是股份有限公司的常设权力机构，它由股东大会选出的董事组成。通常情况下，董事人数为奇数，以便表决处理事务。董事一般由本公司股东担任，但有些国家允许由有管理专长的专家担任董事（即独立董事），以利于提高管理水平，独立董事又称外部董事、独立非执行董事，其不代表出资人（包括大股东），也不代表公司管理层。

董事长为公司的法定代表人。董事会应有 1/2 以上的董事出席方可举行。董事会作出决议，必须经全体董事过半数通过。

董事的职权主要是参加公司董事会，参与决议公司业务。董事会对股东大会负责。

3. 监事会

监事会是股份有限公司的常设监督机构，其成员是监事。监事由股东大会选举产生，由股东代表和公司职工代表担任，两者比例由公司章程规定。

监事有权列席董事会会议。监事会在股东大会领导下，代表股东大会执行监督职能，从而保证公司正常有序地经营，防止公司中出现滥用职权、危害股东和第三者利益的情况。

4. 总经理

总经理是指在股份有限公司章程授权范围内，由董事会聘任的负责公司业务活动的高级职员。总经理对董事会负责，并有权列席董事会会议。总经理行使的职权有：主持公司的生产经营管理工作，组织实施董事会决议；组织实施公司年度经营计划和投资方案；拟定公司内部管理机构设置方案：拟定公司的基本管理制度；拟定公司的具体规章；提请聘任或者解聘公司副总经理、财务负责人；聘任或者解聘除应由董事会聘任或者解聘以外的管理人员；公司章程和董事会授予的其他职权。

二、股票概述

股票是一种有价证券，代表股东对企业拥有一定份额的所有权。

（一）股票的概念

股票是股份有限公司发行的、用以证明投资者的股东身份和权益，并据以获取股息和红利的凭证。股票一经发行，购买股票的投资者即成为公司的股东，股票实质上代表了股东对股份公司的所有权，股东凭借股票可以获得公司的股息和红利，参加股东大会并行使自己的权利，同时也承担相应的责任与风险。

股票作为所有权的凭证，有一定的格式。从股票的发展历史看，最初的股票票面格式既不统一，也不规范，由发行公司自行决定。随着股份制度的发展和完善，许多国家对股票票面格式作了规定，提出票面应载明的事项和具体要求。我国《公司法》规定，股票采用纸面形式或国务院证券管理部门规定的其他形式。股票应载明的事项主要有公司名称、公司登记成立的日期、股票种类、票面金额及代表的股份数、股票的编号。

（二）股票的性质

1. 股票是财产价值和财产权利的统一表现形式

持有股票一方面表示拥有一定价值量的财产，另一方面也表明股票持有人可以行使该股票所代表的权利。

2. 股票应记载一定的事项

股票记载内容应全面真实，这些事项往往通过法律形式加以规定。

3. 股票是权利的一种物化的外在形式

股票代表的是股东权利，它的发行是以股份的存在为条件的，股票只是把已存在的股东权利表现为证券的形式。

4. 股票是吸引认购者投资以筹措公司自有资本的手段

对于认购股票的人来说，购买股票就是一种投资行为。因此，股票是投入股份公司的资本份额的证券化，属于资本证券。

（三）股票的特征

1. 收益性

股票可以为持有人带来收益的特性，是股票最基本的特征。持有股票的目的在于获取收益。股票的收益可来自股份公司的股息和红利（股息和红利大小取决于公司的盈利水平和公司的盈利分配政策），也可来自股票流通买卖赚取的差价收益。

2. 风险性

股票风险的内涵是预期收益的不确定性，是指股票可能产生经济利益损失的特性。由于股票价格要受到诸如公司经营状况、供求关系、银行利率、大众心理等多种因素的影响，其波动有很大的不确定性。这种不确定性，有可能使股票投资者遭受损失。股票是一种高风险的金融产品。股票的风险性与收益性成正比。

3. 流通性

股票可以在不同投资者之间自由地进行交易。持有人可按自己的需要和市场情况灵活地转让股票。由于股票有极方便的变现能力，因而股票被视为仅次于现金资产的流动性极强的资产。这种流通性和灵活性是股票的生命力所在。

4. 永久性

永久性即不可返还性，是指股票所载有权利的有效性是始终不变的，是一种无偿还期限的有价证券。股票的有效期与股份公司的存续期间相联系。股票代表着股东的永久性投资，当然，股票持有者可以出售股票而转让其股东身份。对于股份公司来说，由于股东不能要求公司退股，所以通过发行股票筹集到的资金，在公司存续期间是一笔稳定的自有资本。

5. 决策性

股票持有人有权参与公司重大决策。股票持有人作为股份公司的股东，有权出席股东大会，对于公司经营管理具有一定的决策权，通过选举公司董事会来实现其决策权。

三、股票的价值与价格

股票作为一种有价证券，体现着一定的价值，并以一定的价格在股票市场上进行流通买卖。

(一) 股票的价值

从本质上讲，股票是用以证明持有人具有财产权利的有价证券，股票在实际生活中存在价值，它代表着获取利益的权利，能够给持有者带来股息、红利收入。股票的价值就是用货币来衡量的作为获利手段的价值。股票流通转让的实质是获利凭证的让渡。

1. 票面价值

票面价值也称股票面值，它是股份有限公司在其所发行的股票上标明的票面金额，它是认购者向股份有限公司投资的货币价值以及该投资在公司资本总额中所占的比例，是确认股东权利的依据。股票的票面价值仅在初次发行时有一定意义，如果股票以面值发行，则股票面值的总和即为公司的资本金总额。随着时间的推移，公司的资产会发生变化，股票的市场价格会逐渐背离面值。

2. 账面价值

账面价值又称股票净值或每股净资产，是指每股股票所包含的实际资产价值。它是股份有限公司财务报表的计算结果，其计算方法是：公司资本额加上公司的各种公积金，再加上公司的累积盈余所得款额成为公司账面净值总额，以净值总额除以发行股票的股数就是每股的净值。股票的账面价值是公司经营管理者、证券分析师和投资者分析公司财务状况的重要指标。

3. 清算价值

清算价值是指股份有限公司解散进行清算时，股票的每一股份所代表的实际价值。公司解散时办理清算事宜的程序为变卖财产、收回债权、清偿债务、分配剩余财产。最终每股所能分到的剩余财产就是该股票的清算价值。

4. 市场价值

市场价值也称股票的市值，指股票在股票市场进行交易过程中所具有的价值。股票的市场价值由于受到市场各种因素的影响，是一种经常变动的数值，直接反映了股票的市场行情。

(二) 股票的价格

1. 股票的发行价格

它是指股份有限公司将股票公开发行给特定或非特定投资者所采用的价格。按照与股票面值的关系，发行价格可以分为面值发行、折价发行和溢价发行。在股票发行价格中，溢价发行或者面值发行都是允许的，但是不允许以低于股票票面的价格发行，即折价发行。因为这种发行价格会使公司实有资本少于公司应有的资本，致使公司资本中存在虚数，不符合公司资本充实原则。另外，公司以低于票面金额的价格发行股票，实际上就意味着公司对债权人有负债行为，不利于保护债权人的利益。在确定股票发行价格时，应综合考虑公司的盈利水平、发展潜力、发行数量、行业特点以及股市状态等影响发行价的基本因素。

2. 股票的理论价格

股票的理论价格是指依据理论计算出来的股票价格。它完全不同于股票的实际价格，有时两者相差很大。理论价格是股票实际价格形成的基础，它的变动决定着实际价格的变动，实际价格往往围绕着理论价格波动。股票的理论价格是资本化的股息。对于投资者来说，股息与利息有同样的意义，即购买股票所获得的股息与同样多的资金存入银行所获的利息比较，然后再把资金投入收益率较高的一方。如果股息率高于利息率，人们对股票的需求增大，股票价格就会上涨，股息率就会下降，直至股息率与市场利息率相一致为止。股息率与股票的理论价格之间的计算公式为：

股票理论价格＝股息收益/利息率

股票理论价格决定于两个因素：一个因素是预期的股息收益，它与股价成正比，即预期的股息收益高，股价就高；预期的股息收益低，股价就低。另一个因素是银行的利息率，它与股价成反比。银行的利息率高，则股价低；反之则股价高。通常银行存款利率总是低于股息收益率，因为投资股票的风险大于银行存款，股息收益率中包含了投资风险的收益。

例题：甲公司股票当年派发现金股息，每股 0.2 元，若同期市场利率为 2%，则甲公司股票的理论价格是多少？

股票理论价格＝股息收益/利息率＝0.2÷2%＝10 元

在现实中，股票理论价格与股票实际价格并不一致，但是计算它能为预测股票市场价格的变动趋势提供重要依据。因为决定股票理论价格的两个因素，也是决定股票市场价格的两个最基本因素，所以投资者常用股票理论价格来分析研究或预测股票市场价格变动的规律性，为投资决策提供参考依据。

3. 股票的市场价格

股票的市场价格是股票在交易市场上流通转让时的价格。它的最大特点是不确定性。当股票完成了发行进入交易市场后，就处于不断的流动过程中，便脱离了股份有限公司的直接支配，成为股票持有者的独立财产。股票的市场价格又可分为开盘价格、收盘价格、最高价格、最低价格、平均价格、最新价格等。这些价格反映了股票交易的不同行情，对于投资者具有一定的参考价值。

四、股票的分类

股票的形式多种多样，可从不同角度对其进行分类。

(一) 按是否记名分类

股份有限公司在发行股票时，可以发行各种不同的股票，股票按是否记载股东姓名，可分为记名股票和不记名股票。

1. 记名股票

记名股票是将股东姓名或名称记载于股票票面并同时记载于公司股东名册的股票。记名股票所包含的股东权益归属于记名股东，只有记名股东或其正式委托授权的代理人，才能行使记名股票所代表的股东权。

2. 不记名股票

不记名股票也称无记名股票，是指在股票票面不记载股东姓名或名称，也不将其载入公司名册的股票。它与记名股票相比较，只有记载姓名或名称的差别，而在股东权利内容上没有任何差异。不记名股票的权利属于股票的持有者，股东行使权利也以持有股票为依据，只要在行使权利之前向股份有限公司出示股票即为有效。

(二) 按有无面值分类

依据股票票面是否标明金额，股票可划分为有面值股票和无面值股票。

1. 有面值股票

有面值股票也称有面额股票，是指在股票的票面记载一定金额即票面价值的股票。有面值股票的票面金额等于资本总额除以股份数。有面值股票的发行，原则上应当与股票票面金额一致，但法律也允许以高于票面金额的价格予以流通发行，但一般不允许以低于票面金额的价格予以折价发行。

2. 无面值股票

无面值股票也称无面额股票，它是指在股票的票面不载明具体金额即票面价值的股票。由于它在股票票面上标明其在公司具体总额中所占的比例，因此，它又称比例股票。无面值股票与有面值股票相比较，并没有实质内容的不同，二者都代表了股东对公司资本总额的投资比例，股东享有同等的股东权。

(三) 按股东的权利分类

按照股东的权利划分，股票一般可以分为普通股股票和优先股股票。

1. 普通股股票

普通股股票是股份有限公司发行的对股东不加特别限制，股东享有平等权利，并随公司利润的大小而获取相应的股息、红利的股票。普通股股东之间的法律地位是平等的，不因股东的身份、地位、信誉、财产状况和工作能力等人身条件的不同而有差别。普通股与股份有限公司的存续时间相一致，在此期间，股东享有相应权利。普通股股票持有者按其所持有股份比例享有以下基本权利：

(1) 参与公司经营的表决权。普通股股东一般有出席股东大会的权利，有表决权和选举权、被选举权，可以间接地参与公司的经营。

(2) 参与股息红利的分配权。普通股的股利收益没有上下限，视公司经营状况好坏、利润大小而定，公司税后利润在按一定的比例提取了公积金并支付优先股股息后，再按股份比例分配给普通股股东。但如果公司亏损，则得不到股息。

(3) 优先认购新股的权利。当公司资产增值，增发新股时，普通股股东有按其原有持股比例认购新股的优先权。

(4) 请求召开临时股东大会的权利。当单独或合计持有公司百分之十以上的股东请求时，应当在两个月内召开临时股东大会。

(5) 公司破产后依法分配剩余财产的权利。普通股股东在公司破产后具有依法分配剩余财产的权利。不过这种权利要等债权人和优先股股东权利得到满足后才轮到普通股。

2. 优先股股票

优先股股票是与普通股股票相对应的一种股票，是股份有限公司发行的在公司收益和剩余资产分配方面比普通股具有优先权的股票。优先股股票并不完全具备通常定义的股票一般特征，是具有股票和债券某些共同特点的证券。

对于发行公司而言，设立和发行优先股股票，便于公司增发新股票，也有利于公司在需要时将优先股股票转换成普通股股票或公司债务。同时，由于优先股股东一般无表决权，可以避免公司经营决策权的分散。对于投资者而言，购买优先股，其收益能够得到保障，而且其收益率一般要高于公司债券以及其他债券的收益率。有些国家的公司法规定，优先股可以在设立公司时发行，也可以在公司增加股本时发行，法律不加限制。但有些国家的法律规定，优先股只能在特殊情况下，如在公司增扩新股或清理债务时才能发行。

（四）按股东性质分类

我国证券市场上的股票按照股东性质可以划分为国有股、法人股、公众股和外资股。

1. 国有股

国有股是指有权代表国家投资的部门或机构以国有资产向公司投资形成的股份，包括以公司现有资产折算成的国有股份。全民所有制企业的资产属于国家所有，因此在改组为股份公司时，就折成国有股。国家对新组建的股份公司进行投资，也构成了国有股。国有股由国务院授权的部门或机构持有。

在我国，国有资产管理部门是国有股权行政管理的专职机构。如国有股权委托持有的，国有资产管理部门一般要与被委托单位办理委托手续，订立委托协议。如国家授权投资的机构持有股权的，国有资产管理部门代授权方拟定有关协议。国有股股利收入由国有资产管理部门监督收缴，依法纳入国有资产经营预算并根据国家有关规定安排使用。国有股权可以转让，但转让应符合国家的有关规定。国有资产管理部门应考核、监督国有股持股单位正确行使权利和履行义务，维护国有股的权益。

2. 法人股

法人股是指企业法人以其依法可支配的资产向股份有限公司投资所形成的股份。法人持股所形成的也是一种所有权关系，是法人经营自身财产的一种投资行为。

3. 公众股

公众股也被称为个人股，是指社会个人或股份公司内部职工以个人合法财产购买的公司股票。公众股有两种基本形式：公司职工股和社会公众股。

公司职工股是指股份有限公司的员工在本公司公开向社会发行股票时按发行价格所认购的股份。公司职工股和内部职工股是两个完全不同的概念，在我国进行股份试点初期，出现了一批不向社会公开发行股票，只对法人和公司内部职工募集股份的股份有限公司，被称为定向募集公司，内部职工作为投资者所持有的公司发行的股份被称为内部职工股。

社会公众股是指股份公司采用募集设立方式设立时向社会公众（非公司内部职工）募集的股份。公司内部职工以外的个人认购的股份构成了社会公众股。

4. 外资股

外资股是指股份公司向外国和我国香港、澳门、台湾地区投资者发行的股票。这是我国股份公司吸收外资的一种方式。它以人民币标明面值，在发行、交易和分红时均采用外汇进行计价支付。外资股按上市地域可以分为境内上市外资股和境外上市外资股。

另外，我国股票还分成 A 股、B 股、H 股，并对其发行和流通作出严格规定。

我国 A 股市场上多种性质股票并存的局面不利于各种投资者在相同的条件下展开竞争，而且还直接影响到同股同权的公平原则；不利于股份公司的规范运作；同一股票有多种价格，股票价格难以反映公司的实际经营情况，从而使股票市场难以形成对公司管理阶层的约束；阻碍了股票的流动性，也不利于资产的优化配置。多种性质股票并存是我国经济体制改革时期和经济发展一定阶段上的一种特殊现象。2015 年开始实施的股权分置改革旨在解决这一问题，目前 A 股市场的股份已实现了全流通。

拓展阅读

影子股票

影子股票是西方国家很多公司向经营者提供长期激励性报酬的一种形式。经营者在被决定给予股票报酬时，报酬合同中会规定，如果在一定时期内公司的股票升值了，则经营者就会得到与股票市场价格相关的一笔收入。这笔收入的数量是依照合同中事先规定的股票数量来计算的，而这笔股票的数量一般与经营者的工资收入成比例。也就是说，通过影子股票的形式向经营者发放报酬，要借助于股票，但又不实际发放股票。因此，作为参照物的股票才被称为影子股票。

股权分置改革

股权分置改革是我国资本市场一项重要的制度改革，政府将以前不可以上市流通的国有股（还包括其他各种形式不能流通的股票）拿到市场上流通。改革前，沪深两个交易所 2.45 万亿元市值中，可流通的股票市值只有 8 300 亿元，国有股等不可流通的股票市值达 1.62 万亿元。如果国有股等获得了流通权，沪深两个交易所可流通的股票一下子就会多出两倍。如果再考虑到国有股基本是一元一股获得，而流通股大都是几倍、十几倍的溢价购得，流通股股东在国有股减持中所蒙受的损失也就很容易看清了。作为历史遗留的制度性缺陷，股权分置在诸多方面制约中国资本市场的规范发展和国有资产管理体制的根本性变革。这一问题随着新股发行上市不断积累，对资本市场改革开放和稳定发展的不利影响也日益突出，改革也迫在眉睫。

我国证券市场在设立之初，对国有股流通问题总体上采取搁置的办法，在事实上形成了股权分置的格局。作为推进资本市场改革开放和稳定发展的一项制度性变革，股权分置问题逐渐被提上日程。2004 年 1 月 31 日，国务院发布《国务院关于推进资本市场改革开放和稳定发展的若干意见》，明确提出“积极稳妥解决股权分置问题”。解决股权分置问题是中国证券市场自成立以来影响最为深远的改革举措，其意义甚至不亚于创立中国证券市场。股权分置改革是我国证券市场制度的一大创举，具有划时代的意义：第一，股权分置问题的解决，能够促进证券市场制度和上市公司治理结构的改善，有助于市场的长期健康发展；第二，股权分置问题的解决，可实现证券市场真实的供求关系和定价机制，有利于改善投资环境，促使证券市场持续健康发展，利在长远；第三，保护投资者特别是公众投资者合法权益的原则使得改革试点的成功成为可能，这将提高投资者信心，使我国证券市场摆脱困境，避免被边缘化，其意义重大。

五、股票投资收益

股份有限公司发行的股票，不仅是股东投资入股、取得股东身份的凭证，而且也代表着股东可以定期从股份有限公司取得一定的投资利益，即股息。

（一）股息的含义

股息是股份有限公司定期按照一定比例支付给股东的股票收益，也称为股利。一般来说，优先股按照固定的股息率优先取得股息，不以公司盈利水平大小为转移。普通股的股息一般是在支付优先股的股息之后，再根据剩余的利润数额确定和支付，因而是不固定的，在公司发生亏损时，很可能分不到股息。

（二）股息的来源

股息来源于股份有限公司的净利润。净利润是股份有限公司总利润进行各项扣除之后的利润部分，因此，净利润是股份有限公司分配股息的基础和最高限额。实际上，股份有限公司分配股息的总额一般是要少于公司的净利润的，公司都要保留一部分盈余用于增加公司资本的投入或者维持未来股息分配的稳定。通常情况下，股息只能从公司本年度净利润中分配；但是，在本年度经营亏损时，也可以用以前各年度的留存收益进行股息的分配。

股份有限公司分配的股息与其净利润成正比关系。利润增加，则股息增加；利润减少，则股息减少；没有利润，则不得分配股息。但是，股份有限公司为了维护自己的信誉，保持股票市场价格的稳定，就要尽量将股息维持在不低于公司历年水平以及同行业其他公司的分配水平，甚至在公司无盈余分配时，根据法律规定，对于法定盈余公积金超过公司资本总额50%的部分，可以作为股息进行分配。

（三）股息的形式

股份有限公司支付给股东的股息，主要有四种形式。

1. 现金股利

现金股利俗称派现，是股份有限公司以现金形式支付给股东的股息，也是最普遍、最基本的股利形式。分配现金股利，既可满足股东预期的现金收益目的，又有助于提高股票的市场价格，吸引更多的投资者。分配现金股利最为简单，是从公司净利润中支出现金直接分配。但是，如果现金股利发放太多，不利于公司资本积累，影响公司发展后劲。

2. 股票股利

股票股利俗称送股，是股份有限公司以股票的形式向股东支付的股息，通常是由股份有限公司以新增发的股票作为股利，代替现金分派给股东。采用股票股利对于股份有限公司的资产和股东的收益都没有影响，唯一的变化是将公司账户上的一部分留存收益转化为资本，即减少了留存收益，增加了公司股本。

3. 财产股利

财产股利是股份有限公司以现金以外的其他资产向股东分派股息。它可以是股份有限公司持有的有价证券或是实物。分配财产股利可以减少现金支出，满足公司再生产对资金的需要，有利于公司的发展。

上市公司根据自身的盈利水平、经营策略及市场状况会采取相应的分配形式，同时，不同的分配形式又会使股价有不同的市场表现。

(四) 股息的分配

《公司法》规定，股份有限公司分配股息的基本程序如下：首先由公司董事会根据公司的盈利水平和股息政策确定股利分配方案，然后提交股东大会审议，通过生效后董事会即可依股利分配方案向股东宣布，并在规定的付息日派发股息。股息的分配程序涉及几个重要的日期，包括分配公告日、股权登记日、除权除息日、付息日等。

1. 分配公告日

分配公告日是公司董事会决定将在某日发放股息，并向股东宣布这一分配消息的日期。

2. 股权登记日

股权登记日是股份有限公司规定的股东进行股权登记的日期。为了证明对股份有限公司享有股东权，股东必须在公司宣布的股权登记日予以登记。只有在股权登记日被记录在公司股东名册上的股东，才有资格分享股份有限公司分配的股息。

3. 除权除息日

股权登记日后的第一个交易日就是除权除息日，又称除权基准日，是指在该日及之后买进的股票不再享有送配公告中所登载的各种权利。如在股权登记日已拥有该股票，在除权除息日将股票卖出，仍然享有送配权利。

交易所在除权日当天公布除权价、除息价。除权价或除息价是在股权登记日的收盘价基础上产生的。

(1) 现金股利计算方法。

现金股利计算方法如下：

除息价＝股权登记日收盘价－每股所派现金

例题：甲公司股票当年以现金形式派发股利，每股分红 0.2 元（不考虑股利所得税），若股权登记日收盘价为 9.86 元，求除息价格。

除息价＝股权登记日收盘价－每股所派现金＝9.86－0.2＝9.66 元

(2) 股票股利送股除权价和配股除权价计算方法。

股票股利除权价分为送股除权价和配股除权价。其中：

送股除权价＝股权登记日收盘价/(1＋每股送股比例)

例题：甲公司股票当年以送股形式派发股利，每 10 股送 2 股（不考虑股利所得税），若股权登记日收盘价为 9.86 元，求除权价格。

送股除权价=股权登记日收盘价/(1+每股送股比例)
=9.86÷(1+0.2)=8.22 元

配股除权价=(股权登记日股票收盘价+每股配股比例×每股配股价)
/(1+每股配股比例)

例题：甲公司股票当年以配股形式派发股利，每 10 股配 2 股（不考虑股利所得税），配股价 5.12 元，若股权登记日收盘价为 9.86 元，求除权价格。

配股除权价=(股权登记日股票收盘价+每股配股比例×每股配股价)
/(1+每股配股比例)
=(9.86+0.2×5.12)÷(1+0.2)=9.07 元

(3) 同时送股及配股的除权价计算方法。

同时送股及配股的除权价计算方法如下：

除权价=(股权登记日股票收盘价+每股配股比例×每股配股价)
/(1+每股送股比例+每股配股比例)

例题：甲公司股票当年以送股和配股形式派发股利，每 10 股送 5 股（均不考虑股利所得税），另每 10 股配 2 股，配股价 5.12 元，若股权登记日收盘价为 9.86 元，求除权价格。

除权价=(股权登记日股票收盘价+每股配股比例×每股配股价)
/(1+每股送股比例+每股配股比例)
=(9.86+0.2×5.12)÷(1+0.5+0.2)=6.40 元

(4) 同时送股、派息、配股的除权价计算方法。

同时送股、派息、配股的除权价计算方法如下：

除权价=(股权登记日股票收盘价+每股配股比例×每股配股价−每股所派现金)
/(1+每股送股比例+每股配股比例)

例题：甲公司股票当年以现金、送股和配股形式派发股利，每股派现 0.3 元，每 10 股送 5 股（均不考虑股利所得税），另每 10 股配 2 股，配股价 5.12 元，若股权登记日收盘价为 9.86 元，求除权除息价格。

除权除息价=(股权登记日股票收盘价+每股配股比例×每股配股价
−每股所派现金)/(1+每股送股比例+每股配股比例)
=(9.86+0.2×5.12−0.3)÷(1+0.5+0.2)=6.23 元

除权除息价只能作为除权除息当日该股开盘的参考价，除权除息日开盘价仍是经过集合竞价产生的。如果大部分投资者对该股票看好，委托价相对除权除息价高，经集合竞价产生的开盘价高于除权除息价，则为填权或填息；反之，则为贴权或贴息。

拓展阅读

相关术语

含权股票：一家上市公司若宣布送股或配股，则在红利尚未分配或配股尚未进行之前，该股票被称为含权股票。

填权：除权日的开盘价不一定等于除权价，除权价只是除权日开盘价的一个参考价格。当实际开盘价高于理论除权价格时，就称为填权。

贴权：除权日的开盘价不一定等于除权价，除权价只是除权日开盘价的一个参考价格。当实际开盘价低于理论除权价格时，就称为贴权。

第三节 债券

债券与股票一样，是证券市场基本的投、融资工具。由于债券的利息通常是事先确定的，所以债券是固定利息证券的一种。

一、债券概述

债券是发行人依照法定程序发行，并约定在一定期限还本付息的有价证券。债券对于投资者来说是一种金融资产，对发行者来说是一种金融负债，债券反映投资者与发行人之间的债权债务关系。债券将筹资人与投资人之间的经济联系，以证券的形式加以体现。

作为一种标准化的借款契约，债券通常包括以下基本要素。

（一）债券的发行主体

债券的发行主体是发行债券的各类社会经济主体。一般来说，债券的发行主体包括政府、金融机构和工商企业。

（二）债券的面值

债券的面值即债券的票面价值。

1. 面值币种

面值币种即以何种货币作为债券面值的计量单位。一般来说，币种选择主要依据发行对象和实际需要确定。如果发行对象是国内经济主体，则选择本币作为面值币种。若向国外发行，则可选择发行市场所在国货币或其他可自由兑换的国际货币作为面值币种。

2. 票面金额的大小

债券面额的大小，标志着债券发行者向投资者筹集资金的数量和到期归还本金的多少。票面金额小，有利于小额投资者购买，但发行成本高，工作量大；票面金额大，有利于减少发行费用，减轻工作量。

（三）债券的票面利率

债券的票面利率是债券年利息与债券面值的比率。债券票面利率的高低，主要受银行利率、偿还期限、利率计算方法、付息频率、资本市场资金供求状况以及发行者的信誉级别等因素的影响。

债券的票面利率越低，债券价格的易变性也就越大。在市场利率提高的时候，票面利率较低的债券的价格下降较快。但是，当市场利率下降时，它们增值的潜力较大。如果一种附息债券的市场价格等于其面值，则到期收益率等于其票面利率；如果债券的市场价格低于其面值（当债券贴水出售时），则债券的到期收益率高于票面利率。反之，如果债券的市场价格高于其面值（债券以升水出售时），则债券的到期收益率低于票面利率。

（四）债券的偿还期限

债券的偿还期限是指债券从发行日起到本息偿清之日止的时间，债券偿还期限的确定主要受发行者的资金需求、未来利率的发展趋势、证券交易市场的发达程度、投资者的投资心理和行为偏好等因素的影响。

（五）债券的市场价格

债券的票面价值是债券价格形成的主要依据。一般来说，债券的发行价格与债券的面值是一致的，即平价发行。但是在实践中，发行者出于种种考虑或由于市场供求关系的影响，也可能折价发行或溢价发行。债券一旦进入证券交易市场，其交易价格常常与其票面价值、发行价格不一致。

二、债券的性质

债券就其本质属性而言，具有以下性质。

（一）债券是一种债权债务关系凭证

债券体现的是投资者与发行者之间的债权债务关系，对投资者来说，债券反映了投资者对发行者的一种债权，根据这种债权，投资者不仅能在债券拥有期享有一定的利息收入，而且有权到期收回本金；对于发行者来说，债券反映了发行者对购买者的一种负债，根据债券这一具有法律效力的契约凭证，发行者必须在契约关系解除前的期限内按照债券票面标明的利率支付债权人一定的利息，并在契约关系解除时退还债权人本金。

（二）债券是一种信用关系凭证

债券体现了发行者与投资者之间的一种借贷信用关系。对于发行者来说，发行债券实际上是从投资者那里借入了这笔资金，在资金借用期限内，发行者可以自由分配这笔资金，投资者无权影响和干预，也不得要求索还；对于投资者来说，购买债券则是对发行者贷放了这笔资金，但这只是一定期限内的资金使用权的暂时让渡，投资者保留这笔资金的所有权，到期有权索回。在这里，发行者和投资者之间正是通过债券建立起一种有限期的信用关系，发行者依据债券支付投资者利息，投资者则基于债券的信用性质为取得一定的利息收入而认购债券。

（三）债券是一种固定收益凭证

债券利息率事先固定，因而债权人风险小，收益稳定。

三、债券的特征

债券既具有证券的共性，又具有自身的特征。

(一) 偿还性

偿还性是指债券必须规定到期偿还期限，债务人必须按期向债权人支付利息和偿还本金，从发行日到偿还日为债券的期限。

(二) 流通性

债券有规定的偿还期限，是一种金融投资行为的法律凭证。债券持有人在债券到期前需要现金时，可以在证券交易市场转让变现，也可以到银行等金融机构以债券为抵押获得抵押贷款。因此，债券具有及时转换为货币的能力，即流通性。

(三) 安全性

安全性是指债券持有人的收益相对固定，不随发行者经营收益的变动而变动，并且可按期收回本金。与股票相比，债券的投资风险较小。一般来说，具有高度流动性的债券同时也是较安全的，因为它可以按一个比较稳定的价格迅速地转换为货币。债券投资风险有两种情况：第一，债务人不履行债务，即债务人不能充分和按时支付约定的利息或者偿还本金。不同债务人不履行债务的风险程度是不一样的，一般情况下，政府债券的风险低于金融债券和公司债券。第二，流通市场风险，即债券在市场上转让时因价格下跌而承受的损失。许多因素会影响债券的转让价格，其中较重要的是市场利率水平。

(四) 收益性

收益性是指债券持有者可以按规定的利率定期获得收益。这种收益主要表现为利息，即债权投资的报酬。同时，债券持有者也有可能因市场利率下降等因素导致债券价格上升而获得债券升值收益。债券的这种收益是债券的时间价值和风险价值的反映，是对债权人暂时让渡资金使用权和投资风险的补偿。

债券的偿还性、流动性、安全性和收益性之间具有相逆性关系，一般情况下很难同时兼顾。安全性高、风险小、流动性强的债券，由于投资者积极购买，会使债券价格上升，收益率也相对较低；反之，安全性差、风险较高、流动性差的债券，由于投资者缺乏购买积极性，价格下降，收益率也就相对较高。因此，投资者应根据自身的投资目的、收入状况和对市场的分析预测选择自己所需的债券，以形成最佳的投资组合。

四、债券与股票的关系

在证券市场中，债券与股票是两个最主要的品种，它们既有共同的地方，也有一些差异。

(一) 共同点

1. *两者都属于有价证券*

无论是债券还是股票，尽管它们各有特点，但它们的性质都属于有价证券，是虚拟资本，它们本身无价值，但又都是真实资本的代表。持有债券或股票，都有可能获取一定的收益，并能进行权利的行使和转让活动。债券和股票都在证券市场上交易，构成了证券市场的两大支柱。

2. 两者都是筹措资金的手段

债券和股票都是经济主体为筹资需要而发行的有价证券。经济主体在社会经济活动中必然会产生对资金的需求，从资金融通的角度看，债券和股票都是筹资手段。与向银行贷款等间接融资相比，发行债券和股票筹资的数额大、时间长、成本低，且不受贷款银行的条件限制。

3. 两者的收益率相互影响

从单个债券和股票看，它们的收益率经常会有差异，有时差距还很大。一个投资者如以等量的资金分别购买债券和股票，所得的收益也可能不一样。但是，就整个社会考察，如果市场是有效率的，那么，债券的平均利率和股票的平均收益率会大体上接近，或者其差异将反映两者的风险程度。这是因为，在市场规律的作用下，证券市场上的一种融资手段收益率的变动，会引起另一种融资手段收益率发生同向变动。从债市与股市的相互关系来看，债市是股市的避风港和资金的融通场所。一般来说，股票涨债券跌，股票跌债券涨，两者呈反方向变动。

（二）区别

1. 两者的权利不同

债券是债权凭证，反映了债券持有者与债券发行人之间的债权债务关系，债券持有者只能按期获取利息及到期收回本金，无权参与公司的经营决策。股票是所有权凭证，股票的所有者是发行股票公司的股东，普通股的股东拥有投票权，可以通过选举董事行使对公司的经营决策权和监督权。

2. 两者的发行目的及所筹资金的性质不同

发行债券是公司追加资金的需要，发行债券所筹措的资金属于公司的负债，不是公司的资本金。股票发行则是股份公司为创办企业和增加资本的需要，筹措的资金列入公司所有者权益。

3. 两者的期限不同

债券一般有规定的偿还期，期满时债务人必须按时归还本金，因此债券是一种有期限投资。股票通常是不用偿还的，一旦投资入股，股东便不能从股份公司抽回本金，因此股票是一种无期限投资，或称永久投资。

4. 两者的风险和收益不同

债券有规定的利率，可获得固定的利息。股票的股息红利不固定，一般根据公司经营情况而定。股票的风险比较大，债券的风险相对股票而言要小一些。

五、债券的分类

债券的种类繁多，各具特点。从不同的角度，按照不同的标准，债券可进行以下分类。

（一）按发行主体分类

根据筹资人的不同对债券进行分类是最常见，也是最基本、最主要的一种分类方法。

按照这种方法划分，债券可分为政府债券、金融债券和公司债券三大类。

1. 政府债券

政府债券是国家、政府机构和地方政府所发行债券的统称，是政府为筹措资金，以政府信用为基础，向投资者出具的、承诺在一定时期支付利息和到期还本的债务凭证。依政府债券的发行主体不同，政府债券又分为中央政府债券和地方政府债券。

政府债券的发行一般以公募为主。有的政府债券附有息票，持券人可以按期领取利息，有的政府债券没有息票，到期按票面金额一次还本付息。政府债券一般在国内以本币为发行币种，称为内债；有时也在国外以外币币种发行，称政府外币债券。政府在国外发行的外币债券与国外一般借款一样，构成了一个国家的外债。地方政府债券，简称地方债券，又称市政债券，它是中央政府以下各级地方政府为了特定的目的发行并偿还的债券。

2. 金融债券

金融债券是指银行及非银行金融机构依照法定程序发行并约定在一定期限内还本付息的有价证券。金融债券的发行有利于金融机构实现资产负债的最佳组合。金融债券作为主动负债工具，可以作为长期稳定的资金来源，能有效解决资产负债期限结构错配问题。金融债券有安全性好、期限较长、利率水平较高和流动性强等特点。

拓展阅读

中国央行常用票据

常备借贷便利是货币政策工具，是中国人民银行正常的流动性供给渠道，其主要功能是满足金融机构期限较长的大额流动性需求，对象主要为政策性银行和全国性商业银行。期限为1～3个月。利率水平根据货币政策调控、引导市场利率的需要等综合确定。常备借贷便利以抵押方式发放，合格抵押品包括高信用评级的债券类资产及优质信贷资产等。中国央行于2013年初创设了常备借贷便利，自2013年6月开始实施操作。自此，央行的货币政策工具又增加了一项。

中期借贷便利（Medium-term Lending Facility，MLF）于2014年9月由中国人民银行创设。中期借贷便利是中央银行提供中期基础货币的货币政策工具，对象为符合宏观审慎管理要求的商业银行、政策性银行，可通过招标方式开展。发放方式为质押方式，并需要提供国债、央行票据、政策性金融债、高等级信用债等优质债券作为合格质押品。

3. 公司债券

公司债券又称企业债券，是公司为筹措资金向社会发行的，承诺在一定期限内按规定的利率支付利息并到期还本付息的债务凭证。公司债券的特点为收益率较高、风险相对较大、清偿分配优先性等。

（二）按期限长短分类

根据偿还期限的长短，债券可分为短期债券、中期债券、长期债券和无限期债券。各国对短、中、长期债券年限的划分不完全一致，但一般来说，是按以下标准划分的。

1. 短期债券

短期债券指期限在一年以下的债券，其目的是在收入不足，存在赤字的情况下，用以平衡财务收支。

2. 中期债券

中期债券指的是期限在1年以上、10年以下的债券。

3. 长期债券

长期债券指的是期限在10年以上的债券，如美国的长期国家债券。

4. 无限期国债

无限期国债也称永久债券，它是不规定到期期限，债权人也不能要求清偿但可按期取得利息的一种债券。无限期债券多为政府发行的债券。

（三）按计息方式分类

承诺支付利息是债券发行者筹措资金的条件之一，但计算利息的方式可以不同。根据计算方式上的差异，债券可分为单利债券、复利债券、附息债券、贴现债券和累进利率债券等。在计算利息时，一般以年为时间单位。

1. 单利债券

单利债券是指在计算利息时，不论期限长短，仅按本金计息，所生利息不再加入本金计算下期利息的债券。

例题：甲投资者购买A公司发行的三年期面值1 000元的企业债券，年利3%，单利计息，求到期利息。

$$利息=面值\times年利\times期限=1\,000\times3\%\times3=90\text{ 元}$$

2. 复利债券

复利债券是指计算利息时，按一定期限将所生利息加入本金再计算利息，利滚利的债券。复利债券的利息包含了货币的时间价值。

例题：甲投资者购买A公司发行的三年期面值1 000元的企业债券，年利3%，复利计息，求到期利息。

$$利息=面值\times(1+年利)^{期限}-面值=1\,000\times(1+3\%)^3-1\,000=92.73\text{ 元}$$

3. 附息债券

附息债券是指在债券券面上附有息票，按照债券票面载明的利率及支付方式支付利息的债券。也有不附息票但仍按照约定的利率定期支付利息的定息债券，定息债券发行时规定的利率固定不变。附息债券一般限于中长期债券。

4. 贴现债券

贴现债券是指在票面上不规定利率，发行时按某一折扣率，以低于票面金额的价格发行，到期时仍按面额偿还本金的债券。贴现债券属于折价方式发行的债券，其发行价格与票面金额（即偿还价格）的差额，构成了实际的利息。

例题：甲投资者购买A公司发行的三年期面值1 000元的企业债券，按年利3%贴现发行，求实际收益率。

$$\begin{aligned}实际收益率&=利息/购买价格\\&=面值\times年利\times期限/\{[面值-(面值\times年利\times期限)]\times期限\}=3.3\%\end{aligned}$$

5. 累进利率债券

累进利率债券是指以利率逐年累进方法计息的债券。累进利率债券的利率随着时间的推移，后期利率将比前期利率更高，呈累进状态。这种债券的期限往往是浮动的，但一般会规定最短持有期和最长持有期。

例题：某企业发行五年期票面为1 000元的累进利率债券，第一年票面利率为2%，每年按照0.5%的利率水平递增，求到期利息。则有：

$$1\,000\times2\%+1\,000\times2.5\%+1\,000\times3\%+1\,000\times3.5\%+1\,000\times4\%=150\text{元}$$

（四）按利率是否固定分类

债券有不同的风险，债券风险主要来自利率的波动。根据这一特点，债券可分为固定利率债券和浮动利率债券。

1. 固定利率债券

固定利率债券是指在偿还期内利率不变的债券。在偿还期内，无论市场利率如何变化，债券持有人都按债券票面载明的利率获取利息。

2. 浮动利率债券

浮动利率债券是指利率可以变动的债券。这种债券利率的确定与市场利率挂钩，一般高于市场利率一定的百分点。当市场利率上升时，债券的利率也相应上浮；反之，当市场利率下降时，债券的利率就相应下调。

（五）按债券形态分类

债券有不同的形式，根据债券券面形态，债券可分为实物债券、凭证式债券和记账式债券。

1. 实物债券

实物债券是一种具有标准格式实物券面的债券。在标准格式的债券券面上，一般印有债券面额、债券利率、债券期限、债券发行人全称、还本付息方式等各种债券票面要素。

2. 凭证式债券

凭证式债券是一种债权人认购债券的收款凭证，而不是债券发行人制定的标准格式的债券。我国近年来通过银行系统发行的凭证式国债，券面上不印制票面金额，而是根据认购者的认购额填写实际的缴款金额，是一种国家储蓄债，可记名、挂失，以“凭证式国债收款凭证”记录债权，不能上市流通，从购买之日起计息。在持有期内，持券人如果遇到特殊情况需要提取现金，可以到购买网点提前兑取。

3. 记账式债券

记账式债券没有实物形态的票券，而是在电脑账户中作记录。在我国，上海证券交易所和深圳证券交易所可为证券投资者建立电脑证券账户，可以利用证券交易所的交易系统来交易债券。

（六）按发行区域分类

按债券的发行区域划分，债券可分为国内债券和国际债券。

1. 国内债券

国内债券是国内公司、金融机构及中央政府、地方政府等，以本国货币为单位在国内金融市场上发行的债券。

2. 国际债券

国际债券是政府、公司、金融机构以及国际金融组织等，以外国货币为单位，在国际金融市场上发行的债券。国际债券的特点是举债人属于一个国家，债券发行在另一个国家，债券不以举债人所在国货币计值。发行国际债券的目的在于弥补发行国政府的国际收支逆差或国内预算赤字。

拓展阅读

永久债券

永久债券（Perpetual Bonds）指一种不规定本金返还期限，可以无限期地按期取得利息的债券。永久债券的利息一般高于浮动利息，债券的发行人一般多为商业银行。其发行目的是扩充银行的自有资金实力。永久性债券与股票的性质相近，可以获得长期投资资本，但持有者购买的不是股票，因此不能参与企业的经营管理和利润分配，仍属于一种间接投资。从债务偿还地位来讲，当永久债券发行人发生债务危机时，一般债务偿还在先，永久债券偿还在后。永久债券的持有者除因发现公司破产或有重大财务事件外，一般不能要求公司偿还，而只能定期地获得利息收入，实际上这种债券已失去了一般公司债的性质，并且具有股票的特征，因而有人认为这是一种最彻底的公司债。在美国有一种期限为数十年甚至百年以上的公司债，也可认为是一种变相的永久公司债。

次级债券

次级债券，是指偿还次序优于公司股本权益但低于公司一般债务的一种债务形式。次级债里的“次级”与银行贷款五级分类法（正常、关注、次级、可疑、损失）里的“次级贷款”中的“次级”是完全不同的概念。次级债券里的“次级”仅指其求偿权“次级”，并不代表其信用等级一定是“次级”；五级分类法里的“次级”则是与“可疑”“损失”一并划归为不良贷款的范围。各种证券的求偿权优先顺序为：一般债务＞次级债务＞优先股＞普通股，求偿权优先级越高的证券风险越低，期望收益也越低，反之亦然。机构往往基于自身情况，根据 CAPM 模型按一定比例配置资产，以均衡自身承担的风险和获取的收益。

第四节　可转换债券

一、可转换债券的概念

可转换债券是发行人依照法定程序发行的，在一定期限内依据约定条件可以转换成发行公司股票的债券。可转换债券是一种混合型的债券形式，兼具债权和股权的双重性质，是一种可以在保本的前提下追求风险收益的投资工具。

可转换债券的持有者可以在一定时期内按一定比例或价格将其转换成债券发行公司一定数量的股票，当股票价格上涨时，可转换债券的持有人行使转换权比较有利。因此，可转换债券实质上嵌入了普通股票的看涨期权。

二、可转换债券的特征

（一）兼具债权和股权特征

可转换债券是一种被赋予了股票转换权的公司债券，是兼有公司债券和股票双重特征的金融工具。在转换以前，它是一种公司债券，具备债券的一切特征，体现的是债权债务关系，持有者是债权人；在转换成股票后，它变成了股票，具备股票的一般特征，体现产权关系，持有者由债权人变成了股权所有者。它是附有转股权的特殊债券，是一种准股票。

（二）具有双重选择权的特征

一方面，投资者可自行选择是否转股，并为此承担可转换债券利率较低的机会成本；另一方面，可转债发行人拥有是否实施赎回条款的选择权，并为此支付比没有赎回条款的可转换债券更高的利率。双重选择权是可转换公司债券最主要的金融特征，它的存在使投资者和发行人的风险、收益限定在一定的范围以内，并可以利用这一特点对股票进行套期保值，获得更加确定的收益。

三、可转换债券的发行意义

（一）增强公司证券对投资者的吸引力

发行可转换债券可以增强公司证券对投资者的吸引力，以较低的成本筹集到所需要的资金。公司一般在股市低迷、银行利率较高的情况下选择发行可转换债券。对公司来说，可转换债券的利息率较低，不仅筹资成本低，而且可以提供财务杠杆作用。可转换债券一旦转换成普通股，则能使公司将原来筹集的期限有限的资金转化成长期稳定的股本，不仅不需要偿还本金，还可省去申请发行新股的复杂手续和可观的发行费用。

（二）增加投资者的选择机会

对投资者来说，可转换债券的吸引力在于，在普通股票市场疲软或发行公司财务状况不佳股价低迷时，可以得到稳定的债券利息收入并有本金安全的法律保障，当股票市场趋于好转或是公司经营状况有所改观、股价上扬时，又可享受普通股股东的丰厚股息和资本利得。所以当投资者对公司普通股票看涨时，愿意以接受略低的利率为代价而购买可转换债券。

四、可转换债券的构成要素

可转换债券有若干要素，这些要素基本决定了可转换债券的转换条件、转股价格等总体特征。

（一）有效期限和转换期限

可转换债券的有效期限与一般债券相同，指债券从发行之日起至偿清本息之日止的时间。转换期限是指可转换债券转换为普通股份的起始日至结束日的期间。但在大多数情况下，发行人都规定一个特定的转换期限，在该期限内，允许可转换债券的持有人按转换比例或转换价格转换成发行人的股票。

（二）票面利率

可转换公司债券的票面利率由发行人根据当前市场利率水平、公司债券资信等级和发行条款确定，一般低于相同条件的不可转换公司债。可转换公司债应半年或一年付息一次，到期后5个工作日内应偿还未转股债券的本金及最后一期利息。

（三）转股比例或转股价格

可转换债券包括转股比例、转股价格和转股期限三个要素。转股比例指一定面额可转换债券可转换成普通股的股数，计算公式为：

转股比例＝可转换证券面值/转股价格

转换价格是指可转换债券转换为每股普通股份所支付的价格。计算公式为：

转换价格＝可转换证券面值/转换比例

例题：甲公司发行1 000元面值的债券，规定转股比例为200股，试计算转股价格。

转股价格＝可转换证券面值/转换比例＝1 000÷200＝5元

我国现行法规规定，可转换公司债的转换价格应以公布募集说明书前30个交易日公司股票的平均收盘价格为基础，并上浮一定幅度。

（四）赎回条款与回售条款

赎回是指发行人在发行一段时间后，可以提前赎回未到期的发行在外的可转换公司债券。赎回条件一般是当公司股票价格在一段时间内连续高于转股价格并达到一定幅度时，公司可按照事先约定的赎回价格买回发行在外尚未转股的可转换公司债券。回售是指公司股票在一段时间内连续低于转换价格达到某一幅度时，可转换公司债券持有人按事先约定的价格将所持可转债卖给发行人的行为。赎回条款和回售条款是可转换债券在发行时规定的赎回行为和回售行为发生的具体市场条件。

（五）转换价格修正条款

转换价格修正是指发行公司在发行可转换债券后，由于公司的送股、配股、增发股票、分立、合并、拆分及其他原因导致发行人股份发生变动，引起公司股票名义价格下降时对转换价格所做的必要调整。

拓展阅读

附权证的可分离公司债券

2006年5月8日，中国证监会发布《上市公司证券发行管理办法》，其中明确规定，上市公司可以公开发行认股权和债券分离交易的可转换公司债券。这种债券与可转换债券

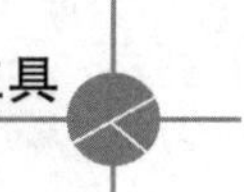

之间的区别如下：(1) 权利载体不同。可转换债券的权利载体是债券本身，因此，债券持有人即转股权所有人；附权证债券的权利载体是权证，在可分离的情况下，权证持有人可能与债券持有人相分离。(2) 行权方式不同。可转换债券持有人在行使权利时，将债券按规定的转换比例转换为上市公司股票，债券将不复存在；附权证债券发行后，权证持有人将按照权证规定的认股价格以现金认购标的股票，对债券不产生直接影响。(3) 有效期限不同。可转换债券持有人的转股权有效期通常等于债券期限，债券发行条款中可以规定若干修正转股价格的条款；附权证债券的权证有效期通常不等于债券期限。

第五节　证券投资基金

证券投资基金是一种积少成多的整体组合投资方式，它从广大的投资者那里聚集巨额资金，组建投资基金管理公司进行专业化管理和经营。

一、证券投资基金概述

证券投资基金简称基金，是一种组合投资、利益共存、风险共担的集合证券投资方式，它通过发售基金份额，将众多投资者的资金集中起来，由基金托管人托管，由基金管理人管理和运用资金，从事股票、债券等金融工具投资，并将投资收益按基金投资者的投资比例进行分配的一种集合投资方式。

(一) 证券投资基金的性质

1. 集合投资制度

证券投资基金是一种积少成多的整体组合投资方式，从众多的投资者那里聚集巨额资金，组建投资管理公司进行专业化管理和经营。

2. 信托投资方式

证券投资基金与一般金融信托的关系人一样，主要有委托人、受托人、受益人三个关系人，其中受托人与委托人之间订有信托契约。证券基金作为金融信托业务的一种形式，又有自己的特点。如从事有价证券投资主要当事人中还有一个不可缺少的托管机构，它不能与受托人（基金管理公司）由同一机构担任，而且基金托管人一般是法人；基金管理人并不对每个投资者的资金都分别加以运用，而是将其集合起来，形成一笔巨额资金加以运作。

3. 金融中介机构

证券投资基金存在于投资者与投资对象之间，起着把投资者的资金转换成金融资产，通过专门机构在金融市场上再投资，从而使货币资产增值的作用。证券投资基金的管理者对投资者所投入的资金负有经营、管理的职责，而且必须按照合同（或契约）的要求确定资金投向，保证投资者的资金安全和收益最大化。

4. 证券投资工具

证券投资基金发行的凭证即基金单位与股票、债券一起构成有价证券的三大品种。投资者通过购买基金完成投资行为，并凭之分享证券投资基金的投资收益，承担证券投资基金的投资风险。

(二) 证券投资基金的特征

证券投资基金作为一种现代化的投资工具，其主要特征包括以下方面。

1. 集合理财

集合理财是指证券投资基金公司将零散的资金巧妙地汇集起来，交给专业机构投资于各种金融工具，以谋取资产的增值。

2. 分散风险

分散风险是指证券投资基金组合投资用以降低风险、提高收益，这是基金的另一大特点。基金可以凭借其雄厚的资金，在法律规定的投资范围内进行科学组合，分散投资于多种证券，借助于资金庞大和投资者众多的优势使每个投资者面临的投资风险变小，同时，基金又利用不同的投资对象之间的互补性，达到分散投资风险的目的。

3. 专业管理

证券投资基金实行专家管理制度，这些专业管理人员都经过专门训练，具有丰富的证券投资和其他项目投资经验。他们善于利用基金与证券市场的密切联系，运用先进的技术手段分析各种信息资料，对证券市场上各种投资产品的价格变动趋势做出比较正确的预测，最大限度地避免投资决策的失误，提高投资成功率。

4. 独立托管

基金管理人负责基金的投资操作，本身并不参与基金财产的保管，基金财产的保管由独立于基金管理人的基金托管人负责，这种相互制约、相互监督的制衡机制对投资者的利益提供了重要的保证。

二、证券投资基金与股票、债券的区别

基金与股票、债券一样，都是金融投资工具，但又与股票、债券存在差异。

(一) 投资者的地位不同

股票的持有人是公司的股东，具有法定的股东权利和义务；债券的持有人是债券发行人的债权人，有权到期收回本息；基金单位的持有人是基金的受益人，是基金资产的最终所有人，其主要权利为本金受偿权、收益分配权及参与投资人大会表决权等。

(二) 所反映的经济关系不同

股票反映的是产权关系，是一种所有权凭证。债券反映的是债权债务关系，是一种债权凭证。契约型基金反映的是信托关系，是一种受益凭证。

(三) 所筹资金的投向不同

股票和债券是直接投资工具，筹集的资金主要投向实业领域；基金是间接投资工具，主要投向其他有价证券等金融工具。

(四) 风险水平不同

股票的直接收益取决于发行公司的经营效益，不确定性强，投资于股票有较大的风险。债券的直接收益取决于债券利率，而债券利率一般是事先确定的，投资风险较小。基

金主要投资于有价证券，而且投资选择相当灵活多样，从而使基金的收益有可能高于债券，投资风险又可能小于股票。因此，基金能满足那些不能或不宜于直接参与股票、债券投资的个人或机构的需要。

（五）价格影响不同

在宏观政治、经济环境一致的情况下，基金的价格主要决定于资产净值。影响债券价格的主要因素是利率。股票的价格则受供求关系的影响巨大。

（六）投资退出方式不同

债券投资是有一定期限的，期满后收回本息；股票投资是无限期的，除非公司破产、进入清算，否则投资者不得从公司收回投资，如要收回，只能在证券交易市场上按市场价格变现；投资基金则要视所持有的基金形态的不同而有区别。封闭型基金有一定的期限，期满后，投资者可按持有的份额分得相应的剩余资产，在封闭期内还可以在交易市场上变现；开放型基金一般没有期限，投资者可随时向基金管理人要求赎回。

三、证券投资基金的类型

（一）按设立方式分类

证券投资基金按设立方式划分，可分为契约型基金和公司型基金两类。

1. 契约型基金

契约型基金又称单位信托基金，是指把投资者、管理人、托管人三者作为基金的当事人，通过签订基金契约的形式，发行受益凭证而设立的一种基金。

契约型基金是基于契约原理而组织起来的代理投资行为，通过基金契约来规范三方当事人的行为。基金管理人负责基金的管理操作。基金托管人作为基金资产的名义持有人，负责基金资产的保管和处置，对基金管理人的运作实行监督。

2. 公司型基金

公司型基金是按照公司法以公司形态组成的基金，基金公司以发行股份的方式募集资金，一般投资者认购基金成为该公司的股东，凭其持有的股份依法享有投资收益。这种基金要设立董事会，重大事项由董事会讨论决定。

公司型基金的特点是基金公司的设立程序类似于一般股份公司，基金公司本身依法注册为法人，但不同于一般股份公司的是，它委托专业的财务顾问或管理公司来经营与管理；基金公司的组织结构也与一般股份公司类似，设有董事会和持有人大会，基金资产由公司所有，投资者则是公司的股东，承担风险并通过股东大会行使权利。

3. 契约型基金与公司型基金的比较

契约型基金与公司型基金的不同点有以下几个方面：

（1）资金的性质不同。

契约型基金的资金是通过发行受益凭证筹集起来的信托财产；公司型基金的资金是通过发行普通股票筹集起来的，为公司法人的资本。

（2）投资者的地位不同。

契约型基金的投资者购买受益凭证后成为基金契约的当事人之一，即受益人，无表决权；公司型基金的投资者购买基金的股票后成为该公司的股东，享有表决权。因此，契约型基金的投资者没有管理基金资产的权力，而公司型基金的股东通过股东大会享有管理基金公司的权力。

（3）基金的营运依据不同。

契约型基金依据信托法组织和营运基金；公司型基金依据基金公司章程营运基金。

（4）资本结构不同。

契约型基金只向投资者发行受益凭证；公司型基金除向投资者发行普通股外，还可以发行公司债和优先股。

（5）收益分配不同。

契约型基金的资产是信托财产，按信托契约对受益人分配收益；公司型基金筹集的资金作为公司的财产，收益按股利分配给投资人。

由此可见，契约型基金和公司型基金在法律依据、营运依据以及有关当事人扮演角色上是不同的。但对投资者来说，投资于公司型基金和契约型基金并无多大区别，它们的投资方式都是把投资者的资金集中起来，按照基金设立时所规定的投资目标和策略，将基金资产分散投资于众多的金融产品上，获取收益后再分配给投资者。

（二）按可否赎回分类

证券投资基金按可否赎回分为封闭式基金和开放式基金两类。

1. 封闭式基金

封闭式基金是指基金的发起人在设立基金时，限定了基金单位的发行总额，筹集到规定总额后即宣告成立并进行封闭，在基金合同期限内不再接受新的投资。基金单位的流通采取在证券交易所上市的办法，投资者买卖基金单位都必须通过证券经纪商在二级市场上进行竞价交易。

封闭式基金的期限是指基金的存续期，即基金从成立起到终止之间的时间。基金期限届满基金即终止，管理人应组织清算小组对基金资产进行清产核资，并将清产核资后的基金净资产按照投资者的出资比例进行公正合理的分配。

2. 开放式基金

开放式基金是指基金管理公司在设立基金时，发行基金单位的总份额不固定，可根据投资者的需求随时发行。投资者也可根据市场状况和各自的投资决策，要求发行机构按现期净资产值扣除手续费后赎回股份或受益凭证，或再投资买入股份或受益凭证，增持基金的单位份额。为了应付投资者中途抽回资金，开放式基金一般都从所筹资金中拨出一定比例，保持部分现金形式的资产。

3. 封闭式基金与开放式基金的区别

（1）存续期限不同。

封闭式基金有固定的封闭期，通常在5年以上，一般为10年或15年，经受益人大会通过并经主管机关同意可以适当延长期限。开放式基金没有固定期限，投资者可随时向基金管理人赎回基金单位。

（2）发行规模的限制不同。

封闭式基金在招募说明书中明确基金规模，在封闭期限内未经法定程序认可不能再增加发行。开放式基金没有发行规模限制，投资者在交易时间内可随时提交认购或赎回申请，基金规模随之增加或减少。

(3) 基金单位交易方式不同。

封闭式基金的基金单位在封闭期限内不能赎回，持有人只能寻求在证券交易场所出售给第三者。开放式基金的投资者则可以在首次发行结束一段时间（多为3个月）后，随时向基金管理人或中介机构提出购买或赎回申请，买卖方式灵活。

(4) 价格决定因素不同。

封闭式基金与开放式基金的基金单位除了首次发行价都是按面值加一定百分比的购买费计算外，进入流通转让阶段的交易计价方式不同。封闭式基金的买卖价格受市场供求关系的影响，常出现溢价或折价现象，但并不反映基金的净资产值。开放式基金的交易价格则取决于基金每单位净资产值的大小，其申购价一般是基金单位资产值加一定的购买费，赎回价是基金单位净资产值减去一定的赎回费，不直接受市场供求影响。

(5) 投资策略不同。

封闭式基金的基金单位数不变，资本不会减少，因此基金可进行长期投资，基金资产的投资组合能有效在预定计划内进行。开放式基金因基金单位可随时赎回，为应付投资者随时赎回兑现，基金资产不能全部用来投资，更不能把全部资本用来进行长线投资，必须保持基金资产的流动性，在投资组合上需要保留一部分现金和高流动性的金融商品。

从发达国家金融市场来看，开放式基金已成为世界投资基金的主流。世界基金发展史从某种意义上说就是从封闭式基金走向开放式基金的历史。

（三）按投资目标分类

证券投资基金按投资目标可分为成长型基金、收入型基金和平衡型基金三类。

1. 成长型基金

成长型基金是基金中最常见的一种，追求的是基金资产的长期增值。为了达到这一目标，基金管理人通常将基金资产投资于信誉度良好，有长期成长前景或长期盈余的新兴行业公司股票。成长型基金被认为具有比市场平均水平高的增长速度。成长型基金又可分为稳健成长型基金和积极成长型基金。

2. 收入型基金

收入型基金主要投资于各种可带来稳定收入的有价证券，以获取当期的最大收入为目的。收入型基金资产成长的潜力虽小，但本金损失的风险相对也较低，一般可分为固定收入型基金和股票收入型基金。固定收入型基金的主要投资对象是债券和优先股，尽管收益率较高，但长期成长的潜力很小，而且当市场利率波动时，基金净值容易受到影响。股票收入型基金的成长潜力比较大，但易受股市波动的影响。

3. 平衡型基金

平衡型基金介于收入型基金和成长型基金之间，既要谋取当期的收入，又要追求资金的长期增长。平衡型基金一般将资产分别投资于两种不同类型的证券上，并在以取得收入为目的的债券及优先股和以资本增值为目的的普通股之间进行平衡。这种基金一般将25%～50%的资产投资于债券及优先股，其余的投资于普通股。平衡型基金的主要目的是从其投资组合的债券中得到适当的利息收益，与此同时又获得普通股的升值收益。投资者既可获得当期收入，又可得到资金的长期增值，通常是把资金分散投资于股票和债券。平衡型基金的特点是风险比较低，缺点是成长的潜力不大。

(四) 按投资对象分类

证券投资基金按投资对象可分为股票基金、债券基金、货币市场基金和指数基金四类。

1. 股票基金

股票基金是指以股票为主要投资对象的证券投资基金。股票基金在各类基金中历史最为悠久，也是各国广泛采用的一种基金类型。股票基金的投资目标侧重于追求资本利得和长期资本增值。基金管理人拟定投资组合，将资金投放到一个或几个国家，甚至是全球的股票市场，以达到分散投资、降低风险的目的。与其他类型的基金相比，股票基金的风险较高，但预期收益也较高。

2. 债券基金

债券基金是一种以债券为主要投资对象的证券投资基金。债券基金主要以债券为投资对象，由于债券的年利率固定，这类基金的风险较低，适合于稳健型投资者。

债券基金的波动性通常要小于股票基金，因此，通常被投资者认为是收益、风险适中的投资工具。当债券基金与股票基金进行适当的组合投资时，常常能较好地分散投资风险，因此债券基金常常被视为组合投资中不可或缺的重要组成部分。

3. 货币市场基金

货币市场基金是以货币市场工具为投资对象的一种基金，其投资工具期限一般在一年内，包括银行大额存单、国库券、银行承兑票据及商业票据等。与其他类型的基金相比，货币市场基金具有风险低、流动性好的特点。货币市场基金通常被认为是无风险或低风险的投资。

4. 指数基金

指数基金是以特定指数为投资标的基金，并以该指数的成分股为投资对象，通过购买该指数的全部或部分成分股构建投资组合，以追踪标的指数表现的基金产品。指数基金因始终保持当期的市场平均收益水平，因而收益不会太高，也不会太低。指数基金具有以下优势：

(1) 费用低廉。

指数基金的管理费较低，尤其是交易费用较低。

(2) 风险较小。

由于指数基金的投资非常分散，基本可以消除投资组合的非系统风险，而且可以避免由于基金持股集中带来的流动性风险。

(3) 平均的投资回报。

在以机构投资者为主的市场中，指数基金可获得市场平均收益率，可以为股票投资者提供较安全的投资回报。

(4) 可以作为避险套利的工具。

对于投资者尤其是机构投资者来说，指数基金是避险套利的重要工具。指数基金由于其收益率的稳定性和投资的分散性，特别适用于社保基金等数额较大、风险承受能力较低的资金投资。

（五）按基金来源和运用国界分类

证券投资基金按基金资本来源和运用国界分为四类。

1. 国内基金

国内基金是基金资本来源于国内并投资于国内金融市场的投资基金。

2. 国际基金

国际基金是基金资本来源于国内，投资于境外金融市场的投资基金。我国目前的国际基金主要有合格的境外机构投资者（QFII）和合格的境内机构投资者（QDII）。

3. 离岸基金

离岸基金是基金资本从国外筹集并投资于国外金融市场的基金。

4. 海外基金

海外基金是基金资本从国外筹集并投资于国内金融市场的基金。

除了上述几种分类方式外，证券投资基金还可以按募集对象的不同分为公募基金和私募基金；还有专门支持高科技企业、中小企业的风险基金；因交易技巧而著称的对冲基金、套利基金以及投资于其他基金的基金中基金等。

拓展阅读

特殊类型基金

特殊基金包括伞型基金、保本基金、可转换公司债基金和对冲基金。

1. 伞型基金

伞型基金的组成，是基金下有一群投资于不同标的的子基金，且各子基金的管理工作均独立进行。投资者只要投资于任何一家子基金，即可任意转换到另一个子基金，不需要额外负担费用。在我国，购买一家基金公司的某只基金，可以通过基金转换业务，把该基金转换为该基金公司下的另一只基金，基金公司通常不收或者收取很低的基金转换费用。

2. 保本基金

保本基金是通过采用投资组合保险技术，保证投资者在投资到期时至少能够获得投资本金或一定回报的证券投资基金。

3. 可转换公司债基金

可转换公司债基金投资于可转换公司债。股市低迷时可转换公司债可享有债券的固定利息收入；股市前景较好时，可转换公司债可依当初约定的转换条件转换成股票，它具备“进可攻、退可守”特点。

4. 对冲基金

对冲基金原本是指一些基金，这些基金在运作上除了对投资市场的优质证券长期持有外，更结合沽空及金融衍生产品的买卖来进行对冲和减低风险。这类基金给予基金经理人充分授权和资金运用的自由度，基金的表现全赖于基金经理的操盘功力，以及对有获利潜能标的物的远见卓识。只要是基金经理认为“有利可图”的投资策略皆可运用，如套取长短期利率之间的利差；利用选择权和期货指数在汇市、债市、股市上套利。总之，任何投资策略皆可运用。这种类型的基金风险最高，在国外是专门针对高收入和风险承受能力高的人士或是机构发行的，一般不接受散户投资。

四、分级基金

分级基金又称结构型基金，是指在一个投资组合下，通过对基金收益或净资产的分解，形成两级（或多级）风险收益表现有一定差异的基金份额的基金品种。它的主要特点是将基金产品分为两类或多类份额，并分别给予不同的收益分配。分级基金中各个子基金的净值与份额占比的乘积之和等于母基金的净值。如果母基金不进行拆分，其本身是一个普通的基金。

根据分级子基金的性质，子基金中的A类份额可分为有期限A类约定收益份额基金、永续型A类约定收益份额基金；子基金中的B类份额又称杠杆基金，所以B类份额的基金有更大的波动。

分级基金的设计机制，主要是为了满足不同偏好投资者的个性化需求。由于分级基金在普通基金份额的基础上又分出了两类风险收益特征不同的基金份额，加上基金基础份额，一只基金就为投资者提供了三类不同风险收益特征的投资选择，同时，两类份额的上市交易又满足了二级市场投资者的交易需求。

股票（指数）分级基金的分级模式主要有融资分级模式、多空分级模式。债券型分级基金为融资分级。货币型分级基金为多空分级。

五、证券投资基金的运作

（一）证券投资基金的设立、销售和交易

基金的设立是基金运作的第一步，为了保证基金成立后能够规范、正常地管理，需严把基金设立关。

1. 证券投资基金的设立

证券投资基金设立的主要步骤包括：第一步，确定基金性质。按组织形态的不同，基金有公司型和契约型之分；按基金份额可否赎回，可分为开放型和封闭型两种，基金发起人首先应选择基金份额。第二步，选择共同发起人、基金管理人与托管人，制作各项申报文件；根据有关对基金发起人资格的规定慎重选择共同发起人，签订“合作发起设立证券投资基金协议书”，选择基金保管人，制定各种文件，规定基金管理人、托管人和投资人的责、权、利关系。第三步，向主管机关提交规定的报批文件，同时，积极进行人员培训工作，为基金成立做好各种准备。第四步，发布基金招募说明书，发售基金份额，一旦招募的资金达到有关法规规定的数额或百分比，基金即告成立，否则基金发起宣告失败。

2. 申请设立证券投资基金应提交的文件和内容

根据《证券投资基金管理暂行办法》及其实施细则，基金发起人在申请设立基金时应当向证监会提供的文件有申请报告、发起人情况、发起人协议、基金契约与托管协议、招

募说明书、发起人财务报告法律意见书和募集方案等内容。

3. 证券投资基金的销售与申购

(1) 基金销售。

我国封闭式基金都是采用自办发行方式通过证券交易所交易系统进行基金份额发行的，但开放式基金由于其交易（认购、申购、赎回）是在投资者与基金管理人或其代理人之间进行的，开放式基金份额除了由基金管理人自办发行外，一般还选择一些机构（如银行或证券公司等）代理销售。

(2) 申购程序。

投资者在认购封闭式基金的基金单位时，需开设证券交易账户或基金账户，在指定的发行时间内通过证券交易所的各个交易网点以公布的价格和符合规定的申购数量进行申购。

4. 证券投资基金的交易

(1) 基金的交易方式因基金性质不同而有所区别。

封闭式基金因有封闭期规定，在封闭期内基金规模保持不变，既不接受投资者的申购，也不接受投资者的赎回。因此，为满足投资者的变现需要，封闭式基金成立后会申请在证券交易所挂牌，交易方式类似于股票，即在投资者之间转手交易。开放式基金因其规模在基金存续期内是可变动的，除了法规允许自基金成立日开始至基金成立满 3 个月期间，依基金契约和招募说明书规定，只接受申购不办理赎回外，其余时间如无特别原因，应在每个交易日接受投资者的申购与赎回。因此，开放式基金的交易方式为场外交易，在投资者与基金管理人或其代理人之间进行交易，投资者可以在基金管理公司官网或其代理机构的营业网点进行基金份额的买卖，办理基金单位的申购与赎回。

(2) 基金的交易价格。

封闭式基金在交易所交易，价格会受到单位净资产、市场供求关系、市场预期或操纵等多种因素的影响而上下波动。

(3) 认购。

投资者在开放式基金募集期间，基金尚未成立时购买基金单位的过程称为认购。通常认购价为基金单位面值（1 元）加上一定的销售费用。基金初次发行时一般会对投资者有费率上的优惠。

(4) 申购。

在基金成立后，投资者通过基金管理公司或其销售代理机构申请购买基金单位的过程称为申购。投资者办理申购时，应填写申购申请书并交付申购款项。申购基金单位的金额是以申购日的基金单位资产净值为基础计算的。投资者为变现其基金资产，将所持有的基金单位按一定价格卖给基金管理人，并收回现金的过程称为赎回。赎回金额是以当日的单位基金资产净值为基础计算的。

（二）证券投资基金的管理与托管

在基金的运作中，有两个重要的机构，即基金管理人和基金托管人。为了保证基金资产的安全，基金应按照资产管理和保管分开的原则进行运作，并由专门的基金托管人保管基金资产。基金主要投资于证券市场，为保证基金资产的独立性和安全性，基金托管人应为基金开设独立的银行存款账户，并负责账户的管理，即基金银行账户款项收付及资金划拨等也由基金托管人负责，基金投资于证券后，有关证券交易的资金清算由基金托管人负责。基金管理人主要负责投资分析、决策，并向基金托管人发出买进或卖出证券及相关指令。因此，无论是银行存款账户的款项收付，还是证券账户的资金和证券清算，基金托管人都是按照基金管理人的指令行事，而基金管理人的指令也必须通过基金托管人来执行。

从某种程度上来说，基金托管人和基金管理人之间是一种既相互合作又相互制衡、相互监督的关系。

六、证券投资基金的费用与估值

（一）基金的费用

基金是以委托的方式请专家进行投资管理和操作的，因而从设立到终止都要支付一定的费用。通常情况下，基金所支付的费用主要有以下几个方面。

1. 管理费

管理费是指支付给实际运用基金资产、为基金提供专业化服务的基金管理人的费用，也就是管理人为管理和操作基金而收取的费用。管理费通常从基金的股息、利息收益中，或从基金资产中扣除，不另向投资者收取，有的基金也准许预提一部分管理费。

2. 托管费

托管费是指基金托管人为基金提供服务而向基金收取的费用。

3. 运作费

运作费包括支付注册会计师费、律师费、召开年会费用、中期和年度报告的印刷制作费以及买卖有价证券的手续费等。这些开销和费用是作为基金的营运成本支出的。运作费占资产净值的比率较小，通常要在基金契约中事先确定，并按有关规定支付。

4. 宣传费用

宣传费用是指基金支付广告费、宣传品支出、公开说明书和年报中报的印刷制作费、销售人员佣金、股票经纪人及财务顾问的佣金等营销费用。

5. 清算费用

清算费用是指基金终止时清算所需的费用，按清算时实际支出从基金资产中提取。

6. 开放式基金的申购费和赎回费

开放式基金的申购费可在投资人购买基金时收取，即前端申购费；也可在投资人卖出基金时收取，即后端申购费，其费率一般按持有期限递减。基金赎回费是指在开放式基金的存续期间，已持有基金份额的投资者向基金管理人卖出基金份额时所支付的手续费。

（二）基金资产的估值

投资者投资于基金的目的是获取比较稳定的收益。基金管理人作为基金的受托人，必须采取一定的方式向投资者表明基金的运行情况，其主要方法是对基金资产进行估值，并计算和公布基金的净资产值。

基金资产的估值是指对基金的资产净值按照一定的价格进行估算。基金在初次发行时即将基金总额分成若干个等额的整数份，每一份即为一份“基金单位”。在基金的运作过程中，基金单位的价格会随着基金资产净值和收益的变化而变化。为了较为准确地对基金进行计价和报价，使基金价格能较准确地反映基金的真实价值，就必须对某个时点上每份基金单位实际代表的价值予以估算，并将估值结果以资产净值的方式公布。基金管理人必须定期公布基金的资产净值。

七、投资目标

各类投资基金通常会选择其认为最能取得投资效益的资产组合和经营运作方式。根据对风险和收益的判别和追求，投资基金的运作目标可分为以下几种类型。

（一）本金安全

本金安全又分为两个方面：第一是名义上的安全，也就是回收时的本金数额与初始投资时的金额相等；第二是实际上的安全，也就是保持本金原有的购买力或价值。

（二）收入稳定

收入的稳定性是衡量证券投资基金管理人管理能力的重要因素，收益稳定的基金一般比收益波动较大的基金更能获得长期的回报。能够获得一笔稳定的收入往往是证券投资基金构建组合的依据。这些收入中既包括固定的债息或股息收入，也包括因价格变化而获得的资本增值。

（三）资本增长

资本增长为基金的持有人增加了安全感，并为基金的持有人保持资产购买力和进行基金投资提供了动机，资本增长一般通过收入的再投资和购买增值型股票而获得。不同类型的基金具有不同的投资目标，大致可以划分为三类：追求长期资本的增值、追求当期的高收入、兼顾长期资本的增值和当期收入。

八、投资原则

投资基金是集众人之金行投资之实，因此保障投资人的权益就成为其最重要的原则。同时，作为金融资产，投资基金的运作要遵循盈利性、安全性和流动性的原则。除上述原则外，受投资基金运作的特殊性所决定，投资基金的运作还应遵从稳定性、独立性、灵活性、外部性和以投资者为中心的原则。

九、投资限制

投资基金的投资对象和投资行为要受到基金契约的规定以及法律法规的限制。法律法规对投资基金的限制，各国有所不同，是各国证券主管机构及政府有关部门为保障广大投资者的利益针对所有证券投资基金制定的。

（一）投资对象的限制

我国《证券投资基金法》第 68 条规定：“开放式基金应当保持足够的现金或者政府债券，以备支付基金份额持有人的赎回款项。基金财产中应当保持的现金或政府债券的具体比例，由国务院证券监督管理机构规定。”第 72 条规定：“基金财产应当用于下列投资：（一）上市交易的股票、债券；（二）国务院证券监督管理机构规定的其他证券及其衍生品种。”

（二）投资数量的限制

我国《证券投资基金法》第 71 条规定：“基金管理人运用基金财产进行证券投资，除国务院证券监督管理机构另有规定外，应当采用资产组合的方式。资产组合的具体方式和投资比例，依照本法和国务院证券监督管理机构的规定在基金合同中约定。”

（三）特殊投资行为的限制

我国《证券投资基金法》第 73 条规定：“基金财产不得用于下列投资或者活动：（一）承销证券；（二）违反规定向他人贷款或者提供担保；（三）从事承担无限责任的投资；（四）买卖其他基金份额，但是国务院证券监督管理机构另有规定的除外；（五）向基金管理人、基金托管人出资；（六）从事内幕交易、操纵证券交易价格及其他不正当的证券交易活动；（七）法律、行政法规和国务院证券监督管理机构规定禁止的其他活动。”

十、证券投资基金的发展

（一）海外证券投资基金的发展历史

投资基金起源于英国，在 20 世纪 20 年代传入美国后，得到极大的发展和普及。英国是现代投资基金的发源地。19 世纪中期，英国凭借发展工业和对外扩张积累了大量财富，使得国内利率不断下降，资金向外寻求增值的出路。与此同时，欧美国家在推进工业化进程中急需大量资金，纷纷来英国发行各种证券筹集资金，投资信托应运而生。1868 年，世界上第一个投资信托“外国和殖民地政府信托”在英国诞生。该基金成立时募集 100 万英镑，其操作方式类似于现代的封闭式契约型基金，通过契约约束各当事人的关系，委托代理人运用和管理基金资产并实行固定利率制。

第一次世界大战后，美国经济空前繁荣，国内外投资活动异常活跃。同时，经济变动也趋于复杂化。在这种情况下，英国的投资基金制度被引入美国。第一个现代投资基金——“马萨诸塞投资信托基金”1924 年诞生于波士顿。

投资基金在美国出现后，由于 20 世纪 30 年代初期的大萧条和第二次世界大战，发展较为缓慢。1933 年美国公布了《证券法》，第二年又公布了《证券交易法》，1940 年公布了《投资公司法》。这些法律尤其是 1940 年的《投资公司法》详细规范了投资基金的组成及管理的要件，为投资者提供了完整的法律保护，从而奠定了投资基金健康发展的法律基础。美国的投资基金业拥有世界上最大的资产量和最完备的管理系统。

（二）我国证券投资基金的形成与发展

我国的投资基金起步于 1991 年，并以 1997 年 10 月《证券投资基金管理暂行办法》的颁布实施为标志，主要分为以下三个阶段。

1. 1997 年 10 月前投资基金的发展状况

1991 年 10 月，在中国证券市场刚刚起步时，由中国人民银行武汉分行和深圳南山区政府分别批准成立“武汉证券投资基金”和“深圳南山风险投资基金”，成为第一批投资基金。此后于1992年，有37家投资基金经各级人民银行或其他机构批准发行，其中“淄博乡镇企业基金”经中国人民银行总行批准，于1993年8月在上海证券交易所挂牌交易，是第一只上市交易的投资基金。

2. 规范发展阶段

1997年10月《证券投资基金管理暂行办法》的出台，标志着中国证券投资基金进入规范发展阶段。该暂行办法对证券投资基金的设立、募集与交易，基金托管人、基金管理人和基金持有人的权利和义务，投资运作与管理等都作出了明确的规范。1998年3月，金泰、开元证券投资基金的设立，标志着规范的证券投资基金开始成为中国基金业的主导方向。2001年华安创新投资基金作为第一只开放式基金，成为中国基金业发展的又一个阶段性标志。

3. 快速发展阶段

2006年6月1日，中国《证券投资基金法》正式施行，为我国基金业的发展奠定了重要的法律基础，标志着我国基金业的发展进入了一个新的发展阶段。

尽管在这一时期我国基金业的发展水平仍与国际上一些发达国家基金业的发展水平相距甚远，但这对起步较晚的中国而言，仍是一个不可忽视的进步。这一时期，证券基金行业迅速发展，基金品种日益丰富，基金公司业务多元化，使得市场的运行更加有效；基金业监管的法律体系日益完善，基金创新活动日趋活跃，基金市场不断推陈出新；基金业市场营销和服务创新日益活跃，基金管理公司开始在常规业务的基础上，推出针对特定客户的资产管理等委托理财业务，例如社保基金管理、企业年金管理、QDII基金管理等；基金市场实现了货币基金、债券指数基金、ETF基金等三大创新，基金的工具性特征越来越突出；基金公司业务开始走向多元化，出现了一批规模较大的基金管理公司；基金业对外开放程度不断提高，2014年底沪港通的推出使我国的证券投资基金业迈上了一个新的台阶，达到一个前所未有的历史新高度。

拓展阅读

基金从业人员资格考试

自2003年起，基金从业人员资格考试作为证券从业人员资格考试体系的一部分，一直由中国证券业协会组织考试工作。

2015年1月底，财政部、国家发改委下发了《关于重新发布中国证券监督管理委员会行政事业性收费项目的通知》（财税〔2015〕20号），明确了基金业协会组织基金从业人员资格考试的收费项目，自此基金从业人员资格考试正式从证券业协会移交到基金业协会。

为了适应新形势下的行业发展，基金业协会借鉴境内外经验，根据历年各方反馈的意见，对考试内容进行了调整。调整后的考试侧重实际应用，主要考核基金从业人员必备的基本知识和专业技能。考试内容涵盖基金行业概览、法律法规与职业道德、投资管理、运作管理、销售管理、内部控制和合规管理、国际化等七部分基本知识。

第六节　金融衍生工具

一、金融衍生工具概述

（一）衍生金融工具市场产生的背景

20 世纪 70 年代，随着世界性通货膨胀的发展与浮动汇率制度的推行，利率和汇率波动的风险增加。为适应利率与汇率多变的经济形势，规避利率与汇率风险，1972 年，在传统的国际金融市场与欧洲货币市场之外，美国芝加哥商品交易所设立了国际货币市场，首创外汇期货交易。1973 年又推出外币期权交易，1975 年又相继推出美国政府公债期货和商业票据期货交易，1982 年 2 月美国密苏里州堪萨斯农产品交易所又率先推出股票指数期货交易。在此期间，纽约、芝加哥期货交易所以及西方其他国家也陆续推出同类期货和期权交易。随着金融界与企业界规避利率风险与汇率风险意识的加强，这些具有防险或投机作用的金融产品品种不断扩展，交易范围不断扩大，交易金额急剧上升。这种在现实金融产品基础之上所衍生的以金融产品合约为交易对象的衍生金融工具市场在国际金融市场中日益占有重要地位。

随着自由化和国际化的逐步发展，任何有价资产的持有者都会面临各种各样的风险，金融自由化使利率、汇率、股价的波动更加频繁、剧烈，投资者迫切需要可以回避市场风险的工具，金融衍生工具由此应运而生。金融衍生工具是在货币、债券、股票等传统金融工具的基础上衍生出来的，以杠杆和信用交易为特征的金融工具。

（二）金融衍生工具的概念

金融衍生工具是指建立在货币、债券、股票等基础金融产品之上，其价格取决于基础金融产品价格变动的派生金融产品。作为衍生工具基础的基础金融产品种类繁多，主要是各类资产价格、价格指数、利率、汇率、费率、通货膨胀率以及信用等级等。近些年来，某些自然现象（如气温、降雪量、霜冻、飓风）甚至人类行为（如选举、温室气体排放）也逐渐成为衍生工具的基础变量。

（三）金融衍生工具的基本特征和风险

1. 金融衍生工具的基本特征

（1）跨期性。

跨期性是指约定在未来某一时间按照一定条件进行交易或选择是否交易的合约。

（2）杠杆性。

杠杆性是指金融衍生工具具有放大效应。金融衍生工具一般只需要支付少量的保证金或权利金就可签订远期大额合约或互换不同的金融工具。

（3）联动性。

金融衍生工具的价值与基础产品或基础变量紧密联系。如股价指数是股指期货的基础资产，对股指期货价格的变动具有很大的影响。

(4) 高风险性。

金融衍生工具的交易结果取决于交易者对基础工具未来价格的预测和判断的准确程度。

(5) 虚拟性。

投资者预测这些金融工具未来的变化，支付少量的保证金或权利金签订远期性的合约，合约到期后，交易双方一般不进行实物交割，而是根据合约规定的权利和义务进行清算。如，股票指数期货交易的对象是股指期货，由指数上升或下降的点来决定损益，根本无法实现到期实物交割，完全是一种脱离现实商品的虚拟交易对象。

2. 金融衍生工具的风险

金融衍生工具的风险包括：违约的信用风险；价格不利变动的市场风险；缺少交易对手不能变现的流动性风险；无法按时交割的结算风险；人为错误或系统故障的运作风险；不符合法律规定的法律风险。

二、金融衍生工具的分类

金融衍生工具可以从不同的角度进行分类。

(一) 根据产品形态分类

金融衍生工具根据产品形态可分为以下两类。

1. 独立衍生工具

独立衍生工具包括远期合同、期货合同、互换和期权，以及具有远期合同、期货合同、互换和期权中一种或一种以上特征的工具。

2. 嵌入式衍生工具

嵌入式衍生工具是指嵌入非衍生工具（即主合同）中，使混合工具的全部或部分现金流量随特定利率、金融工具价格、商品价格、汇率、价格指数、费率指数、信用等级、信用指数或其他类似变量的变动而变动的衍生工具。嵌入式衍生工具与主合同构成混合工具，如可转换公司债券等。

(二) 按照基础工具种类分类

金融衍生工具按照基础工具种类可分为以下几类。

1. 股权类的衍生工具

股权类的衍生工具是指以股票或股票指数为基础工具的金融衍生工具，主要包括股票期货、股票期权、股票指数期货、股票指数期权以及上述合约的混合交易合约。

2. 货币衍生工具

货币衍生工具是指以各种货币作为基础工具的金融衍生工具，主要包括远期外汇合约、货币期货、货币期权、货币互换以及上述合约的混合交易合约。

3. 利率衍生工具

利率衍生工具是指以利率或利率的载体为基础工具的金融衍生工具，主要包括远期利率协议、利率期货、利率期权、利率互换以及上述合约的混合交易合约。

4. 信用衍生工具

信用衍生工具是以基础产品所蕴含的信用风险或违约风险为基础变量的金融衍生工

具，用于转移或防范信用风险，是发展最为迅速的一类衍生产品，主要包括信用互换、信用联结票据等。

5. 其他衍生工具

其他衍生工具有用于管理气温变化风险的天气期货、用于管理政治风险的政治期货、用于管理巨灾风险的巨灾衍生产品、用于管理大气排放的碳期权等。

（三）按照自身交易的方法及特点分类

金融衍生工具按自身交易的方法及特点分类是最常用的分类方法。

1. 金融期货

金融期货是指交易双方在集中的交易场所以公开竞价方式进行的标准化金融期货合约的交易。它主要包括货币期货、利率期货、股票指数期货和股票期货四种。

2. 金融期权

金融期权是指合约买方向卖方支付一定费用（期权费），在约定日期内（或约定日期）享有按事先确定的价格向合约卖方购买某种金融工具的权利的契约。它包括现货期权和期货期权两大类。

3. 金融远期合约

金融远期合约是指交易双方在场外市场上通过协商，按约定价格在约定的未来日期（交割日）买卖某种标的金融资产的合约。金融远期合约规定了将来交割的资产品种、交割的日期、交割的价格和数量，合约条款根据双方需求协商确定。金融远期合约主要包括远期利率协议、远期外汇合约和远期股票合约。

4. 金融互换

金融互换是指两个或两个以上的当事人按共同商定的条件，在约定的时间内定期交换现金流的金融交易。它可分为货币互换、利率互换、股权互换、信用违约互换等类别。

5. 结构化金融衍生工具

上述四种常见的金融衍生工具通常也被称作“建构模块工具”，是最简单和最基础的金融衍生工具。利用其结构化特性，通过相互结合或者与基础金融工具相结合，能够开发设计出更多具有复杂特性的金融衍生产品，通常被称为“结构化金融衍生工具”，或简称为“结构化产品”。例如，在股票交易所交易的各类结构化票据，我国各家商业银行推广的挂钩不同标的资产的理财产品等都是这类金融衍生工具的典型代表。

拓展阅读

结构化金融衍生产品

结构化金融衍生产品是运用金融工程结构化方法，将若干种基础金融商品和金融衍生品相结合设计出的新型金融产品。

1. 结构化金融衍生产品的分类

结构化金融衍生产品可按以下几种方式分类。

(1) 按联结的基础产品分类，结构化金融衍生产品可分为股权联结型产品、利率联结型产品、汇率联结型产品、商品联结型产品等种类。

(2) 按收益保障性分类，结构化金融衍生产品可分为收益保证型产品和非收益保证型产品两大类，其中前者又可进一步细分为保本型产品和保证最低收益型产品。

(3) 按发行方式分类，结构化金融衍生产品可分为公开募集的结构化产品和私募结构化产品，前者通常可以在交易所交易。

(4) 按嵌入式衍生产品分类，结构化金融衍生产品可分为基于互换的结构化产品和基于期权的结构化产品。

2. 结构化金融衍生产品的收益与风险

由于与结构化金融衍生产品挂钩的基础资产具有不同的风险特征，嵌入式衍生产品的种类、结构各异，导致结构化产品的收益与风险出现非常大的差异。同时，由于这类产品结构复杂，难以为普通投资者所掌握，通常监管机构和行业自律组织均要求金融机构在销售时格外当心，防止错误地销售给不具备风险承受能力的客户。

三、金融远期、期货与互换

(一) 现货交易、远期交易、期货交易

根据交易合约的签订与实际交割之间的关系，市场交易的组织形态可划分为以下三类。

1. 现货交易

现货交易是指“一手交钱，一手交货”。

2. 远期交易

远期交易是双方约定在未来某时刻（或时间段内）按照现在确定的价格进行交易。

3. 期货交易

期货交易是指交易双方在集中的交易所市场以公开竞价方式所进行的标准化期货合约的交易。期货交易一般不进行实际交割，而是在合约到期前进行反向交易、平仓了结。

(二) 金融远期合约与远期合约市场

金融远期合约是基础的金融衍生产品。交易事项可协商确定，较为灵活。非集中交易导致存在交易成本较高和对手违约风险等缺点。金融远期合约可分为以下几类。

1. 股权类资产的远期合约

股权类资产的远期合约包括单个股票的远期合约、一揽子股票的远期合约和股票价格指数的远期合约三个子类。

2. 债权类资产的远期合约

债权类资产的远期合约主要包括定期存款单、短期债券、长期债券、商业票据等固定收益证券的远期合约。

3. 远期利率协议

远期利率协议是指按照约定的名义本金，交易双方在约定的未来日期交换支付浮动利

率和固定利率的远期协议。

4. 远期汇率协议

远期汇率协议是指按照约定的汇率，交易双方在约定的未来日期买卖约定数量的某种外币的远期协议。

（三）金融期货合约

金融期货是期货交易的一种。期货合约则是由交易双方订立的、约定在未来某日期按成交时约定的价格交割一定数量的某种商品的标准化协议。金融期货合约的基础工具是各种金融工具（或金融变量），如外汇、债券、股票、股价指数等。总之，金融期货是以传统金融工具为基础工具的期货交易。

1. 金融期货的特征

与金融现货相比，金融期货的特征如下：

（1）交易对象不同。

金融工具现货交易的对象是某一具体形态的传统金融工具，而金融期货交易的对象是金融期货合约。

（2）交易目的不同。

金融工具现货交易的首要目的是筹资或投资，而金融期货交易的主要目的是套期保值。

（3）交易价格的含义不同。

现货价格是实时的成交价，而期货价格是对金融现货未来价格的预期。

（4）交易方式不同。

现货交易一般要求在成交后的 2 个交易日内完成资金与金融工具的全额交割。期货交易则实行保证金和逐日盯市制度，交易者并不需要在成交时拥有或借入全部资金或基础金融工具。

2. 金融期货交易制度

金融期货的主要交易制度如下：

（1）集中交易制度。

金融期货是在期货交易所或证券交易所进行集中交易。期货交易所是期货市场的核心。

（2）标准化期货合约和对冲机制。

期货合约是由交易所设计、经主管机构批准后向市场公布的标准化合约。期货合约设计成标准化的合约是为了便于交易双方在合约到期前分别做一笔相反的交易进行对冲，从而避免实物交割。实际上，绝大多数的期货合约并不进行实物交割，通常在到期日之前已平仓。

（3）保证金及其杠杆作用。

设立保证金的主要目的是当交易者出现亏损时能及时止损，防止出现不能偿付的现象。

（4）结算所和无负债结算制度。

结算所是期货交易的专门清算机构，通常附属于交易所，但又以独立的公司形式组建。所有的期货交易都必须通过结算会员由结算机构进行，而不是由交易双方直接交收清算。结算所实行无负债的每日结算制度，又称逐日盯市制度，就是以每种期货合约在交易日收盘前最后 1 分钟或几分钟的平均成交价作为当日结算价，与每笔交易成交时的价格作对照，计算每个结算所会员账户的浮动盈亏，进行随市清算。由于逐日盯市制度以 1 个交易日为最长的结算周期，对所有账户的交易头寸按不同到期日分别计算，并要求所有的交易盈亏都能及时结算，从而能及时调整保证金账户，控制市场风险。

（5）限仓制度。

限仓制度是交易所为了防止市场风险过度集中和防范操纵市场的行为，而对交易者持仓数量加以限制的制度。

（6）大户报告制度。

设立大户报告制度的目的是便于交易所审查大户是否有过度投机和操纵市场行为。和限仓制度一样，大户报告制度是降低市场风险，防止人为操纵，提供公开、公平、公正市场环境的有效机制。

（7）每日价格波动限制规则。

为防止期货价格出现过大的非理性变动，交易所通常对每个交易时段允许的最大波动范围作出规定，一旦达到涨（跌）幅限制，则高于（低于）该价格的买入（卖出）委托无效。

除上述常规制度之外，期货交易所为了确保交易安全，还规定了强行平仓、强制减仓、临时调整保证金比例（金额）等交易规则。

3. 金融期货的种类

按照基础工具划分，金融期货分为外汇期货、利率期货和股权类期货等。

（1）外汇期货。

外汇期货又称货币期货，是金融期货中最早产生的品种，主要用于规避外汇风险。它在 1972 年由芝加哥商业交易所（CME）所属国际货币市场（IMM）率先推出。2005 年，芝加哥商业交易所推出了以美元、日元、欧元报价和现金结算的人民币期货及期货期权交易。由于人民币汇率并未完全实现市场化，这些产品的交易在中国并不活跃。

（2）利率期货。

利率期货是指各类固定收益金融工具，利率期货主要是为了规避利率风险而产生的。利率期货于 1975 年 10 月在美国芝加哥期货交易所（CBOT）产生。利率期货品种又分成两类：一类是债券期货，以国债期货为主的债券期货是各主要交易所最重要的利率期货品种；另一类主要参考利率期货，常见的参考利率为伦敦银行间同业拆放利率（LIBOR）、香港银行间同业拆放利率（HIBOR）、欧洲美元定期存款单利率和美国联邦基金利率等。

（3）股权类期货。

股权类期货分成以单只股票、股票组合、股票价格指数为基础资产的期货合约。股指期货即股票价格指数期货，是指以股票价格指数为基础变量的期货交易。单只股票期货是指以单只股票为基础资产的金融期货。股票组合期货是指以标准化的股票组合为基础资产的金融期货。

拓展阅读

中国金融期货交易所与沪深300股指期货

中国金融期货交易所于2006年9月8日在上海成立，是经国务院同意、中国证监会批准，由上海期货交易所、郑州商品交易所、大连商品交易所、上海证券交易所和深圳证券交易所共同发起设立的中国首家公司制交易所，注册资本为5亿元人民币。中国金融期货交易所实行结算会员制度，会员分为结算会员和非结算会员。

沪深300股指期货合约经中国证监会批准，是中国金融期货交易所首个股票指数期货合约。

4. 金融期货的基本功能

（1）套期保值。

套期保值功能是指企业为规避外汇风险、利率风险、商品价格风险、股票价格风险、信用风险等，使用一项或一项以上套期工具，使得套期工具的现金流量变动预期抵消被套期项目全部或部分现金流量变动。

利用金融期货进行套期保值，就是通过在现货市场与期货市场建立相反的头寸，从而锁定未来现金流的交易行为。期货交易之所以能够套期保值，其基本原理在于某一特定商品或金融工具的期货价格和现货价格受相同经济因素的制约和影响，从而它们的变动趋势大致相同。现货价格与期货价格在走势上具有收敛性，即当期货合约临近到期日时，现货价格与期货价格将逐渐趋同。

套期保值的基本做法是在现货市场买进或卖出某种金融工具的同时，做一笔与现货交易品种、数量、期限相当但方向相反的期货交易，以期在未来某一时间通过期货合约的对冲，以一个市场的盈利来弥补另一个市场的亏损，从而规避现货价格变动带来的风险，实现保值的目的。

（2）价格发现。

价格发现功能是指在一个公开、公平、高效、竞争的期货市场中，通过集中竞价形成期货价格的功能。期货价格具有预期性、连续性和权威性的特点，能够比较准确地反映出未来商品价格的变动趋势。期货市场之所以具有价格发现功能，是因为期货市场将众多影响供求关系的因素集中于交易所内，通过买卖双方公开竞价，集中转化为一个统一的交易价格。

由于期货价格与现货价格的走势基本一致并逐渐趋同，所以当期的期货价格可能就是未来的现货价格，这一关系使世界各地的套期保值者和现货经营者都利用期货价格来衡量相关现货商品的近、远期价格走势，利用期货价格和传播的市场信息来作出各自的经营决策。这样，期货价格成为世界各地现货成交价格的基础。

（3）投机与套利。

①投机功能。与所有有价证券交易相同，期货市场上的投机者也会利用对未来期货价格走势的预期进行投机交易，预计价格上涨的投机者会建立期货多头，反之则建立空头。

②套利功能。套利功能源于经济学中的一价定律，即忽略交易费用的差异，同一商品只能有一个价格。

(四) 金融互换交易

互换是指两个或两个以上的当事人按共同商定的条件，在约定的时间内定期交换现金流的金融交易，可分为货币互换、利率互换、股权互换、信用互换等。从交易结构上看，互换交易被视为一系列远期交易的组合。

2006 年 1 月 24 日，中国人民银行发布了《关于开展人民币利率互换有关事宜的通知》，批准在全国银行间同业拆借中心开展人民币利率互换交易试点。互换交易的主要用途是改变交易者资产或负债的风险结构（比如利率或汇率结构）以降低或抵消相应的风险。

1. 利率互换

(1) 利率互换的概念。

利率互换是指交易双方在一定时期内以一定的本金作为计算基础，按事先商定的方法交换各自的利息支付义务，以降低融资成本，规避利率风险或投机套利。

(2) 利率互换的运用案例。

例如，A 公司信用等级为 AAA，B 公司信用等级为 BBB。A 公司可在市场上以固定利率 4%或浮动利率 LIBOR＋2%的条件借到资金，B 公司可以固定利率 9%或浮动利率 LIBOR＋5%的条件借到资金。现 A 公司筹借到以固定利率 4%计息的贷款，B 公司筹借到以浮动利率LIBOR＋5%计息的贷款，为取得优势互补，降低融资成本，减少利率风险，A 公司与 B 公司商定：B 公司除承担 B 公司贷款利息的 LIBOR＋5%外，还承担 A 公司固定利率 6%的利息；A 公司除承担 A 公司贷款利息外，还支付 B 公司浮动利率 LIBOR＋3%的利息。这样，利率互换的结果是：

A 公司实际负担利率：4%＋LIBOR＋3%－6%＝LIBOR＋1%（浮动利率）；

B 公司实际负担利率：LIBOR＋5%＋6%－LIBOR－3%＝8%（固定利率）。

A 公司与 B 公司均达到融资成本降低的目的。

此外，利率互换的类型还包括：同种货币的浮动利率贷款之间的互换；不同币种浮动利率贷款之间的互换；不同币种的固定利率贷款之间的互换；不同币种的固定利率贷款与浮动利率贷款的互换等。

2. 远期利率协议

(1) 远期利率协议的概念与作用。

远期利率协议在衍生金融工具家族中属于较新的品种，开始于伦敦欧洲货币市场。它是指交易双方在未来的结算日，针对某一特定名义本金，参照贴现原则，就协议利率与参考利率的差额进行支付的远期合约。协议利率是买方所支付的固定利率，而参考利率则是卖方所支付的市场利率（通常按 LIBOR 计算）。当市场利率高于协议利率时，由卖方支付给买方利差；反之，则由买方支付给卖方利差。

远期利率协议是防范将来利率波动风险的一种预先固定远期利率的金融工具。买方是为防止利率上升风险，希望签订该协议时就将未来借款利率加以确定；而卖方则是为防止因利率下跌而使自身资产收益遭受损失的风险。

(2) 远期利率协议交易的一般原则。

远期利率协议的报价与货币市场拆放利率报价相似，但远期利率协议报价中一定要确定远期期限。例如："3×6，8%" 表示期限为 3 个月后起息的 6 个月期的远期利率协议，协议利率为 8%。在实践中，协议利率与参考利率差额的支付是在起息日（也即远期利率协议期限的第 1 天，而不是到期日，也不是签约日），该差额是根据贴现原则计算支付的。

协议利率与参考利率差额的计算公式如下：

$$A=\frac{P\times(L-F)\times\frac{D}{B}}{1+L\times\frac{D}{B}}$$

式中：A——买（或卖）方交付的协议利率与参考利率的结算金差额；

L——远期利率协议参考利率（以百分点表示）；

F——利率协议中确定的协议利率（以百分点表示）；

D——远期利率协议确定的期限；

P——远期利率协议中的本金；

B——一年的天数（按 360 天计）。

协议起始第 1 天，如参考利率高于协议利率，则 A 为正数，卖方将向买方支付差额；如参考利率低于协议利率，则 A 为负数，买方将向卖方支付差额。如上所述，差额按贴现原则先行支付。

(3) 远期利率协议的运用与案例。

某公司为满足生产需要，3 个月后需要借入 1 000 万美元、3 个月期的短期资金。该公司预期市场利率将会上涨，为避免利息负担加重、筹资成本增加，买进一份 3 个月对 3 个月的远期利率协议，参考利率为 3 个月的 LIBOR，协议利率为 8%。

如果市场利率果然在起息日那天上涨，3 个月的 LIBOR 为 9%，这时远期利率协议中规定的协议利率与 3 个月的 LIBOR 之间的利差，将由卖方支付给该公司，根据上述公式计算具体支付金额应为：

$$A=\frac{10\,000\,000\times(9\%-8\%)\times\frac{90}{360}}{1+9\%\times\frac{90}{360}}=24\,449.88(\text{美元})$$

该公司实际筹集资金额为：

$$10\,000\,000-24\,449.88=9\,975\,550.12(\text{美元})$$

该公司的借款 3 个月到期时应付利息为：

$$9\,975\,550.12\times9\%\div360\times90=224\,449.88(\text{美元})$$

最后，该公司实际承担的本利和仍然为：

$$9\,975\,550.12+224\,449.88=10\,200\,000(\text{美元})$$

如果到起息日，3 个月的 LIBOR 为 7%，市场利率与预期相反是下降，这时远期利率协议中规定的协议利率与 3 个月 LIBOR 之间的利差，将由该公司（买方）支付给卖方，支付额为 24 570.02 美元。

这样，该公司实际筹集资金额为：

10 000 000＋24 570.02＝10 024 570.02(美元)

该公司的借款，3 个月到期时应付利息为：

10 024 570.02×7%×90÷360＝175 429.98(美元)

该公司支付的本利和为：

10 024 570.02＋175 429.98＝10 200 000(美元)

最后该公司实际承担的利率仍为：

200 000÷10 000 000×360÷90＝8%

从上述分析可以看出，该公司购买了远期利率协议后，不论利率是升还是降，均可达到固定利率与成本的目的。当然，将来市场利率变动幅度的大小，对于远期利率协议的保值程度是有影响的。

3. 货币互换

（1）货币互换的概念。

货币互换是指交易双方按固定汇率在期初交换两种不同货币的本金，并按预约日期进行利息和本金的分期互换。双方可以议定本金的互换是名义上的互换，可不用实际转手。

（2）货币互换的一般交易步骤。

①确定和交换本金，以便按不同的货币金额定期支付利息，本金的互换可以是名义上的互换，也可以是实际转手。

②利息的互换，双方按照货币互换合约规定的各自的固定利率，以未偿债务本金为基础支付利息。

③本金的再次互换，互换交易双方在到期日换回原先确定和互换的本金。

（3）货币互换的运用与案例。

货币互换可以降低筹资成本，减缓汇率与利率风险，调整资产负债的货币结构，以及绕过市场障碍间接进入某些条件较为优惠的市场。

例如，某英国公司由于美元利率较低而发行一笔 10 年期的美元债券。为防范以美元还本付息的汇率风险，该公司通过银行互换中介，与另一个需将英镑债务调换成美元债务的美国某公司做货币互换交易，到期时换回本金。这笔英镑与美元的互换交易的具体程序是：

第一步：英国公司按即期汇率以美元换取美国公司的英镑资金，两个公司各自获得本币资金，实际等于各自借了一笔本币债务，可以避免届时汇率变动遭受外汇风险。

第二步：货币互换交易期间，英国公司向银行支付固定利率的英镑利息，同时从银行收取相应固定利率的美元利息；银行则向美国公司支付固定利率的英镑利息，同时收取固定利率的美元利息。

第三步：在交易到期日，英国公司以英镑本金从银行换回美元本金，还给美国的美元债券投资者；美国公司则以美元从银行换回英镑本金。

在这种货币互换交易过程中，交易双方实际进行了两次本金互换，一次是即期互换，另一次是远期互换。

（五）股票价格指数期货

1. 股指期货的概念

股票价格指数期货简称股指期货，是指以股价指数为标的物的标准化期货合约，双方约定在未来执行的买卖交易。

2. 股指期货的特点

（1）基础资产并非某种特定金融资产。

股指期货的基础资产并非某种特定金融资产，而是没有实物基础的股票价格指数，因而期货合约价格以指数点（Point）的若干倍来计算。指数每升降 1 个点，合约价格也升降一定的确定金额。如美国股指期货每个点为 500 美元，因而合约价格就是 500 美元与股价指数的乘积。香港股价指数每点为 50 港元，日本为每点 10 000 日元。

（2）交割时采取现金差额结算。

股指期货交割时不是转移股票所有权，而是采取现金差额结算。例如，股指期货成交时股票价格指数为 85.00，而结算时股票价格指数为 86.51。其合约价格变动为 755［500×(86.51－85.00)］美元。做多头买进的收取 755 美元，做空头卖出的则支付 755 美元。

（3）具有极强的杠杆作用。

股指期货交易具有极强的杠杆作用，因为股票信用交易需要向证券交易所缴纳 50%左右的保证金，而股指期货交易只需要交付 10%左右的保证金，因此它成为以小搏大，获取高额利润的最有力的投机手段。

（4）可以防范证券交易的系统风险。

股指期货可以防范证券交易的系统风险，即股市整体的涨落风险，也可防范非系统风险，即特定行业或企业股票价格急剧升降的风险。

（5）交割月份固定。

与其他金融期货一样，股指期货也以 3 月、6 月、9 月、12 月为交割月份。

3. 股指期货的运用

（1）多头套期保值。

在现货市场卖出股票的投资者为规避股票上涨而增加购买或投资成本，在期货市场买入股指期货，即做多头，以期货市场的多头盈利来防范现货市场投资成本增加的风险。

（2）空头套期保值。

股票持有者为防范和减少现货市场股价下跌造成的损失，在期货市场卖出股指期货，即做空头，从而用期货市场的收益抵补现货市场因股价下跌所造成的损失。

四、金融期权与期权类衍生产品

（一）金融期权的概念与特征

1. 金融期权的概念

金融期权又称选择权，是指买卖某种金融产品选择的权利，即金融期权买方向期权卖方支付一定费用后，获得在合约的有效期内按合约规定的协定价向卖方购买或出卖合约规定数量的金融产品，或放弃合约履行权利。

金融期权交易实际上是一种权利的单方面有偿让渡。金融期权的买方以支付一定数量的期权费为代价而拥有了这种权利，但并不承担必须买进或卖出的义务。金融期权的卖方则在收取了一定数量的期权费后，在一定期限内必须无条件服从买方的选择并履行成交时的允诺。

2. 金融期权的特征

金融期权的主要特征在于它仅仅是买卖权利的交换，体现在：

(1) 金融期权的买方支付期权费，获得权利，没有义务。

(2) 金融期权的卖方取得期权费，只有义务，没有权利。

(二) 金融期货与金融期权的区别

1. 基础资产不同

凡可作期货交易的金融工具都可用作期权交易，可用作期权交易的金融工具却未必可作期货交易。只有金融期货期权，而没有金融期权期货。金融期权的基础资产多于金融期货的基础资产。

2. 交易者权利与义务的对称性不同

金融期权交易双方的权利与义务存在明显的不对称性。对于期权的买方，只有权利没有义务；对于期权的卖方，只有义务没有权利。

3. 履约保证不同

金融期货交易双方均需要开立保证金账户，并按规定缴纳履约保证金。在金融期权交易中，只有期权出售者，尤其是无担保期权的出售者，才需要开立保证金账户，并按规定缴纳保证金，因为它有义务没有权利。而作为期权的买方，只有权利没有义务，它不需要交纳保证金，它的亏损最多就是期权费，而期权费已付出。

4. 现金流转不同

金融期货交易双方在成交时不发生现金收付关系，但在成交后，实行逐日结算制度，交易双方将因价格的变动而发生现金流转。而在金融期权交易中，在成交时，期权购买者为取得期权合约所赋予的权利，必须向期权出售者支付一定的期权费；但在成交后，除了到期履约外，交易双方将不发生任何现金流转。

5. 盈亏特点不同

金融期货交易双方都无权违约，也无权要求提前交割或推迟交割，只能在到期前的任一时间通过反向交易实现对冲或到期进行实物交割。其盈利或亏损的程度决定于价格变动的幅度。因此，金融期货中交易双方潜在的盈利和亏损是无限的。在金融期权交易中，期权的购买者与出售者在权利和义务上不对称，金融期权买方的损失仅限于其所支付的期权费，而其可能取得的盈利却是无限的；而期权出售者在交易中所取得的盈利是有限的，仅限于其所收取的期权费，损失是无限的。

6. 套期保值的作用和效果不同

利用金融期权进行套期保值，若现货价格发生不利变动，套期保值者可通过执行期权来避免损失；若现货价格发生有利变动，套期保值者又可通过放弃期权来保护利益。利用金融期货进行套期保值，在避免价格不利变动造成的损失的同时也必须放弃价格有利变动可能获得的利益。

从保值角度来说，金融期货通常比金融期权更为有效，也更为便宜，但要在金融期权交易中真正做到既保值又获利并非易事。金融期货与金融期权各有所长。在现实的交易活动中，人们往往将两者结合起来，通过一定的组合或搭配来实现某一特定目标。

（三）金融期权的分类

1. 按照选择权的性质分类

金融期权按照选择权的性质划分，可以分为看涨期权和看跌期权。

（1）看涨期权。

看涨期权也称“认购权”，是指期权的买方具有在约定期限内（或合约到期日）按协定价格买入一定数量基础金融工具的权利。交易者之所以买入看涨期权，是因为预期基础金融工具的价格在合约期限内将会上涨。如果判断正确，按协定价格买入该项金融工具并以市价卖出，可赚取市价与协定价格之间的差额；如果判断失误，则放弃行权仅损失期权费。

（2）看跌期权。

看跌期权也称“认沽权”，是指期权的买方具有在约定期限内按协定价格卖出一定数量基础金融工具的权利。交易者买入看跌期权，是因为预期基础金融工具的价格在近期内将会下跌。如果判断正确，可从市场上以较低的价格买入该项金融工具，再按协定价格卖给期权的卖方，赚取协定价格与市价的差额。如果判断失误，则放弃行权仅损失期权费。

2. 按照合约所规定的履约时间分类

金融期权按照合约所规定的履约时间的不同，可以分为欧式期权、美式期权和修正的美式期权。

（1）欧式期权。

欧式期权只能在期权到期日履约执行。

（2）美式期权。

美式期权可在期权到期日或到期日之前的任何一个营业日履约执行。

（3）修正的美式期权。

修正的美式期权也被称为“百慕大期权”或“大西洋期权”，可以在期权到期日之前的一系列规定日期执行。

3. 按照金融期权基础资产性质分类

金融期权按照金融期权基础资产性质的不同，可以分为股权类期权、利率期权、货币期权、金融期货合约期权和互换期权。股权类期权包括单只股票期权、股票组合期权、股票指数期权。利率期权合约通常以政府短期、中期、长期债券，欧洲美元债券，大面额可转让存单等利率工具为基础资产。

（1）利率期权。

利率期权是指买方向卖方支付一定的期权费后，获得在某一时间按照协定价格买入或卖出一定数量的债权凭证或利率期货合约的选择。利率期权可以分为现货期权和利率期货期权。

①现货期权。

现货期权即以某种具有固定收入的证券作为基础资产的期权合约。最具流动性的现货期权是美国芝加哥期权交易所的长期国债期权。

②利率期货期权。

利率期货期权是在利率期货合约的基础上产生的，是指期权买方支付一定的期权费后，有权在有效期内以协定价格买入或卖出一定数量的利率期货合约的权利。

利率期权防范利率风险的原理基本与利率期货相同，但比利率期货更为灵活，即具有选择权。具体运用是这样的：当投资者预期利率下降时，可购买利率期权，以固定其投资收益；而那些准备在将来卖出固定收益证券的投资者和准备固定未来借款成本的借款人，预期利率上涨，则出卖利率期权。

（2）股票期权。

股票期权是指股票交易的买方在向卖方支付一定的保险费后，获得在规定时间内按协定价格购买或出售一定数量的股票的权利。

与其他期权相同，股票期权也分买入期权（看涨期权）与卖出期权（看跌期权），可以运用于套期保值或投机。例如，预期股票价格将上涨的投资者，可买进股票期权，当股票价格上涨时，可按较低的协定价格买入股票，待市场价格上涨时售出，从中获利。若市场价格下跌，该投资者则可放弃合约的执行，损失仅为期权保险费。若预期股票价格将下跌的投资者，则可卖出股票期权，然后再以下跌的市场价格购进，从中获利。

（3）股指期权。

股指期权是指期权买方向卖方支付一定的期权费后，获得在期权合约的有效期内按双方规定的协定价格买入或卖出一定数量股票价格指数合约的选择权。

股票价格指数期权的合约价格是以股价指数乘以一个固定数额为单位。如在美国的股指期权交易中，每份期权合约价格等于100美元乘以即期的市场股价指数，而且协定价格也以股价指数的100倍来表示。股票价格指数期权均以现金进行交割。同股指期货交易一样，股指期权也可运用于套期保值与投机。

（四）金融期权的基本功能

金融期权的基本功能是套期保值和价格发现。金融期权与金融期货有着类似的功能。从一定的意义上说，金融期权是金融期货功能的延伸和发展，具有与金融期货相同的套期保值和发现价格的功能，是一种行之有效的控制风险的工具。

拓展阅读

50ETF期权

中国证券市场的第一只全新的品种50ETF期权于2015年2月9日正式上市，上证50ETF期权的基本条款如下：

（1）合约类型。它包括认购期权和认沽期权两种类型。

（2）合约单位。每张期权合约对应10 000份“50ETF”基金份额。

（3）到期月份。合约到期月份为当月、下月及随后两个月，共4个月份。首批挂牌的期权合约到期月份为2015年3月、4月、6月和9月。

（4）行权价格。首批挂牌及按照新到期月份加挂的期权合约设定5个行权价格，包括依据行权价格间距选取的最接近“50ETF”前收盘价的基准行权价格（最接近“50ETF”收盘价的行权价格存在两个时，取价格较高者为基准行权价格），以及依据行权价格间距依次选取的两个高于和两个低于基准行权价格的行权价格。收盘价格发生变化，导致行权价格高于（低于）基准行权价格的期权合约少于两个时，按照行权价格间距依序加挂新行权价格合约，使得行权价格高于（低于）基准行权价格的期权合约达到两个。行权价格间距根据“50ETF”收盘价格分区间设置，“50ETF”收盘价与上证50ETF期权行权价格间距的对应关系为：3元或以下为0.05元，3元至5元（含）为0.1元，5元至10元（含）为0.25元，10元至20元（含）为0.5元，20元至50元（含）为1元，50元至100元（含）为2.5元，100元以上为5元。

五、权证

权证是基础证券发行人或第三人发行的，约定持有人在规定期间内或特定到期日有权按约定价格向发行人购买或出售标的证券，或以现金结算方式收取结算差价的有价证券。权证与交易所交易期权的主要区别为交易所挂牌交易的期权是交易所制定的标准化合约，具有同一基础资产、不同行权价格和行权时间的多个期权形成期权系列进行交易，而权证则是权证发行人发行的合约，发行人作为权利的授予者承担全部责任。

（一）权证的分类

1. 按基础资产分类

按基础资产分类，权证可分为股权类权证、债权类权证以及其他权证。我国证券市场推出的权证均为股权类权证，其标的资产可以是单只股票或股票组合（如ETF）。

2. 按基础资产的来源分类

按基础资产的来源分类，权证可分为认股权证和备兑权证。认股权证也称为股本权证，一般由基础证券的发行人发行，行权时上市公司增发新股售予认股权证的持有人。备兑权证通常由投资银行发行，备兑权证所认兑的股票不是新发行的股票，而是已在市场上流通的股票，不会增加股份公司的股本。目前创新类证券公司创设的权证均为备兑权证。

3. 按持有人的权利分类

按持有人的权利分类，权证可分为认购权证和认沽权证。

4. 按行权的时间分类

按行权的时间分类，权证可分为美式权证、欧式权证和百慕大式权证等类别。

5. 按权证的内在价值分类

按内在价值分类，权证可分为平价权证、价内权证和价外权证。

（二）权证的要素

权证的构成要素主要有标的资产、执行价格、权利金、兑换比例、到期日、执行方式及特别条款等，如赎回权条款，即规定在特定情况下发行人有权赎回其发行在外的权证。

(三) 权证发行、上市与交易

1. 权证的发行

由证券发行人或其以外的第三人发行并上市的权证，发行人应提供履约担保。履约担保通过专用账户提供并维持足够数量的标的证券或现金；提供经交易所认可的机构作为履约的不可撤销的连带责任保证人。

2. 权证的上市和交易

权证交易实行 T+0 回转交易。当天买入、当天卖出，而且没有涨跌幅的限制，波动性比较大。

六、存托凭证

(一) 存托凭证的概念及种类

存托凭证也称预托凭证，是在一国证券市场流通的代表外国公司有价证券的可转让凭证。存托凭证一般代表外国公司股票或债券。

1. 存券银行

存券银行作为存托凭证的发行人和存托凭证的市场中介，为存托凭证的投资者提供所需的一切服务。

2. 托管银行

托管银行是由存券银行在基础证券发行国安排的银行，它通常是存券银行在当地的分行、附属行或代理行。

3. 中央存托公司

中央存托公司是一国的证券中央保管和清算机构，负责存托凭证的保管和清算。

4. 存托凭证的种类

(1) 无担保的存托凭证。

无担保的存托凭证是由一家或多家银行根据市场的需求发行，基础证券发行人不参与。无担保的存托凭证目前已很少应用。

(2) 有担保的存托凭证。

有担保的存托凭证由基础证券发行人的承销商委托一家存券银行发行。

5. 存托凭证的优点

(1) 对发行人的优点。

对发行人而言，存托凭证市场容量大，筹资能力强，可以避开直接发行股票与债券的法律要求，上市手续简单，发行成本低。

(2) 对投资者的优点。

以美国为例，以美元交易且通过投资者熟悉的美国清算公司进行清算。上市交易的存托凭证须经美国证券与交易委员会注册，有助于保障投资者利益。上市公司发放股利时，存托凭证投资者能及时获得，而且是以美元支付。某些机构投资者受投资政策限制，不能投资非美国上市证券，投资存托凭证可以规避这些限制。

(二) 存托凭证在中国的发展

我国公司发行的存托凭证包括一级存托凭证，发行企业含 B 股的国内上市公司、在我国香港上市的内地公司。二级存托凭证成为中国网络股进入 NASDAQ 的主要形式。发行三级存托凭证的公司均在我国香港交易所上市，而且发行存托凭证的模式基本相同，即在我国香港交易所发行上市的同时，将一部分股份转换为存托凭证在纽约股票交易所上市，这样不仅实现了在我国香港和美国同时上市融资的目的，而且简化了上市手续，节约了交易费用。

七、资产证券化和证券化产品

资产证券化是以特定资产组合或特定现金流为基础，发行可交易证券的一种融资形式。传统的证券发行是以企业为基础，而资产证券化以特定的资产池为基础发行证券。在资产证券化过程中发行的以资产池为基础的证券被称为证券化产品。

（一）资产证券化的种类

1. 按基础资产分类

按基础资产分类，资产证券化可以分为不动产证券化、应收账款证券化、信贷资产证券化、未来收益证券化、债券组合证券化等类别。

2. 按资产证券化的地域分类

按地域分类，资产证券化可以分为离岸资产证券化、境内资产证券化。境内融资方通过在境外特殊目的机构（SPV）在国际市场上以资产证券化的方式向境外投资者融资称为离岸资产证券化；融资方通过境内 SPV 在境内市场融资称为境内资产证券化。

3. 按证券化产品的属性分类

按属性分类，资产证券化可以分为股权型证券化、债权型证券化和混合型证券化。最早的证券化产品是以商业银行房地产按揭贷款为支持，故称为按揭支持证券（MBS）。

（二）资产证券化的有关当事人

1. 发起人

发起人也称原始权益人，是证券化基础资产的原始所有者，通常是金融机构或大型工商企业。

2. 特定目的机构或特定目的受托人

特定目的机构或特定目的受托人是指受委托持有资产，并以该资产为基础发行证券化产品的机构。选择特定目的机构或受托人时，通常要求满足所谓的“破产隔离”条件，即发起人破产对其不产生影响。

3. 资金和资产存管机构

它是为保证资金和基础资产的安全，进行资金和资产托管的机构。

4. 信用增级机构

信用增级机构分外部增级机构和内部增级机构，负责提升证券化产品的信用等级，为此要向特定目的机构收取相应费用，并在证券违约时承担赔偿责任。有些证券化交易并不需要外部增级机构，而是采用超额抵押等方法进行内部增级。

5. 信用评级机构

如果发行的证券化产品属于债券，发行前必须经过信用评级机构进行信用评级。

6. 承销人

承销人是指负责证券设计和发行承销的投资银行，如果证券化交易涉及金额较大，可能会组成承销团。

7. 证券化产品投资者

证券化产品投资者即证券化产品发行后的持有人。

除上述当事人外，证券化交易还需要金融机构充当服务人，服务人负责对资产池中的现金流进行日常管理，通常可由发起人兼任。

(三) 中国资产证券化的发展

2005 年被称为“中国资产证券化元年”。2005 年 12 月，作为资产证券化试点银行，中国建设银行和国家开发银行分别以个人住房抵押贷款和信贷资产为支持，在银行间市场发行了第一期资产证券化产品。2005 年 12 月 21 日，内地第一只房地产投资信托基金——广州越秀房地产投资信托基金正式在香港交易所上市交易。

拓展阅读

美国次贷危机

美国住房抵押贷款可以分为五类，分别是优级贷款、Alt－A 贷款、次级贷款、住房权益贷款和机构担保贷款。

美国次贷危机又称次级房贷危机，它是一场发生在美国，因次级抵押贷款机构破产、投资基金被迫关闭、股市剧烈震荡引起的金融风暴。它从 2007 年 8 月开始席卷美国、欧盟和日本等世界主要金融市场，致使全球主要金融市场出现流动性不足危机。截至 2015 年，次贷危机的影响才开始消退。

本章小结

1. 投资是经济实体为了获得未来的预期收益，预先垫付一定量的货币或实物以经营某项实业的经济行为。货币转化为资本的过程，既包括对金融资产如股票、债券、基金或金融衍生产品的投资，也包括对实际资产如生产设备、房地产、基础设施、贵重金属及收藏品等的投资。

2. 狭义的投资仅指证券投资，是指企业或个人购买有价证券，以期获得收益的行为。证券投资是投资的重要形式，证券投资的主要对象包括政府债券、企业债券和股票等有价证券。

3. 股票是股份公司为筹集长期资金而发行的一种有价证券，是股份公司发给股东证明其所入股份的凭证。投资者在认购了股份公司的股票以后，就成为该公司的股东，股东按其持有股份的多少，对公司经营管理、重大投资事项的决定、红利分配等享有相应的权利。股票是股东对股份公司享有权利的依据。

4. 债券与股票一样，是证券市场基本的融资、投资工具。由于债券的利息通常是事先确定的，所以债券是固定利息证券的一种。债券是发行人依照法定程序发行，并约定在一定期限还本付息的有价证券。债券对于投资者来说是一种金融资产，对发行者来说是一种金融负债，债券反映投资者与发行人之间的债权债务关系。债券将筹资人与投资人之间的经济联系，以证券的形式加以体现。

5. 可转换债券是发行人依照法定程序发行、在一定期限内依据约定条件可以转换成发行公司股票的债券。可转换债券是一种混合型的债券形式，兼具债权和股权的双重性质，是一种可以在保本的前提下追求风险收益的投资工具。可转换债券的持有者可以在一定时期内按一定比例或价格将其转换成债券发行公司一定数量的股票，当股票价格上涨时，可转换债券的持有人行使转换权比较有利。因此，可转换债券实质上嵌入了普通股票的看涨期权。

6. 证券投资基金是一种积少成多的整体组合投资方式，它从广大的投资者那里聚集巨额资金，组建投资基金管理公司进行专业化管理和经营。证券投资基金简称基金，是一种组合投资、利益共存、风险共担的集合证券投资方式，即通过发售基金份额，将众多投资者的资金集中起来，由基金托管人托管，由基金管理人管理和运用资金，从事股票、债券等金融工具投资，并将投资收益按基金投资者的投资比例进行分配的一种集合投资方式。

7. 金融衍生工具是在货币、债券、股票等传统金融工具的基础上衍生，以杠杆和信用交易为特征的金融工具。金融衍生工具是指建立在货币、债券、股票等基础金融产品之上，其价格取决于基础金融产品价格变动的派生金融产品。作为衍生工具基础的基础金融产品种类繁多，主要是各类资产价格、价格指数、利率、汇率、费率、通货膨胀率以及信用等级等。

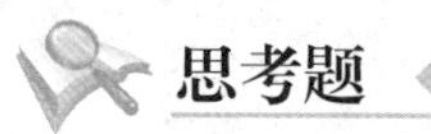

思考题

1. 名词解释

投资　股票　股份公司　债券　可转让债券　证券投资基金　金融衍生工具　金融期货　金融期权　金融远期交易　金融互换　权证　存托凭证　资产证券化

2. 叙述题

（1）证券投资的特点和目的。
（2）股份公司的特征。
（3）股份公司的设立。
（4）股票的特征、性质与面值。
（5）股票的价格。
（6）债券的基本要素。
（7）债券的性质与特征。
（8）债券与股票的关系。
（9）债券的分类。

（10）可转让债券的特征、构成要素与发行意义。
（11）证券投资基金的性质、特征与类型。
（12）证券投资基金与股票、债券的区别。
（13）金融衍生工具的特征、风险及分类。
（14）金融期货的特征与功能。
（15）金融期货与金融期权的区别。
（16）资产证券化的种类与范围。

第三章　证券市场运行

学习目标

通过本章的学习，考生应掌握证券市场的作用；掌握股票发行市场和债券发行市场的相关概念、制度和运行机制；掌握证券交易指令和买空卖空交易；掌握证券流通市场的各种交易类型；理解股价指数的编制方法。

学习方法

(1) 预习法。通过预习，考生要了解证券市场内部构造及运行；掌握股票发行制度和债券发行制度；掌握证券交易指令和买空卖空交易；掌握证券发行方式；掌握证券流通市场类型。

(2) 联系学习法。本章是证券投资与管理的中心环节，证券市场的顺利运行是实现社会资金转化为长期资本的决定因素，正是因为证券市场的运行，实现了证券的发行、流通和交易，从而使原本处于分散闲置状态的社会闲散资金转化为可用于社会再生产

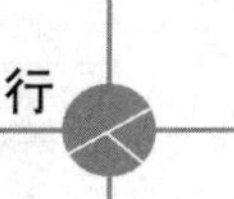

活动的集合资金。

(3) 完成本章后面的思考题。

案例导读

案例 1:

星美联合股份有限公司（000892，sz）总资产近几年维持在 5 万元至 8 万元，员工人数 4 到 7 名，这家“规模连个体户、小餐馆都不如”的公司，不仅继续在股市里挂牌，在 2012 年 3 月 13 日出炉的 2011 年年报里更是咸鱼翻身，净资产和净利润双双转负为正，一举脱离退市窘境，尽管其员工只增加到了 11 人。“ST 星美”只是重复着中国资本市场中又一个“乌鸦变凤凰”的故事。上海证券交易所出具的数据显示：金融危机爆发后的 2009 年，东京证券交易所新上市公司 23 家，退市公司 78 家；德国证券交易所新上市公司 6 家，退市公司 61 家；纽约交易所新上市公司 94 家，退市公司 212 家；伦敦证券交易所新上市公司 73 家，退市公司 385 家；2008 年后，中国退市制度名存实亡，因连续亏损，或因触犯其他监管规则而退市的公司少之又少。

案例 2:

科泰电源专业从事智能环保电源设备的开发、设计、生产和销售，并为客户提供技术咨询、培训、安装、维修等售前、售后服务。其主要产品为智能环保集成电站，系综合利用软件工程、微电子、计算机、通信、网络等工程及电子信息技术和低噪声处理技术的集成创新电站产品及解决方案。作为基础设施建设配套的备用电源和移动电源供应商，科泰电源主要面向通信、电力行业领域，其产品广泛应用于石油石化、矿业、制造业、交通运输、高层建筑、银行金融业、军工等众多对供电可靠性要求高的行业领域。

经过多年的发展，该公司已经建立了较为完善的营销和服务网络，积累了丰富的开发、设计、生产、销售和服务的经验，“科泰电源（COOLTECH)”已成为行业的著名品牌。我国现在的需求重点已经实现了从替代电源向备用电源和移动电源的转型。社会经济发展水平越高，对电力供应质量的需求就越高，因此对备用电源、移动电源的需求也将不断地提高，该行业有着良好的市场前景和广阔的市场发展空间。

基于上述专业判断，海通证券长期跟踪并辅导企业，花了近一年时间对企业进行规范和梳理，并且在企业发展的关键时点均给予及时的指导或建议。

科泰电源 IPO 项目历时较长，由于海通证券项目组与企业接触时间早，尽职调查充分，问题解决得彻底，并且和企业共同携手确立的发展战略实施效果显著，因此科泰电源在同行业中脱颖而出。最终投资者对发行人也给予了高度评价，发行价 40 元/股，发行市盈率达到 72.73 倍，募集资金总额超过 8 亿元。

资料来源：海通证券投行部.

案例 3：

2012 年，杭州一家农业企业完成改制，想冲刺上创业板。2015 年，公司接到了律师事务所的电话，因为 2014 年业绩下滑，公司不符合创业板上市条件，建议公司到海外市场挂牌交易。农业企业都是靠天吃饭的，业绩很难每年都稳步增长。这家公司的负责人表示，他们为了上市，前后投入了 4 000 多万元，就因为业绩下滑导致上市遥遥无期，公司的人心也散了。

对于很多企业来说，上市就跟中彩票一样难，但一旦上市成功，得到的却是一般人难以企及的财富。按照创业板一般 40 倍市盈率计算，这家农业企业每年有 3 000 万元左右的盈利，一旦上市，就可以变出 12 亿元的财富，创始人一夜之间会成为亿万富翁。

在现行的新股发行审核制下，几千家企业排队等待发审委的审核，只有财务靓丽的企业才能过五关斩六将，拿到批条，来到普通投资者面前。迎接这些股市新军的将是三高：高发行价、高发行市盈率、超高的募集资金。

党的十八届三中全会审议通过的《中共中央关于全面深化改革若干重大问题的决定》中提出“推进股票发行注册制改革”，注册制是在市场化程度较高的成熟股票市场所普遍采用的一种发行制度。

思考题：

1. 证券发行市场对企业的意义是什么？
2. 企业能够上市的要素有哪些？
3. 证券流通市场有哪些作用？
4. 股票发行市场与股票流通市场之间是什么关系？

第一节　证券市场的作用

证券市场是有价证券发行与交易以及由此而形成的各种经济关系的总和，是资本市场的基础和主体，通常包括证券发行市场和证券交易市场。证券市场是一国市场体系的重要组成部分，在资源配置中起着极为重要的作用，对整个宏观经济的运行具有重要影响。

一、证券市场是筹集资金的重要渠道

社会上的结余资金一般以存款或储蓄方式存入银行，银行将这些分散的资金集中起来，再以贷款的方式投放于生产经营活动中去。银行储蓄存款、保险业吸收保险费等，都是吸收社会闲散资金的渠道。但是，一般的企业不能开展存款业务、保险业务和金融信托业务，它们吸收资金的渠道，除通过银行、保险公司和金融信托企业获得外，还可通过向社会发行股票、债券来进行直接融资。证券市场为一般企业提供了向大众直接筹集资金的重要渠道，公司可以通过发行股票或公司债券的方式，把一部分社会资金吸收到生产领域。而证券市场所提供的经常性和统一性的市场，使证券发行者、证券购买者、证券转让者和中介机构得以在这个市场上联系起来，使证券的发行与流通便利地进行。

二、证券市场是商业银行安全经营的保证

商业银行的经营原则是实现盈利性、流动性和安全性的统一。银行的资产主要包括贷款、证券和现金。在商业银行资产管理中，证券投资管理具有重要地位。商业银行的证券投资是商业银行获取盈利、降低风险和增加流动性的重要手段。商业银行盈利主要靠贷款，但在经济萧条或银行业竞争激烈的时候，商业银行常常找不到适宜的贷款对象，这时，与其让资金闲置不生利，不如投资购买证券以牟利。购买证券有助于商业银行实现资产多样化以降低风险。贷款对象的多寡，其决定权不在银行，而购买何种证券、购买多少证券，其主动权在银行。商业银行在经营过程中常常会遇到流动性危机，当银行不能通过正常渠道保持足够的流动性时，可临时性地出售一部分证券换取现金以补充流动性需要。为了实现商业银行经营的原则，发展证券投资业务是十分必要的。同时，一定的经济和金融体制、银行资产负债的实际情况，也提供了发展投资业务的可能性。商品经济体制和金融市场体系尤其是证券市场的健康运行是投资活动的基础。证券品种繁多和数量巨大、证券交易参与者人数众多，是形成证券市场的必要条件。配以健全的交易规则和交易设施，证券的利率和价格便会对市场供求变化产生灵敏的反应。有了这样的条件，商业银行就有了介入证券市场的可能性。

三、证券市场有利于推动企业加强经营管理

投资者在证券市场上投资，希望能够与企业一同获得较高的经济效益。在证券市场上市的公司，虽然在公司数量上不占优势，却在公司财富上占相当大的比重。大公司在各生产领域都是重要的企业，它们的发展状况往往影响这一行业的发展。证券市场时时刻刻都在通过证券的买卖来进行资金的再分配，也是证券市场推动企业加强经营管理的动力所在。在证券市场的压力下，企业要想在竞争激烈的商品社会中立于不败之地，就必须努力改进生产技术，完善经营管理，提高经济效益，只有这样，才能赢得投资者的信任和认可。

四、证券市场是国家宏观调控的桥梁

中央银行是国家进行金融调控的主要部门，其宏观调控的重要工具之一就是公开市场业务。公开市场业务是指中央银行在金融市场上公开买卖有价证券来增加或减少金融市场上的借贷资金量，调节信用规模，从而达到调节社会总供给与社会总需求平衡关系的目的。具体来说，当社会总需求大于社会总供给时，中央银行向证券市场抛售一定量的证券，以回笼货币，减少市场实际货币流通量，降低社会总需求的水平，实现其与社会总供给的平衡。当社会总供给大于社会总需求时，中央银行从证券市场上购进适当的证券，以增加市场的货币流通量，提高社会总需求水平，使其与社会总供给大致平衡。

中央银行公开市场业务除了通过向证券市场抛售或购进证券来直接调节社会总供求

外，还能够影响金融市场的借贷利率。证券市场上证券交易可以用许多指标来衡量，其中一项指标是证券收益与证券价格之比，称为证券收益率。这个指标的高与低，对整个金融市场的其他因素的变化有相当大的影响。因此，政府可以在证券市场上通过买卖政府债券的方式来影响证券市场上的证券利率，这就和中央银行通过调整再贴现利率来影响商业银行的贴现率一样，是政府间接调节金融业的杠杆。

第二节　证券发行市场

证券发行市场是指证券发行人第一次向投资者出售证券筹集资金的市场，又称初级市场或一级市场。证券发行市场通常是一个无形市场，没有具体的固定场所，由发行人、投资者和中介机构等要素构成。当企业需要融资时，它们可以选择在资本市场上出售或发行证券。投资银行担任承销商的角色，将这些证券在一级市场上销售给投资者。通过一级市场，投资者的资金流入证券发行人，实现了证券市场的筹资功能。证券发行市场是证券市场的基础环节，是证券流通市场的前提，没有发行市场就没有流通市场。从这个意义上说，证券发行市场是证券市场的首要环节，是实现社会资金转化为长期资本的决定因素。正是通过证券的发行，原本处于分散闲置状态的社会零散资金才能够转化为可用于社会再生产活动的集合资金。

一、股票发行市场

（一）股票发行的目的

1. 发行股票是筹集资金的有效手段

发行股票的最原始作用就是筹集资金。通过发行股票，股份公司可以广泛地吸引社会暂时闲置的资金，在短时间内把社会上分散的资金集中成为巨大的生产资本。而通过二级市场的流通，将短期资金通过股票转让的形式衔接为长期资金。我国股份公司发行股票的主要目的也是筹集企业进一步发展所需的资金。

2. 通过发行股票来分散投资风险

发行股票的第二个作用就是分散投资风险。无论是那一类企业，总会有经营风险存在，特别是一些高新技术产业，由于产品的市场前景不明朗，技术工艺尚待成熟和稳定，在经营过程中，其风险就更大。对于这些前景难以预测的企业，当发起人难以或不愿承担所面临的风险时，他们总会想方设法地将风险转嫁或分摊与他人，而通过发行股票来组成股份公司就是分散投资风险的一个好方法。即使投资失败，各个股东所承受的损失也非常有限。

3. 通过发行股票来实现创业资本的增值

在股票发行市场上，股票的发行价总是和企业的经营业绩相联系的。当一家业绩优良的企业发行股票时，其发行价都要高于其每股净资产，若遇到二级市场行情火爆，其溢价往往能达到每股净资产的两倍甚至更多，而股票的溢价发行又使股份公司发起人的创业资本得到增值。如我国上市公司中国家股都是由等量的净资产折价入股的，其一元面值的股

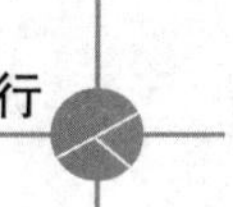

票对应的就是其原来一元的净资产。通过高溢价发行股票后，股份公司每股净资产含量就能提高更多，从而实现国有资产的保值增值。

4. 提高自有资本比率，改善财务结构

自有资本在资金来源中所占比率的高低是衡量一个公司财务结构和实力的重要指标。企业为了保证自有资本和负债的合理比率，提高企业的经营安全程度和竞争力，可以通过增发新股来提高自有资本比率，改善企业的财务结构。

5. 维持或扩大经营

当股份公司需要补充资金进行正常经营或需要扩大经营范围、购置新设备、新上项目而得不到外来资金时，股份公司也需要通过发行股票实现上述目的。

6. 满足证券交易所的上市标准

由于证券交易所对上市股份公司有最低股票发行额的要求，公司只有发行新股票、增加股份才能达到上市的目的。

7. 促进合作或维护经营支配权

有些股份公司为了扩大销路，让某些合作企业成为自己的股东，或者为了把有利于公司经营的合作者作为股东吸引进来，就需要向他们发行新股票。有时为了防止别人囤积本公司的股票而发生吞并，公司可以采取向特定者（如机构、个人）配售股票的办法，维护公司的经营支配权。

8. 通过股票的发行上市提高企业知名度

由于有众多的社会公众参与股票投资，股市就成为舆论宣传的焦点，各种媒介每天都在反复传播股市信息，无形之中就提高了上市公司的知名度，起到了宣传广告作用。

（二）股票发行审核制度

股票发行审核制度是各国对证券发行实行监督管理的重要内容之一，是证券进入市场的第一个也是最重要的门槛，是国家证券监督管理部门对发行人利用证券向社会公开募集资金的有关申报资料进行审查的制度。随着我国经济的发展，证券审核在我国的发展经历了几个阶段，证券发行制度的改革逐渐成为证券市场制度建设的重中之重。

1. 股票发行审核的目标

由于历史、经济和社会文化等方面的原因，各国和地区关于证券发行的审核制度存在很大差异。尽管在不同的国家和地区关于证券发行的审核有不同的制度和模式，但发行审核目标是共同的，主要有保护投资者，确保公正、有效和透明的市场以及减少系统风险三个目标。

（1）保护投资者。

保护投资者是证券监管的首要目标，是证券市场存在和发展的基础，也是证券发行审核的目标。证券市场投资者是证券市场得以建立和维持的资金来源，是证券市场的重要参与者。证券立法以保护投资者利益为宗旨，就是把证券认定为社会财富的稳定持有形式，从而把人们的投资预期建立在长期稳定的基础之上。要树立投资者信心，就必须为证券的发行和交易提供良好的法律环境，防止投资者受到欺骗。只有保护投资者的合法权益，树立投资者对市场的信心，证券市场才有源源不断的资金进入，有了资金来源，证券市场才能发挥筹资和资源配置的功能，才能繁荣与发展。

（2）确保公正、有效和透明的市场。

保护投资者利益虽然是证券发行审核的目标，但并不是给予投资者以获利的担保。其内在含义在于给予投资者以公平、公正地进行证券投资、证券交易的机会，使投资者尤其是中小投资者免受欺诈，从而使其合法利益得到保护，这就要求保持证券市场的公信力，使之成为一个值得投资者信任的市场，这也是证券发行审核的一个重要目标。

（3）减少系统风险。

系统风险是相对于非系统风险而言的。一般来说，系统风险是一种普遍因素导致市场的变化而引起的风险，具体到证券市场来说，就是指由于一种普遍的因素导致证券市场的整个价格剧烈波动的风险。系统风险主要包括政治风险以及由于其他非市场因素所引起的风险。如果系统风险太大，导致证券市场价格非正常的大起大落，就会影响市场的公信力，不利于证券市场的健康发展。因此，要通过立法及对证券发行的审核，保持一个健康的市场运行机制，把体制和系统的风险降到最低，以维护整个社会经济秩序的稳定。

2. 股票发行审核的原则

公开、公平、公正原则（三公原则）是证券法的基本原则，它贯穿于证券发行、交易、管理以及证券监管立法、执法和司法活动的始终。证券发行审核作为对企业的证券发行行为所进行的监管，同样也要遵循这三条基本的法律原则。

（1）公开原则。

公开原则是证券法的基本原则，也是证券发行审核的原则。它包括以下两个方面：第一是证券发行人应向公众披露有关信息资料，即证券发行人应及时、真实、充分和完整地向社会公开能够影响投资者决定的一切信息资料。第二是监管者的监管标准公开，处罚结果向社会公布。证券发行人的信息披露制度是信息公开原则的基础。坚持公开原则最典型的当属美国。美国对证券发行实行注册制，其基本的理念是信息公开主义，这是美国1933年《证券法》确立的基本原则。该法规定，初次公开发行的公司必须登记注册，并使用招股说明书。在实行证券发行核准制的国家，监管机构虽然对证券发行人进行实质审查，但同样也重视信息公开原则，只不过是在信息公开之外又加了一道政府审核的关口，形成对投资者利益的双重保险。

（2）公平原则。

在证券法律中，公平的价值判断标准是应该向投资者倾斜。因为在投资者和证券发行人之间存在事实上的不平等，证券发行方在信息、财力、人力等资源方面具有比投资者尤其是中小投资者更多的优势，因此这两者的交易地位和交易能力是不平等的。正是这种不平等的存在，才有必要运用公平原则来平衡证券发行人与投资者之间的差距。在证券法上尤其是在证券发行行为中，表现为要求证券发行人履行更多的义务，如信息披露义务、禁止欺诈等，而对投资者除了交纳股款义务外，几乎没有什么其他义务。

（3）公正原则。

从一般意义上来说，法律上讲的公正可以从两个角度来理解：第一是实体公正，是社会各种资源、社会合作的利益和负担的分配正义问题。第二是程序公正。

3. 股票发行审核的类型

新股的发行监管制度主要有三种：审批制、核准制和注册制，每一种发行制度都对应于一定的市场发展状况。其中，审批制是完全计划经济的发行模式，核准制是从审批制向注册制过渡的中间形式，注册制则是成熟资本市场普遍采用的发行体制。

(1) 审批制。

审批制是我国在股票市场的发展初期，采用行政和计划的办法分配股票发行指标和额度，由地方政府或行业主管部门根据指标推荐企业发行股票的一种发行制度。在审批制下，公司发行股票的焦点主要是争夺股票发行指标和额度。证券监管部门行使实质性审批职能，证券中介机构的主要职能是进行技术指导，审批制是典型的权力配置资源，没有发挥市场本身的作用。

(2) 核准制。

核准制是指发行人在申请发行股票时，不仅要充分公开企业的真实情况，而且必须符合有关法律和证券监管机构规定的条件，证券监管机构有权否决不符合规定条件的股票发行申请。证券监管机构除进行注册制所要求的形式审查外，还对发行人的业务、财务、发展前景、发行数量和发行价格等条件进行实质性审查，并据此作出发行人是否符合发行条件的价值判断和是否核准申请的决定。以我国为代表的新兴经济体多采用核准制。

(3) 注册制。

注册制主要是指发行人申请发行股票时，必须依法将公开的各种资料完全准确地向证券监管机构申报。证券监管机构的职责是对申报文件的全面性、准确性、真实性和及时性进行形式审查，而将发行公司股票的良莠留给市场来判断。这种制度的市场化程度较高，像商品市场一样，只要将产品信息真实全面地公开，至于产品能否卖出、以什么价格卖出，则完全由市场需求决定。这种发行制度对发行方、投资银行、投资者的要求都比较高。以美国为代表的发达经济体多采用注册制。

(4) 注册制和核准制的对比。

注册制体现了市场经济条件自我调节的特性，不仅对发行人所处市场的经济完善程度提出了很高的要求，而且要求发行人有较强的行业自律能力；核准制则更体现了行政权力对股票发行的参与，是政府干预股票发行的具体体现，这种制度在市场经济发育不太完善的情况下比注册制更有利于保护广大投资者利益。这两种制度各有优势，注册制提高了新股发行的市场化，核准制加强了监管部门的监管。

从实施注册制国家的情况看，股票发行注册制的实施，至少需要满足以下条件：第一，该国要有较高的市场化程度；第二，要有较完善的法律法规；第三，发行人和承销商及其他中介机构要有较强的行业自律能力；第四，投资者要有良好的投资理念；第五，监管部门的市场化监管手段较完善。

作为核准制的一种深化的形式，自 2004 年 5 月开始，我国新股发行实行保荐制度。所谓保荐制度，是指由保荐机构（证券公司）负责发行人的上市推荐和辅导，核实公司发行文件中所载资料的真实性、准确性和完整性，协助发行人建立严格的信息披露制度，不仅承担上市后持续督导的责任，还将责任落实到个人。通俗来讲，就是让保荐机构和保荐人对其承销发行的股票负有一定的持续性连带担保责任。

我国股票发行制度的改革方向是建立市场化的发行制度，主要措施是加强中介的责任，强化市场的力量，加强权力的约束，改革的目标是逐步向注册制过渡。

2015 年 5 月，国务院批转的《关于 2015 年深化经济体制改革重点工作的意见》中明确提出："实施股票发行注册制改革，探索建立多层次资本市场转板机制，发展服务中小企业的区域性股权市场，开展股权众筹融资试点。"2015 年 4 月 20 日，第十二届全国人大常委会第十四次会议审议了《证券法》的修订草案。该草案指出，推进股票发行注册制改革，其本质是以信息披露为中心，由市场参与各方对发行人的资产质量、投资价值作出判断，明确注册程序，取消股票发行审核委员会制度，由证券交易所负责对注册文件的齐备性、一致性、可理解性进行审核。

（三）股票发行的方式

1. 公募发行和私募发行

（1）公募发行。

公募发行是指发行人通过中介机构向不特定的社会公众广泛地发售股票。在公募发行方式下，所有合法的社会投资者都可以参加认购。为了保障广大投资者的利益，各国对公募发行都有严格的要求。我国规定企业首次公开发行股票必须采用公募发行的方式。

（2）私募发行。

私募发行是指面向少数特定的投资者发行股票的方式。发行对象一般是与发行人有特定关系的投资者，如发行人的职工或与发行人有密切关系的机构投资者。私募发行手续简单，可节省发行时间和费用。我国上市公司在再融资发行中，可以采用面向特定投资者的定向增发方式。

2. 直接发行和间接发行

（1）直接发行。

直接发行是指发行人不委托证券中介机构，而是自己组织认购新售股票，从投资者手中直接筹措资金的发行方式。直接发行多为私募发行。直接发行的优点是可以减少发行的手续费，降低筹资成本；不足之处是发行风险由发行人独立承担，过高的风险有可能影响资金的筹集。

（2）间接发行。

间接发行是指发行人通过承销商代为发行的方式。委托承销商发行股票的成本较高，但风险较小。根据承担责任和风险的不同，间接发行又可以分为代销、全额包销和余额包销三种方式。代销指股票发行公司与承销商签订协议，按照规定的发行条件尽力推销股票，期满仍售不出去的股票要退还给发行者，发行风险由发行者自己承担，代销费用较低。全额包销是指股票承销商先以自己的名义和自己的资金，一次性买下发行公司计划发行的全部股票，然后再根据市场行情，在适当时机以略高于认购时的价格将所认购的股票转售给公众投资者，从中赚取买卖差价。余额包销即承销商与股票发行公司签订承销合同，承诺在约定期限内，如果股票不能全部售出，其余的部分将由承销商全部认购。在这种发行方式下，承销商要承担较大的风险，发行手续费高于代销发行。

我国规定股票发行必须采用间接发行方式，通过承销商来进行，当发行额超过一定规模时，需要组建承销团。

3. 设立发行与增资发行

(1) 设立发行。

设立发行是指通过发行股票设立新公司，一般是新公司首次发行股票时采用此方式。设立发行可以分为发起设立和募集设立两种方式。在发起设立方式下，公司发起人在公司设立时必须足额认购首次发行的全部股票，无须向社会筹资。发起设立方式比较简便，只要注册申请，经过批准即可开始新公司的营业活动。募集设立是发起人在公司设立时只认购一部分股票，其余部分必须向社会公开招股，使之达到预定的资本总额。

(2) 增资发行。

增资发行是为扩大老公司的资本规模而发行增资股票，这种股票的发行一般比设立发行复杂一些。老公司为扩大经营规模，扩充资本总量，以加强其市场竞争力，再度发行股票是最有效的途径。

(四) 股票发行的程序

1. 股票发行公司与主承销商的双向选择

主承销商在选择股票发行公司时，一般考虑发行公司是否符合股票发行条件、是否受市场欢迎、是否具有优秀的管理层以及是否具有增长潜力等问题。股票发行公司在选择主承销商时，所依据的标准通常是主承销商的声誉、承销经验、股票分销能力和承销费用等。

2. 组建发行工作小组

股票发行公司与承销商双向选定以后，双方就开始组建发行工作小组。发行工作小组除承销商和发行公司外，还包括律师、会计师、行业专家和印刷商等。

3. 全面调查

中介机构在承销股票时，以本行业公认的业务标准和道德规范，对股票发行人、市场的相关情况及有关文件的真实性、准确性、完整性进行核查、验证。

4. 制订与实施重组方案

发行工作小组成立后，开始对发行人进行重组，包括资产重组、业务重组、公司治理结构的构建等，以符合公开发行的条件或在公开发行时取得更好的效果。

5. 制订发行方案

股票公开发行是一个相当复杂的过程，需要许多中介机构及相关机构的参与，还需要准备大量的资料。主承销商必须协调好各有关机构的工作，以保证所有材料在规定时间内备齐。制订发行方案是股票承销中的重要步骤。

6. 编制募股文件与申请股票发行

股票发行的一项实质性工作是准备招股说明书，以及作为其依据和附件的专业人员的结论性审查意见，如审计报告、法律意见书和律师意见报告等。这些文件称为募股文件。在备齐募股文件后，发件人将包括这些文件在内的发行申请资料报送证券监管机构，该机构将对此进行审查，由发行审核委员会决定是否核准发行申请。

7. 路演

路演是承销商为发行人安排的发行推介活动。承销商先选择一些可能销出股票的地点，并选择一些潜在的投资者，然后带领发行人逐个地点去召开推介会，介绍发行人的情况，了解投资者的投资意向。

8. 确定发行价格

确定发行定价是股票发行中最复杂的一项任务。若想成功地对公开发行的股票定价，就要求承销商有丰富的定价经验，对发行人及其所属行业有深度了解，对一级市场和二级市场各类投资者有深刻认识。

9. 组建承销团

当发行规模达到证券监管部门限定的规模时，主承销商必须组建承销团，由承销团成员合作完成承销工作。

（五）股票发行的价格

股票发行的价格是指股份有限公司将股票公开发售给特定或非特定投资者所采用的价格。在确定股票发行价格时应综合考虑公司的盈利水平、发展潜力、发行数量、行业特点以及股市状态等影响股价的基本因素。

1. 股票发行价格的种类

一般来说，股票发行价格有以下几种：面值发行、时价发行、中间价发行和折价发行。

（1）面值发行。

面值发行又称平价发行或等价发行，是指将股票的票面金额确定为发行价格，其不受股票市场行情的左右。由于市场价格往往高于面额，因此以面额为发行价格能够使认购者得到因价格差异而带来的收益，使股东乐于认购，保证发行人可以顺利地筹措到资金。

（2）时价发行。

时价发行是指以流通市场上的股票价格为基础确定发行价格。这种价格一般都是时价高于票面额，二者的差价称为溢价。溢价带来的收益归该股份公司所有。时价发行能使发行人以相对少的股份筹集到相对多的资本，从而减轻负担，同时还可以稳定流通市场的股票价格，促进资金的合理配置。

（3）中间价发行。

中间价发行是指股票的发行价格取票面额和市场价格的中间值。这种价格通常低于时价高于面额，一般在公司需要增资但又需要照顾原有股东的情况下采用。中间价格发行对象一般为原股东，在时价和面额之间采取一个折中的价格发行，实际上是将差价收益一部分归原股东所有，一部分归公司所有，用于扩大经营。

（4）折价发行。

折价发行是指发行价格低于票面额。具体的折价幅度由发行人和承销商协商确定。由于各国一般规定发行价格不得低于票面额，因此，这种折扣发行需要经过许可方能实行。我国公司法规定上市公司不得折价发行股票。

2. 股票发行价格的影响因素

（1）股票流通市场的状况。

股票流通市场直接关系到一级市场的发行价格。在结合发行市场来考虑发行价格时，主要应考虑以下方面：第一，制定的发行价格要使股票上市后价格有一定的上升空间。第二，在股市处于牛市阶段时，发行价格可以适当偏高，因为在这种情况下，投资者一般有资本利得。价格若偏低的话，就会降低发行人和承销机构的收益。第三，股市处于熊市时，价格宜偏低，因为此时价格较高，会拒投资者于门外，增加发行困难和承销机构的风险，甚至有可能导致整个发行人筹资计划的失败。

（2）发行人所处行业的发展状况。

发行人所处的行业和经济区位条件对发行人的盈利能力和水平有直接的影响。就行业因素而言，不但应考虑本行业所处的发展阶段是成长期还是衰退期等，还应进行行业间的横向比较和考虑不同行业的技术经济特点。在行业内也要进行横向比较分析，如把发行人与同行业的其他公司相比，找出优势，特别是和同行业的其他上市公司相比，得出总体的价格参考水平。同时，行业的技术经济特点也不容忽视，都必须加以详细分析，以确定其对发行价格的影响程度。就经济区位而言，必须考虑经济区位的成长条件和空间，以及所处经济区位的经济发展水平，考虑是在经济区位内还是受经济区位辐射等。因为这些条件和因素同样对发行人的未来发展能力有巨大的影响，因而在确定发行价格时必须加以考虑。

（3）发行公司自身的因素。

发行公司自身的因素是指发行人内部经营管理对发行价格制定的影响因素。这些因素包括公司现在的盈利水平及未来的盈利前景、财务状况、生产技术水平、成本控制、员工素质、管理水平等，其中最为关键的是利润水平。在正常状况下，发行价格与盈利水平密切相关。承销商在确定发行价格时，应以利润为核心，并从主营业务入手对利润进行分析和预测。主营业务的利润及其增长率是反映企业的实际盈利状况及其对投资者提供报酬水平的基础，利润水平与投资意愿有着正相关的关系，而发行价格则与投资意愿有着负相关的关系。在其他条件既定时，利润水平越高，发行价格就越高，而此时投资者也有较强的投资购买欲望。当然，未来的利润增长预期也具有至关重要的影响，因为买股票就是买未来。因此，为了制定合理的价格，必须对未来的盈利能力作出合理预期。在制定发行价格时，应从以下几个方面对利润进行理性估测：

①发行人主营业务发展前景。发行人主营业务发展前景是能否给投资者提供长期稳定报酬的基础，也是未来利润增长的直接决定因素。

②产品价格有无上升的潜在空间。它决定了发行人未来的利润水平，因为利润水平与价格直接相关。在成本条件不变时，价格的上升空间将直接决定利润的增长速度。

③管理费用与经济规模性。这是利润的内生性增长因素，对此要有切实客观的分析。

④投资项目的投产预期和盈利预期。投资项目是新的利润增长点。在很多情况下，未来利润的大幅度增加取决于投资项目的盈利能力。

除了利润这一至关重要的决定因素外，发行人本身的知名度、产品的品牌以及股票的发行规模也是决定股票发行价格的重要因素。发行人的知名度高、品牌具有良好的公众基础，就会对投资者产生积极影响，进而产生较大的市场购买需求，因而发行价格可以适度提高；反之则相反。如果股票发行规模较大，会在一定程度上影响股票的销售，增加发行风险，此时可以适度调低价格。如果股票发行规模较小，在其他条件较优时，价格也可以适度提高。

（4）政策因素。

一般来说，不同的经济政策对发行人的影响是不同的。政策因素最主要包括两大经济政策因素，即税负水平和利息率。税负水平直接影响发行人的盈利水平，因而是直接决定发行价格的因素。一般来说，享有较低税负水平的发行人，其股票的发行价格可以相对较高；反之，则可以相对较低。当利率水平降低时，每股的利润水平提高，从而股票的发行价格就可以相应提高；反之，则相反。除了以上两个因素外，国家有关的扶持与抑制政策也是影响发行价格的一个重要因素。特别是在经济政策方面，国家往往通过产业政策对某些行业与企业的发展进行扶持，对某些行业与企业的发展进行抑制。因此，在制定股票发行价格时，对这些政策因素应加以考虑。

3. 股票发行价格的确定方法

（1）现金流贴现法。

现金流贴现法是通过预测公司未来若干年的自由现金流，并用恰当的贴现率和终值来计算现金流和终值的现值，从而预测得出合理的公司价值和股权价值。现金流贴现法分析了一个公司的整体情况，既考虑到资金的风险，也考虑到资金的时间价值，是理论上最完善的估值方法。然而，在实际使用过程中，现金流贴现法存在估值方法复杂、工作量大、贴现率以及永久增长率的预测很大程度上基于主观判断、得到的估值区间较大等缺陷。

（2）市盈率法。

市盈率又称本益比，是指股票市场价格与每股收益的比值。运用市盈率法确定股票发行价格，首先应根据专业会计师审核后的盈利预测计算发行人的每股收益；其次要根据二级市场的平均市盈率、发行人的行业状况、发行人的经营状况及其成长性等拟订发行市盈率；最后根据发行市盈率与每股收益的乘积决定发行价，即：

发行价＝每股收益×发行市盈率

例题：甲公司的IPO申请获得证监会核准，甲公司当年每股收益为1.2元，拟在A股市场上以15倍市盈率发行5 000万股新股，求甲公司的新股发行价格。

发行价＝每股收益×发行市盈率＝1.2×15＝18元

（3）可比公司定价法。

可比公司定价法是主承销商通过对可比较或具有代表性的同行业公司的股票发行价格和它们的二级市场表现进行比较分析，然后以此为依据估算发行价格的定价方法。可比公司定价法虽然简单易行，但就像世界上不存在完全相同的两片树叶一样，市场上也不存在完全相同的两个公司。

（4）净资产倍率法。

净资产倍率法又称资产净值法，是指通过资产评估和相关会计手段确定发行人拟募股资产的每股净资产值，然后根据证券市场的状况将每股净资产值乘以一定的倍率，以此确定股票发行价格的方法。

发行价格＝每股净资产值×溢价倍率

例题：甲公司的IPO申请获得证监会核准，甲公司当年每股净资产为3.6元，拟在A股市场上以10倍的溢价倍率发行5 000万股新股，求甲公司的新股发行价格。

发行价格＝每股净资产值×溢价倍率＝3.6×10＝36元

拓展阅读

我国股票定价机制与发行方式的变迁

新股发行体制的核心是定价机制，它有两个基本内容：第一是确定新股发行价格，即价格发现；第二是采用一定的方式将新股出售给投资者。两者相互制约，构成价格形成机制的核心内容。我国证券市场起步较晚，市场环境与境外成熟市场差异较大，受当时经济、社会和法制环境的局限，新股定价机制早期具有浓厚的行政色彩。

1993 年的《中华人民共和国公司法》和 1998 年的《中华人民共和国证券法》均规定，新股发行价格须经证券监管部门批准。2005 年以前，由于投资者和中介机构等市场主体尚不成熟，市场机制不完善，买方不能对卖方构成有效约束，出于保护投资者的目的，证监会在法律许可的范围内主要采用限定发行市盈率上限的方式管理新股价格。

2004 年修订的《中华人民共和国证券法》取消了新股发行价格须经证券监管部门核准的规定。证监会于 2005 年年初推出了询价制度，采用发达市场通行的向合格机构投资者累计投标询价方式确定新股发行价格。具体来说，我国新股定价制度和发行方式经历了以下变迁：

(1) 1992 年之前内部认购和新股认购证。这是 A 股市场初创阶段最早的新股发行方式。新股认购证成为“暴富”的代名词，也遗留了内部职工股这一问题，在 2000 年才得到妥善解决。上述两种新股发行方式由于效率不高、受众面窄被淘汰。

(2) 1993 年与银行储蓄存款挂钩。此举改善了认购证方式中新股发行不公的现象，但是每遇新股发行，经常会发生地区间资金大量转移，而且新股发行的效率也不高。

(3) 1996 年全额预缴款按比例配售方式。全额预缴款方式包括“全额预缴款、比例配售、余款即退”和“全额预缴款、比例配售、余款转存”两种。该方式消除了认购证发行的高成本、高浪费现象，也解决了存单发行占压资金过多、过长的问题。但是没有解决外地购买者资金搬家的问题，并且中小投资者真正能买到的股票可能在申购数量中所占比例很少。

(4) 1999 年采用对一般投资者上网发行和对法人配售相结合方式。这种方式的初衷是为了健全证券市场发现价格的功能，培育机构投资者。但这种方式难免滋生寻租者，有少数发行人将配售权作为特权买卖，不按真正的战略关系选择战略投资者；一些机构不履行持股期限承诺，私下倒卖获配新股等。

(5) 2001 年上网竞价方式。上网竞价方式可以减少主观操作，防止违规行为和暗箱操作的发生。但是由于股票发行价格只是根据市场的申购情况来决定，往往容易形成新股申购发行价很高的局面，因此难以长期推行。

(6) 2002 年按市值配售新股。在新股上网定价发行中，由于申购专业户垄断了一级市场，对二级市场投资者有失公平，监管部门于 2002 年 5 月开始全面推行按市值配售新股。但按市值配售新股与新股发行市场化之间存在矛盾，不能充分体现一级市场的真实需求，扭曲了供求机制，大大削弱了一级市场定价机制的作用。随着股改的推进，上市公司的股份逐步转为全流通，市值配售制度的基础也不复存在，恢复资金申购就成为必然要求。

(7) 2006 年 IPO 询价制+网上定价方式。这一新股发行方式的基本特征是建立一种面向机构投资者的询价机制，同时也形成了向机构投资者倾斜的发行模式，并且是以资金量的大小为配售新股的最主要原则。

这一发行制度发挥了许多积极的作用，为一批大型蓝筹公司顺利登陆 A 股市场保驾护航。但是它也存在重大缺陷：第一，询价往往流于形式，新股发行定价难以反映股票真实价值；第二，有违公平原则，由于机构投资者仍然占据了网下申购的优势，存在过度向机构投资者倾斜的弊端；第三，将大量资金吸引到认购新股的行列之中；第四，现行发行方式还产生同一公司境内外发行价不同、上市流通股比例太低、新增限售股源源不断等问题。

2009 年至今，中国证监会致力于完善询价和申购的报价约束机制，淡化行政指导，优化网上发行机制，不断完善新股发行制度，积极推动各市场主体进一步归位尽责，促使新股价格真实反映公司价值，实现一级市场和二级市场均衡、协调、健康发展，切实保护投资者的合法权益。

二、债券发行市场

债券发行是发行人以借贷资金为目的，依照法律规定的程序向投资者邀约发行代表一定债权和兑付条件的债券的法律行为。债券发行是证券发行的重要形式之一。

(一) 国债的发行

1. 国债的发行方式

自 1981 年恢复发行国债以来，直至 1991 年以前，我国国债都是采用行政分配的方式，其后发行方式有定向发售、承购包销、招标发行等，总的变化趋势是以低成本、高效率为目标，使发行向规范化、市场化发展。

(1) 定向发售。

该方式是指定向养老保险基金、失业保险基金、金融机构等特定机构发行国债，主要用于国家重点建设债券、财政债券、特种国债等品种，通常只有在特殊场合才采用。

(2) 承购包销。

该方式主要用于不可流通的凭证式国债，是指由大型金融机构组成承销团，按一定条件向财政部承购国债，并由其负责在市场上转售，未售出的余额由承销商包销。由于承购包销发行条件由发行人和承销商通过协商确定，因而具有一定的市场因素。

(3) 招标发行。

该方式是指通过招标的方式来确定国债的承销商和发行条件，分为缴款期招标、价格招标、收益率招标三种形式。

①缴款期招标。缴款期招标是指在国债的票面利率和发行价格已经确定的条件下，按照承销机构向财政部缴款的先后顺序获得中标权利，直至满足预定发行额为止。

②价格招标。价格招标主要用于贴现国债的发行，按照投标人所报买价自高向低的顺

序中标，直至满足预定发行额为止。如果中标规则为荷兰式，那么中标的承销机构都以相同价格（所有中标价格中的最低价格）来认购中标的国债数额；如果中标规则为美国式，那么承销机构以其各自的出价来认购中标的国债数额。荷兰式招标的特点是单一价格，美国式招标的特点是多种价格。

③收益率招标。收益率招标主要用于付息国债的发行，它同样可分为荷兰式招标和美国式招标两种形式，原理与上述价格招标相似。

2. 国债的发行程序（以承购包销方式为例）

（1）凭证式国债的发行程序。

具有国债一级自营商资格的金融机构同财政部签订承销协议，然后各承销商利用自己的系统分销，所有凭证式国债在规定的期限出售后，承销商按时将款项划到国债司的账户上，财政部国债司将手续费划到各承销商的账户上。

（2）记账式国债的发行程序。

记账式国债主要通过证券交易所发行。首先，取得该项国债承购包销资格的承销商向交易所申请交易席位，或委托交易所的会员公司参与交易；分销期内，承销商在该交易所分别挂牌卖出国债。对于投资者来说，可利用在交易所开立的股票账户办理认购国债手续；投资者买入国债以后，认购的国债数量记入其账户，由此完成国债的认购登记手续；当日闭市后，客户的认购款被划入承销商在交易所内的账户，并且在规定的日期内，将该款项划入交易所在中国人民银行的专户。发行结束后，如果财政部认为符合承销合同的相关规定，其承销手续费由交易所支付给承销商。

（二）金融债券的发行

自 2005 年 6 月 1 日起施行的《全国银行间债券市场金融债券发行管理办法》规定，中国人民银行依法对金融债券的发行进行监督管理，采用核准制。金融债券在全国银行间债券市场公开发行或定向发行，可以采取一次足额发行或限额内分期发行的方式。发行金融债券时，承销人应组建承销团，可在发行期内向其他投资者分销其所承销的金融债券，承销可采用协议承销、招标承销等方式。金融债券的招投标发行应该通过中国人民银行债券发行系统进行。

（三）公司债券的发行

1. 发行条件

世界各国对于债券的发行都进行了严格的限制，必须达到一定的条件后方可发行。在我国，《企业债券发行与转让管理办法》规定，只有当企业符合一定的要求时才能发行企业债券，即企业债券的发行人必须是经中央银行批准发行的企业法人，是“股份有限公司、国有独资公司和两个以上的国有企业或者其他两个以上的国有投资主体投资设立的有限责任公司”，为筹集生产经营资金，方可发行企业债券。根据《公司法》的规定，发行企业债券必须符合以下条件：

（1）股份有限公司的净资产符合监管规定，有限责任公司的净资产不低于监管要求。

（2）累计债券总额不超过公司净资产的 40％。

（3）最近三年平均可分配利润足以支付企业债券一年的利息。

（4）筹集的资金用途符合国家产业政策。

（5）债券的利率水平不超过国务院限定利率的水平。

（6）国务院规定的其他条件。

确定债券发行要素也是发行债券过程中一项至关重要的工作。合理确定债券的发行要素，对发行者来说直接关系到筹资成本的高低，对投资者来说是作出投资判断的基本依据。只有制定出合理的发行要素，才能保证债券发行的成功。发行要素主要是由发行额、票面利率、发行价格、票面金额、债券的期限等内容构成。

2. 发行程序

（1）双向选择。

债券发行单位与债券承销商双向选择，签订承销协议，明确双方的责任和义务。

（2）完成债券发行申请和审批。

企业债券的发行企业应在主承销商的协助下向中国人民银行送交有关文件，提出申请；中国人民银行对其进行审批，审批通过后，方可发行。

（3）发布公告。

在获得发行批复后，主承销商至少应当在发行前10天在中国人民银行指定报刊上刊登公告，公告信息不得与经中国人民银行审定的内容有任何不同。

（4）承销。

承销团成员利用自己的销售网络，向金融机构、企事业单位及个人投资者销售。

2007年8月14日发布施行的《公司债券发行试点办法》规定，公司债券的发行采用核准制，必须经中国证监会核准才能发行。申请发行公司债券，应当由公司董事会制订方案，由股东会或股东大会对发行债券的数量、向公司股东配售的安排、债券期限、募集资金的用途、决议的有效期、对董事会的授权事项等作出决议。发行公司债券，应当由保荐人保荐，并向中国证监会申报。保荐人应当按照中国证监会的有关规定编制和报送募集说明书和发行申请文件。2015年1月，中国证监会发布了《公司债券发行与交易管理办法》，规定公司债务可以公开发行，也可以非公开发行，中国证监会对公司债券发行进行核准或者中国证券业协会对公司债券发行进行备案；公司债券可附认股权、可转换成相关股票等条款；公司债券应当在证券交易所、全国中小企业股份转让系统或国务院批准的其他证券交易场所转让。

（四）银行间债券市场非金融企业债务融资工具的发行

自2008年4月15日起施行的《银行间债券市场非金融企业债务融资工具管理办法》中规定，企业发行债务融资工具应在中国银行间市场交易商协会注册，债务融资工具发行利率、发行价格和所涉费率以市场化方式确定。注册制和市场化发行是银行间债券市场中非金融企业债务融资规模迅速扩张的重要原因，对其他市场也有借鉴作用。

三、债券信用评级

（一）债券信用评级的概念

债券信用评级是指债券评级机构对债券发行者的信誉及其所发行的特定债券的质量进行评估的综合表述。从本质上说，信用评级评估和计量了信用风险，即发生不利于债权事件的可能性。它对于债券发行者、投资者和证券交易者都很重要，因为只有通过比较各种债券的级别，才能保证投资和交易的质量，降低投资风险。

债券信用等级的评定是债券发行过程中一个极其重要的方面。由于债券的投资存在违约风险，各种不同的债券信用程度是不同的，因此有必要建立一个债券信用评级体系，由专门的信用评级机构对债券的质量、信用和风险进行公正客观的评定，为债券投资者或潜在投资者提供指导。债券信用等级的评定是一种方便投资者进行债券投资决策的行为，也是降低发行成本的一个重要手段。

(二) 债券信用等级的划分

世界上最早的债券评级制度诞生于美国，目前世界上最著名、最具权威的评级机构是美国的穆迪投资者服务公司和标准普尔公司。此外，还有日本投资服务公司、日本评级研究所以及艾克斯特尔统计服务公司等。国外债券等级的划分一般采用三类九级制的比较多。目前我国的债券信用评级采用的就是这种等级划分方法，即将债券的等级划分为：AAA、AA、A、BBB、BB、B、CCC、CC、C。

投资界公认的最具权威性的信用评级体系有穆迪信用等级和标准普尔信用等级。其评级体系如表 3-1 所示。

表 3-1　　债券等级划分表

标准普尔公司	穆迪公司	性质	级别	说明
AAA	Aaa	投资性	最高级	信誉最高，债券本息支付无问题
AA	Aa		高级	有很强的支付本息的能力
A	A		中上级	仍有较强的支付能力，但当经济形势发生逆转时较为敏感
BBB	Baa		中级	有一定支付能力，但当经济形势发生逆转时，较上述级别更易受影响
BB	Ba	投机性	中下级	有投机因素，但投机程度较低
B	B		投机级	投机
CCC、CC	Caa			可能不还
C	Ca			不还，但可以收回很少一点
DDD、DD、D	C			无收回可能

(三) 债券信用评级的原则

在债券信用评级过程中，一般应坚持以下原则。

1. 权威性

信用评级机构的评级范围要广泛，不但在系统内要适应，而且在系统外也要适应；不但在当地要适应，在外地也要适应。评级机构要有代表性，有独立行使证券信用评级的权力。

2. 科学性

债券的评级是一项繁杂的工作，具有较高的要求，因此，各债券评级机构对于信用评级的方法、评级指标体系的建立以及评级手段要具有科学性，评估依据要全面，指标要完整。

3. 公正性

在证券信用评级过程中，评级机构不能搞人情评级，也不能由领导意志决定，而要站在公正立场上，客观地判断与分析，使评级机构本身经得起社会的检验。

第三节　证券流通市场

证券流通市场与证券发行市场共同构成统一的证券市场体系，二者相辅相成、互相联系。流通市场是发行市场发展的条件和继续，没有发达高效的流通市场，发行市场就难以生存和发展。

一、证券流通市场的构成

证券流通市场可以分为两类：一个是证券交易所市场，它是高度组织化的市场，是证券市场的主体和核心；另一个是分散的非组织化的场外交易市场，是证券市场的重要组成部分。

（一）场内交易市场

场内交易市场又称证券交易所市场，证券交易所是依法设立的集中进行证券交易的有形场所，我国的两大证券交易所为上海证券交易所和深圳证券交易所。证券交易所本身并不买卖证券，也不决定证券价格，而是为证券的集中和有组织交易提供场所和设施，对证券交易进行严密的组织和严格的管理，为证券交易提供一个稳定、高效率的市场。其典型特征包括：有固定的交易场所和严格的交易时间；参加交易者为具备资格的会员证券公司，一般投资者只能委托会员证券公司间接买卖；交易对象限于合乎标准的上市证券；交易量集中，具有较快的成交速度和较高的成交率等。

1. 场内交易市场的特点

场内交易市场的特点主要体现在以下几方面：

（1）集中交易。

场内交易市场集中在一个固定的地点即证券交易所内，所有的买卖双方必须在证券交易所的管理之下进行证券买卖。

（2）公开竞价。

场内交易市场证券的买卖是通过公开竞价的方式形成的，即多个买者对多个卖者以拍卖的方式进行讨价还价。

（3）经纪制度。

在场内交易市场买卖证券活动必须通过专业的经纪人。

（4）市场监管严密。

在场内交易过程中，证券监督部门及证券交易所对从事证券交易各种活动监管严密，以保证场内交易市场高效有序地运行。

2. 证券交易所的组织形式

证券交易所是证券市场的核心。证券交易所的组织形式有会员制和公司制两种。

（1）会员制。

会员制的证券交易所是一个由会员自愿组成的、不以营利为目的的社会法人团体，会员大会和理事会是会员制证券交易所的决策机构。会员大会是权力机构，决定交易所的基本经营方针；理事会是执行机构，主要职能是审查会员资格、批准新会员进入、审查和决定证券的上市、对违规会员进行处罚等。只有会员才能进入交易大厅进行证券交易，其他人要通过会员才能买卖交易所上市的证券。我国上海证券交易所和深圳证券交易所都是会员制证券交易所。

（2）公司制。

公司制证券交易所是以股份公司形式设立的以营利为目的的法人，由股东大会选举董事会和监事会，董事会选聘总经理。公司制交易所由于本身不参与交易，在交易中处于中立地位，故有助于保证交易的公平。自20世纪90年代以来，证券交易所出现了并购浪潮和公司化趋势。

（二）场外交易市场

1. 场外交易市场的含义

场外交易市场就是俗称的柜台市场或店头市场，是指在证券交易所外进行证券买卖的场所。场外市场是一个分散的无形市场，分散于各地，规模大小不等，没有固定场所和时间，是抽象的市场。

2. 场外交易市场的特点

场外交易市场具有如下几个特点：

（1）分散的无形市场。

场外交易市场是一个分散的无形市场。它没有固定的、集中的交易场所，而是由许多各自独立经营的证券经营机构分别进行交易，并且主要是依靠电话、电报、传真和计算机网络联系成交。

（2）采取做市商制度。

场外交易市场采取做市商制度。场外交易市场与证券交易所的区别在于不采取经纪制，投资者直接与证券商进行交易。证券交易通常在证券经营机构之间或证券经营机构与投资者之间直接进行，不需要中介。证券经营机构既是交易的直接参加者，又是市场的组织者，被称为“做市商”。

（3）交易对象主要是未上市证券。

场外交易市场的交易对象以未在证券交易所批准上市的股票和债券为主。由于证券种类繁多，每家证券经营机构固定地经营若干种证券。

（4）议价方式交易。

场外交易市场是一个以议价方式进行证券交易的市场。在场外交易市场上，证券买卖采取一对一交易方式，对同一种证券的买卖不可能同时出现众多的买方和卖方，也就不存在公开的竞价机制。场外交易市场的价格决定机制不是公开竞价，而是买卖双方协商议价。具体来说，是证券公司对自己所经营的证券同时挂出买入价和卖出价，并无条件地按买入价买入证券和按卖出价卖出证券，最终的成交价是在牌价基础上经双方协商决定的、不含佣金的净价。券商可根据市场情况随时调整所挂的牌价。

（5）管理宽松。

场外交易市场的管理比证券交易所宽松。由于场外交易市场分散，缺乏统一的组织和章程，不易管理和监督，其交易效率也不及证券交易所。美国的纳斯达克（NASDAQ）市场借助计算机将分散于全国的场外交易市场联成网络，在管理和效率上都有很大提高。

3. 场外交易市场的类型

场外交易市场简称 OTC 市场，通常是指店头交易市场或柜台交易市场，但如今的 OTC 市场已不仅仅是传统意义上的柜台交易市场，有些国家在柜台交易市场之外又形成了其他形式的场外交易市场。

（1）柜台交易市场。

柜台交易市场是指通过证券公司、证券经纪人的柜台进行证券交易的市场。该市场在证券产生之时就已存在，在交易所产生并迅速发展后，柜台市场之所以能够存在并得以发展，其原因有：交易所的容量有限，且有严格的上市条件，客观上需要柜台市场的存在；柜台交易比较简便、灵活，满足了投资者的需要；随着计算机和网络技术的发展，柜台交易也在不断地改进，其效率已和场内交易不相上下。

（2）第三市场。

第三市场是指已上市证券的场外交易市场。第三市场产生于 1960 年的美国，原属于柜台交易市场的组成部分，但其发展迅速，市场地位提高，被作为一个独立的市场类型对待。第三市场的交易主体多为实力雄厚的机构投资者。第三市场的产生与美国的交易所采用固定佣金制密切相关，它使机构投资者的交易成本变得非常昂贵，场外市场不受交易所的固定佣金制约束，因而导致大量上市证券在场外进行交易，遂形成第三市场。第三市场的出现，成为交易所的有力竞争，最终促使美国 SEC 于 1975 年取消了固定佣金制，同时也促使交易所改善交易条件，使第三市场的吸引力有所降低。

（3）第四市场。

第四市场是指投资者绕过传统经纪服务，彼此之间利用计算机网络直接进行大宗证券交易所形成的市场。第四市场的吸引力在于：（1）交易成本低。因为买卖双方直接交易，无经纪服务，其佣金比其他市场低得多。（2）可以保守秘密。因无须通过经纪人，有利于匿名进行交易，保持交易的秘密性。（3）不会冲击证券市场。大宗交易如在交易所内进行，可能给证券市场的价格造成较大影响。（4）信息灵敏，成交迅速。计算机网络技术的运用，可以广泛收集和存储大量信息，通过自动报价系统把分散的场外交易行情迅速集中并反映出来，有利于投资者决策。第四市场的发展一方面对证券交易所和其他形式的场外交易市场产生了巨大的压力，从而促使这些市场降低佣金、改进服务；另一方面也对证券市场的监管提出了挑战。

拓展阅读

做市商

做市商是通过提供买卖报价为金融产品制造市场的证券商做市商制度，就是以做市商报价形成交易价格、驱动交易发展的证券交易方式。做市商由具备一定实力和信誉的证券经营法人作为特许交易商，不断地向公众投资者报出某些特定证券的买卖价格，并在该价位上接受公众投资者的买卖要求，以其自有资金和证券与投资者进行证券交易。做市商通过这种不断买卖来维持市场的流动性，满足公众投资者的投资需求。

做市商必须做到：不间断地主持买、卖两方面的市场，并在最佳价格时按限额规定执行指令；发布有效的买、卖两种报价；在交易完成后的90秒内报告有关交易情况，以便向公众公布。

真正的做市商市场应该包括两个层次：第一个层次是做市商和投资者之间的零售市场；第二个层次是做市商和做市商之间的批发市场。证券做市商市场包括复合型证券交易市场和单一型证券做市商市场两类，其中复合型证券交易市场又可分为混合型证券交易市场和平行型证券交易市场。

做市商作为金融市场上的一些独立的证券交易商，为投资者承担某一只证券的买进和卖出，买卖双方不需等待交易对手出现，只要有做市商出面承担交易对手方即可达成交易。做市商制度是不同于竞价交易方式的一种证券交易制度，一般为柜台交易市场所采用。做市商通过买卖报价的适当差额来补偿所提供服务的成本费用，并实现一定的利润。传统交易是由一个专家处理几百家上市公司的股票交易，而做市商制度是多对一的关系，即一组做市商为一个上市公司服务。更重要的是，做市商为交易提供资金，在交易中做市商先要用自己的资金买进股票，然后再卖出。这些做法使得市场的流通性大大增强，增加了交易的深度和广度。

做市商的选择比较严格，只有那些运行规范、资本实力雄厚、规模较大、熟悉市场运作，而且风险自控能力较强的商家才能担当。

一般来说，做市商必须具备下述条件：

（1）具有雄厚的资金实力，这样才能建立足够的标的品种库存以满足投资者的交易需要。

（2）具有管理标的品种库存的能力，以便降低标的品种库存的风险。

（3）要有准确的报价能力，要熟悉自己经营的标的品种，并有较强的分析能力。

作为做市商，其首要的任务是维护市场的稳定和繁荣，所以做市商必须履行“做市”的义务，即在尽可能避免市场价格大起大落的条件下，随时承担所做证券的双向报价任务，只要有买卖盘，就要报价。

二、影响股票价格变动的因素

影响股票价格变动的因素很多，但基本上可分为以下四类。

（一）市场内部因素

它主要是指市场的供给和需求，即资金面和筹码面的相对比例，如一定阶段的股市扩容节奏将成为该因素的重要部分。

（二）基本面因素

基本面因素包括宏观经济因素和公司内部因素，宏观经济因素主要是指能影响市场中股票价格的因素，包括经济增长、经济景气情况、利率、财政收支、货币供应量、物价、国际收支等。

（三）公司内部因素

公司内部因素主要指公司的财务和经营状况。

（四）政策因素

政策因素是指足以影响股票价格变动的国内外重大活动以及政府的政策、措施、法令等重大事件。政府的社会经济发展计划、经济政策的变化、新颁布法令和管理条例等均会影响到股价的变动。

三、证券流通市场交易原则

证券流通市场交易原则是反映证券交易宗旨的一般法则，它贯穿于证券交易的全过程。我国证券交易应遵循以下原则。

（一）公开、公平、公正的原则

证券交易活动应遵守公开、公平、公正的原则。

（二）自愿、有偿、诚实信用的原则

证券交易活动的当事人具有平等的法律地位，应遵守自愿、有偿、诚实信用的原则。

（三）遵守法律、行政法规

证券交易活动必须遵守法律、行政法规，禁止欺诈、内幕交易和操纵市场的行为。

拓展阅读

纳斯达克市场和纽约证券交易所制度的比较

从交易方式来看，纳斯达克市场采取的是报价驱动机制，而纽约证券交易所采取的是订单驱动机制。

从竞争关系来看，纳斯达克市场中每只股票都存在多个做市商，其竞争是较为激烈的；而在纽约证券交易所内，每只股票只有一个专家，这种垄断地位扼杀了竞争，对于市场则存在一定的消极影响。

从进出的灵活性来看，纳斯达克市场中做市商的进出较为宽松。做市商可以自由选择股票做市，也可以参与一级市场和二级市场的业务；在纽约证券交易所中，专家是不能自由进出的，专家所负责的证券品种是由交易所指定的，专家也只能参与二级市场业务。

在监管方面，纳斯达克市场的直接监管较少，它主要是依靠竞争限制市场中的弊端；纽约证券交易所的监管则较为直接，它要求专家维持市场公平有序，即保持价格连续性、保持市场活跃、保持价格稳定等。

应该说，这两种机制都有着自身的利弊，但是它们都适应了各自的市场环境，因而也就取得了成功。从这两个市场不同机制的全球影响来看，纽约证券交易所的专家制度对一些国家的主板市场影响较大，但专家制度仍然带有很浓重的美国特色。近年来，纳斯达克市场的做市商伴随着高科技股的兴起，纷纷为世界许多国家的创业板所采纳，成为许多国家加以借鉴的证券交易制度。

四、证券交易的程序

证券交易程序是指投资者在二级市场买进或卖出已上市证券的过程。投资者买卖证券必须按照一定的程序操作，同时出于保障自己合法权益的目的，也很有必要了解证券交易的程序及其运行机制。总体来说，证券交易的主要步骤分为开户、委托、成交、清算交割、过户。

（一）开户

1. 开设证券账户

证券账户是指证券登记机构为投资者设定的，用于准确记载投资者所持有的证券种类、名称、数量及相应权益和变动情况的一种账册。投资者在开设证券账户的同时，即已委托证券登记机构为其管理证券资料、办理登记、结算和交割业务。我国的证券账户分为个人账户和法人账户两种。投资者买卖上海或深圳证券交易所上市证券，应当分别开设上海或深圳证券账户。上海证券账户在上海证券中央登记结算公司或其委托的证券登记机构或证券经营机构办理开户业务；深圳证券账户由中国证券登记结算有限责任公司深圳公司或其授权的证券登记公司或证券经营机构办理开户。证券账户全国通用，投资者可以在开通上海或深圳证券交易业务的任何一家证券营业部委托交易。

2. 开设资金账户

投资者在开设证券账户的同时，还要开设资金账户，然后才能进行证券交易。投资者不能直接进入证券交易所买卖证券，而是要通过交易所的会员才能进行交易。证券交易所的会员通常是证券经营机构，即证券公司。证券公司在全国各地设有许多证券营业部，接受客户委托，在证券交易所内为客户代理证券交易。

（二）委托

投资者买卖证券须委托证券公司办理，投资者向证券公司下达买进或卖出证券的指令，称为委托。证券公司没有收到明确的委托指令时，不得动用投资者的资金和账户进行证券交易。投资者下达委托指令的方式主要有几种：柜台递单委托、电话自动委托、计算机自动委托和远程终端委托。

（三）成交

客户下单后，证券公司将客户委托传送到交易所撮合主机。每个交易日 9:15 至 9:25 将接受的全部有效委托进行一次集中撮合处理，这一过程称为集合竞价。通过集合竞价，产生开市价。在集合竞价之后，撮合主机对投资者申报的委托进行逐笔连续的撮合处理的过程，称为连续竞价。在股市开盘后的正常交易时间内，所有的证券买卖价格都由连续竞价产生，每笔买卖委托输入系统后，按“价格优先，时间优先”的成交规则进行竞价撮合，能成交者予以成交，不能成交者等待机会成交。

（四）清算交割

清算是在证券买卖双方成交以后，将各证券公司的证券买卖的数量和金额分别予以抵消，然后通过证券登记结算公司交割净额。交割是指证券卖方将卖出证券交付给买方，买方将买进证券的价款交付给卖方的行为。证券清算在交易成交的当天进行。证券交割则是证券商在事先约好的时间内，对清算余额办理交割和转让。我国目前A股、基金和债券的交割方式均采用T+1。由于B股的结算交割涉及境内、境外以及托管银行，程序较为复杂，因此采用T+3的交割方式。

（五）过户

过户是指买入股票的投资者到股票发行公司或其指定的代理机构去办理变更股东名册记载的手续。由于上海证券交易所和深圳证券交易所都采用电子化交易，过户手续由计算机自动完成，无须另外办理。

五、除息除权报价

股票价格波动是市场的常态，影响股票价格波动的因素非常复杂，既有宏观经济、政治、文化等因素，也有行业因素和公司自身的因素，还有投资者心态等因素，这些因素有的从基本面影响股票价格，有的从技术面影响股票价格，包含了利好或利空信息。除息除权报价则是由于上市公司向股东分派现金红利、股票股利或配股时出现的价格下跌现象，不具有任何信息含量。

上市公司宣布一个股权登记日，对持有股票的在册股东进行分红配股。股权登记日后第一个交易日股票除权，失去分红配股权利后，股票会以较低的价格交易。交易所通常会在除权日提供一个交易参考价格，指导投资者买卖除权后的股票，此价格称为除息除权报价。所谓除息，是指除去交易中股票领取现金股息的权利；除权则是指除去交易中股票配送股的权利。除息除权报价是按股票除息除权前后投资价值不变原则计算的，即投资者在股权登记日按收市价买卖股票，在除权日按除息除权价买卖股票，投资价值是相同的。

除权日实际交易价格并不一定等于除息除权报价，除息除权报价只是除权日股票交易的一个理论参考价。当实际交易价格及走势高于除息除权报价时，称为填权，参与分红配股的在册股东可以获利。反之，实际交易价格及走势低于这一理论价格时，称为贴权，参与分红配股的在册股东将蒙受损失。填权和贴权是股票除权后的两种可能情况，它与整个市场的状况、上市公司的经营业绩、送股的比例等多种因素有关。

六、交易指令的类型

一般来说，交易指令可分为：市价委托指令、限价委托指令、止损委托指令和限价止损委托指令。

（一）市价委托指令

市价委托指令即市价指令，是指投资者进行交易委托时，不必输入委托价格，按照当时市场上可执行的最优报价成交的指令。市价指令按输入时间优先的原则排序，未成交部分自动撤销。相对于限价指令，其优点在于市价指令一定会被执行，但执行的价格并不确定。

（二）限价委托指令

限价委托指令即限价指令，是指相对于以当前市价马上成交的市价指令而言，买入限

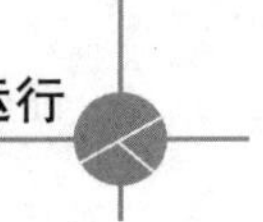

价指令指定一个价格，当市场价格低于这个价格时买进；卖出限价指令则指定一个价格，当市场价格高于这个价格时卖出。它的特点是可以按投资者的预期价格成交，成交速度相对较慢，有时无法成交。限价指令一般以价格优先和时间优先的原则排序。一般来说，限价指令的有效期限视投资者的指示而定，可以是在指定时段内有限，也可以在投资者通知取消前保持有效。

（三）止损委托指令

止损委托指令又称停损指令或STOP指令，是指投资者指定一个止损价格，当市场价格达到投资者预计的价格水平时即变为市价指令予以执行的一种指令。投资者利用止损指令可以有效地锁定利润、减少损失。指定止损价格，对卖单来说，止损价格必须低于下单时的市场价格；对买单来说，止损价格必须高于下单时的市场价格。当市场价格触及止损价格时，止损委托指令立即被执行，可视为有条件的市价委托。例如，某投资者打算卖出A公司股票（市价为25元），其止损价格是20元，只有当该股票价格下降并触及20元时，止损委托才被激活。止损委托的潜在风险是实际成交价格与止损价格之间可能存在一定的差异。

（四）限价止损委托指令

限价止损委托指令是投资者同时指定止损价格和限制价格，当市场价格触发了止损价格时，该指令转变成限价委托指令，可视为有条件的限价委托。例如，对于现价为25元的某公司股票，投资者的卖单止损价格是20元，限制价格是17元。只有当该股票价格跌至20元或20元以下时，限价委托才被激活，投资者将以等于或高于17元的价格卖出该股票。

我国深沪交易所在限价申报方式的基础上，提供了以下市价申报方式：对手方最优价格申报、本方最优价格申报、最优五档即时成交剩余撤销申报、即时成交剩余撤销和全额成交或撤销申报。

七、融资融券交易

我国证券公司的融资融券业务即买空卖空交易。买空就是投资者向证券公司借钱买股票，对证券公司而言是融资业务。卖空就是投资者向证券公司借入股票卖掉，对证券公司而言就是融券业务。

（一）买空交易

当投资者预期某种股票将上涨但又缺少足额的资金时，可以向其经纪人（证券公司）借入资金购买股票，这种股票交易被称为买空交易。在买空交易中，投资者需要开设保证金账户，按照证券公司规定的初始保证金比例存入一定数量的保证金，其余资金向证券公司贷款。用贷款买入的股票，其所有权归证券公司，证券公司有权以保证金账户中的股票为抵押品，向银行融入资金；也可以将其借出，提供给卖空者。投资者借钱买入股票以后，由于股票的价格会不断波动，为了控制风险，证券公司通常设定一个维持保证金比例，当投资者的实际保证金比例大于初始保证金比例时，投资者可以将多出的部分提现或再投资；实际保证金比例在初始保证金比例和维持保证金比例之间时，投资者不需要进行任何操作；当实际保证金比例低于维持保证金比例时，投资者需要追加保证金，补充的保证金可以是现金或国债。在我国，符合监管部门要求的股票也可以用来补充保证金。

初始保证金比例被定义为账户净值或权益与证券市值的比例。例如，某投资者最初支付6 000元购买价值为10 000元的股票（以每股100元的价格买入100股），其余4 000元则向证券公司借入。如果股票价值跌至4 000元之下，账户净值就会变成负数，这也就意味着股票的价值已经不能为证券公司借款提供足额抵押。为了避免这种情况发生，证券公司通常设定一个维持保证金比例。如果保证金比例降至维持保证金比例之下，证券公司就会发出保证金催缴通知，要求投资者向保证金账户增加现金或证券资产。如果投资者不这样做，证券公司可以从账户中售出证券，偿还相应的贷款，以此将保证金比例恢复到可接受的水平。买空的风险在于股票价格并没有如投资者所预期的那样上涨而是下跌，并且由于投资者使用了杠杆，从而会放大风险。

（二）卖空交易

买空交易的盈利模式是“买低卖高”，先买后卖；卖空交易的盈利模式是“卖高买低”，是先卖后买。当投资者判断某股票被高估并将下跌时，可以向证券公司借入股票按市价卖出，在股价下跌时买回来还给证券公司。在卖空交易期间，如果卖空股票派发了现金股利，卖空者需要向该股票的原持有人支付数额相等的现金。

在卖空交易中，通常由卖空投资者开户的证券公司贷出股票用于卖空，股票被借出用于卖空这个过程无须通知股票的所有者。如果该股票所有者需要卖出股票，证券公司可以从其他投资者那里借入股票。因此，卖空的期限可能是不确定的。但是，如果证券公司找不到可借的股票来填补已售的空缺，那么卖空的投资者就要立刻从市场中买入股票并将其还给证券公司以终止借贷。根据监管机构的规定，只有在近期所记录的股票价格变化值为正的前提下才能卖空。显然，这一规定是为了防止出现股票的过度投机。监管机构还规定卖空的收益必须保留在证券公司的账户上，从事卖空的投资者不能动用这笔资金。卖空交易同样需要缴纳初始保证金，证券公司同样要设定维持保证金比例。

与买空交易的投资者一样，卖空的投资者也要关注保证金催缴。如果股票价格上涨，账户的保证金就会减少，当保证金低于维持保证金比例时，卖空投资者就会收到保证金催缴通知。由此也可以看出，卖空的风险在于股票价格并没有如投资者所预期的那样下跌而是上涨，并且由于投资者使用了杠杆，从而会放大风险。

例如：投资者看空某股票，该股票目前的市价为每股100元。投资者向证券公司下达指令要求卖空1 000股，初始保证金比例为50%。假设投资者持有价值50 000元的现金。如果股票价格上涨到110元，那么实际保证金比例将增加。

如果该股票涨至每股115元以上，投资者就会收到保证金催缴通知，投资者需要追加现金或购入股票，以填补空头头寸。

（三）我国融资融券交易的相关规定

证券公司开展融资融券业务需开设下列账户：融券专用证券账户、客户信用交易担保证券账户、信用交易证券交收账户、信用交易资金交收账户、融资专用资金账户（在银行

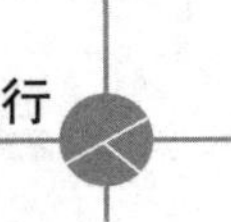

开具）和客户信用交易担保资金账户（在银行开具），投资者应该开设客户信用证券账户和信用资金账户。投资者融券卖出（卖空）的申报价格不得低于该证券的最新成交价，融资融券期限最长不得超过 6 个月，客户交付的保证金与融资融券交易金额的比例具体分为融资保证金比例和融券保证金比例。目前证券交易所规定，两者均不得低于 50%，证券公司在不低于上述交易所规定基础上，可自行确定相关的融资保证金比例和融券保证金比例。经交易所认可的股票、证券投资基金和债券等，可以充抵保证金。

维持担保比例是指客户信用账户内担保物价值与其融资融券债务之间的比例。

维持担保比例＝(现金＋信用证券账户内证券市值总和)
/(融资买入金额＋融券卖出市值＋利息及费用总和)×100%

其中：

融券卖出市值＝融券卖出数量×市价

如果维持担保比例超过 130%时，客户可提取现金、划转证券。提取现金、划转证券后维持担保比例不得低于 130%。

平仓线是指维持担保比例的最低标准，约定为 130%；警戒线是指维持担保比例的安全界限，约定为 150%。当投资者维持担保比例低于 130%时，证券公司应当通知投资者在不超过两个交易日的期限内追加担保物，且客户追加担保物后的维持担保比例不得低于 150%。投资者未能按期交足担保物或者到期未偿还融资融券债务的，证券公司将采取强制平仓措施。证券公司可以对平仓线、警戒线的标准进行调整。

拓展阅读

中国平安遭限制融资买入

2015 年 5 月 29 日，申万宏源发布公告称，自 6 月 1 日起，暂停中国平安融资买入，恢复时间另行通知。6 月 1 日，兴业证券发布公告称，为控制单一证券融资规模集中度风险，即日起暂停中信证券、中国平安融资买入。待融资集中度风险平缓后，公司将恢复其融资买入功能。统计显示，截至 2015 年 5 月 29 日，中国平安融资余额达到了 493.6 亿元人民币，中信证券则为 399.4 亿元人民币，而沪深两市融资余额达到了 2.07 万亿元人民币。此前，多家证券公司调整了融资融券保证金比例。例如海通证券下发通知，自 2015 年 5 月 28 日起，将全体信用客户融资（券）保证金比例再度上调 5 个百分点。广发证券、长江证券、国信证券、招商证券等相继提高了融资融券保证金比例。

（四）信用交易的意义

证券信用交易可以提供信用创造供给及需求，以满足投资人运用财务杠杆获取更大利润的要求。证券信用交易不仅是满足投资人需求的创新产品，而且具有活跃股市、增加证券买卖连续性及调节市场供需、稳定证券价格等良性机制。但证券信用交易基本上是以追求短期价差利润为目的，其本质具有投机色彩，因此需要加强监督管理，以免造成涨时助涨、跌时助跌的状况。

第四节　证券价格指数

投资者在进行股票投资决策前，需要先了解股价水平的高低，股价水平有个别市场水平和整个市场的股价水平之别。

一、股票价格指数

股票价格指数又称股票价格指标，是由证券交易所或金融服务机构编制的表明股票行市变动的一种参考指数。它是计算期的股价与某一基期的股价相比较的相对变化指数，用以反映市场股票价格的相对水平。股票价格指数是根据十几种或几十种甚至几百种上市公司的股票价格综合编制而成的。国际上的主要股价指数包括道·琼斯股票价格平均指数、标准普尔股票价格指数、金融时报股票价格指数及日经 225 股价指数等，我国主要的股价指数包括上证综合指数、上证 180 指数、沪深 300 指数、深圳成指等。

股价指数的编制过程通常包括如下四个步骤：第一步，选择样本股；第二步，选定基期时间，并以一定的方法计算基期平均股价或市值；第三步，计算报告期平均股价或市值，并作一定的修正；第四步，指数化。

根据样本股的数量，股价指数可分为综合股价指数和成分股价指数。综合股价指数的编制通常包括所有上市证券，而成分股价指数的编制只包括有限的样本股。例如，我国沪深交易所发布的上证综合指数和深证综合指数均为综合股价指数，而上证 180 股价指数、沪深 300 股价指数等均为成分股价指数。国际主要股价指数如标准普尔 500 股价指数、日经 225 股价指数等亦为成分股价指数。相对于综合股价指数，成分股价指数常被用作指数基金、股价指数期货等金融产品的标的指数。

股票价格指数系列从总体上和各个不同侧面反映了证券交易所上市股票价格的变动情况，可以反映不同行业的景气状况及其价格的整体变动状况，从而给投资者提供投资决策依据。股票价格指数与国民经济的运行紧密相关，是反映经济运行情况的“晴雨表”。

(一）用算术平均法编制股价指数

1. 股票价格平均数

股票价格平均数反映一定时点上市股票价格的绝对水平，制定时首先选取样本股；然而将样本股的每股收盘价加总，再除以样本个数，即可得到股价平均数。

$$M=\frac{\sum_{i=1}^{N}C_i}{N}$$

式中：　M——股价平均数；

N——样本股个数；

C_i——样本股收盘价。

例题：假定某市场以甲、乙、丙、丁四只股票为样本股，某日收盘时甲、乙、丙、丁的收盘价分别为 12.6 元、8.12 元、9.38 元、40.26 元。试计算该市场当日的股价平均数。

$$M=\frac{\sum_{i=1}^{N}C_i}{N}=(12.6+8.12+9.38+40.26)\div 4=17.59\text{元}$$

由于算术平均数中未考虑样本股票发行在外的数量及其变化这一至关重要的因素，因此，当其中有股票发生股份拆分、送股或公积金转增股本的时候，会导致股价平均数发生不合理的下跌。例如，假设市场只有三只股票，股票 A 的价格是 5 元，股票 B 的价格是 9 元，股票 C 的价格是 13 元。股价平均数为 9，也就是市场平均股价。如果第二天股价上涨了，股票 A 涨到 8 元，股票 B 涨到 12 元，股票 C 涨到 16 元。那么当天的股价平均数为 12，表示市场平均股价为 12 元。如果投资者持有三只股票各一股，那么他的财富值是 12 元，增加了 3 元。但是，如果股票 C 在第二天交易结束后被一分为四，其价格变成每股 4 元，那么，当天的股价指数就变成了 8，尽管第二天的股价都上涨了，但是股价平均数却下跌了，而投资者的财富保持不变，依然是 12 元。在这种情况下，就需要对股价平均数进行调整，以反映股票分割带来的变化。调整的方法是采用新除数。

简单算术股票价格平均数虽然计算较简便，但它有两个缺点：第一是未考虑各种样本股票的权数，从而不能区分重要性不同的样本股票对股票价格平均数的不同影响；第二是当样本股票发生股票分割派发红股、增资等情况时，股票价格平均数会产生断层而失去连续性，使时间序列前后的比较发生困难。

2. 除数修正法

道·琼斯公司 1928 年设计的用以调整道·琼斯股价指数的方法，其关键是求出新除数，来修正由于发生股票分割或有偿增资等情况时股票价格总额的变化，以便能够更加真实地反映平均股价水平，其公式如下：

新除数＝收市后新的股价总额/原股价平均数

把上例中的数字代入，可得：

新除数＝(8＋13＋4)÷12＝2

得出新除数以后，用新的股票价格除以新除数即可得到新的股价平均数。例如，第三天，上述三只股票继续上涨，股票 A 涨到 12 元，股票 B 涨到 15 元，股票 C 涨到 6 元。第三天的股价平均数就是：(12＋15＋6)÷2＝16.5。

3. 股价指数

股价指数是反映不同时期股价变动的相对指标，反映了报告期的股价相对于基期的股价上升或下降的百分比。算数平均法计算公式如下：

股价指数＝报告期股价之和/基期股价之和×100(或 1 000)

利用算术平均法编制的股价指数在有偿增资（配股、增发）和无偿增资（送股、拆分、资本金转增股本）的情况下都需要进行调整，频繁调整尽管解决了股指的连续性问题，但也会导致股价指数的可比性下降，目前只有少数指数如世界著名的道·琼斯股价指数采用这种方法。

（二）用市值加权平均法编制股价指数

这种方法最早由美国的标准普尔公司在1923年应用于编制在纽约证券交易所上市的股票价格指数，以后世界各国在编制股价指数的时候基本上都采用了这种方法，其优点是计算公式较为合理，考虑的权重是公司的规模而不是股票的价格。具体表达公式如下：

报告期股价指数＝(收盘价×股数)之和/(基期价格×股数)之和×100(或1 000)

当出现无偿增资的情形时，报告期股价指数依然能够真实地反映整体股价的变动，但是当出现有偿增资的情形时，则需要对基期总市值进行调整。调整方法如下：

新的基期总市值＝报告期总市值/报告期指数

二、中外主要股票指数

（一）国外主要的股票价格指数

1. 道·琼斯股票价格指数

道·琼斯指数是世界上最具影响力、使用最广泛、历史最悠久的股票价格指数。它是以在纽约证券交易所挂牌上市的一部分有代表性的公司股票作为编制对象，包括：(1) 道·琼斯工业股票价格平均指数，由30种工业公司的股票价格平均数构成；(2) 道·琼斯公用事业股票价格平均指数，由15家公用事业公司的股票价格平均数构成；(3) 道·琼斯运输业股票价格平均指数，由20家运输公司的股票价格平均数构成；(4) 道·琼斯65种股票价格平均指数，由65家公司的股票价格混合构成。道·琼斯股票价格指数以1928年10月1日为基期，基期指数为100，在纽约交易所交易时间每30分钟公布一次，用当日当时的股票价格算术平均数与基期的比值求得，是被西方新闻媒体引用最多的股价指数之一。在道·琼斯股价指数中，以道·琼斯工业股票价格平均指数最为著名，它被大众传媒广泛地报道，并作为道·琼斯指数的代表加以引用。

2. 标准普尔指数

标准普尔指数由美国最大的证券研究机构即标准普尔公司1923年开始编制发表，当时主要编制两种指数：一种是包括90种股票每日发表一次的指数；另一种是包括480种股票每日发表一次的指数，1957年扩展为以500种采样股票通过加权平均综合计算得出的指数，在开市的时间每半小时公布一次。

标准普尔指数以1941—1943年为基期，基期指数为10，用每种股票的价格乘以已发行的数量的总和为分子，以基期的股价乘以股票发行数量的总和为分母，两者相除后的数值再乘以10来表示。由于该指数是根据纽交所上市股票的绝大多数普通股票的价格计算而得，能够灵活地对股票分红和股票分割等引起的价格变动作出调节，指数数值较精确，并且具有很好的连续性，所以比道·琼斯指数更有代表性。

3. 纳斯达克指数

纳斯达克（NASDAQ，全美证券商协会自动报价系统）已成为纳斯达克市场的代名词。信息和服务业的兴起催生了纳斯达克市场。纳斯达克指数始建于1971年，是一个完全采用电子交易、为新兴产业提供竞争舞台、自我监管、面向全球的股票价格指数。纳斯

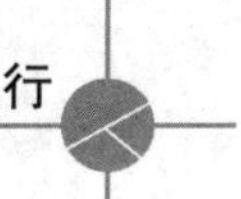

达克是全美也是世界最大的股票电子交易市场。纳斯达克指数是反映纳斯达克证券市场行情变化的股票价格平均指数，基期指数为100。纳斯达克的上市公司涵盖所有新技术行业，包括软件和计算机、电信、生物技术、零售和批发贸易等。

4. 英国《金融时报》股票价格指数

该指数由英国伦敦《金融时报》编制发表，反映伦敦证券交易所工业和其他行业股票价格变动的指数。该指数包括三种：第一种指数采样股票是从在伦敦证券交易所挂牌的近万种股票中选取的最佳工商业30种股票；第二种包括100种股票；第三种包括500种股票。通常所说的金融指数是指第一种，该指数采用加权法编制，以1935年7月1日为基期，以100为基期指数值进行计算。该股票指数以能够及时显示伦敦股票市场情况而闻名于世。

5. 日经股票价格指数

该指数是由日本经济新闻社编制并公布的反映日本股票市场价格变动的股价指数。该指数从1950年9月开始编制，最初根据东京证券交易所第一市场上市的225家公司的股票算出修正平均股价，称为“东证修正平均股价”。1975年5月1日，日本经济新闻社向道·琼斯公司买进商标，采用道·琼斯修正指数法计算，指数也改称“日经道琼斯平均股价”。1985年5月合同期满，经协商，又改名为“日经股价指数”。日经股价指数分为两组：第一组是日经225种股价指数。以1950年算出的平均股价176.20元为基数，成为反映和分析日本股票市场价格长期变动趋势最常用和最可靠的指标。第二组是日经500种股价指数。该指数从1982年1月4日开始编制，采样不固定，每年的4月根据企业前三个结算年度的经营状况、财务状况及其在股票市场的影响，相应地更换采样股票。该指数不仅能比较全面真实地反映日本股市行情的变化，而且能反映日本产业结构的变动。

6. 东证股票价格指数

该指数是由东京证券交易所编制并公布的用以反映日本股票市场股价变动的股票价格指数。东证股票价格指数采用加权法和基期修正法进行综合计算，以东京证券交易所第一市场上市的全部股票和第二市场中的300种代表股票为计算样本，按收盘价计算时价总值，以1968年1月4日为基期，基期指数值为100。由于东证股票价格指数的计算对象分布面广，不仅包括上市条件高的第一市场全部股票，而且还从上市条件较低的第二市场中选取300种股票作为样本，故代表性强；又由于其计算方法科学，不仅考虑了权数，还采用了基期修正法来及时适应市场变化，故该指数能正确体现日本股票市场的交易规模，客观反映股票价格变化的情况。

(二) 我国主要的股票价格指数

1. 香港恒生股票价格指数

恒生股票价格指数由香港恒生银行于1969年11月24日开始编制发布，以选定的33种有代表性的股票为对象，分为四大类：4种金融业股票、6种公用事业股票、9种房地产股票和14种其他工商及运输业股票。因为这33家公司的股票总值占全部在香港上市股票总值的65%以上，所以恒生股票价格指数是目前香港股市最具有权威性和代表性的股价指数。

恒生股票价格指数以1964年7月31日为基期，基期指数值为100，将33种股票按每天收盘价乘以各自发行股数为计算日的股票市值，再与基期的股票市值相比较，乘以100就得出当日股价指数。

2. 中证指数有限公司及其指数

中证指数有限公司成立于2005年8月25日，是由上海证券交易所和深圳证券交易所共同出资发起设立的一家专业从事证券指数及指数衍生产品开发服务的公司。

（1）沪深300指数。

沪深300指数是沪、深证券交易所于2005年4月8日联合发布的反映A股市场整体趋势的指数。沪深300指数的编制目标是反映中国证券市场股票价格变动的概貌和运行状况，并能够作为投资业绩的评价标准，为指数化投资和指数衍生产品创新提供基础条件。中证指数有限公司成立后，沪、深证券交易所将沪深300指数的经营管理及相关权益转移至中证指数有限公司。沪深300指数简称"沪深300"，成分股数量为300只，指数基日为2004年12月31日，基点为100点。

（2）中证规模指数体系。

中证规模指数体系包括中证100指数、中证200指数、中证500指数、中证700指数、中证800指数和中证规模指数。这些指数与沪深300指数共同构成中证规模指数体系。其中，中证100指数定位于大盘指数，中证200指数为中盘指数，沪深300指数为大中盘指数，中证500指数为小盘指数，中证700指数为中小盘指数，中证800指数则由大中小盘指数构成。中证规模指数的计算方法、修正方法、调整方法与沪深300指数相同。

3. 上海证券交易所的股价指数

上海证券交易所编制并发布的上证指数系列包括上证180指数、上证50指数、上证综合指数、A股指数、B股指数、分类指数、债券指数、基金指数等指数系列，其中最早编制的为上证综合指数。

（1）成分指数类。

①上证成分股指数，又称上证180指数，是上海证券交易所对原上证30指数进行调整和更名产生的指数。上证成分股指数的样本股共有180只，选择样本的标准是按照规模（总市值、流通市值），流动性（成交金额、换手率）和行业代表性三项指标，即选取规模较大、流动性较好且具有行业代表性的股票作为样本，建立一个反映上海证券市场概貌的运行状况、能够作为投资评价尺度及金融衍生产品基础的基准指数。上证成分股指数依据样本稳定性和动态跟踪的原则，每年调整一次成分股，每次调整比例一般不超过10%，特殊情况下也可能对样本股进行临时调整。

②上证50指数。2004年1月2日，上海证券交易所发布了上证50指数。上证50指数根据流通市值、成交金额对股票进行综合排名，从上证180指数样本中挑选上海证券市场规模大、流动性好的50只股票组成样本股，以综合反映上海证券市场最具影响力的一批龙头企业的整体状况。

③上证380指数。上海证券交易所和中证指数有限公司于2010年1月29日发布上证380指数。上证380指数样本股的选择主要考虑公司规模、盈利能力、成长性、流动性和新兴行业的代表性，侧重反映在上海证券交易所上市的中小盘股票的市场表现。

（2）综合指数类。

①上证综合指数。上证综合指数是由上海证券交易所编制的反映上海证券交易所总体走势的股价指数。上海证券交易所从1991年7月15日起编制并公布上海证券交易所股份

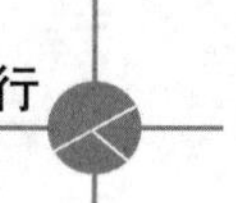

指数，它以 1990 年 12 月 19 日为基期，基期值为 100，以全部上市股票为样本，以股票发行股数为权数，按加权平均法计算编制。

②新上证综合指数。新上证综合指数简称新综指，于 2006 年 1 月 4 日首次发布。新综指选择沪市上市公司组成样本，新综指是一个全市场指数，它不仅包括 A 股市值，对于含 B 股的公司，其 B 股市值同样计算在内。

上证综合指数系列还包括 A 股指数、B 股指数及工业类指数、商业指数、地产类指数、公用事业类指数、综合类指数、中型综指、上证流通指数等。

上海证券交易所按全部上市公司的主营范围、投资方向及产出分别计算工业类指数、商业类指数、地产类指数、公用事业类指数和综合类指数。上证工业类指数、商业类指数、地产类指数、公用事业类指数、综合类指数均以 1993 年 4 月 30 日为基期，基期指数设为 1 358.78 点，于 1993 年 6 月 1 日正式对外公布。以在上海证券交易所上市的全部工业类股票、商业类股票、地产类股票、公用事业类股票、综合类股票为样本，以全部发行股数为权数进行计算。

上海证券交易所编制和发布的指数还有上证行业指数系列、策略指数系列、上证风格指数系列、上证主题指数系列等。

4. 深圳证券交易所的股价指数

（1）成分指数类。

①深证成分股指数。深证成分股指数由深圳证券交易所编制，通过对所有在深圳证券交易所上市的公司进行考察，按一定标准选出 40 家有代表性的上市公司作为成分股，以成分股的可流通股市值为权数，采用加权平均法编制而成。深证成分股指数是中国第一个成分股指数，以 1994 年 7 月 20 日为基期，基期指数为 1 000，1995 年 1 月 23 日开始正式发布。

②深证 100 指数。深圳证券信息有限公司于 2003 年初发布深证 100 指数。深证 100 指数成分股的选取主要考察 A 股上市公司流通市值和成交金额两项指标，从在深圳证券交易所上市的股票中选取 100 只 A 股作为成分股，以成分股的可流通 A 股数为权数，采用派许综合法编制。根据市场动态跟踪和成分股稳定性原则，深证 100 指数每半年调整一次成分股。

（2）综合指数类。

深证系列综合指数包括深证综合指数、深证 A 股指数、深证 B 股指数、行业分类指数、中小板综合指数、创业板综合指数、深证新指数、深市基金指数等全样本类指数。

①深证综合指数。它以在深圳证券交易所主板、中小板、创业板上市的全部股票为样本股。深证综合指数均为派氏加权股价指数，即以指数样本股计算日股份数作为权数进行加权逐日连锁计算。

②深证 A 股指数。以在深圳证券交易所主板、中小板、创业板上市的全部股票为样本股，以样本股发行总股本为权数，进行加权逐日连锁计算。

③深证 B 股指数。以在深圳证券交易所上市的全部 B 股为样本，以样本股发行总股本为权数，进行加权逐日连锁计算。

④行业分类指数。以在深圳证券交易所主板、中小板、创业板上市的按行业进行划分的股票为样本。行业分类指数依据《上市公司行业分类指引》中的门类划分，编制 13 个

门类指数；依据制造业门类下的大类划分，编制 9 个大类指数，共有 22 条行业分类指数。行业分类指数以样本股发行总股本为权数，进行加权逐日连锁计算。

⑤中小板综合指数。以在深圳证券交易所中小企业板上市的全部股票为样本。中小企业板指数采用可自由流通股本数为权数，进行加权逐日连锁计算。中小板综合指数以 2005 年 6 月 1 日为基期。

⑥创业板综合指数。以在深圳证券交易所企业板上市的全部股票为样本。创业板指数以可流通股本数为权数，进行加权逐日连锁计算。创业板综合指数以 2010 年 5 月 31 日为基日，基日指数为 1 000 点，2010 年 8 月 20 日开始发布。

⑦深证新指数。以在深圳证券交易所主板、中小板、企业板上市的正常交易的且已完成股改的 A 股为样本股。深证新指数以可流通股本数为权数，进行加权逐日连锁计算。

（三）债券指数

上海证券交易所和深圳证券交易所于 1990 年年底相继成立，并陆续开始进行国债交易。1998 年银行间债券市场开始实行市场化发行，为帮助投资者更好地把握、分析债券市场走势，2000 年以来，国内机构陆续推出一系列针对不同市场、券种的债券指数，这些指数设计各有侧重，从而为不同风格的投资者调整投资组合、评估绩效提供了比较可靠、科学的决策依据，也为债券市场的金融创新奠定了良好基础。目前市场上应用较为广泛的指数主要有以下几个。

1. 中债指数

中央国债登记结算有限责任公司编制的中债指数自 2002 年 12 月 31 日对外发布，到 2007 年 3 月升级完成以来，已经形成了基本完备的体系，包括了中债总指数、中债成分指数、中债持仓指数和中债定制指数。其中，中债持仓指数仅供开户成员自己阅读使用，不对外披露；中债定制指数是根据用户需求定制的指数，不对外公布。

2. 上证国债指数

上海证券交易所于 2003 年 1 月编制成功并发布上海证券交易所国债指数，该指数以上海证券交易所上市的所有固定利率国债为样本，按照国债发行量加权而成，基日为 2002 年 12 月 31 日，基点为 100 点。上证国债指数是上证指数系列的第一只债券指数，目的是反映上交所债券市场整体变动状况，既为投资者提供精确的投资尺度，也为金融产品创新奠定基础。

3. 银行间债券指数系列

2002 年 6 月 10 日，全国银行间同业拆借中心推出银行间债券指数系列。2009 年 6 月 29 日，全国银行间同业拆借中心推出了新版银行间债券指数系列，包括国债指数、短期国债指数、中期国债指数、长期国债指数、政策性金融债指数、综合债券指数、企业债指数和中期票据指数等八类指数，每类指数分为全价指数和净价指数。

4. 上证企业债指数

上证企业债指数（简称企债指数）是上海证券交易所编制的反映中国证券市场企业债整体走势和收益状况的指数。上证企业债指数基日为 2002 年 12 月 31 日，基点为 100 点，于 2003 年 6 月 9 日正式发布。

（四）基金指数

为反映基金市场的综合变动情况，深圳证券交易所和上海证券交易所均以现有的证券投资基金编制基金指数。

拓展阅读

A股2018年6月正式纳入MSCI　外资基金提前布局

A股将于2018年6月正式纳入MSCI新兴市场指数与全球市场指数，一些海外投资者已经提前布局。根据最新公布的时间表，2018年6月1日，MSCI将按照2.5%的比例将A股正式纳入新兴市场指数中；2018年9月3日，将A股的纳入比例提高到5%。

“最近我们看到一些保守的欧洲保险基金、机构投资者都开始主动询问A股市场的投资，等2018年A股被正式纳入MSCI指数后，相信会有更多的投资者关注A股，这是目前全球投资者最低配的资产类别。”安联投资亚太区股票首席投资总监陈致强在接受《21世纪经济报道》记者采访时表示。他续称，过去12个月，中国的生产者价格指数（PPI）由负转正，加上政府不断推进的供给侧改革，上游企业开始恢复盈利，银行体系的坏账问题开始改善，不良率企稳，因此国际投资者开始重新审视A股的投资机会，资金亦将回流中国市场。

港交所公布的数据显示，截至2017年10月31日，北向沪股通和深股通累计成交40 550亿元人民币，为内地股票市场带来了3 263亿元人民币的净资金流入。截至2017年10月31日，香港和海外投资者合计持有沪市股票3 103亿元人民币、深市股票1 814亿元人民币。

自2016年12月5日深港通启动以来，北上内地的海外资金不断加码，国际投资者对代表新经济的深圳市场兴趣日增。深股通的日均成交金额由2016年12月的日均15.4亿元大幅攀升，至2017年11月日均成交已达到73.8亿元。

中金发表报告指出，未来五至十年外资在A股市场的持股比例有望上升至10%，平均每年从海外流入A股市场的资金规模有望达到2 000亿至4 000亿元。

资料来源：21世纪经济报道，2017-12-13.

本章小结

1. 证券市场是有价证券发行与交易以及由此而形成的各种经济关系的总和，是资本市场的基础和主体，对整个宏观经济的运行具有重要作用。

2. 证券发行市场是指证券发行人第一次向投资者出售证券筹集资金的市场，又称初级市场或一级市场。证券发行市场通常是一个无形市场，没有具体的固定场所，由发行人、投资者和中介机构等要素构成。当企业需要融资时，它们可以选择在资本市场上出售或发行证券。投资银行担任承销商的角色，将这些证券在一级市场上销售给投资者。债券发行是发行人以借贷资金为目的，依照法律规定的程序向投资者邀约发行代表一定债权和兑付条件的债券的法律行为。债券发行是证券发行的重要形式之一。

3. 证券流通市场与证券发行市场共同构成统一的证券市场体系，二者相辅相成，互相联系。流通市场是发行市场发展的条件和继续，没有发达高效的流通市场，发行市场就难以生存和发展。

4. 股票价格指数又称股票价格指标，是由证券交易所或金融服务机构编制的表明股票行市变动的一种参考指数。它是将计算期的股价与某一基期的股价相比较的相对变化指数，用以反映市场股票价格的相对水平。股票价格指数根据十几种或几十种甚至几百种上市公司的股票价格综合编制而成。国际上主要的股价指数包括道·琼斯股票价格平均指数、标准普尔股票价格指数、金融时报股票价格指数及日经225股价指数等，我国主要股价指数包括上证综合指数、上证180指数、沪深300指数、深圳成指等。

思考题

1. 名词解释

融资融券交易　买空交易　卖空交易　股价指数

2. 叙述题

（1）股票发行的目的、制度和方式。

（2）股票发行的价格。

（3）国债发行的方式。

（4）公司债券的发行。

（5）证券流通市场的构成。

（6）股价指数的计算。

第四章　证券投资基本分析

学习目标

通过本章的学习，考生应掌握证券投资的基本分析方法，通过宏观分析、行业分析、公司分析三种由宏观到中观再到微观的分析方法来判断有价证券的内在价值，最终通过与其市场价格进行比较，作出购买或者出售有价证券的投资决策。

学习方法

(1) 预习法。通过预习，了解本章的内容，对证券投资基本分析的种类、理论和作用有一个初步的认识；在基本分析方法中，宏观分析是基础，应当了解宏观分析的目标、信息来源和分析指标；行业分析是连接宏观分析和公司分析的桥梁，应该掌握行业的分类、生命周期和行业结构的分析方法；公司分析是整个基本分析的核心，而财务分析又是公司分析的重点内容，因此应熟练掌握财务分析的主要内容，包括公司盈利能力分析、变现能力分析、营运能力分析、偿债能力分析和公司成长能力分析中各个指标的计算方法及其具体应用。

（2）案例分析法。通过前三章的认知，考生对证券市场与证券投资工具已有了一定的了解，在此基础上，本章开始进入核心分析方法之一——基本分析方法的学习，并且通过具体的案例，让考生能够通过模仿来把握正确的投资方向，确定具体的投资对象，评估有价证券的投资价值，判断合理的购买时机和市场价格，并将这些方法应用于实践，以更好地实现证券投资的目标。

（3）完成本章后面的思考题。

案例导读

案例 1：

以下是《2016 年国民经济和社会发展统计公报》中的相关数据。

1. 综合方面

初步核算，全年国内生产总值 744 127 亿元，比上年增长 6.7%。其中，第一产业增加值 63 671 亿元，增长 3.3%；第二产业增加值 296 236 亿元，增长 6.1%；第三产业增加值 384 221 亿元，增长 7.8%。第一产业增加值占国内生产总值的比重为 8.6%，第二产业增加值比重为 39.8%，第三产业增加值比重为 51.6%，比上年提高 1.4 个百分点。全年人均国内生产总值 53 980 元，比上年增长 6.1%。全年国民总收入 742 352 亿元，比上年增长 6.9%。年末全国就业人员 77 603 万人，其中城镇就业人员 41 428 万人。全年城镇新增就业 1 314 万人。年末城镇登记失业率为 4.02%。全国农民工总量 28 171 万人，比上年增长 1.5%。其中，外出农民工 16 934 万人，增长 0.3%；本地农民工 11 237 万人，增长 3.4%。全年全员劳动生产率为 94 825 元/人，比上年提高 6.4%。全年居民消费价格比上年上涨 2.0%。工业生产者出厂价格下降 1.4%。工业生产者购进价格下降 2.0%。固定资产投资价格下降 0.6%。农产品生产者价格上涨 3.4%，居民消费价格比上年涨跌幅度见下表。

2016 年居民消费价格比上年涨跌幅度

单位：%

指标	全国	城市	农村
居民消费价格	2.0	2.1	1.9
其中：食品、烟、酒	3.8	3.7	4.0
衣着	1.4	1.5	1.3
居住	1.6	1.9	0.6
生活用品及服务	0.5	0.5	0.2
交通和通信	−1.3	−1.4	−1.1
教育文化和娱乐	1.6	1.5	1.9
医疗保健	3.8	4.4	2.5
其他用品和服务	2.8	2.9	2.2

2. 工业发展

全年全部工业增加值247 860亿元，比上年增长6.0%。规模以上工业增加值增长6.0%。在规模以上工业中，分经济类型看，国有控股企业增长2.0%，集体企业下降1.3%，股份制企业增长6.9%，外商及港澳台商投资企业增长4.5%，私营企业增长7.5%。分门类看，采矿业下降1.0%，制造业增长6.8%，电力、热力、燃气及水生产和供应业增长5.5%。全年规模以上工业中，农副食品加工业增加值比上年增长6.1%，纺织业增长5.5%，化学原料和化学制品制造业增长7.7%，非金属矿物制品业增长6.5%，黑色金属冶炼和压延加工业下降1.7%，通用设备制造业增长5.9%，专用设备制造业增长6.7%，汽车制造业增长15.5%，电气机械和器材制造业增长8.5%，计算机、通信和其他电子设备制造业增长10.0%，电力、热力生产和供应业增长4.8%。工业战略性新兴产业增加值增长10.5%。高技术制造业增加值增长10.8%，占规模以上工业增加值的比重为12.4%。装备制造业增加值增长9.5%，占规模以上工业增加值的比重为32.9%。六大高耗能行业增加值增长5.2%，占规模以上工业增加值的比重为28.1%。

资料来源：中华人民共和国国家统计局官方网站.

案例2：

海尔集团创立于1984年，是全球大型家电第一品牌，目前它已从传统家电产品制造企业转型为开放的创业平台。在互联网时代，海尔致力于转型为真正的互联网企业，打造以社群经济为中心，以用户价值交互为基础、以诚信为核心竞争力的后电商时代共创共赢生态圈，成为物联网时代的引领者。

通过对物联网时代商业模式的探索，海尔集团实现了稳步增长。从传统经济产生的收入看，海尔2016年全球营业额实现2 016亿元，同比增长6.8%，利润实现203亿元，同比增长12.8%，利润增速是收入增速的1.8倍；近十年收入复合增长率达到6.1%，利润复合增长率达到30.6%。从互联网交互产生的交易额看，在海尔产品线上平台、B2B、B2C社会化线上平台以及互联网金融平台共产生2 727亿元的交易额，同比增幅73%。

资料来源：青岛海尔有限公司官方网站.

案例3：

1993年，顺丰诞生于广东顺德。自成立以来，顺丰始终专注于服务质量的提升、持续加强基础建设、积极研发和引进具有高科技含量的信息技术与设备，不断提升作业自动化水平，实现了对快件产品流转全过程、全环节的信息监控、跟踪、查询及资源调度工作，确保了服务质量的稳步提升。

在持续强化速运业务的基础上，顺丰坚持以客户需求为核心，围绕快递物流产业链，不断丰富公司的产品和服务种类，针对电商、食品、医药、汽配、电子等不同类型客户开发出一站式供应链解决方案。

截至2016年11月，顺丰在境内已拥有近1.5万台自有营运车辆、1.3万多个营业网点。此外，截至2016年11月，顺丰搭建了以深圳、杭州为双枢纽，辐射全国的航线网络。与此同时，顺丰积极拓展国际业务，目前国际小包服务可覆盖全球200多个国家及地区，国际快递服务已覆盖美国、俄罗斯、日本、韩国、新加坡、马来西亚、澳大利亚、新西兰、加拿大、巴西以及欧盟各国等50多个国家及地区。多年来，顺丰持续创新，不断提供高品质服务，为客户的成功提供坚实有力的支持。

资料来源：顺丰控股（集团）股份有限公司官方网站.

案例4：

2014年5月22日，京东集团（以下简称京东）正式在纳斯达克挂牌（纳斯达克股票代码：JD），京东董事局主席刘强东敲响上市钟，发行价19美元，按此计算，京东市值为260亿美元，成为仅次于腾讯、百度的中国第三大互联网上市公司。

招股书显示，京东IPO发行93 685 620股ADS（美国存托股），还将授予承销商最高14 052 840股ADS超额配售权，即最高发行量为107 738 460股的ADS。

京东称，假设承销商不行使额外购买美国存托股票的期权，本次公开发行预计总共募集17.8亿美元，在发行的93 685 620股美国存托股票中，京东出售69 007 360股，售股股东出售24 678 260股。承销商在30天的期限内可行使额外认购京东最多14 052 840股美国存托股票的期权。假设承销商不行使额外购买美国存托股票的期权，京东预计将在交易结束时募集13.1亿美元。

此外，根据京东与腾讯此前达成的协议，如果承销商不行使超额配售权，腾讯子公司Huang River Investment Limited将在京东IPO时购入其大约（摊薄后）5%的股权，即京东还通过私募融资，以首次公开发行价格向腾讯发行138 014 720股A级普通股，募集13.1亿美元。如果承销商行使超额配售权14 052 840股ADS，则腾讯子公司将购入139 493 960股A级普通股。

在IPO之前，京东创始人刘强东持有京东18.8%的股份，为第一大股东；老虎环球基金持有18.1%，排名第二；腾讯持有14.3%的股份，为第三大股东。在IPO之后，刘强东持有京东20.5%的股份，全部为B类股，根据京东A、B股投票权1比20的设置，刘强东将拥有京东83.7%的投票权。

京东上市前5月19日更新的招股书显示：第一季度净亏损为37.95亿元，不按照美国会计师准则，调整后净亏损8 100万元。归属股东的净亏损为52.89亿元，去年同期为净亏损9.52亿元。亏损的主要原因并非业务经营，而是第一季度计入36.70亿元，约合6.06亿美元的股权支出，股权由京东董事会给京东CEO刘强东9 378万股限制股。

京东2013年净营收693.4亿元，运营亏损5.79亿元；2012年净营收413.81亿元，运营亏损19.51亿元；2011年总净营收211.29亿元，运营亏损14.04亿元。

京东2014年1月30日向美国证券交易委员会提交了招股书，启动赴美上市进程，后宣布登陆纳斯达克市场。

资料来源：搜狐财经官方网站.

思考题：

1. 什么是基本分析？基本分析的数据来源是什么？
2. 宏观分析可分为哪几类？

3. 行业分析的作用是什么？
4. 公司分析的目的是什么？
5. 为什么说公司分析是基本分析的核心？
6. 财务分析的能力和指标包括哪些？

第一节　基本分析概述

一、基本分析的概念和理论基础

如果一个人用50元买了一辆自行车，用500元买了一套运动装，是否会有人觉得不合理？你可能觉得他在运动装上花得太多，而在自行车上花得太少，但是如果你发现这辆自行车只是一个普通品牌的最基础的款式，并不比随处可见的共享单车更先进，而运动装是耐克的专业运动装，也许你就会得出相反的结论。那么如果把上面的自行车和运动装换成股票，50元的比亚迪和500元的茅台究竟哪个更有价值呢？这时就必须经过分析和研究才能回答上述问题。

证券投资分析的主要流派有两个，分别是基本分析和技术分析，这两种方法各有优劣，相辅相成。但要追寻股票涨跌的本质因素，还是需要从基本分析入手。

（一）基本分析的概念

基本分析又称基本分析法或基本面分析法，指的是证券投资分析师根据经济学、金融学、会计学、投资学、管理学等学科基本原理，对决定有价证券内在价值以及市场价格的基本因素，如宏观经济指标，国家经济政策，行业发展现状及趋势，产品、服务、技术成熟与否，公司财务状况等进行分析，以评估有价证券的内在价值，判断购买证券的时机和合理价位，提出最终供投资者参考的投资决策的一种分析方法。

（二）基本分析的理论基础

基本分析的主要理论基础来源于以下两个假设：(1) 任何一种投资对象或者工具都有一种可以被称作内在价值（Intrinsic Value）的固定基准，这种内在价值是一种相对“客观”的价格，它不受外在因素如短期供求关系变化、投资者情绪波动的影响，而是由有价证券自身的内在属性或者基本面因素决定。内在价值可以通过对这种投资对象或者工具的过去、现在和未来进行综合分析得到。(2) 市场最终会纠正市场价格和内在价值间的偏差，因此市场价格高于（低于）内在价值之时就是作出投资决策的机会。

市场价格是指有价证券在金融市场中的交易（买卖）价格，市场价格与内在价值的关系是：(1) 内在价值决定市场价格。(2) 市场价格围绕着内在价值上下波动，就好比牵着小狗散步的人，小狗围绕主人前前后后地奔跑，尽管不会离主人太远，但方向却未必一致（语出20世纪著名犹太投资人科斯托拉尼）。

因此，内在价值成为测量市场价格合理与否的尺度，使得投资者可以简化投资行为为。当市场价格小于内在价值时，价格被低估，应该买入这种证券。当市场价格大于内在价值时，价格被高估，应该卖出这种证券。但值得注意的是，由于每个投资者对证券内在属性信息的掌握并不相同，对未来市场利率变化方向、通货膨胀率的估计等主观假设也不一致，即使大家采用相同的估值模型，计算出来的内在价值也不尽相同。现代金融学理论中关于估值的讨论，基本就是运用各种主观假设变量，结合相关经济统计学原理或者估值模型，计算出某种理论的价格，并将其等同于证券的内在价值。

二、基本分析的分类

基本分析方法是西方投资界主流派别，基本分析法主要的投资分析对象是宏观经济形势、行业特征以及上市公司的基本财务数据，因此主要包括宏观分析、行业和区域分析、公司分析三大类。基本分析流派的投资方法体系的特征是以内在价值为核心，以价值分析理论为基础，以统计和现值折现方法为手段。

（一）宏观分析

宏观分析是基本分析的第一步，它的主要研究对象是宏观经济的发展状况，判断投资的经济环境，预测未来经济形势，因此也可以被称为宏观经济分析。宏观分析主要探讨的是各类经济指标和国家政策对有价证券价格的影响。

（二）行业分析

行业分析是介于宏观分析和微观层面公司分析的中观层面上的分析。行业分析的主要内容是研究行业的特征、结构，行业的生命周期，行业所处的市场类型以及行业发展对行业内证券价格的影响。

（三）公司分析

公司分析是从微观着手，对上市公司财务状况、竞争能力、盈利能力、经营能力、管理能力、发展能力等进行综合分析，评测有价证券的投资价值、市场价格、发展趋势等。

三、基本分析与其他分析方法的关系

基本分析是证券投资分析方法中最基础的方法之一，它和技术分析法以及量化分析法同为投资者进行证券投资分析所使用的主要方法。证券投资是投资者（自然人或者法人）购买债券、股票、基金、金融衍生品等有价证券，以获取利息、股息及资本利得的投资行为和过程。证券投资分析是指投资者以获得净效用最大化（收益正效用与风险负效用的综合）为目标，通过各种专业化的分析方法，对影响有价证券价值或者价格的各种信息进行综合分析以判断证券价值或者价格及其变化趋势的行为，是证券投资的重要组成部分。投资者之所以选择投资证券，是为了获得未来预期的收益，而这种收益是建立在承担风险为代价的基础上。因此净效用最大化是证券投资的目标，它可以拆分为两个具体的小目标：第一，在既定风险的前提下收益最大化；第二，在既定收益的前提下风险最小化。证券投资分析将决定投资者能否获得收益及降低风险。现代投资理论指出，投资者预期收益率与

其承担的风险正相关，也就是说，预期收益要求越高，投资者承担的风险就越大，反之越小，如大部分债券相对于股票的风险低，所以收益也低。但对于具体的证券来说，每个有价证券都有自己的风险收益特征，如果判断失误，投资者在承担了较高风险的同时却未必能够获得相应较高的收益。理性投资者通过证券投资分析来比较每种证券的风险收益特征及变化，可以较为准确地确定哪些证券属于风险较大的类别，哪些证券属于风险较小的类别，从而避免承担不必要的风险。从这一点上来说，证券投资分析有助于降低投资风险。

影响有价证券投资价值的因素非常多，不仅不同有价证券价值的影响因素各不相同，这些因素本身也不是一成不变的，它们会随着时间的变化而变化，比如影响债券投资价值的因素主要是市场利率和国家货币政策，随着这两个因素的变化，债券的价格也发生变化；影响股票投资价值的因素更多、更综合，如宏观经济走势、行业发展状况、公司经营管理、市场风险变化等。投资者需要在决定投资某个有价证券前，对它的价值进行认真而详细的评估，否则可能出现投资失败的情况。证券投资分析正是综合地对各种可能影响因素进行分析，帮助投资者正确评价证券的投资价值。

第二节　宏观分析

一、宏观分析的目标、意义和方法

（一）宏观分析的目标

在证券投资领域，宏观经济分析是非常重要的，不仅投资对象要受到宏观经济形势的深刻影响，而且证券业本身的生存、发展和繁荣也与宏观经济因素息息相关。宏观分析的目标是为投资者判断有价证券的价值进而投资证券提供正确引导。

拓展阅读

我国居民金融资产结构的调整

居民的金融资产主要由股票、债券及银行存款等构成。随着居民金融投资意识的加强，股票占个人金融资产的比例不断提高，从而给股票市场带来大量的增量资金，增加了我国股票市场的资金供应量。

我国住户部门金融资产主要由存款、证券类资产和保险准备金构成。2010 年资本市场波动导致证券类资产比重略有下滑，存款类资产比重上升，保险准备金比重基本稳定。2010 年第三季度末，存款占住户部门金融资产比重为 64%，比上年末下降 1.4 个百分点。证券类资产（包括国债、股票、证券投资基金份额）占比 14.1%，与上年末基本持平。保险准备金在住户部门金融资产中的比重仍然较低（具体见下表），2004 年到 2010 年第三季度末，保险准备金在我国住户部门金融资产中的比重虽然从 7.8%上升到 11.3%，但是仍然低于发达国家 20%以上的平均水平。但随着居民金融资产结构的调整，居民理财意识将不断提高，为保险、证券市场带来大量增量资金，增加市场的资金供应量。

中国居民金融资产分布表

单位：亿元、%

金融资产＼年份		1978	1985	1996	2004	2005	2006	2007	2008	2009	2010 年第三季度末
总额		380.2	2 524	51 708.3	180 369	209 083	251 600	335 495	342 870	410 869	481 727
现金	绝对额	169.6	790.2	7 041.6	17 820	19 945	22 469	25 211	28 622	31 982	34 735
	比重	44.6	31.3	13.6	9.9	9.5	8.9	7.5	8.3	7.8	7.2
存款	绝对额	210.6	1 622.6	38 520.8	129 575	150 551	171 737	181 840	228 478	268 650	308 066
	比重	55.4	64.3	74.5	71.8	72	68.3	54.2	66.6	65.4	64
证券	绝对额		106.4	5 714.3	15 190	14 399	23 945	58 311	25 139	49 997	60 041
	比重		4.2	11.1	8.4	6.9	9.5	17.4	7.3	12.2	12.5
国债	绝对额		106.4	4 206.3	6 293	6 534	6 944	6 707	4 981	2 623	2 847
	比重		4.2	8.2	3.5	3.1	2.8	2	1.5	0.6	0.6
股票	绝对额			1 508	8 897	7 865	17 001	51 604	20 157	47 374	57 194
	比重			2.9	4.9	3.8	6.8	15.4	5.9	11.5	11.9
证券投资基金份额	绝对额				1 905	2 449	5 618	29 716	17 011	8 383	7 638
	比重				1.1	1.2	2.2	8.9	5	2	1.6
证券客户保证金	绝对额				1 339	1 566	3 128	9 904	4 760	5 695	4 197
	比重				0.7	0.7	1.2	3	1.4	1.4	0.9
保险准备金	绝对额		4.8	431.6	14 113	18 315	22 680	27 097	37 831	46 226	54 540
	比重		0.2	0.7	7.8	8.8	9	8.1	11	11.3	11.3
金融机构理财产品	绝对额				—	—	—	—	—	—	12 776
	比重				—	—	—	—	—	—	2.7
结算资金	绝对额				−77	23	17	0	0	0	0
	比重				−0.04	0.01	0.01				
其他（净）	绝对额				504	1 835	2 005	3 415	1 030	−64	−267
	比重				0.28	0.88	0.8	1.0	0.3	−0.02	−0.06

数据来源：中国人民银行 2011 年金融稳定报告.

（二）宏观分析的意义

宏观分析的意义如下。

1. 判断国家宏观经济政策的走向及对证券市场的影响

中国证券市场与国家宏观经济政策密切相关。在市场经济前提下，国家通过货币和财政政策来引导调控经济，在衰退期促进经济增长，在繁荣期预防经济过热。这些政策会影响经济的发展速度和企业的利润，从而导致证券市场发生变化，因此投资者必须分析宏观经济政策，把握国家脉搏，掌握经济政策对证券市场影响的方向和程度，才能明确投资的

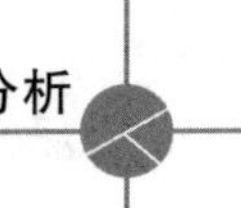

方向和方式，抓住证券市场的投资机会。

2. 引导投资者发现证券市场的投资价值

证券市场的投资价值与国民经济创造的价值息息相关，宏观经济整体和结构发生变化，会对证券市场带来重大影响。国民经济增长质量高、速度快，证券市场的投资价值就高，反之就低。国民经济的不同组成成分、不同部门、不同行业与大大小小的企业相互联系，这些个体经济的总和就是宏观经济，各个企业的全部投资价值一定会在宏观经济中综合反映出来，因此对证券市场投资价值的发现依赖于对宏观经济发展的正确判断，这就是宏观分析的主要作用。

(三) 宏观分析的主要方法

宏观分析所使用的主要分析方法可以分为以下两类。

1. 总量分析法

总量分析法是对宏观经济的总体性代表量指标的影响因素和其变化规律进行研究。如国内生产总值、投资总额、消费总额、进出口额、银行贷款总量、物价水平的变化规律的研究，能够表明整体经济的运行状况和总体特征。这主要是一种动态分析，如研究各个总量指标的情况、变化规律以及指标之间的相互关系，也包含静态分析，即研究同一时间内各个指标之间的相互关系，如国内生产总值和消费总额、投资总额、净出口总额三者的相互联系。总量分析法中的总量衡量的是整个国民经济生产活动的状态，它包含：(1) 绝对数量或者说各部分创造出的量的总和。如国内生产总值是经济各个组成部分创造出来的价值的总和；总消费是参与经济活动的各个单位和个人消费的总和。(2) 相对数量或者说比例量、平均量，如通货膨胀率是各种商品和劳务价格水平相对于基期的平均变化程度。

2. 结构分析法

结构分析法研究系统中各组成部分及其相互关系的变化规律。如国内生产总值中的结构分析是指对第一产业、第二产业和第三产业这些不同产业所占比重及对比关系的研究，它同样可以运用到消费结构、投资结构、经济增长影响因素结构分析等。这主要是一种静态分析，分析的对象是某一时点或者一定时间内经济系统组成部分的变化规律。

总量分析和结构分析的区别主要是前者注重对总体指标发展的考察，分析经济运动的过程和速度，后者则注重对某一期间整体中的各个组成部分之间的联系的考察，分析经济相对静止的关系。总量分析需要结构分析来补充，结构分析要基于总量分析的基础，两者缺一不可。

宏观分析是研究各个经济指标和国家政策对有价证券价格的影响。先行性指标也被称为预兆类指标或者超前指标，这类指标先于经济的变化而变化，它们的高峰和低谷往往出现在经济周期的高峰和低谷之前，因此能够对未来的经济发展形势提供预先指示，属于预示性信息。代表性指标有消费者预期、货币供给、利率、企业投资规模、主要生产资料价格、房屋建造许可证的批准量、机器设备订单数等。先行指标一般能在总体经济活动发生变化之前 6 个月达到顶峰或谷底。投资者通过参考这类指标，可以分析未来经济发展状况，借此判断金融市场和有价证券价格运行的方向，采取合适的投资策略。如货币供应量减少时，反映的是为了抑制过热的经济，国家的货币政策收紧。货币供应量减少会导致货币的价格也就是利率提高，利率提高会使得企业成本上升，利润减少，降低企业在资本市场上对投资者的吸引力。此外，利率提高增加了股票等有价证券投资的机会成本，导致投资减少，上述情况会引起有价证券价格的下降。

二、宏观分析的信息

信息是宏观分析必不可少的原材料，信息的质量、多寡，以及信息的准确性、完整性、有效性都会影响宏观分析的结果。宏观分析所用的信息主要来自政府部门、证券交易市场管理部门和中介机构、上市公司、媒体和其他组织。政府部门会定期公布各种财政政策、货币政策等经济政策和措施，发布统计规划、统计年鉴、统计资料和经济报告等；证券交易市场相关机构如证券交易所、证券登记结算公司、中国证券业协会等管理部门会编制和发布统计数据，证券中介机构如资产评估事务所、会计师事务所、律师事务所、信用评级机构等会提供专业化服务和有偿研究报告等；上市公司会定期发布公司年报、半年报、季报以及各项公司公告；媒体发布的国家和有关部门领导人讲话中含有统计信息，其他报纸、刊物、书籍等公开出版物及电视、广播、互联网等媒体也会披露有关信息。

三、宏观分析的基本指标

（一）经济总体指标

1. 国内生产总值与国民生产总值

国内生产总值（GDP）是指一个国家（地区）的领土范围内全部常住居民在一定时期内生产活动的最终成果，如一年内生产的全部最终产品和劳务的市场价值。常住居民指的是居住在本国的公民、暂居外国的本国公民和长期居住在本国但未加入本国国籍的居民。国内生产总值是国民经济核算的核心指标，也是衡量一个国家或者地区总体经济状况的重要指标。国民生产总值（GNP）是指一个国家的所有国民在一定时期内生产活动的最终成果。区分两者的标准是国内生产总值是以国土原则为核算依据，它不包括本国居民在国外取得的收入，但包括外国居民在国内取得的收入；国民生产总值是以国民原则为核算依据，它包括本国居民在国外取得的收入，但不包括外国居民在本国取得的收入。

理解国内生产总值这一概念时需要注意：（1）统计的是最终产品和劳务，一般可以把产品分为中间产品和最终产品，最终产品指可供直接消费或者使用的商品和劳务，它们已经到达最终形态，不能再作为原材料或者半成品投入到生产过程中。中间产品是指为了再加工而生产的商品和劳务。（2）统计的是市场价值，也就是各种最终产品在市场上达成交换的价值，通过市场交换体现，以货币来衡量。一种最终产品的市场价值就是产品单价乘以产量。（3）非市场活动、非生产性活动并不统计在内，如地下黑市交易、家务劳动、自给自足的生产成果等。（4）国内生产总值是流量而不是存量，因为它统计的是

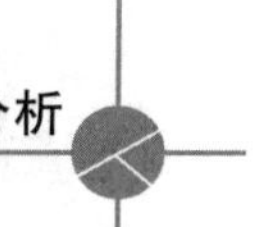

一定时期内生产的最终产品价值。(5) 国内生产总值不是实际流通中的财富，只是用标准货币表示出的财富，最终生产出来的产品和劳务能不能完全地转化成流通的财富是不确定的。

国内生产总值有三种形态，分别有三种核算方式：(1) 价值形态。它是所有常住居民在一定时期内生产的全部最终产品和服务价值超过同期中间投入产品价值的差，这种形态对应生产法，用生产法计算国内生产总值就是各产业增加值的总和。(2) 收入形态。它是一定时期内所有的常住居民创造出来的所有初次收入之和，这些收入将分配给常住及非常住居民，这种形态对应收入法。用收入法计算国内生产总值就是国民经济所有生产要素(资本和劳动等) 收入的总和，因此收入法也被称为要素分配法。(3) 产品形态。它是一定时期内所有的常住居民创造并使用的最终商品和劳务的总合，包括本国创造并使用的商品和服务的价值，以及净出口的商品和劳务的价值。这种形态对应的是支出法，支出法也是三种方法中最常使用的。

支出法核算国内生产总值的公式为：

$$GDP=C+I+G+(X-M)$$

式中的 C 指消费，也常被称为内需，是来源于本国常住居民的消费需求，也是经济的最主要动力。消费不包括房屋的购买，居民购买的住房属于固定资产，不属于消费性支出；式中的 I 指投资，包括净投资和折旧；式中的 G 指政府支出，包括政府购买但不包括政府转移支付；式中的 X 指出口，M 指进口，$X-M$ 就是净出口，这个指标衡量的是外需，也就是本国商品和劳务在国际上的需求。从支出角度看，国内生产总值是最终需求(包括投资、消费、净出口) 之和，因此经济学上常把投资、消费、出口比喻为拉动国内生产总值增长的“三驾马车”，这是对经济增长原理最生动形象的表述。

国内生产总值的增长速度又称经济增长速度 (简称经济增速)，反映的是一国在一定时期经济水平发展变化的程度，它是一个动态衡量经济的指标，来显示国家经济是否具有活力。但这个指标对于发达国家和发展中国家标准不同，发达国家如美国、英国、日本等，由于经济体量大，经济总水平很高，因此增长速度的提高很困难，该指标一般较低，例如美国 2016 年国内生产总值增速仅为 1.6%；对于发展中国家中国、印度等，由于潜力巨大，该指标一般较高，中国 2016 年国内生产总值增速为 6.7%。经济增长过快可能会引发通货膨胀以及经济泡沫，经济增长过慢甚至负增长会引发通货紧缩，因此在分析国内生产总值时，不仅要看其绝对数值，也要关注其相对增长速度。国内生产总值的稳定持续增长是国民政府追求的经济目标之一。

在应用该指标时还要注意，国内生产总值属于总量指标，能够帮助投资者判断某一时期的经济状态，要深入了解经济运行的规律，仍需要分析以下方面：(1) 现在的经济增长与过去的经济增长的比较，以判断现在处在经济周期的哪个阶段。(2) 经济结构的比较，说明经济变化的特征和趋势。(3) 物价变化的比较，说明经济增长、结构变化与物价水平和通货膨胀的关系，了解物价变化对经济增长的影响程度。

2. 工业增加值

工业增加值是国民经济核算的基础性指标之一，国民经济的各个部门的增加值之和即国内生产总值。工业增加值指的是工业行业在报告期内货币表现的工业生产活动的最终成果，即工业行业生产和提供的全部最终产品和服务的市场价值的总和。它是衡量国民经济的重要指标之一，可以反映工业生产部门对国内生产总值的贡献。工业增加值也有两种形态，因此也有两种计算方法：(1) 价值形态。它对应生产法，用工业最终的总产出减去中间消耗。(2) 收入形态。它对应收入法，按照生产过程中各个生产要素应该获得的收入计算，包括固定资产折旧、劳动者报酬、生产税净额、营业盈余等。

3. 通货膨胀

通货膨胀指一般价格水平的持续和显著的上涨。通货膨胀会导致货币购买力下降。常用的测度通货膨胀的指标有：(1) 居民消费价格指数（Consumer Price Index，CPI)。它又称消费者物价指数或零售物价指数，反映消费者为购买消费品而付出的价格的变化情况，衡量的是与居民生活有关的产品及劳务价格水平的变动。(2) 生产者物价指数（Producer Price Index，PPI)。该指标是衡量工业企业产品出厂价格变动趋势和变动程度的指数，是反映某一时期生产领域价格变动情况的重要经济指标，也是制定有关经济政策和国民经济核算的重要依据。与居民消费价格指数不同，编制生产者物价指数的主要的目的是衡量企业购买的一篮子物品和劳务的总费用。由于企业最终要把它们的费用以更高的消费价格的形式转移给消费者，所以，通常认为生产者物价指数的变动能够预测居民消费价格指数的变动。

生产者物价指数向居民消费价格指数传导的路径有：(1) 工业品原材料→生产资料→生活资料。(2) 农业生产资料→农产品→食品。在卖方市场上，由于供小于求，成本上涨引起的工业品价格上涨会顺利传导至消费品价格上；在买方市场上，供大于求，成本上涨引起的工业品价格上涨很难传导至消费品价格上，最终企业利润下降以承担成本上升，当利润下降到负时，企业面临破产倒闭的风险。

通货膨胀通过收入和财产的再分配以及改变产品的产量与类型影响经济，通货膨胀引起收入财富再分配，扭曲商品相对价格，降低资源配置效率，引发泡沫，最终损害国家经济基础和证券基础。通货膨胀可以分为被预期的通货膨胀和未被预期的通货膨胀，也可以按程度分为温和的通货膨胀（个位数的通货膨胀）、严重的通货膨胀（两位数的通货膨胀）和恶性的通货膨胀（三位数及三位数以上的通货膨胀）三种，国家往往不会长期容忍高的通货膨胀，但为了抑制通货膨胀而采取的货币、财政等经济政策通常会导致国内生产总值的低增长和高失业率。

4. 失业率

失业率是指失业人口占劳动人口的比率。年龄在 16 岁以上具有劳动能力的人的全体被称为劳动力人口。我国统计的失业率是城镇登记失业率，也就是拥有非农业户口、在一定劳动年龄内、有劳动能力、无业而要求就业并在当地就业服务机构进行求职登记的人员（也被称为城镇登记失业人数）占城镇从业人数和城镇登记失业人数之和的百分比。通常把失业率等于自然失业率时的就业水平称为充分就业。充分就业的概念是英国经济学家 J. M. 凯恩斯在《就业、利息和货币通论》一书中提出的。充分就业是指在某一工资水平之下，所有愿意接受工作的人，都获得了就业机会，即经济中对劳动力实现了充分利用，但并不是完全利用。所以充分就业并不等于全部就业，而仍然存在一定的失业，但所有的失业均属于摩擦性的和结构性的，且失业的间隔期很短。

5. 采购经理指数

采购经理指数（PMI）是宏观经济运行的景气指标，它是根据企业采购与供应经理的问卷调查数据而编制的月度公布指数。采购经理指数可以分为制造业采购经理指数和非制造业采购经理指数，这项指标起源于美国，全球 20 多个国家建立了采购经理指数，已经是全球范围核心经济分析指标。我国的制造业采购经理指数于 2005 年 7 月、非制造业采购经理指数于 2008 年 1 月正式发布。制造业采购经理指数是一个由新订单指数（权重 30%）、生产量指数（权重 25%）、从业人员指数（20%）、供应商配送指数（15%）、原材料库存指数（10%）五个分类指数加权计算得出的，选择样本企业时既考虑了各行业对 GDP 贡献的大小，又考虑了样本企业的地理分布和企业规模，减少了随机波动误差。

采购经理指数具有明显先导性，属于经济先行性指标。对国家经济活动的监测和预测有重要作用。50%是经济强弱的分界点，采购经理指数高于 50%反映制造业（非制造业）经济扩张，低于 50%则反映制造业（非制造业）经济衰退。

6. 国际收支

国际收支是指一国居民在一定时期内与他国居民在政治、经济、文化等往来中所产生的全部交易的系统记录。这里居民指的是居住在国内 1 年以上的自然人和法人。国际收支包括经常项目和资本项目。经常项目是指一国与他国之间贸易和劳务往来状况，包括贸易收支（通常的进出口）、劳务收支（运输、港口、通信和旅游）和单方面转移（侨民汇款、无偿援助捐赠、国际组织收支等），是最具综合性的对外贸易指标。资本项目是指一国同他国资金往来的情况，又分为长期资本和短期资本。长期资本指合同约定偿还期超过 1 年的资本或者未约定偿还期的资本（如公司股本），主要形式有直接投资、政府和银行的长期借款及企业信贷等。短期资本指即期付款的资本和合同规定借款期为 1 年或者 1 年以下的资本。

（二）金融指标

1. 货币供应量

货币供应量是一项反映总量的指标，指的是一个国家在某一时点上为社会经济运转服务的货币存量，它由包括中央银行在内的金融机构供应的存款货币和现金货币两部分构成，也是单位和居民个人在银行的各项存款和手持现金之和。货币供应量反映了中央银行货币政策，对证券市场和投资者投资行为影响重大。根据流动性的不同，货币供应量可以分为以下三个层面：(1) 流通中的现金（M_0），指单位库存现金和居民手持现金之和。单位指银行体系外的企业、机关、团体、部队、学校等。(2) 狭义货币供应量（M_1），是 M_0 加上单位在银行的可开支票进行支付的活期存款。(3) 广义货币供应量（M_2），指 M_1 加上单位在银行的定期存款和城乡居民个人在银行的各项储蓄存款以及证券公司的客户保证金。其中，中国人民银行从 2001 年 7 月起，将证券公司客户保证金计入广义货币供应量 M_2。M_2 与 M_1 的差被称为准货币。中央银行通过调节货币供应量来影响货币需求，最终影响经济。

2. 利率

利率是借贷期间产生的利息与本金的比值，是使用资金（货币）的价格，也就是债务人（资金需求者）使用资金要付出的代价，也是债权人（资金盈余者）让渡货币使用权所期望获得的收入报酬。利率变化反映市场资金供求的变化，经济繁荣时，资金供不应求，利率上升；经济萧条时，资金需求减少，利率下降。利率也影响着证券市场，当银行利率提高时：(1) 改变资金流向，一部分资金从证券市场流向银行，减少对有价证券的需求，使得证券价格下降；(2) 改变公司价值的预期，利率提高，上市公司融资成本提高，利润下降，公司业绩下降，公司股票价值下降。

利率可以分为存贷款利率、国债利率、回购利率、贴现率和再贴现率、同业拆借利率等。

(1) 存贷款利率。

存贷款利率包括金融机构对客户存贷款利率、中国人民银行对金融机构存贷款利率等。存款利率是指客户按照约定条件存入银行账户的货币，一定时间内利息额与存入金额（本金）的比率。存款利率有活期利率和定期利率之分，有年、月、日利率之分。自 2015 年 10 月 24 日起，中国人民银行决定对商业银行和农村合作金融机构等不再设置存款利率浮动上限。贷款利率是指借款期限内利息与贷出本金的比率。中国人民银行自 2013 年 7 月 20 起，取消金融机构贷款利率 0.7 倍的下限，由金融机构根据商业原则自主确定贷款利率水平。贷款利率的高低直接决定着利润在借款企业和银行之间的分配比例，因而影响着借贷双方的经济利益。贷款利率因贷款种类和期限的不同而不同，同时也与借贷资金的稀缺程度相联系。利率水平上升将引发存款增加、贷款下降，使得居民的消费性支出减少，使得企业的生产成本增加，同时抑制供给和需求；反之，利率的降低会引起需求和供给的双向扩大。

(2) 贴现率和再贴现率。

贴现是指银行买入顾客因资金周转需求而出售的未到付款日期的票据。银行向贴现客户收取一定的利息，称为贴现利息，对应的比率即贴现率。再贴现率是商业银行出现资金周转需求，以未到期的合格票据再向中央银行贴现时所适用的利率。再贴现对于中央银行来说是一项主要的货币政策工具，再贴现是中央银行买进票据让渡资金给商业银行。而根据市场资金供求，中央银行可以调整再贴现率，从而影响商业银行借入资金的成本，中央银行如果提高再贴现率，商业银行向中央银行再融资的成本提高，它们必然提高对客户的贴现率，从而导致整个市场利率上涨，这样借款人会减少，市场货币供应量相应减少，起到紧缩信用的作用，在经济过热时期能够抑制泡沫；相反，中央银行降低再贴现率可以起到扩大信用的作用。

(3) 同业拆借利率。

同业拆借利率是指银行同业之间短期资金借贷利率，包括拆进（借款）与拆出（贷款）利率，同一家银行的拆出利率永远大于拆进利率，差额就是银行的收益。同业拆借中大量使用的是伦敦同业拆借利率（LIBOR），它是伦敦的第一流银行之间互相拆借银行资金的利率。现在 LIBOR 已经作为国际金融市场大多数浮动利率的基础利率，并作为银行从市场筹集资金进行转贷的融资成本。贷款协议中议定的 LIBOR 通常由几家指定银行在

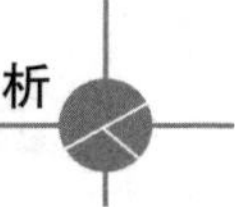

规定时间（一般是伦敦时间上午 11 点）报价的平均利率，常用的是 3 个月和 6 个月期限。我国央行借鉴国际经验推出了中国金融市场基准利率——上海银行间同业拆借利率（SHIBOR），它于 2006 年 10 月 8 日开始运行，2007 年 1 月 4 日正式对外发布。SHIBOR 是由信用等级较高的银行组成报价团自主报出的人民币同业拆出利率计算出的算术平均利率，是单利、无担保、批发性利率，包括隔夜、1 周、2 周、1 个月、3 个月、6 个月、9 个月及 1 年共计 8 个产品。报价团由 16 家公开市场一级交易商或者外汇市场做市商组成，它们在货币市场交易相对活跃、信息披露充分。

拓展阅读

货币政策工具之法定存款准备金率

宏观经济政策主要有：(1) 财政政策工具，包括预算、税收、国债、财政补贴和转移支付。(2) 货币政策工具，包括一般性政策工具（法定存款准备金率、再贴现政策、公开市场业务）和选择性政策工具（直接信用控制、间接信用控制）。

法定存款准备金率是最常用的一般性货币政策工具。法定存款准备金率是中央银行规定的商业银行等金融机构为保证客户提取存款和资金清算要求而准备的在中央银行的存款占其存款总额的比例。当中央银行提高法定存款准备金率时，商业银行可运用的资金减少，贷款能力下降，货币乘数变小，市场货币流通量便会相应减少。

货币乘数是指货币供应量对基础货币的倍数关系，即一单位准备金所产生的货币量。假设规定的最低法定存款准备金率为 20%，也就是说，当中央银行投放给商业银行 100 元的基础货币后，商业银行对于这 100 元基础货币的存款不能全部贷出，必须留存 20 元（100×20%）缴存至中央银行，然后可以贷出剩下的 80 元，假设商业银行将这 80 元贷给客户甲，由于暂时没有用款需求，甲将 80 元存回商业银行，那么商业银行必须留存 16 元（80×20%）缴存至中央银行，然后可以贷出剩下的 64 元，假设商业银行将 64 元贷给客户乙，由于暂时没有用款需求，乙将 64 元存回商业银行，那么商业银行必须留存 12.8 元（64×20%），然后贷出剩下 51.2 元给丙，由此至无穷，商业银行最先获得中央银行 100 元的基础货币，将其投放至市场，最终将会变成 100＋80＋51.2＋……＝100×(1÷20%)＝500 元。

中央银行初始货币提供量与社会货币最终形成量之间存在的数倍扩张（或者收缩）效应就是乘数效应。由于货币乘数的作用，法定存款准备金率的作用效果十分明显，调节作用过于强烈，因此，央行对于法定存款准备金率的调整一般持谨慎态度。

3. 汇率

汇率也称外汇牌价，指外汇市场上一国货币与他国货币相互交换的比率。外汇汇率一般由该国汇率代表的实际社会购买力平价和自由市场对外汇的供求关系决定。外国人购买本国商品、在本国投资以及利用本国货币进行投资会影响本国货币的需求。本国居民购买外国产品、向外国投资以及外汇投机影响本国货币供给。

汇率变动会带来一系列的反应，以外币为基准，当外币汇率上升时，本币贬值，国外持有本币的人会在市场上抛售本币，或者加快从国内购买商品和劳务把本币支付出去。对于国内来说，回流的本币增多，流出的商品增多，出口量扩大，国内的需求扩大，供给减少；反之，外币汇率下降，本币升值，国外对本币需求增大，流出增加，国内的进口增加，供给增加，国内的需求减少。

（三）财政指标

1. 财政收入

财政收入是指国家参与社会产品分配获得的收入，是履行国家职能和义务的保证。主要的财政收入包括：（1）各项税收，包括增值税、消费税、印花税、资源税、城市维护建设税、城市土地使用税、印花税、个人所得税、企业所得税、关税等；（2）专项收入，包括教育费附加收入、城市水资源费收入、排污费收入等；（3）其他收入，包括捐赠收入、基本建设收入等；（4）国有企业计划亏损补贴，这项一般为负值。

2. 财政支出

财政支出是指国家为满足经济文化事业的需求而分配使用的资金。它包括：（1）经常性支出，包括政府的日常性支出、公共消费产品的购买、经常性转移；（2）资本性支出，就是政府的公共性投资支出，包括政府在基础设施上的投资、环境改善方面的投资以及政府储备物资的购买等。

3. 结余（赤字）

财政收入与财政支出的差额即为结余（赤字）。当收入大于支出为结余，反之为赤字，当财政收入小于财政支出产生赤字时，可以通过发行国债来弥补。如果赤字过大，将引发社会总需求和总供给的失衡。

拓展阅读

主权债务

主权债务是指一国以自己的主权为担保向外（不管是向国际货币基金组织，还是向世界银行，还是向其他国家）借来的债务。主权债务危机的实质是国家债务信用危机。

美国次贷危机后，全球经济一蹶不振。2009 年 12 月，穆迪、标普、惠誉接连下调希腊、葡萄牙、西班牙、意大利等国家的主权信用评级。2010 年起，欧洲其他国家也开始陷入危机，整个欧盟都受到债务危机困扰，欧元大幅下跌，欧洲股市暴挫，整个欧元区面临严峻的考验，甚至当时社会上普遍悲观预期欧盟未来会解体。随着欧债危机的愈演愈烈，美国的主权信用评级意外被标普下调，美国首次失去 AAA 信用，全球股市随即大幅下跌。

对债务风险的判断基于国债负担率、赤字率、债务依存度、偿债率等指标。国际公认的国债负担率的警戒线为发达国家不超过 60%，发展中国家不超过 45%。国债负担率是国债累计余额与国内生产总值（GDP）的比例，当国债负担率过高，意味着整个国民经济对国债的承受能力越小，无法按期偿还的概率越大。

主权债务危机对国家影响极大，会导致国家间新的贸易壁垒出现，贸易保护主义冒头，国内的经济萧条，失业率增加，治安恶化，同时危机国家的货币大幅贬值，资本向国

外流出，而发行新国债的成本由于国家信用的降低而大幅增加，甚至无法通过再次发行国债融资。

四、宏观经济分析与证券市场

宏观经济变动是影响证券市场价格变动的最基础因素，正如一句话“股票市场是宏观经济的晴雨表”所述，只有充分把握宏观经济形势，才能有效把握证券市场中的投资机会。

宏观经济对证券市场的影响主要表现在以下方面：

（1）影响企业经济效益。如果经济增速过快，通货膨胀率上升，政府采取强硬的宏观调控政策，提高利率，减少货币供应量，紧缩银根，企业投资经营受到影响，盈利下降，证券市场市值缩水。

（2）居民收入水平。当居民可支配收入增加，消费需求提升，企业经济效益提高，同时居民收入增加，也会促进证券市场投资需求的增大。

宏观经济的发展存在一定的规律，也被称为经济周期或者商业周期（Business Cycle），一般指经济活动沿着经济发展的总体趋势所经历的有规律的扩张和收缩，可以用国民收入或者总体经济活动扩张与紧缩的交替或者周期性波动变化来表现，总收入和总就业也会随之出现周期性波动。经济周期可以分为繁荣、衰退、萧条和复苏。图 4－1 展示了在不同的经济周期投资的行业选择也不同。

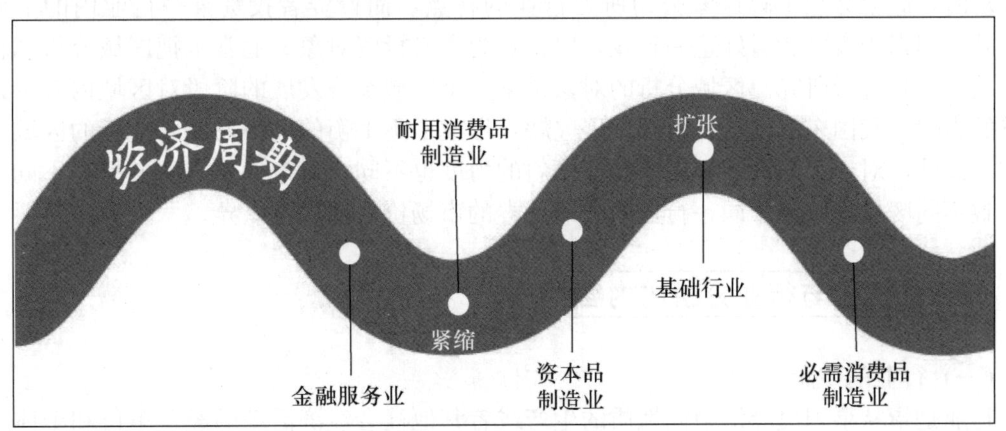

图 4－1　经济周期与证券投资行业选择

拓展阅读

宏观经济与资产价格的关系

下图显示的是 2000 年至 2015 年中国国内生产总值与证券市场关系的时间序列数据。从图中可以看出，伴随着中国实体经济的快速增长，证券市场规模也在不断扩大。上证指数走势和股票总市值保持一致。

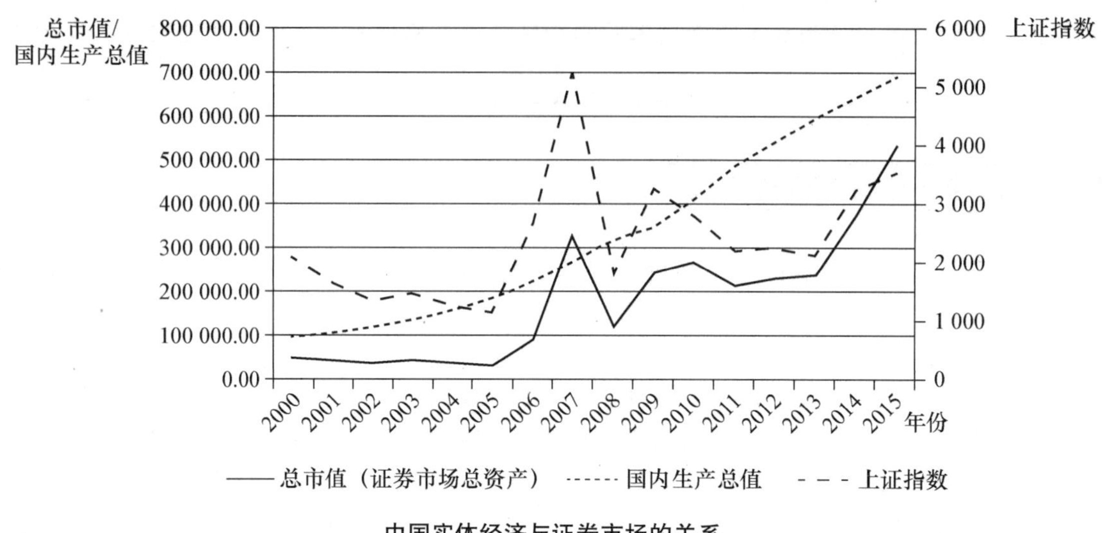

中国实体经济与证券市场的关系

数据来源：国家统计局.

第三节　行业分析

行业的发展对行业内上市公司价值的影响是巨大而深远的，投资者在选取某只股票进行分析时，通常必须了解这家公司所处行业的特点，而投资者投资某一行业内的上市公司，其实相当于投资者看好这一行业，以行业为广义投资对象。通常也把区域分析和行业分析放在一起进行研究。区域分析的对象是某一个区域经济发展的阶段对区域内有价证券价格的影响。我国东部发达，西部发展欠缺，形成了不平衡的经济发展和独特的区域发展模式。此外，对于不同区域，国家政策倾斜的力度也不同，对产业发展的支持也不同，从而导致不同区域内归属于同一行业的公司证券的市场价格出现了差异。

一、行业的概念与行业分析的内容

（一）行业的概念

行业是指从事国民经济中同性质的生产或者其他社会经济活动的经营单位和个体等组成的组织结构体系。如农业、工业、房地产业、钢铁业、金融业、服务业等。

（二）行业分析的内容

行业分析的主要内容包括：解释行业本身所处的发展阶段及其在国民经济中的地位，分析影响行业发展的因素和程度，预测行业未来发展的趋势，判断行业的投资价值和风险，为政府部门、机构和个人投资者提供投资依据。行业分析起着承上启下的作用，宏观经济分析能够让投资者把握证券市场的总体趋势，但不能提供具体的投资领域，需要深入的行业分析和公司分析才能给投资者指明具体的投资对象。行业分析是上市公司分析的前提，是连接宏观分析和微观分析的桥梁，也是基本分析的重要组成部分。行业分析和公司

分析相辅相成，上市公司的投资价值因不同行业而产生差异，同一行业内的上市公司投资价值也各不相同。

二、行业的分类

（一）根据行业与宏观经济发展周期的关系划分

1. 增长型行业

增长型行业与宏观经济的发展及周期并不紧密相关。这些行业主要依靠技术进步、推出新产品和更优质的服务取胜，因而这些行业总是呈现出增长的态势，如计算机行业、互联网行业和现在的人工智能行业。投资者对这些高速增长行业的关注度非常高，因为这些行业提供了相对经济周期波动来说稳定的财富保值增长方式，经济增长时，增长型行业高于平均水平，经济衰退时，增长型行业受影响很少甚至还能保持稳定较快的增长。但困难的是，这些行业增长的形态让投资者很难把握住购买时机，因为行业内股票价格不会明显地随着经济周期变化。

2. 周期型行业

周期型行业与经济周期紧密相关——经济增长时行业随之扩张，经济衰退时行业相应衰落，且该行业的变化会在一定程度上扩大经济周期性，原因在于经济增长时，社会对周期型行业产品的购买相应增加，经济衰退时，社会对产品的购买将延迟到经济改善后。消费品行业、耐用品制造业以及其他需求收入弹性较高的行业都属于周期型行业。

3. 防守型行业

对于防守型行业而言，无论是经济增长还是衰退，该行业都很稳定，需求弹性很小，例如生活必需品或者必要的公用品，公众对该行业产品有相对稳定的需求，因而行业内公司盈利较稳定。投资者投资该行业往往为了获得稳定的收入，而非低买高卖形成的买卖价差即资本利得，这是因为该行业内公司的股票价格一般都比较稳定，公司盈利一般会定期以股息红利方式分给投资者。

（二）证监会行业分类

2006 年 4 月 28 日生效的全球行业分类标准（CICS），主要类别如表 4－1 所示。

表 4－1　　行业主要类别

行业名称	行业主要类别
能源	能源设备与服务、石油、天然气与消费用燃料
原材料	化学制品、建筑材料、容器与包装、金属与采矿、纸类与林业产品
工业	航空航天与国防、建筑产品、建筑与工程、电气设备、工业集团企业、机械制造、贸易公司与经销商、商品服务与商业用品、航空货运与物流、航空公司、海运、公路与铁路、交通基本设施
可选消费	汽车零配件、汽车、家庭耐用消费品、休闲设备与用品、纺织品、服装与奢侈品、酒店，餐馆与休闲、综合消费者服务、媒体、经销商、互联网与售货目录零售、多元化零售、专营零售

续前表

行业名称	行业主要类别
主要消费	视频与主要用品零售、饮料、食品、烟草、家常用品、个人用品
医药卫生	医疗保险设备与用品、医疗保险提供商与服务、医疗保健技术、生物科技、制药、生命科学工具和服务
金融地产	商业银行、互助储蓄银行与抵押信贷、综合金融服务、消费信贷、资本市场、保险、房地产投资信托、房地产管理和开发
信息技术	互联网软件与服务、信息科技服务、软件、通信设备、电脑与外围设备、电子设备与仪器、办公电子设备、半导体产品与半导体设备
电信服务	综合电信业务、无线电信业务
公用事业	电力公用事业、燃气公用事业、复合型公用事业、水公用事业、独立电力生产商与能源贸易商

数据来源：摩根士丹利与标准普尔共同发布的全球行业分类标准（CIGS）.

中国证监会借鉴国际标准分类，以国家统计局标准为依据给出了上市公司的分类原则，使用上市公司营业收入作为分类的标准，财务数据是经过会计师事务所审计的合并报表数据。当上市公司某类业务营业收入比重大于或等于50%，将该公司划入该业务对应的行业类别；如果没有一类业务营业收入比重大于或等于50%，但有某类业务营业收入比重比其他业务收入比重均高30%，则将该公司划入该业务对应的行业类别；否则，将该公司划为综合类。目前上市公司可以分为13个门类，包括：(1) 农、林、牧、渔业。(2) 采掘业。(3) 制造业。(4) 电力、煤气及水生产和供应业。(5) 建筑业。(6) 交通运输、仓储业。(7) 信息技术业。(8) 批发和零售贸易。(9) 金融、保险业。(10) 房地产业。(11) 社会服务业。(12) 传播与文化产业。(13) 综合类。这13个门类又分为90个大类和288个中类。

三、行业生命周期

相对于经济有周期性，行业也有经历成长到衰退的发展演变过程，这就是行业的生命周期。行业生命周期可以分为初创阶段（幼稚期）、成长阶段（成长期）、成熟阶段（成熟期）和衰退阶段（衰退期）。

行业生命周期各个阶段的特征见表4-2。

表4-2　　行业生命周期各阶段特征

特征项	幼稚期	成长期	成熟期	衰退期
公司数量	少	增加	稳定	减少
市场规模	小	增加	稳定	减少
市场增长率	较高	很高	不高，趋于稳定	降低→负值
产品价格	高	下降	稳定	低
利润	亏损	增加	高	降低→亏损
竞争程度	不激烈	开始激烈	最激烈	激烈程度降低
企业规模	较少	扩大	最大	降低

续前表

特征项	幼稚期	成长期	成熟期	衰退期
产品品种	单一	增加品种	较多	减少
技术	不稳定	趋于稳定	稳定	落后
风险	高	较高	降低	增大

（一）幼稚期

行业的萌芽和形成的基本条件是社会物质文化需求的增长和变化。资本的支持和资源的稳定供给是行业形成的基本保证。

行业形成主要有以下方式：

（1）分化。它是指新行业从旧行业中分离出来，成为一个独立的行业，如将电子工业从机械工业、石化工业从石油工业中分化出来。

（2）衍生。它是指出现于原有行业相关、配套的行业，如汽车行业衍生出汽车修理行业、房地产行业衍生出房地产装修、房地产咨询行业。

（3）新成长。它是指新的行业以独立方式出现，并不依附于原有行业。新成长的行业往往是科学技术产生突破性进步的结果，如人工智能行业、无人零售行业等。

幼稚期行业刚刚诞生或者新建不久，只有较少的投资，创业公司的研发费用很高，产品十分单一，消费者对产品缺乏了解，导致市场需求狭小，销售收入很低，因此创业公司很可能亏损或没有盈利。这一阶段低需求与高成本导致经营风险非常大，公司容易出现财务困境甚至破产倒闭。因此这类企业更适合投机者和风投等创业投资者。后期随着市场开拓需求增加、产品成本较低、技术进步等，行业从高风险低收益幼稚期进入高风险高收益的成长期。

处于幼稚期的计算机、生物制药、互联网等行业企业由于成立时间不长、收益少甚至亏损，不符合传统证券市场的上市条件。为了满足这些行业的资本需求，推动经济结构调整，除了风投外，各个国家给这一段时期的行业企业提供了相对应的融资支持。如美国纳斯达克、我国的创业板等。一些目前经营状况一般甚至亏损但未来前景很好的企业纷纷在这些市场上市。如网络公司雅虎的股价曾高达300多美元，但当时它的业绩尚处于亏损状态，由于风险大、投机性强，也曾一个交易日下跌数十美元。京东在美国上市，上市前几年一直亏损甚至巨额亏损，但其股价一直在上涨，甚至翻倍。美国及国际上那些购买京东股票的投资者并不是傻子，他们是精于计算的金融师，之所以买入京东股票并给出京东三四百亿美元的估值，就是看好京东有赚很多钱的那一天。

（二）成长期

在这一阶段，新行业快速成长，规模不断扩大，生产能力不断提高，技术逐渐成熟，市场认可度提高，产品销量迅速增长，市场逐步扩大。销售收入和利润开始加速增长，新的机会不断出现，但企业还是需要大量资金来支撑高速增长。这一时期，企业出现分化，技术实力和市场营销能力强、资本丰厚的企业将脱颖而出，逐渐占领市场，这个时期的行业增长非常迅速，投资优势企业的投资者获得极高回报，所以这一阶段也被称作投资机会期。这一时期虽然利润增长迅速，但竞争风险很大，被兼并的概率很高。由于市场竞争优胜劣汰，市场上企业数量会在一个阶段后出现大幅减少然后稳定，如打车软件行业刚出现时曾经有数家小的公司，随着时间的推移，大多数公司逐渐兼并、破产重组，公司数量急剧减少并保持稳定。成长期后期随着需求开始饱和，迅速赚取利润的机会减少，行业开始进入成熟期。

（三）成熟期

在这一时期，行业市场秩序建立，企业间建立了良性竞争合作关系。行业的成熟表现在很多方面，最重要的是产品的成熟，包括性能、结构、规格、形状、模式等已被消费者所习惯。行业的成熟还表现在技术的成熟（有稳定的、先进的技术支撑）、生产工艺的成熟和产业组织的成熟。一般技术含量高的行业成熟期较短，公用事业等行业成熟期较长。行业处于成熟期的特点主要有：（1）企业规模突出，地位卓越，主要产品普及率很高。（2）行业市场需求和企业生产能力都已接近饱和，市场由卖方市场转向买方市场。（3）行业产值、规模、利润、税收等在整个国民经济中占有相当份额。此时市场已被少数实力强悍、技术先进、资金雄厚的大企业控制，市场竞争从价格方式转向提高产品、服务质量等非价格方式，行业的进入壁垒非常高，新企业难以进入。行业增长最终可能会停止，产出甚至下降，逐渐进入衰退期。但由于技术创新、产业政策、经济全球化，很多行业可能在成熟期后迎来新的增长。

（四）衰退期

在较长的稳定期之后，市场中出现大量替代品，市场需求逐渐减少，产品销量下降，部分企业开始向其他更有前景的行业转移，行业出现企业数目减少、利润不断下降的萧条景象。多数时候，行业的衰退期比其他三个时期的总时间还长，大量行业衰而不亡，与人类社会长期共存，如钟表行业、钢铁行业、纺织行业、烟草行业等。

如图 4-2 所示，典型行业生命周期中对应了处于不同阶段的各个行业，行业所处位置并非一成不变，将会随着时间的流逝而变化，有些行业从幼稚期进入成长期，有些行业从成长期进入成熟期，有些行业从成熟期进入衰退期。有些进入衰退期的行业因为技术的发展和变革，能够迎来新的增长。

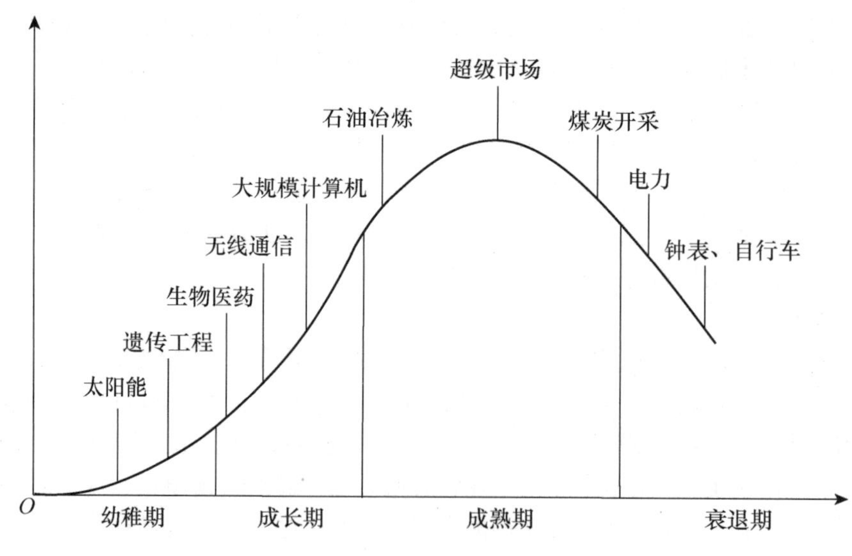

图 4-2　典型行业生命周期

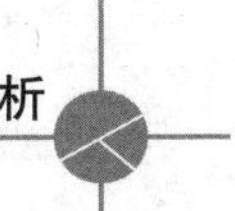

拓展阅读

共享单车带动自行车行业焕发新春

共享单车掀起的新一轮资本竞赛，直接改变的是传统自行车的上游供应链。

共享单车全年产量直逼3 000万辆，本处于“夕阳期”的自行车产业，因共享单车“疯狂”造车重新焕发出了新春。

据中国自行车协会官网报道，2016年以来，涌现的共享单车品牌约有20家，共享单车已在全国30多个城市投放，总计投放数量超过200万辆。2017年，预计投放总量将呈现井喷式增长，极有可能接近2 000万辆。从产能看数字还要更高。天津爱玛体育用品有限公司是一家位于天津静海的自行车制造商，成立于2012年，主营中高档自行车、自行车运动相关各类体育运动器材、服装、服饰等，官方介绍显示，该公司的年产能为300万辆中高档自行车。但正是这家年产能原本只有300万辆的公司，在2017年与摩拜签订了500万辆的代工合同。值得一提的是，在作为一家制造厂的同时，天津爱玛体育用品有限公司旗下还有一个名为“爱玛运动自行车”的品牌。从产能评估来看，爱玛很可能已经将公司经营重心完全倾斜到了为摩拜代工上。

这在代工厂起家的自主品牌中并非孤例，为共享单车代工已经成为当前自行车产业的绝对主流。在销售端的影响完全体现在销量之前，这些自主品牌很有可能就自己先做了妥协。深圳是珠三角自行车企业集中地区，由于近几年市场疲软，目前只剩下了七八家，但是，共享单车这把火又一次激活了这个市场。

据央视财经报道，丰永达自行车有限公司自行车厂总经理刘德武去年还在为自行车市场的低迷而犯愁，今年春节前突然接到了数万计的单车订单，这是他从业二十年来经历的第二次“疯狂”。

共享单车的出现令凋敝多年的自行车制造行业短时间内反应有些过激。“其实共享单车厂商下单时压价普遍很厉害，但代工厂太多了，即便是一些深圳厂商都无法接受的低价，也总会有其他地方的工厂敢接。”有订单，就意味着工厂可以活着，工人有饭吃，能有多少利润，反倒是其次要考虑的了。

以一开始就在寻求代工厂的ofo为例，虽然在公开表述中，ofo多次宣传其合作伙伴为飞鸽、凤凰等大厂商，但自发展之初，ofo的供应商一直很杂，供应商体系中至今还存在一些产能只有数万辆的小工厂。但随着ofo供应链体系的日渐成熟，对大厂的倾斜效应可能会愈加明显。

摩拜单车创始人胡玮炜曾向媒体透露，截至2016年3月3日，摩拜单车在全国运营一百多万辆共享单车，摩拜单车自己的无锡工厂每天生产1.4万辆自行车。但这并不能满足摩拜的急速扩张。此前摩拜宣布与富士康合作，富士康遍布海外的数十座工厂为摩拜单车开辟新的生产线，预计年产能将达到560万辆。汇总上述数据，2017年摩拜单车的年产量可能达到1 500万辆左右。“自行车厂家接到我们这么大的订单都被吓到了!”胡玮炜今年初向总理介绍分享经济时如此形容。雷克斯自行车有限公司总经理胡泽风在央视财经节目中透露，2017年整个公司从深圳分公司到天津分公司一共增加了500名员工，增加了7

条流水线，以应对去年年底汹涌而来的共享单车订单，“太突然了，好像洪水暴发一样，我做多少他们就要多少，哪怕你给一百万他们也都全要了。”

“小黄车”ofo作为另外一个巨头，当然也不甘示弱。其主要的代工厂天津富士达在2017年收获了1 300万辆的订单。被称为“中国第一车”的飞鸽自行车厂也是ofo的供应商之一，“小黄车”的月产量已达到40万辆，订单总量占据“飞鸽”全年产能的1/3。汇总上述数据，2017年ofo“小黄车”也至少具备了1 500万辆以上的需求。

中国自行车协会的官方文件中写道：“中国每年8 000万辆的产量，出口是大头，内需则在2 500万辆左右。”中国自行车协会的数据显示，2014年全年自行车总产量为8 305万辆，其中出口6 265.3万辆，内需2 039.7万辆。这意味着，仅摩拜单车、ofo两家巨头2017年的产能预计可以达到3 000万辆，将超过往年的全国内需总量。不过，在成为自行车工厂的救世主之后，这个行业下一步会发生怎样的洗牌，依旧是一个未知数。

面对共享单车的互联网玩法，部分自行车企业似乎有所犹豫，成为“徘徊者”。2017年2月22日，中国自行车协会在上海组织召开了行业重点企业座谈会，会议围绕“共享单车对行业的影响”展开。据中国自行车协会的官网报道，一些企业代表危机感强烈，指出共享单车的风潮终将是昙花一现，安全、维护等后续问题亟待解决，由于企业性质不同，容易出现资金链断裂，切不可盲目跟风。同时，还有部分企业代表表示，共享单车的发展还有待观察，看风向如何再做打算。一位代表发言称：“在这场与互联网的亲密接触中，我们被‘＋’的感受很强烈，即在与互联网企业的博弈中丧失了主导权。因为它们背后有着强大的资本支撑，手握大订单，极易占据产业链里的制高点，而我们只是其供应环节的一段。目前的共享单车品种较单一，定位大众而非高端，车身logo均是互联网企业品牌而非自行车企业品牌……”

中国自行车协会理事长马中超则指出，在热度最高的时候下结论或者做最后判断还为时尚早，共享单车未来究竟会以何种方式或者面貌呈现，还需要交由时间来定夺。目前行业中已有一批企业参与了共享单车的生产制造，今后继续跟风与否、介入多深、路线如何，各企业应结合自身情况，充分发挥独立思考判断的能力。

资料来源：央视财经、共享单车网、腾讯科技等官方网站.

萌芽中的人工智能行业

人工智能（Artificial Intelligence，AI）是研究、开发用于模拟、延伸和扩展人的智能的理论、方法、技术及应用系统的一门新的技术科学。人工智能是计算机科学的一个分支，它通过试图寻找智能的实质，生产出一种新的、能以人类智能相似的方式作出反应的智能机器。该领域的研究包括机器人、语言识别、图像识别、自然语言处理和专家系统等。人工智能自诞生以来，理论和技术日益成熟，应用领域也不断扩大，可以设想，未来人工智能带来的科技产品将会是人类智慧的“容器”。人工智能不是人的智能，但能像人那样思考，也可能超过人的智能。

人工智能行业是人工智能广泛应用的领域，从目前人工智能的应用场景来看，当前人工智能仍是以特定应用领域为主的弱人工智能，如图像识别、语音识别等生物识别分析，智能搜索、智能推荐、智能排序等智能算法等。商业模式主要集中在应用感知智能技术，

如身份认证，基于人脸识别的门禁、打卡及安防，以语音识别、语义理解为核心的智能客服、语音助手等。

涉及垂直行业，人工智能多以辅助的角色来辅佐人类进行工作，诸如目前的智能投顾、自动驾驶汽车等，真正意义上的完全摆脱人类且能达到甚至超过人类的人工智能尚不能实现。预计随着认知智能技术的加速突破与应用，运算能力、数据量的大幅增长以及算法的提升，人工智能行业将快速发展，市场将集中爆发，未来人工智能+汽车、人工智能+医疗等产业均将创造巨大的商业价值。

数据来源：和讯网.

四、行业结构分析

（一）行业结构类型

根据市场竞争程度的高低，可以将行业市场结构分为以下几种。

1. 完全竞争

在这种市场结构中，竞争是纯粹的，没有阻碍和干扰。其主要特征是：(1) 生产者众多，生产资料完全流动。(2) 产品同质无差别。(3) 企业是价格的接受者而非制定者。(4) 企业盈利由市场对产品的需求决定。(5) 生产者可自由进入或者退出这个市场。(6) 市场信息畅通，生产者和消费者对市场情况非常了解。

2. 垄断竞争

在这种市场结构中，不仅有竞争也有垄断，每家企业都有一定的垄断能力，但又存在激烈竞争。其主要特征是：(1) 生产者众多，生产资料可以流动。(2) 产品同种但不同质，即产品存在实际或者想象上的差异。(3) 由于产品差异性的存在，生产者可以树立自己产品的信誉，从而对其产品的价格有一定的控制能力。

3. 寡头垄断

在这种市场结构中，相对少量的生产者在某种产品的生产中占据很大的市场份额，从而控制了这个行业的供给。其主要特征是：(1) 该类行业初始投入资本较大，阻止了大量中小企业进入。(2) 这类产品只有在大规模生产时才能获得好的效益，这就会在竞争中自然淘汰大量的中小企业。(3) 通常存在一个起领导作用的企业，其他企业跟随该企业定价与经营方式的变化而相应地进行某些调整。资本密集型、技术密集型产品，如钢铁、汽车等重工业以及少数储量集中的矿产品如石油等的市场多属于这种类型。

4. 完全垄断

在这种市场结构中，整个行业的市场完全处于一家企业的控制之下。其主要特征是：(1) 市场被独家控制，其他企业无法进入。(2) 产品没有替代品或者近似品。(3) 垄断者能够根据市场需求提供产品和制定价格并获得利润最大化。(4) 垄断者在制定产品价格和数量上的自由有限，需要受到政府管控或者垄断法的约束。在当前的现实生活中没有真正的垄断型市场，一些公共事业单位接近于垄断。政府完全垄断如国有铁路、邮电等部门；私人完全垄断包括政府授予的特许专营或者根据专利生产的独家经营，以及由于资本雄厚、技术先进而建立的排他性私人垄断经营。

（二）行业结构的分析方法

在分析行业的竞争程度时，经常使用的方法主要有以下几个。

1. 行业集中度测量

行业集中度（CR）又称市场集中度，是计算某行业市场中前 N 家企业经营指标（销售额、总资产、净资产、总收入、利润等指标）的和占市场上所有企业该指标总和的比重。常用的前 N 家是前 4、前 8、前 12 家，比如，CR4 指的是行业内排名前 4 的企业的销售额（以销售额为例）占整个行业全部企业的销售额总和的比例，CR4 越大，说明前 4 家企业占据市场份额越高，市场的集中度越大，行业结构偏向垄断；反之，行业集中度越低，越偏向竞争。美国经济学家贝恩给出了 CR8 指标的判断标准，CR8≥40%为寡占（垄断），其中 40%≤CR8<70%为低集中寡占，70%≥CR8 为极高寡占；CR8<40%为竞争型，其中 CR8<20%为分散竞争型，20%≤CR8<40%为低集中竞争型。

2. 波特五力模型

美国哈佛商学院教授迈克尔·波特提出了五力模型，他认为一个行业内存在五种基本竞争力量，即潜在进入者、替代产品、供应商、需求方及行业内现有厂商的竞争。一个行业中竞争态势是存在于行业或者市场中的五种竞争力作用的组合，如图 4-3 所示。用五力模型来确定一个给定行业中的竞争状况如何，其方法就是经过三个阶段或者步骤来建立竞争图：(1) 辨别与五种力量中的每一个都相关的特定的竞争力。(2) 评估行业竞争的强度如何（激烈、较强、适中、平常、较弱）。(3) 考虑竞争的总体类型和所有五种力量的合力。这种分析过程简单易懂，富有逻辑。

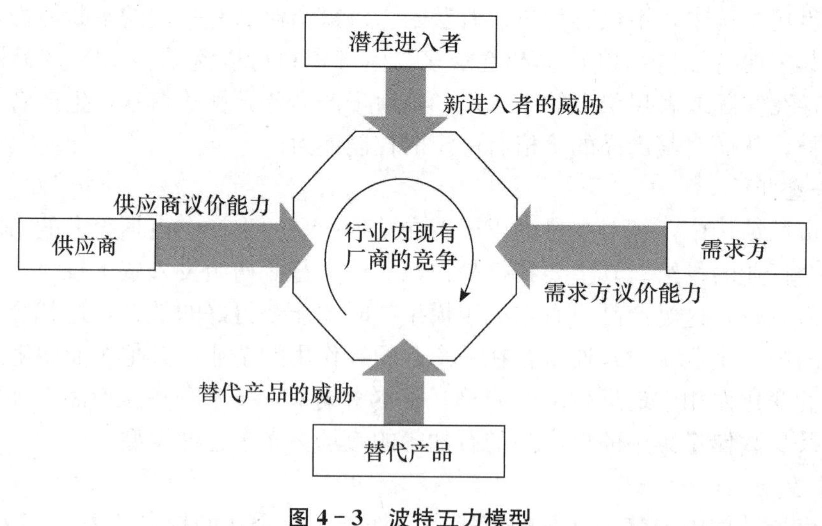

图 4-3 波特五力模型

第四节 公司分析

在基本分析方法中，最核心、最重要的部分是公司分析，公司分析的重点又聚焦于公司的财务分析上。无论什么样的研究报告，最终的立足点都是预测某家具体公司证券价格的未来趋势。如果没有对发行证券的公司进行翔实分析，就不能准确地对未来进行预测。

公司分析的重点是对公司的盈利能力、变现能力、营运能力、偿债能力、发展能力、竞争能力、投资收益能力与抵御风险能力等的分析，再结合对公司的策略、财务指标、治理结构等的研究，能够较为准确地评估和预测公司发行证券的投资价值、价格及未来变化的趋势。

一、公司分析的意义

（一）公司与上市公司的概念

公司是全部资本由股东出资，股东以其出资额为限对公司承担责任，公司以其全部资产对公司债务承担责任，依照公司法成立的企业法人。

根据公司股票是否上市流通，可以将公司分为上市公司和非上市公司。根据我国《公司法》的规定，上市公司是公司股票在证券交易所上市交易的股份有限公司。上市公司也是证券投资分析的主要对象，但证券投资分析师也会关注和上市公司存在关联关系或者收购行为的非上市公司。

（二）公司分析的意义

在证券市场中交易的投资者需要了解上市公司，才能够正确地选择投资对象，否则将会面临较大风险。无论是宏观经济分析还是行业分析，最终要落实到具体对象也就是上市公司的分析上。公司分析中最重要的是公司财务状况分析，财务报表是能够提供相关信息的工具。在信息披露规范的条件下，已公布的财务报表是信息的重要来源，正确、真实、完整的财务报表分析也是投资者预测公司未来业绩的基础。

二、公司分析

对于单个投资者来说，微观的公司分析相对简单，且分析结果能够直接指明具体的投资对象。

（一）公司地位分析

公司地位主要指其在行业内的竞争位置，可以具体从公司的市场开拓能力、技术水平、经营管理水平、资本与规模效益、产品研发能力等五个方面进行判断（见图 4-4）。行业内并非所有企业的盈利都相同，总有一些企业比其他的企业更具竞争优势，因此能够获得更高的利润，如行业内龙头企业在价格上的影响力大、产品的市场占有率高、竞争优势强，其中最重要的就是产品的市场占有率。在行业的地位决定了公司盈利能力是高于还是低于行业平均水平。

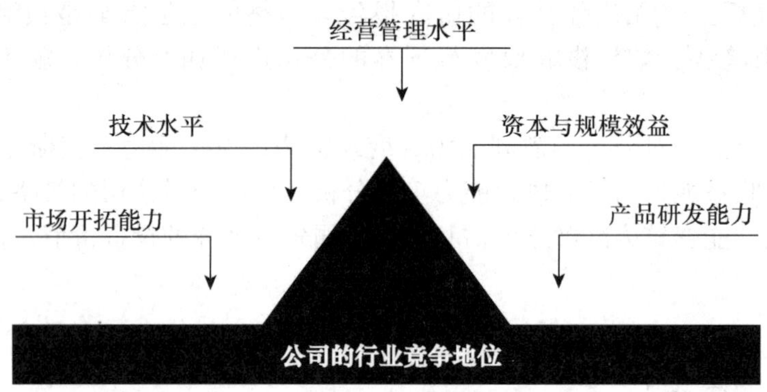

图 4-4 公司行业竞争地位分析

（二）公司竞争能力分析

1. 公司产品分析

公司产品分析主要从以下四个方面进行分析：

（1）成本优势。它是指公司的产品依靠低成本获得高于同行业其他企业的盈利能力。成本优势来源于规模效益、专有技术、优惠的原材料、低廉的劳动力、科学的管理、发达的营销网络。规模效益是决定产品生产成本的基本因素。

（2）技术优势。它是指公司产品与同行业其他竞争对手相比拥有更高的技术含量，这是公司技术水平和研发能力的一个直接体现。在现代经济中，公司新产品的研发能力是决定公司竞争成败的关键因素。产品创新包括新技术、新工艺、产品细分和产品要素的重新组合。

（3）质量优势。它是指公司的产品以高于其他公司同类产品的质量赢得市场，从而取得竞争优势。产品质量优势显著的公司在市场上具有较大的竞争优势，如我国的青岛海尔公司，世界权威市场调查机构欧睿国际（Euromonitor）2014 年对全球大型家用电器的调查数据显示，海尔大型家电零售量第六次蝉联全球第一，首次突破两位数市场份额增长。海尔冰箱、洗衣机、冷柜、酒柜的全球品牌份额也分别继续蝉联全球第一，这就是我国白色家电领导品牌海尔以其卓越的质量优势引领了全球白色家电的消费。质量优势也是顾客忠诚度的重要来源。

（4）品牌优势。品牌是一种名称、术语、标记、符号或者设计，或者是它们的组合运用，其目的是借以辨认某个销售者或者某群销售者的产品，以便同竞争者的产品相区别。品牌具有创造市场、联合市场和巩固市场的功能，如提到青岛海尔公司及其产品，就会联想到海尔兄弟以及它的品牌识别语“真诚到永远”。

2. 市场占有率

上述产品分析的四个方面最终可以落实到产品的市场占有率这一具体指标上。首先可以把公司市场划分为区域性市场、全国市场和国际市场，然后计算公司产品销售量占同类产品整个市场销售总量的比重，这就是市场占有率。市场占有率是对公司综合实力较为精确的估计，该指标越高，说明公司综合素质越高，竞争能力越强，销售和利润水平越稳定。

（三）公司财务分析

1. 公司的主要财务报表

公司主要的财务报表包括以下几个：

（1）资产负债表。

资产负债表是反映企业在某一特定日期财务状况的会计报表，它表明公司在某一特定日期所拥有或者控制的经济资源、所承担的现有义务和净资产的要求权。

（2）利润表。

利润表又称损益表，是反映企业一定期间生产经营成果的会计报表，表明企业运用所拥有的资产进行获利的能力。利润表记载企业在一定时期内收入、成本费用和非经营性的损益，从中可以看出企业产生的净利润（或者净亏损）。

（3）现金流量表。

现金流量表反映企业一定期间现金的流入和流出，表明企业获得资金和现金的能力。现金流量表主要分为经营活动产生的现金流量（OCF）、投资活动产生的现金流量（ICF）和融资活动产生的现金流量（FCF）三个部分。

表 4-3 和表 4-4 分别为 A 公司的资产负债表和利润表。

表 4-3　　A 公司资产负债表

编制单位：A 公司　　××××年　　单位：万元

资产	期末余额	年初余额	负债	期末余额	年初余额
流动资产			流动负债		
货币资金	10 000	2 000	短期借款	15 000	9 000
交易性金融资产	12 000	10 000	交易性金融负债	0	0
应收票据	3 000	1 000	应付票据	3 000	1 000
应收账款	5 000	7 000	应收账款	7 000	5 000
存货	20 000	10 000	流动负债合计	25 000	15 000
流动资产合计	50 000	30 000	非流动负债		
非流动资产			长期借款	15 000	10 000
可供出售金融资产	0	0	应付账款	20 000	15 000
长期股权投资	0	0	递延所得税负债	0	0
投资性房地产	0	0	非流动负债合计	35 000	25 000
固定资产	20 000	15 000	负债合计	60 000	40 000
在建工程	5 000	3 000	所有者权益		
无形资产	10 000	8 000	实收资本	8 000	5 000
递延所得税资产	5 000	4 000	资本公积	7 000	3 000
其他非流动资产	0	0	未分配利润	15 000	12 000
非流动资产合计	40 000	30 000	所有者权益合计	30 000	20 000
资产总计	90 000	60 000	负债和所有者权益总计	90 000	60 000

表 4-4　　A 公司利润表

编制单位：A 公司　　××××年　　单位：万元

项目	本期金额	上期金额
一、营业收入	30 000	18 000
减：营业成本	20 000	12 000
营业税金及附加	200	100

续前表

项目	本期金额	上期金额
销售费用	2 800	1 900
管理费用	1 100	500
财务费用	900	500
资产减值损失	0	0
加：公允价值变动收益	0	0
投资收益	0	0
二、营业利润	5 000	3 000
加：营业外收入	2 500	1 200
减：营业外支出	500	200
三、利润总额	7 000	4 000
减：所得税费用	1 500	1 500
四、净利润	4 500	2 500

2. 公司财务分析的目标和方法

(1) 公司财务分析的目标。

公司财务分析的目标是通过财务指标的计算来评价公司过去的经营业绩、衡量公司现在的财务状况以及预测公司未来的发展趋势。根据以下不同的主体，分析目标略有不同：

①对于公司经理人员而言，财务分析是为了改善公司的经营治理，通过分析财务报表发现现有问题，判断公司财务现状，以进行针对性的改进。

②对于公司现有投资者和潜在投资者而言，财务分析是为了获得更大收益，因而他们更关心公司的盈利能力。通过计算收益率评价风险，比较不同公司的利润水平，来决定投资的对象和金额。

③对于公司债权人而言，财务分析关系着他们自己的债权能否收回、能否在本金安全的前提下获得稳定的收益。他们通过对公司长期和短期偿债能力的分析来决定是否要求公司追加抵押担保、提前收回债权，决定是否将可转换债券转换为公司股票等。

④对于公司雇员而言，财务分析关系着他们自己未来的职业发展和收益，重点在于评估企业稳定性和盈利能力能否保障自身生活和养老需求上。

⑤对于供应商而言，财务分析是为了评估企业能否按时支付货款，保证自身的持续经营。

(2) 公司财务分析的方法。

公司财务分析的方法主要有比较法和因素分析法。比较法是对两个或者几个有关的可比数据进行对比，揭示财务指标的差异和变动关系，是财务报表分析中最基本的方法。因素分析法是依据分析指标和影响因素的关系，从数量上确定各因素对财务指标的影响程度。

3. 公司财务比率分析

它是指通过对公司主要财务报表（包括资产负债表、利润表、现金流量表）相关财务指标进行计算分析，判断公司的盈利能力、变现能力、营运能力、偿债能力、投资能力等，最终判断公司有价证券的投资价值。

（1）公司盈利能力分析。

盈利能力主要是指公司赚取利润的能力。分析盈利能力应该考虑公司的主营业务相关项目，排除证券买卖等非正常项目、已经或者将要停止的营业项目、重大事故或者法律更改等特别项目、会计准则和财务制度变更带来的累积影响等。反映公司盈利能力的指标主要有以下几个：

①营业利润率。

营业利润率是指净利润与营业收入的比值，又称营业净利率，其计算公式为：

营业净利率＝净利润（税后利润）÷营业收入×100%

该指标反映的是每1元的营业收入带来的净利润。例如从A公司的利润表中看到，今年公司净利润为4 500万元，营业收入为30 000万元，则A公司的营业净利率为4 500÷30 000＝15%，也就是公司每1元的营业收入对应的净利润是0.15元。

②营业毛利率。

营业毛利率是毛利占营业收入的比值。毛利是指营业收入与营业成本的差。

营业毛利率＝（营业收入－营业成本）÷营业收入×100%

根据A公司利润表数据，A公司的营业毛利率为：（30 000－20 000）÷30 000×100%≈33.33%，也就是公司每1元的营业收入对应的毛利是0.33元，营业毛利率是营业净利率的基础，毛利率足够高，公司才能够盈利。

③资产净利率。

资产净利率是公司净利润与资产平均总额的比值，即

资产净利率＝净利润÷资产平均总额×100%

根据A公司利润表和资产负债表中的相关数据，A公司的资产净利率＝4 500÷（90 000＋60 000）×2×100%＝6%，该数值越高，说明公司的资产利用效率越高，每一单位资产产生的净利润越高，否则则相反，说明公司在增加收入和资金使用方面的效率较低。净利润的多少与公司的资产总量、质量、结构和公司治理水平息息相关，证券分析师可以使用该指标与同行业优秀企业、行业平均水平，以及本公司的历史数据进行比较，以找出导致数据出现差异的原因。

反映盈利的各项指标与各项资产的周转指标结合使用，能够较为全面地评估公司的盈利能力。

④每股收益。

每股收益是净利润与公司发行在外普通股总数的比值，即

每股收益＝归属于普通股股东的当期净利润÷当期发行在外普通股数

假设A公司为上市公司，今年的净利润为4 500万元，年初与期末发行在外的普通股数量均为5 000万股，每股面值1元。会计年度内，除未分配利润外，其他所有者权益项目均无变化。基本每股收益＝4 500÷5 000＝0.90（元）。该指标衡量上市公司盈利能力，反映的是普通股的盈利水平。该指标可以进行行业内不同公司的比较，也可以进行本公司

历史数据的比较，但是该指标并不反映股票的风险，每股收益高并不代表分红高，分红还受到公司股利分配政策的影响。

⑤市盈率。

市盈率是普通股每股股票市场价格与每股收益的比值，即

市盈率＝每股市价÷每股收益

已经计算出A公司普通股每股收益为0.90元，每股市场价格为15元，则A公司的市盈率为15÷0.90＝16.67（倍），该指标反映投资者对于A公司每1元的净利润愿意支付的价格，可以用来估计公司股票的收益和风险。一般来说，市盈率越高，说明市场对公司未来越看好。在市场价格确定的前提下，每股收益越高，投资风险就越小；每股收益确定的情况下，市盈率越高，风险就越大。市盈率指标的使用应当注意：第一，该指标不能用于不同行业的公司间的比较，一般新兴科技行业所属的公司市盈率普遍很高，农产品、食品等传统行业市盈率普遍很低，但并不能说明传统行业公司的股票就没有投资价值；第二，每股收益很小或者亏损，公司市盈率很高，这种情况下，市盈率高不能反映出公司投资价值高；第三，市盈率受到市场价格等各种因素影响，包括投机炒作等，因此观察市盈率长期趋势很重要。由于期望收益通常为5％～20％，因此合理的市盈率区间为5到20倍。证券分析师应该运用其他信息，结合市盈率来判断公司股票的真实投资价值。

⑥股利支付率。

股利支付率是普通股每股股利与每股收益的比值，即

股利支付率＝每股股利÷每股收益×100％

如A公司应付普通股股利2 500万元，A公司每股股利为2 500÷5 000＝0.50元，那么公司股利支付率＝0.50÷0.90≈55.56％，该指标反映了公司股利分配的政策和支付股利的能力。

（2）公司变现能力分析。

变现能力是考察公司产生现金的能力。变现能力的高低由近期可以转化为现金的流动资产决定，是考察公司短期偿债能力的关键性指标。公司能否偿还短期债务，一方面要看债务的多少，另一方面要看可变现偿债流动资产的多少。流动资产越多，短期债务越少，公司的偿债能力就越强。流动资产－流动负债＝营运资金。营运资金越多，说明不能按时偿还的风险越少，因此营运资金的多少可以反映短期偿债能力，但是营运资金是一个绝对数量，如果公司规模相差很大，绝对数相比意义不大。而以相对数量衡量的比例关系，更适合公司之间以及同一公司不同时期的比较。常用的衡量公司变现能力的财务比率指标有以下几个：

①流动比率。

流动比率是流动资产与流动负债的比值，即

流动比率＝流动资产÷流动负债

流动资产是公司在1年（含1年）或者不足1年的一个营业周期内能够运用的资产，

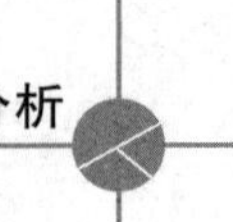

一般包括货币资金、交易性金融资产、应收票据、应收账款、存货等，该数值在资产负债表中资产部分显示；流动负债是公司需要在1年（含1年）或者不足1年的一个营业周期内偿还的债务，该数值在资产负债表中的负债部分显示。流动比率是用来衡量公司流动资产在其短期负债到期前能够变为现金偿还债务的能力。例如，从A公司当年的财务报表（资产负债表）中发现，A公司年末的流动资产为50 000万元，流动负债为25 000万元，则A公司的流动比率为50 000÷25 000＝2。经典理论认为，一般公司合理的最低流动比率是2，主要是由于在流动资产中变现能力最差的存货大概占流动资产的一半，剩下的流动性较大的流动资产至少要等于流动负债，这样短期偿债能力才会得到保证。但是人们长期以来形成的这种认识尚未在理论上得到证明，所以还不能成为一个各行业统一的标准。

应用流动比率指标时还需要注意以下事项：第一，流动比率很高的企业不一定偿还流动负债的能力就强，因为流动资产中的存货、待摊费用等项目的变现时间较长，流动比率高有可能是因为公司出现了存货积压。如果是因为存货的原因，代表企业的产品经营和销售均出现了问题。第二，如果流动比率过高是因为现金（货币资金）过多，可能反映的是企业理财能力差，资金利用效率较低。第三，计算出来的流动比率只有与同行业或者公司本身历史数据进行比较，才能知道该指标是高还是低。影响流动比率的因素主要有经营周期、应收账款、存货周转率等。

②速动比率（酸性测试比率）。

因为流动资产中的存货流动性最差，因此从流动资产中扣除存货，再除以流动负债得到速动比率，即

速动比率＝(流动资产－存货)÷流动负债

如A公司流动资产50 000万中有20 000万是存货，那么A公司的速动比率为(50 000－20 000)÷25 000＝1.20。通常认为速动比率为1为正常，低于1的速动比率反映较低的偿债能力。但不同的行业会影响行业内公司的该项指标，如采用现金销售的商店基本没有应收账款，很可能速动比率远低于1，而一些应收账款较多的公司，速动比率可能大于1。因此影响速动比率的因素主要是应收账款的变现能力。

③超速动比率（保守速动比率）。

受行业因素影响，有时候除剔除存货外，还可以从流动资产中剔除待摊费用等与当期现金流无关的类目，来计算进一步的变现能力，就是超速动比率（保守速动比率），即

超速动比率（保守速动比率）＝(现金＋交易性金融资产＋应收账款＋应收票据)÷流动负债

能够增强公司变现能力的有以下几项：第一，银行信用贷款额度，一般一年期内有效，在信贷额度内，企业可以随时按需要支用借款弥补自身流动性，提高支付能力。第二，准备很快变现的长期资产。一些长期资产将被很快出售，能够获得现金收入，这将增强公司的短期偿债能力。第三，公司过往偿债能力方面的信誉。如果公司一贯按时偿还债务，信用较高，在出现流动性短缺时可以通过发行债券、股票等方法很快融到资金。公司信誉高，融资能力就强，同时也需要考虑当时的市场融资环境。

可能减弱公司变现能力的有以下几项：第一，未被记录的或有负债。或有负债是公司可能发生的债务，包括产品质量引发的事故赔偿、尚未解决的税额争议、诉讼案件败诉需要的赔偿等。根据《企业会计准则》和《企业会计制度》的相关内容，只有预计很可能发生并且损失金额能够可靠计算的或有负债才能在报表中披露，否则只需作为报表附注予以披露。这些或有负债一旦成为实际负债，就会增加公司的偿债压力。第二，担保责任引起的负债。公司为他人借款或者为他人履行有关责任提供担保，一旦被担保人无法履行相应责任，公司将产生新的负债。

（3）公司营运能力分析。

公司营运能力指的是公司在经营管理过程中运用资金进行生产运营的能力。其主要指标是公司资产管理和资产利用的比率，因此资产管理比率又称营运效率比率，具体包括以下几个：

①存货周转率和存货周转天数。

存货在流动资产中所占的比例较大，因此存货的流动性直接影响公司的流动比率。存货周转率是营业成本被平均存货所除得到的比率，也就是存货的周转次数，即

存货周转率＝营业成本÷平均存货

也可以用时间来表示，即

存货周转天数＝360÷存货周转率＝360÷(营业成本÷平均存货)

营业成本的数据来自利润表，平均存货数据来自资产负债表中期末和期初存货的平均数。如A公司营业成本为20 000万元，年初存货20 000万元，期末存货10 000万元，那么A公司的存货周转率为20 000÷[（20 000＋10 000)÷2]＝1.33（次），存货的周转天数为360÷1.33＝270（天）。存货周转速度越快，存货周转天数越短，说明公司存货转化为现金或者应收账款的速度越快，那么公司的变现能力也就越高，反之，说明公司存货变现能力较差。

②应收账款周转率和应收账款周转天数。

应收账款周转率是营业收入和平均应收账款的比值，即

应收账款周转率＝营业收入÷平均应收账款

这一指标反映的是年内应收账款转化为现金的平均次数。用时间来表示就是应收账款周转天数，即

应收账款周转天数＝360÷应收账款周转率

应收账款周转天数也被称为应收账款回收期或者平均收现期。营业收入数据来自利润表，平均应收账款数据来自资产负债表期末和期初的平均数。如A公司今年的营业收入为30 000万元，期初和期末的应收账款分别为5 000万元和7 000万元，那么应收账款周转率为30 000÷[(5 000＋7 000)÷2]＝5（次），应收账款周转天数为360÷5＝72（天）。该指标表示公司从取得应收账款的权利到实际收到现金所需要的时间。及时收回应收账款不仅能增强公司的短期偿债能力，也能反映出公司管理应收账款的效率。

③流动资产周转率。

流动资产周转率是营业收入与平均流动资产的比值，即

流动资产周转率＝营业收入÷平均流动资产

这一指标反映流动资产的周转速度。如A公司年初和期末流动资产分别为30 000万元和50 000万元，那么其流动资产周转率为30 000÷[(30 000＋50 000)÷2]≈0.75。

④总资产周转率。

总资产周转率是营业收入与平均资产总额的比值，即

总资产周转率＝营业收入÷平均资产总额

这一指标反映总资产的周转速度。如A公司的年初和期末总资产分别为60 000万元和90 000万元，那么其总资产周转率为30 000÷[(60 000＋90 000)÷2]＝0.40（次）。总资产周转越快，反映公司销售能力越强。可以通过薄利多销的方法，加速总资产周转速度，提高营业利润。

（4）公司偿债能力分析。

公司偿债能力分析可以反映公司按期偿还一年期以上债务的能力。具体有以下几个指标：

①资产负债率。

资产负债率是负债总额与资产总额的比值，即

资产负债率＝负债总额÷资产总额×100％

负债总额是短期负债和长期负债的总和，因为公司总是长期性占用各种短期负债，所以可以把短期负债看作长期性资本的来源之一。例如，应付账款可能是短期性的，但公司总是长期保持一个相对稳定的应付账款余额，这部分应付账款余额可以看作公司长期资本来源的一部分。如A公司今年的负债总额为60 000万元，资产总额为90 000万元，则资产负债率为60 000÷90 000×100％＝66.67％。从债权人的角度，该比率越低越好。因为债权人非常关心贷给公司的资本的安全程度，关心自己能否按期收回利息和本金。从股东角度看，股东关心的是全部资本利润率能否超过借贷的资本成本率，也就是借入资本产生的收益率是否高于借入资本的成本。如果高于借入资本的成本，那么借款越多，股东获得的利润越大，也就是全部资本利润率高于借款利率，负债比率越高越好。如果全部资本利润率低于借款利率，意味着借来的钱产生的收益不足以偿还借款的利息，那么多余利息需要以股东获得的利润来偿付，那么负债比率越低越好；从经营者的立场看，则要充分估计风险与收益，保持适度比率，如果举债规模巨大，可能被债权人认为风险过高，那么公司就借不到钱，如果不举债或者公司资产负债率过低，意味着公司对未来信心不足，利用债权人资本进行经营的效率很差。在一定条件下，公司借债比率越大，说明公司活力越高，但超过一定比率后，将面临较大的利息和本金偿付压力。

②负债权益比率。

负债权益比率是指企业负债总额与所有者权益（股东权益）之间的比值，所以又被称为产权比率，即

产权比率＝负债总额÷股东权益×100％

如A公司今年期末股东权益合计30 000万元，其产权比率为60 000÷30 000×100％＝200％。该指标反映公司基本财务结构的稳定与否，A公司债权人提供的资本是股东提供资本的200％，说明A公司举债经营程度过高。一般来说产权比率高，公司财务结构高风险高报酬；产权比率低，公司财务结构低风险低报酬。产权比率高低与否也应该考虑经济周期，经济萧条时期，少借债可以减少公司利息负担和财务风险；经济繁荣时期，公司多举债能够获得较多额外利润。

③已获利息倍数。

已获利息倍数又称利息保障倍数，是指公司息税前利润与利息费用的比率，即

已获利息倍数＝息税前利润÷利息费用

这一指标衡量偿付借款利息的能力。息税前利润就是利润表中未扣除利息费用和所得税之前的利润，利息费用指本期发生的全部应付利息，包括财务费用中的利息费用，还包括计入固定资产成本的资本化利息。资本化利息是需要偿还的。由于我国利润表中的利息费用没有单列，所以一般用利润总额加财务费用来估计息税前利润。A公司今年利润总额为7 000万元，利息费用未知，以财务费用估算，暂记为900万元，则公司已获利息倍数为（7 000＋900）÷900≈8.78（倍），已获利息倍数足够大，说明公司有充足的偿还利息的能力，否则相反。评价公司已获利息倍数，需要与本行业的平均水平以及公司历史数据进行比较，同时还可以辅助使用其他指标来综合分析。

④长期负债与营运资金比率。

长期负债与营运资金比率是长期负债与营运资金的比值，即

长期债务与营运资金比率＝长期负债÷(流动资产－流动负债)

营运资金就是流动资产与流动负债的差额。A公司的长期负债为35 000万元，营运资金为流动资产50 000万元与流动负债25 000万元的差额25 000万元，则A公司的长期负债与营运资金比率为35 000÷25 000＝1.4。一般来说，这个指标不能大于1，因为长期负债会随时间延续不断转化为流动负债并需要使用流动资产来偿还，保持长期债务不超过营运资金，就不会因为这种转化而造成流动资产小于流动负债。A公司该指标超过1说明公司营运资金不足以满足长期负债转化为流动负债所产生的资金需求，公司应该增加流动资产的储备。但公司的流动资产也不应该过多，流动资产过多会导致资金浪费，因为流动资产的收益率较低，会降低企业的盈利。

影响长期偿债能力的其他因素主要有以下几项：第一，长期租赁（融资租赁与经营租赁）。当公司急需某种资产又缺乏资金时可以通过租赁解决。财产租赁有融资租赁和经营租赁两种形式。融资租赁是由租赁公司出资购买设备租给承租人使用，承租人按合同规定支付租金，在付清最后一笔租金后，租赁物归承租方所有，也就是分期付款购买固定资产。在这种形式下，租赁费用作为长期负债处理，这种资本化租赁在分析长期负债能力时已被包括在债务比率计算的指标中。经营租赁与融资租赁不同，经营租赁仅仅转移了该项资产的使用权，而对与该项资产所有权有关的风险和报酬却没有转移，产权仍然属于出租方，承租企业只按合同规定支付相关费用，承租期满的经营租赁资产由承租企业归还出租

方。经营租赁费用作为当期费用处理，这种项目虽然不包括在长期负债中，但到期必须支付租金，所以也会影响公司偿债能力。如果公司经常发生经营租赁，应该考虑租赁费用对偿债能力的影响。第二，担保责任。投资者应该根据公司担保项目的时间长短来区分涉及长期负债和短期负债的项目，根据相关资料判断担保责任带来的潜在负债问题。第三，或有项目。或有项目的处理取决于它未来的发展，一旦发生或有项目，就会影响公司的财务状况，因此投资者也要考虑或有项目的潜在影响。

（5）公司成长能力分析。

公司成长能力反映公司发展的能力，是公司在生存的基础上，不断扩大规模和壮大实力的潜在能力，也是公司利用内部积累和外部融入的资金不断投入生产经营活动的能力。成长能力是盈利能力的重要基础和前提，也是实现公司价值最大化的基本保证。成长能力可以分为两个维度，一是公司基于现有生产条件通过内部充分挖掘潜力增加盈利，二是通过增加投资增加盈利。公司成长能力分析是对未来盈利能力也就是公司营业收入等未来增长的分析，因此是一种动态的分析。它通常有以下几类：

①主营业务收入增长率。

主营业务收入增长率是公司本期主营业务与上期主营业务相比较发生的变化情况，也就是本期主营业务的增加额与上期主营业务的比例关系，即

$$\frac{\text{主营业务}}{\text{收入增长率}}=(\text{本期的主营业务收入}-\text{上期的主营业务收入})\div\frac{\text{上期主营}}{\text{业务收入}}\times 100\%$$

这一指标可以较好地考核公司的成长性。具有较好成长性的公司大部分主营业务突出、经营比较单一。主营业务收入增长率高，表明公司产品的市场需求大，业务扩张能力强。A公司的本期和上期主营业务收入分别为3 000万元和1 800万元，因此其主营业务收入增长率=(3 000－1 800)÷1 800×100%=66.67%。如果一家公司能连续几年保持30%以上的主营业务收入增长率，基本上可以认为这家公司具备成长性。

②净利润增长率。

净利润增长率是公司本期净利润与上期净利润相比较发生的变化情况，也就是本期净利润的增加额与上期净利润的比例关系，即

$$\text{净利润增长率}=(\text{本期净利润}-\text{上期净利润})\div\text{上期净利润}\times 100\%$$

这一指标反映公司净利润的增长趋势和效益的稳定程度，衡量企业的可持续发展能力。A公司本期和上期净利润分别为4 500万元和2 500万元，其净利润增长率=(4 500－2 500)÷2 500×100%=80%。如果A公司近五年的净利润增长率都能维持较高水平，说明A公司创收效益高，利润增长趋势好。一般来说，净利润稳定增长且占利润总额的比例呈增长趋势的公司正处在成长期。由于净利润是企业积累和发展的基础，因此净利润增长率比主营业务收入增长率更能直接体现公司的积累情况和发展潜力。

③主营业务利润增长率。

主营业务利润增长率是公司本期主营业务利润与上期主营业务利润相比较发生的变化情况，也就是本期主营业务利润的增加额与上期主营业务利润的比例关系，即

$$\frac{\text{主营业务}}{\text{利润增长率}}=(\text{本期主营业务利润}-\text{上期主营业务利润})\div\frac{\text{上期主营}}{\text{业务利润}}\times 100\%$$

A公司没有其他业务，因此其主营业务利润就是营业利润，本期和上期的营业利润分别为5 000万元和3 000万元，因此其主营业务利润增长率＝(5 000－3 000)÷3 000×100%＝66.67%。一般来说，主营业务利润稳定增长且占利润总额的比例呈增长趋势的公司正处在成长期。这一指标是对净利润增长率指标的补充，一些公司尽管年度内的利润总额有较大幅度的增加，但主营业务利润却未相应增加，甚至大幅下降，这样的公司质量不高，投资这样的公司尤其需要警惕。这里可能蕴藏着巨大的风险，也可能存在资产管理费用居高不下等问题。

④总资产增长率。

资产是公司拥有或控制的能带来未来收益的经济资源，是公司生存发展的基础。在资产收益率一定的情况下，盈利和资产规模成正比。总资产增长率是公司本期总资产与上期总资产相比较发生的变化，也就是本期总资产的增加额与上期总资产的比例关系，即

总资产增长率＝(本期总资产－上期总资产)÷上期总资产×100%

这一指标为正，反映公司资产规模的扩大，代表了公司资本扩张和发展实力的增强。A公司总资产本期和上期分别为90 000万元和60 000万元，其总资产增长率为（90 000－60 000)÷60 000×100%＝50%，这一指标数值越高，反映企业在一个经营周期内经营规模扩张的速度越快。应该注意资产扩张的质量和数量的关系，不应该片面强调比例的增加，而忽视了对资产利用效率的分析。此外，该指标的数据来自资产负债表中记录的账面价值，因此会受到会计处理方法中历史成本原则的影响，不能全面反映企业总资产的现实价值和增长情况。

⑤净资产增长率。

净资产是公司所有者权益，净资产增长率是本期净资产与上期净资产相比较发生的变化情况，也就是本期净资产的增加额与上期净资产的比例关系，即

净资产增长率＝(本期净资产－上期净资产)÷上期净资产×100%

这一指标是评价公司发展潜力的重要指标，体现公司资本的保全和增长情况，净资产是资产总额减去负债的净额。A公司净资产本期和上期分别为30 000万元和20 000万元，其净资产增长率为（30 000－20 000)÷20 000×100%＝50%。较多的资本积累是公司发展态势良好的标志，是公司扩大再生产的源泉，一个公司的所有者权益扩大了，该公司对借入债务的偿还就有能力保证，从而可以继续举“债”，进一步扩大公司规模，顺利实现业绩增长。该指标越高，表明企业资本积累越多，应付风险和持续发展的能力越强。该指标如为负值，表明企业资本受到侵蚀，所有者利益受到侵害。

拓展阅读

华电国际（600027）流动比率分析

从华电国际（600027）的财务报表中可以得到其近五年的流动资产和流动负债数据，根据公式计算得出的流动比率如下表所示。

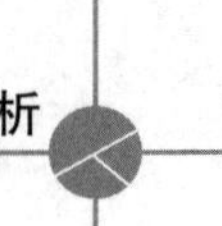

华电国际（600027）流动比率

时间	流动资产（亿元）	流动负债（亿元）	流动比率
2016 年	210.61	741.54	0.28
2015 年	239.76	671.44	0.36
2014 年	236.28	751.11	0.31
2013 年	169.12	621.19	0.27
2012 年	171.59	564.13	0.30

从表中可以看到，华电国际流动资产在 5 年里整体呈现增长的趋势，但 2016 年相比 2015 年以及 2013 年相比 2012 年有所下降。华电国际流动负债基本在 500 亿～800 亿元波动，计算得出的流动比率均小于 2，尤其 2016 年的流动比率仅为 0.28，也就是说，其流动资产对流动负债的覆盖率为 0.28 倍。分析发现，导致华电国际流动比率较低的主要原因是电力行业为资本密集型行业，行业内企业的初始投资较大，因此负债水平高企，既表现在偿债能力中的资产负债率指标较高，也表现为变现能力中的流动性比率指标较低。虽然电力企业的收益和现金流量较稳定，但华电国际的流动比率过低，可以认为该公司流动资金紧张，无法满足其流动负债到期偿付的要求，很可能影响到公司正常的运营，虽然公司从 2013 年开始连续两年努力提高流动比率，但 2016 年流动比率的降低将影响资本市场上投资者对公司认可的程度。

并不是流动比率低必然导致股票价格下跌，因为流动比率低有可能是公司有政府和银行贷款授信额度等，可随时补充流动资金，所以企业没有保留过多的现金。华电国际的解决方法：一是向控股股东非公开发行股份募集资金来补充流动资金，自 2012 年起 5 年 5 次非公开发行 A 股；二是公司从国内多家金融机构取得高达数千亿元的银行贷款授信人民币额度，随时通过向银行借款弥补流动性不足。尽管如此，仍需注意在极端市场条件下，流动比率过低、现金流断裂导致的股票暴跌。

股价的变化需要结合其他指标进行综合分析，在此由于篇幅原因，不再一一进行计算，而是直接将主要能力的代表性指标的计算结果列出（见下表），感兴趣的同学可以课下进行计算，以了解每个指标得出的过程。

华电国际其他能力财务分析指标表

指标	2016 年	2015 年
盈利能力		
营业毛利率	22.59%	33.52%
净资产收益率	7.93%	21%
营运能力		
存货周转率	20.47 次	17.76 次
偿债能力		
资产负债率	73.14%	72.95%
投资收益能力		
每股收益	0.34 元	0.84 元
成长能力		
净利润同比增长率	−56.53%	−21.05
营业收入同比增长率	−10.8%	−7.33%

从表中可以看出：相比2015年，2016年华电国际的盈利能力出现明显下降，营业毛利率由上年的33.52%下降至22.59%，净资产收益率也由上一年的21%锐减至7.93%；同时公司的资产负债率略有上升；又因为盈利下降导致偿债能力下降，盈利增速略低于债务增速，流动比率较低，现金流较弱，公司的资金利用效率一般且需要额外融资；此外，公司回报股东能力也大幅变弱，每股收益由上一年的0.84元下降到0.34元，公司的成长能力出现减弱，净利润同比增长率和营业收入同比增长率均为负，且逐年递减，导致业绩成长需要其他因素支撑。唯一值得乐观的是公司的营运能力有所加强，存货周转率从2015年的17.76次提升到2016年的20.47次，资金使用效率有所优化。

根据以上分析，可以大致判断出华电国际的走势，当然也可以根据更高频率的指标对比进行更为精确的分析，如对季报、半年报的财务数据进行计算和比较。

综上所述，华电国际的各项能力的指标并没有显示利好，反而暴露了不少问题。2016年华电国际的股价并不会有较大的提升反而可能会下降。这时结合资本市场上华电国际的走势进行验证分析，可以看到在2016年，华电国际的股价从1月4日的6.82元下降至1月27日的4.83元，随后一年中剩余的11个月都在窄幅震荡，走出了箱型整理的形态（见下图）。

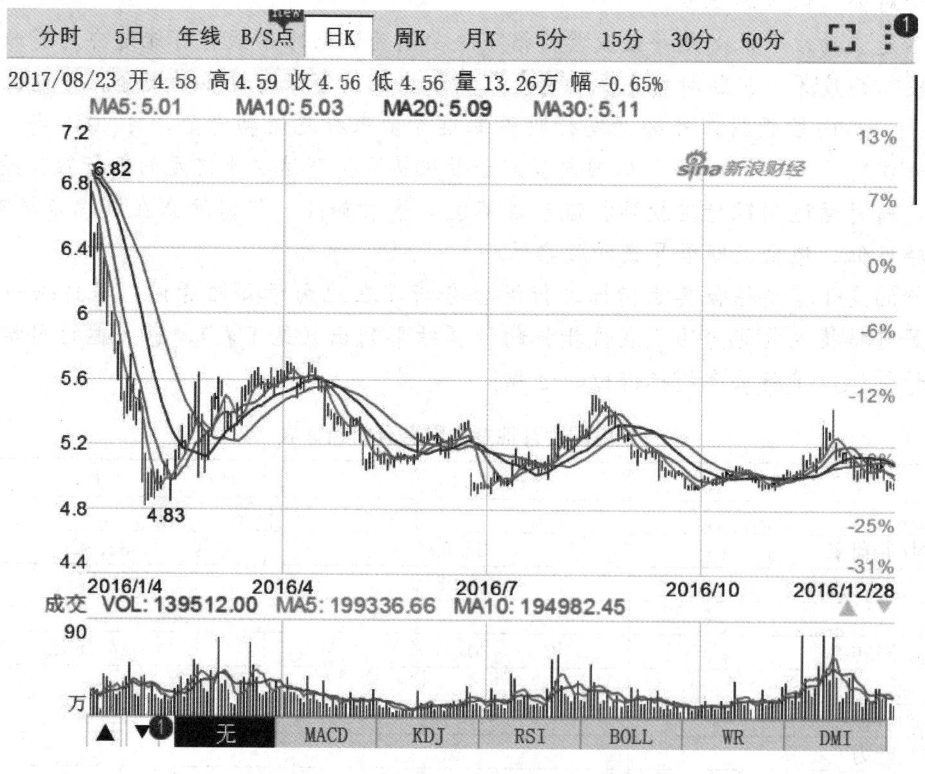

华电国际（600027）2016年走势图

数据来源：新浪财经官方网站.

杜邦分析法

杜邦分析法是利用几种主要的财务比率之间的关系综合分析企业财务状况的方法，如下图所示。

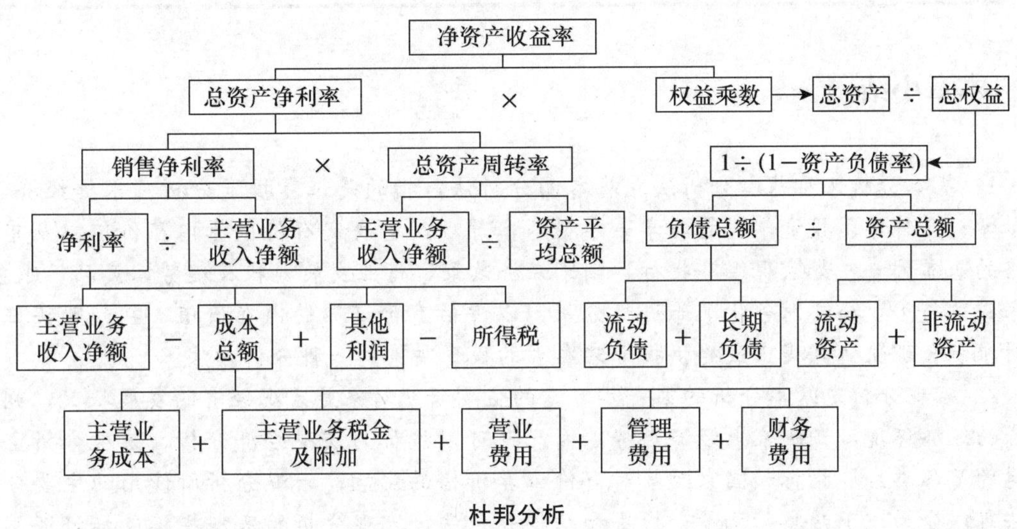

杜邦分析

杜邦分析法可用来评价公司盈利能力和股东权益回报水平，从财务角度评价企业绩效。其基本思想是将企业净资产收益率逐级分解为多项财务比率乘积，这样有助于深入分析比较企业经营业绩。这种分析方法因最早由美国杜邦公司使用而得名。

因为，净资产收益率（ROE）＝总资产净利率（净利润÷总资产）×权益乘数(总资产÷总权益资本)，又因为，总资产净利率（净利润÷总资产）＝销售净利率(净利润÷主营业务收入净额)×总资产周转率(主营业务收入净额÷资产平均总额)，所以最终，净资产收益率＝销售净利率×总资产周转率×权益乘数。这就是杜邦恒等式。杜邦恒等式说明：净资产收益率受三个方面的影响：(1) 经营的效率（以销售净利率度量）；(2) 资产运用的效率（以总资产周转率度量）；(3) 财务杠杆（以权益乘数度量）。

公司业绩评价新方法——经济增加值与市场增加值

传统的会计方法没有全面考虑资本的成本，只是以利息费用的形式反映债务的融资成本，而忽略了股权资本的成本。经济增加值（EVA）方法的基本思路是只有从经营利润中扣除按权益的经济价值计算的资本的机会成本后，才是股东从经营活动中得到的增值收益。

经济增加值＝税后营业净利润－资本×资本成本率

税后营业净利润（NOPAT）是在不考虑资本结构的情况下（或者在全权益投资假设下），公司通过正常经营活动所获得的税后利润，即全部资本投入的税后净收益，它反映了公司经营性资产的盈利能力。为了实现股东财富最大化，需要最大限度地提高公司的经济增加值，可以通过以下方面实现：(1) 降低成本和税收；(2) 投资更高收益率的项目，也就是净现值为正的项目，使得资金回报率高于资金的使用成本；(3) 调整公司资本结构，实现资金成本最小。

市场增加值（MVA）是公司在资本市场上为股东创造的价值。

市场增加值＝公司市值－累计资本投入

本章小结

1. 基本分析又称基本分析法或基本面分析法，指的是证券投资分析师根据经济学、金融学、会计学、投资学、管理学等学科基本原理，对决定有价证券内在价值以及市场价格的基本因素，如宏观经济指标，国家经济政策，行业发展现状及趋势，产品、服务、技术成熟与否，公司财务状况等进行分析，以评估有价证券的内在价值，判断购买证券的时机和合理价位，提出最终供投资者参考的投资决策的一种分析方法。

2. 宏观分析是基本分析的第一步，它的主要研究对象是宏观经济的发展状况，判断投资的经济环境，预测未来经济走势，因此也可以被称为宏观经济分析。宏观分析主要探讨的是各类经济指标和国家政策对有价证券价格的影响；宏观分析所使用的主要分析方法可以分为以下两类：总量分析法和结构分析法。宏观分析的基本指标包括经济总体指标、金融指标、财政指标。

3. 行业指从事国民经济中同性质的生产或者其他社会经济活动的经营单位和个体等组成的组织结构体系。如农业、工业、房地产业、钢铁业、金融业、服务业等。行业分析的主要任务包括：解释行业本身所处的发展阶段及其在国民经济中的地位，分析影响行业发展的因素和程度，预测行业未来发展的趋势，判断行业的投资价值和风险，为政府部门、机构和个人投资者提供投资依据。行业分析起着承上启下的作用，宏观经济分析能够让投资者把握证券市场总体趋势，但不能提供具体的投资领域，需要深入进行行业分析和公司分析，才能给投资者指明具体的投资对象。行业分析是上市公司分析的前提，是连接宏观分析和微观分析的桥梁，也是基本分析的重要组成部分。

4. 在基本分析方法中，最核心、最重要的部分是公司分析，而公司分析的重点又聚焦于公司的财务分析上。无论是什么样的研究报告，最终的立足点都是预测某家具体公司证券价格的未来趋势。公司分析的侧重点是公司的盈利能力、变现能力、营运能力、偿债能力、成长能力与抵御风险能力等的分析，再结合对公司的策略、财务指标、治理结构等的研究，能够较为准确地评估和预测公司发行证券的投资价值、价格及未来变化的趋势。

思考题

1. 名词解释

基本分析　行业分析　公司分析　CPI　PPI　PMI　货币供应量　赤字　行业　盈利能力指标　变现能力指标　营运能力指标　偿债能力指标　成长能力指标

2. 叙述题

（1）基本分析的理论基础。

（2）宏观分析的目标、意义和方法。

（3）宏观分析的基本指标。

（4）行业的分类。

（5）行业生命周期及结构。

（6）公司分析的意义。

（7）公司分析的内容。

第五章　证券投资技术分析

学习目标

通过本章的学习，考生应掌握证券投资的技术分析方法；掌握K线的基本种类及含义；理解股价变动的趋势特征及如何确认趋势线的有效突破；理解股价支撑与阻力的含义及判断；理解股价的图形形态及含义；掌握各种技术指标的含义、应用规则及计算方法；通过分时图与K线图、切线分析、形态分析、指标分析等方法来判断有价证券的投资价值，最终作出购买或者出售的投资决策。

学习方法

(1) 预习法。通过预习，对证券投资技术分析的基石、理论、种类和作用有一个初步的认识。技术分析的主要方法是K线分析、切线分析、形态分析和指标分析，其中K线分析和指标分析是最为常用的两种技术分析工具；切线理论中的支撑线和压力线提供了价格趋势上升与下降的界限，对于两者的互相转化应当了解；形态理论又分持续整理形态、突破反转形态以及缺口形态，这些理论可以帮助投资者作出买卖时机的选择，都应该掌握；指标分析给出了不同类型指标的计算方法和应用案例，考生应该学会使用，融会贯通。

（2）案例分析法。通过前四章的认知，考生对证券市场已有了一定程度的了解，同时通过上一章掌握了证券投资基本分析方法，在此基础上，本章致力于证券分析的另一种重要分析方法——技术分析方法的学习。技术分析方法是证券投资分析的核心研究方法之一，通过具体案例加强对本章内容的掌握，将有助于考生判断有价证券的投资价值、把握合理的买卖时机和市场价格，更好地实现证券投资的目标。

（3）完成本章后面的思考题。

案例导读

案例1：

1993年11月19日，青岛海尔股份公司在上海证券交易所上市，募集资金3.69亿元，股票简称：青岛海尔，股票代码：600690。公司2016年收入突破千亿，达到1 190.66亿元，增长32.59%；不考虑并表GEA影响，公司原有冰箱、洗衣机、空调、厨卫、物流业务均实现正增长。实现归属于上市公司股东净利润50.37亿元，增长17.03%；扣除非经常性损益的股东净利润43.32亿元，增长17.89%；实现经营活动产生的现金流量净额80.55亿元，同比增长43.73%。2016年公司毛利率31.02%，提升3.09个百分点；不考虑并表GEA因素影响，2016年原有业务毛利率29.84%，提升1.91个百分点。

青岛海尔2017年4月27日至2017年8月21日的日K线走势图如下。

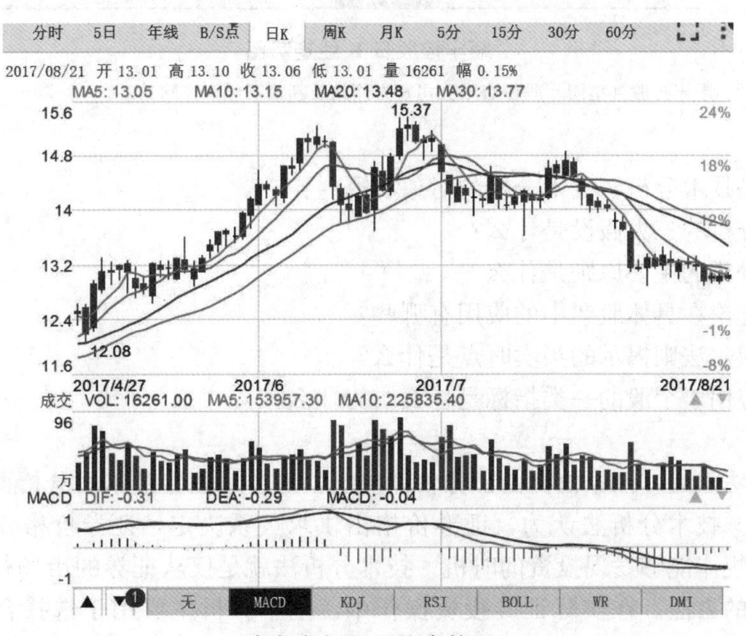

青岛海尔日K线走势图

资料来源：青岛海尔有限公司官方网站及新浪财经官方网站.

案例 2：

2017 年 2 月 23 日讯，鼎泰新材将正式更名，证券简称变更为“顺丰控股”。创立 24 年的顺丰快递于 2017 年 2 月 24 日上市，正式亮相资本市场。

顺丰控股 2017 年 4 月 27 日至 2017 年 8 月 21 日的日 K 线走势图如下。

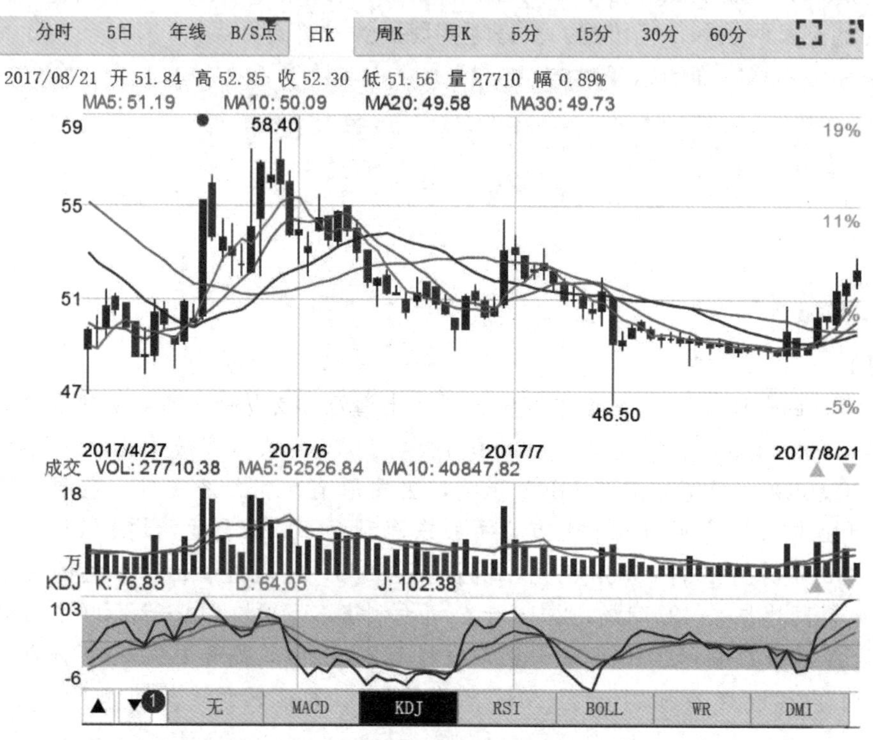

顺丰控股日 K 线走势图

资料来源：顺丰控股（集团）股份有限公司官方网站及新浪财经官方网站.

思考题：

1. 什么是技术分析？技术分析的对象有哪些？
2. 技术分析的三大假设是什么？
3. K 线分析的主要原则是什么？
4. 形态理论在具体股票中的应用有哪些？
5. 葛兰威尔法则揭示的买卖时点是什么？
6. 不能应用于个股的一类指标是什么？为什么？

基本分析法认为，证券价格由证券价值决定，通过对证券基本面分析可以预测证券价格的未来走势。技术分析法认为，证券价格由供求关系决定，证券价格变化有一定的规律，通过这些规律能够发现投资的时机。技术分析法就是仅从证券的市场行为来分析证券价格未来趋势的方法。在实际证券投资操作中，基本分析主要用于选择合适的投资对象（例如选取优秀的股票），而技术分析主要用于如何选取合适的时间点来进行投资。从理论上看，技术分析法和基本分析法分析股价趋势的基本点也存在差异，前者是事后分析，后者是事先分析。

无论是基本分析法还是技术分析法，都是致力于为投资者制定合适的证券投资策略服务。证券投资策略是指引导投资者进行证券投资的规则、行为模式和投资流程，反映了投资者对投资目标、投资期限和风险收益的态度，包括投资时机的把握、目标证券的选择、资产的配置、风险的管理等。

第一节　技术分析概述

一、技术分析的基础

(一) 技术分析方法

技术分析方法从三大假设出发，利用历史的信息数据，总结经验，它的分析对象是证券市场过去和现在的市场行为，包括价格、成交量等，技术分析使用逻辑和数据分析的方法，总结出一套变化规律，据此来判断市场未来趋势。技术分析方法不仅能够应用于证券投资，还可以应用于债券、期货等其他金融市场。

(二) 技术分析的三大假设

1. 一切信息均完全反映在市场行为上

以平均价格为主的市场行为涵盖了全部信息，当所有影响因素无论外部、内部、政策还是心理方面都能够体现在证券市场的股票价格上时，投资者只需要关心这些因素对市场行为的影响，而不用关心导致这些因素发生变化的原因。正因为每个因素对证券市场的影响都体现在证券价格上，所以这一假设是技术分析的基础。

2. 证券价格沿着趋势运动

证券价格由供求关系决定，一段时期内的供求关系将确定这段时期的证券价格，供求关系不发生根本改变，证券价格会沿着原来运动的方向惯性发展。一旦短期内供求关系发生变化，证券价格就随之变化。也就是说，在一段时间内，证券价格变化有一定规律。正因为这一假设，投资者可以研究证券价格遵循的规律，并依照这些规律进行投资活动。

3. 历史将重复

当投资者按照一定规律进行的投资行为取得成功或者失败，以后遇到类似情况，就会重复成功的行为或者避免失败的行为。行为心理学认为，某个成功（失败）行为给投资者留下的印象是深刻且长期的，将使得投资者日后重复（避免重复）该行为。

三大假设是技术分析的前提，然而市场并不是完全有效的，信息会出现损失，导致不同时间的同一信息的市场行为反应不同，同时历史并不会完全重演，总会出现一定的差异。因此技术分析方法也存在缺陷，必须综合使用多种技术分析方法，同时必须结合基本分析等其他研究方法，最终在实践中检验理论。

值得注意的是，正确的投资决策行为涉及多方面，远不止技术分析。技术分析只是其中很重要的一部分。获得成功的交易往往还需要个人的天赋、投资者分析判断能力以及一定的运气。天赋指的是天生的心理承受能力以及对市场现象的反应能力，有时也可以理解为对市场的感觉；运气就是指现实存在的好运气还是坏运气；分析判断能力是指分析研究市场现象、总结归纳并最终应用的能力，这种能力通过学习可以随时间的延续而不断地加强，这也是要进行技术分析学习的原因。

二、技术分析的理论

市场行为涵盖了证券市场中的价格、成交量、价量变化以及完成变化所经历的时间和空间等因素。证券技术分析的对象就是历史和现在的证券的成交价和成交量。证券买卖双方对价格的认同程度会反映在成交量上，在某一个价格上的成交量大，说明双方对该价格的认同程度高，反之说明双方分歧大。因此成交量和价格往往呈现价格上涨，成交量增加，价格下跌，成交量减少的规律。根据这样的规律，如果价格上升，成交量没有增加，说明双方对该价格的认同程度出现了分歧，买方的不认同所引发的购买行为减少将导致价格上升趋势发生改变。同样的，当价格下跌到某个位置，成交量不再缩减，因为卖方不认同，价格下跌趋势将发生改变。

最早研究证券市场技术分析的理论是道氏理论，它是由两位美国学者查尔斯·亨利·道和爱德华·琼斯一起提出的。根据这种理论，他们创立了著名的道·琼斯指数。道氏理论认为：(1) 在开盘价、最高价、最低价和收盘价四个价格中，收盘价是最重要的，这一点务必需要注意，本章后续的几种分析方法中会多次出现使用收盘价的地方。(2) 市场平均价格指数能够解释和反映市场大部分行为。(3) 市场波动有三种，包括主要趋势（持续1年或者以上，像大潮）、次要趋势（持续3周到3个月，是对主要趋势的调整，像波浪）和短暂趋势（持续不超过3周，像浪花）。(4) 趋势必须得到交易量的确认，交易量应在趋势的方向上运行。(5) 一个趋势形成之后将持续一段时间，直到出现明显反转的信号。道氏理论的应用非常简单，也经过了时间的考验，是当今使用较为广泛的分析证券市场长期趋势的主要方法之一。由于问世最早，它被称为技术分析的鼻祖。但它也存在缺陷：道氏理论无法预测短期走势，也无法给出最佳的投资时机；道氏理论关注的是市场趋势，不能给投资者指明具体的投资对象；由于依赖于平均指数，道氏理论对趋势反转的判断具有滞后性。

在主要趋势中，如果每一个后续价位上升到比前一个更高的水平，而每一次回调的低点都比前一次的低点高，那么这一主要趋势就是上升趋势，这样的市场被称为牛市；如果每一个后续价位下跌到比前一个更低的水平，而每一次反弹的高点都比前一次的低，那么这一主要趋势就是下降趋势，被称为熊市。

三、技术分析的种类

指数分析的方法有很多种，根据分析对象的不同，主要可分为K线类、切线类、形态类和技术指标类。

第二节 K线分析

一、分时图

分时图是指证券市场上某只证券或指数的实时动态走势图，是技术分析的主要分析对象之一。根据分时图能够判断多空双方的力量以及市场变化的情况。图 5-1 是上海证券市场上证指数某交易日的分时图，从图中可以看到每一个时刻价格的变化情况。将鼠标放置在图中，可以显示某一时点的具体情况。如图十字线的交叉点是 11:17 上证指数的情况，图中的均价线是指当天开盘至 11:17 所有成交总金额除以成交总股数得到的平均价。实时线代表上证指数即时成交的价格，也就是 11:17 的价格。当实时线在均价线上方运行时，即时价格高于均价，说明当天的股票走势比较强；当实时线在均价线下方运行时，即时价格低于当天的均价，说明当天的股票走势比较弱。通常当实时线在均价线上方运行，离均价线的距离越远时，卖出的价格在当天越有优势；反之，当实时线在均价线下方运行，实时线离均价线距离越远时买入，则当天买入的价格越有优势。分时图下方的柱线是实时的成交量，单位为万手，代表分时量能，因此也被称量能线，意味着当价格变化时，该股票每一分钟的量能变化。量线越长，代表量能越高，就是成交的越多，反之越少。

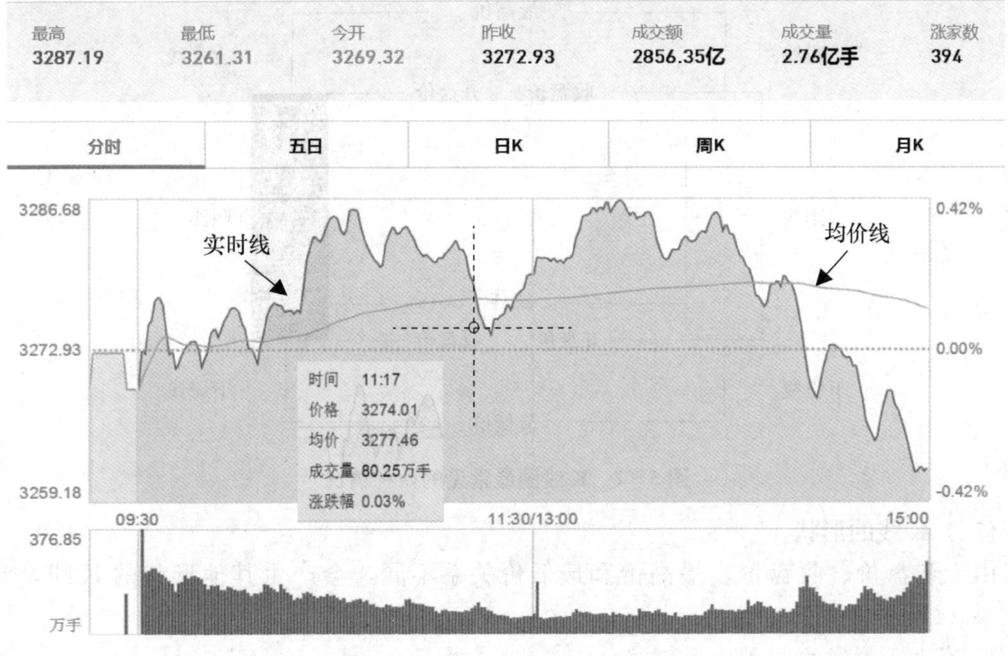

图 5-1 上证指数分时图

二、K线图

K线图（Candlestick Charts）由于形状像蜡烛，又称蜡烛图，也称蜡烛曲线图，英文蜡烛（Candle）与曲线（Curve）前面的发音都是K，因此简称为K线图。K线起源于日本18世纪德川幕府时代（1603—1867年）的米市交易，用来计算米价每天的涨跌。因其标画方法具有独到之处，人们把它引入股票市场价格走势的分析中，经过300多年的发展，已经广泛应用于股票、期货、黄金、外汇以及期权等证券市场。K线图的基本用途就是为了寻找买卖点。

K线图是进行各种技术分析的最重要的图表，单独一天的K线形态有十几种，若干天的K线组合种类就无法计数了。人们不断地总结经验，发现了一些对股票买卖有指导意义的组合并将它们应用于实践，同时，新的研究结果正在不断地被发现、被运用。

（一）K线的画法

K线中涉及的四个价格分别是：开盘价、最高价、最低价和收盘价。其中收盘价最为重要。K线是一条柱状的线条，由影线和实体两部分组成，实体上方的为上影线，下方的为下影线，上影线的上顶点是当天最高价，下影线的下顶点是当天最低价。实体两端代表开盘价和收盘价，根据两者的关系又可以分为阳线和阴线，其中收盘价高于开盘价的为阳线，反之为阴线。如图5-2所示。在大多数软件中，阳线用红色或者白色表示，阴线用绿色或者黑色表示。

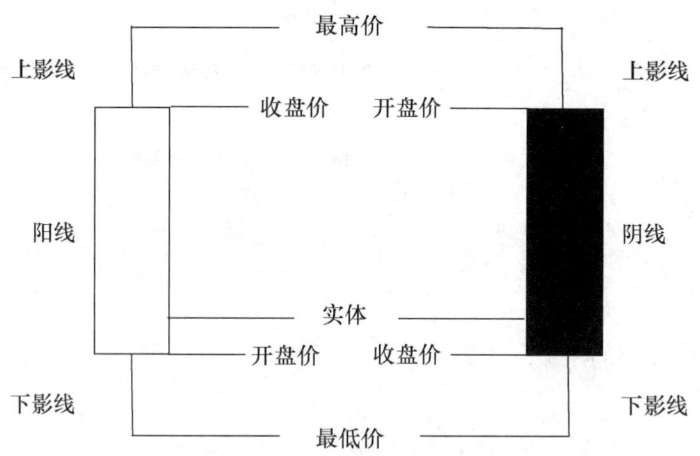

图5-2　K线图最常见的两种情况

（二）K线的形状

由于开盘价、收盘价、最高价和最低价关系不同，会产生其他形状的K线，具体如图5-3所示。

1. 有上下影线的K线

图5-3中，(a)和(b)是有上下影线的K线，这是最常见的K线形态，代表多空双方竞争激烈，都曾占据优势，多方（空方）把价格拉到最高（最低）价，但又被对方顽

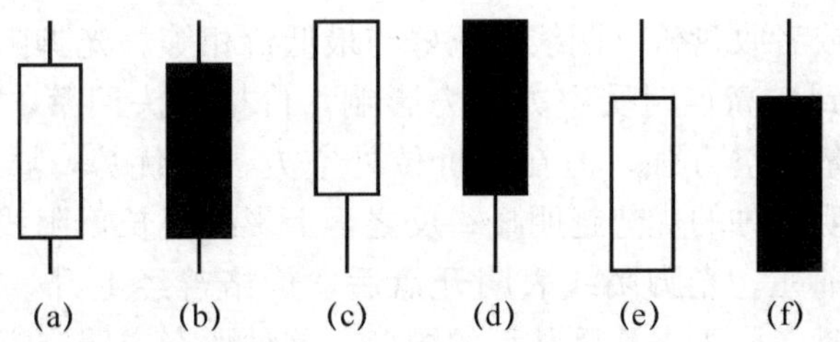

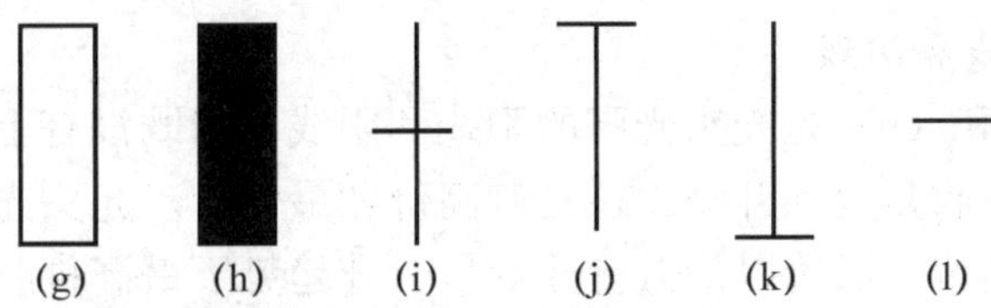

图 5－3　K 线的形状

强拉回。阳线是到了收盘多方占优势，阴线是空方占优势。对于多空双方实力的衡量，主要依靠上下影线和实体的长度来确定。一般来说，上影线越长，下影线越短，阳线实体越短，阴线实体越长越有利于空方；上影线越短，下影线越长，实体阳线越长，实体阴线越短，越有利于多方。上影线长于下影线有利于空方，反之有利于多方。

这里的多方，是指对股市看涨，预计股价将会上涨的投资者，他们会趁低价时买进股票，待股票上涨至某一价位时再卖出，以获取差额收益，即他们其实就是证券市场的买方。这里的空方，是指对股市看跌，预计股价将会下跌的投资者，他们会趁高价时出售股票，待股票下跌到某一价位时再买入，以获取差额收益，即他们其实就是证券市场的卖方。

2. 光头阳线和光头阴线

图 5－3 中，(c) 和 (d) 是光头阳线和光头阴线，即没有上影线的 K 线，这种形态意味着收盘价（阳线）或者开盘价（阴线）正好与最高价相等。光头阳线说明开盘后，价格下跌，在最低价位处得到支撑，然后一路上扬，在最高价位收盘，这种情况代表多方经受住了空方抛盘的压力，最终显示出优势。光头阴线表示开盘后，价格顺势下滑，在最低价位受阻后反弹上升，但收盘价仍低于开盘价，为下跌抵抗型。初期空方力量占优，但在价格下跌的过程中，力量逐渐削弱。在收盘前，多方力量将股价向上推动。但从整个周期看，收盘价没有超过开盘价，多方总体力量仍处于下风。双方力量的对比可以从实体与下影线长度的比例来看。光头阳线如果出现在低价位区域，在分时走势图上表现为股价探底后逐浪走高且成交量同时放大，预示为一轮上升行情的开始。光头阳线如果出现在上升行情途中，表明后市继续看好。光头阴线如果出现于低价位区，说明抄底盘的介入使股价有反弹迹象，但力度不大。

3. 光脚阳线和光脚阴线

图 5－3 中，(e) 和 (f) 是光脚阳线和光脚阴线，即没有下影线的 K 线。这种形态意

味着开盘价（阳线）或者收盘价（阴线）正好与最低价相等。光脚阳线说明开盘价为最低价，开盘后股价攀升到最高点时受空方压力影响，价格掉头回落，但收盘价仍比开盘价高，总体上多方的力量比空方强，但在高价位处空方占有优势，属上升抵抗型，实体越长，上影线越短，说明多方的优势越明显；反之，上影线很长，阳线实体很短，往往是上升趋势疲软、逆转的前兆。光脚阴线表明开盘后，价格曾经上升，在最高价位处受阻回落，在最低价位处收盘，属于先涨后跌型的图形。这种形态说明空方的力量占优，使得多方抬高股价的努力没有成功。实体部分越长，影线越短，表示空方力量越强。光脚阳线表示上升势头很强，但在高价位处多空双方有分歧，购买时应谨慎。光脚阴线的出现表示股价虽有反弹，但上档抛压沉重，空方趁势打压使股价以阴线报收。

4. 光头光脚的阳线和阴线

图 5-3 中，(g) 和 (h) 是光头光脚的阳线和阴线，即既没有上影线也没有下影线的 K 线。这种形态意味着收盘价和开盘价还是最高价和最低价。光头光脚阳线表示开盘价为最低价，收盘价为最高价，股价以最低价开盘呈上升趋势于最高价收盘。阳线表示多方的力量占据优势，阳线越长，这种优势越明显。光头光脚阴线表示开盘价为最高价，股价一路下跌于最低价收盘。阴线说明空方的力量占据优势，阴线越长，这种优势越明显。光头光脚阳线表明多方已经牢固控制盘面，逐浪上攻，步步逼空，涨势强烈。光头光脚阴线表明空方在一日交战中占据了主导优势，次日低开的可能性较大。如果股价走出逐波下跌的行情，这说明空方已占尽优势，多方无力抵抗，股价被逐步打低，后市看淡。

5. 十字星线

图 5-3 中，(i) 为十字星线，即没有实体，只有上下影线的 K 线。这种形态意味着收盘价与开盘价相同。在这种情况下，买卖双方的力量呈胶着状态，当影线较长时，说明双方对现行股价的分歧颇大，因此，这种图形常常是股价变盘的预兆。十字星无论出现在高价位区还是低价位区，都可视为顶部或者底部信号，预示趋势将要反转，走向与原来相反的方向。

6. T 字形和倒 T 字形线

图 5-3 中，(j) 和 (k) 为 T 字形和倒 T 字形线，即没有实体的同时缺失上影线或者下影线。这种形态意味着收盘价、开盘价和最高价三价相等（T 字形 K 线图）或者收盘价、开盘价和最低价三价相等（倒 T 字形 K 线图）。T 字形表示交易都在开盘价以下的价位成交，并以最高价收盘，属于下跌抵抗型，说明空方力量有限，多方力量占有优势，下影线越长，优势越大。倒 T 字形表示交易都在开盘价以上的价位成交，并以最低价收盘，属于上升抵抗型，说明多方力量有限，空方力量占有优势，上影线越长，优势越大。

7. 一字形 K 线

图 5-3 中，(l) 为一字形 K 线，即既没有实体也没有上下影线，这种形态意味着收盘价、开盘价、最高价、最低价四个价格相等，也就是说当天全部的交易只在一个价位上成交。在存在涨跌停板制度时，当一只股票一开盘就封死在涨停板（跌停板）上，而且一天都不打开时，就会出现这种 K 线。同十字形和 T 字形 K 线一样，一字形 K 线同样没有实体，它是一种非常特殊的形状。

由以上 12 个形状我们可以了解 K 线多空双方力量的转变，如图 5－4 所示，从左边的阳线到右边的阴线的发展过程是多方力量逐渐减弱，空方力量逐渐增强的过程。图中涵盖了 K 线变化的各个状态。

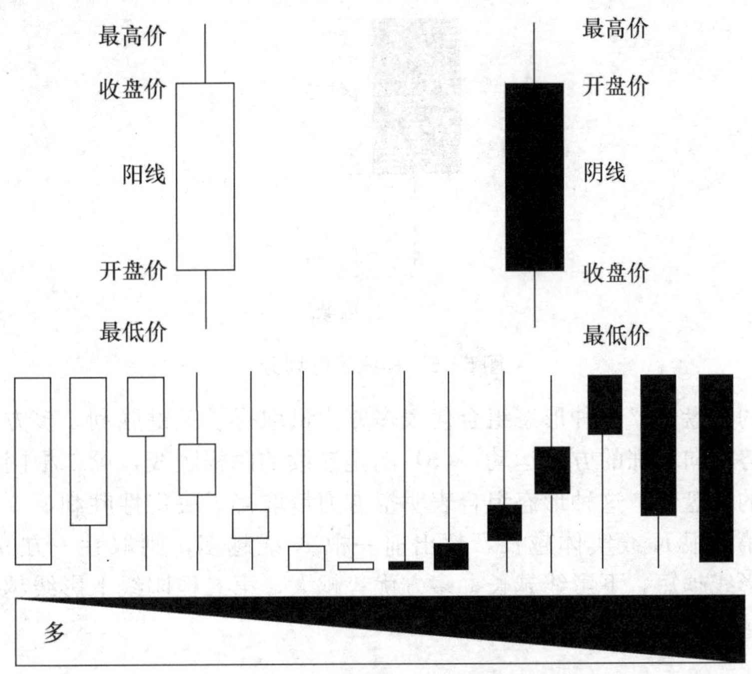

图 5－4　多空双方力量转变图

根据K线的计算周期，可将其分为日 K 线、周 K 线、月 K 线、年 K 线。周 K 线是指以周一的开盘价，周五的收盘价，全周最高价和全周最低价来画的 K 线图。月 K 线则以一个月的第一个交易日的开盘价，最后一个交易日的收盘价和全月最高价与全月最低价来画的 K 线图。同理可以推得年 K 线的定义。日 K 线常用来研判短期行情，周 K 线、月 K 线常用来研判中期行情，年 K 线常用来研判长期行情。

单根 K 线图只反映一天、一周或者一个月内供求力量的对比。通过对几根相邻 K 线组合的分析，往往能从价格的连续变化中，动态地反映供求力量的消长。技术分析经常用几个月甚至数年的日 K 线的变化来分析股价中长期的趋势。无论是单根 K 线、两根 K 线还是多根 K 线，均可以按照 K 线的形状以及 K 线之间的相对位置来进行判断。对于单根 K 线，可以将前一天的 K 线画出，然后将这个 K 线分成五个区域，见图 5－5。从区域 1 到区域 5，多方力量逐渐减少空方力量逐渐增加。

对于两根 K 线的组合，第二天 K 线的大小和位置是判断行情的关键。若第二天多空双方争斗区域越高，上涨概率越大，反之下跌概率越大。

（三）两根 K 线的组合

两根 K 线的组合主要有以下几类：

1. 连续两根阳线或者连续两根阴线组合

（1）第一种情况，如图 5－6 所示，（a）是两根连续的阳线，第二根阳线的收盘价高

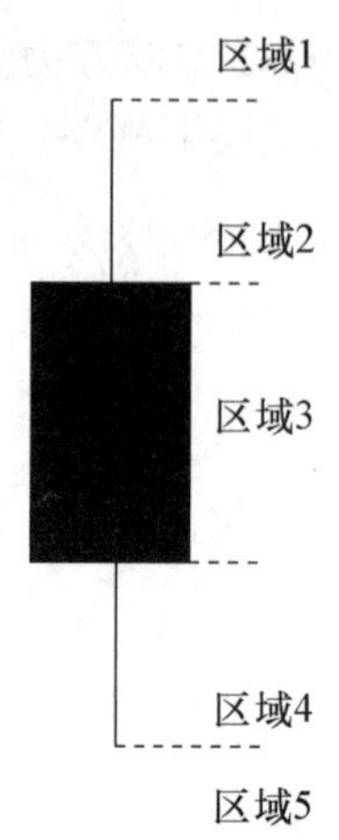

图 5－5　K 线区域划分

于第一根阳线的收盘价，这种形态组合代表多方力量取得了关键胜利，多方牢牢掌握了主动权，今后趋势将向上涨的方向运动；(b) 图是连续的两根阴线，第二根阴线的收盘价低于第一根阴线的收盘价，这种形态组合表明空方力量取得了决定性胜利，今后趋势将向下跌方向运动。第二根 K 线实体越长，超出前一根 K 线越多，则取胜一方的优势就越大。第二根阳线上影线越短，下影线越长，多方优势越大，第二根阴线上影线越长，下影线越短，空方优势越大。

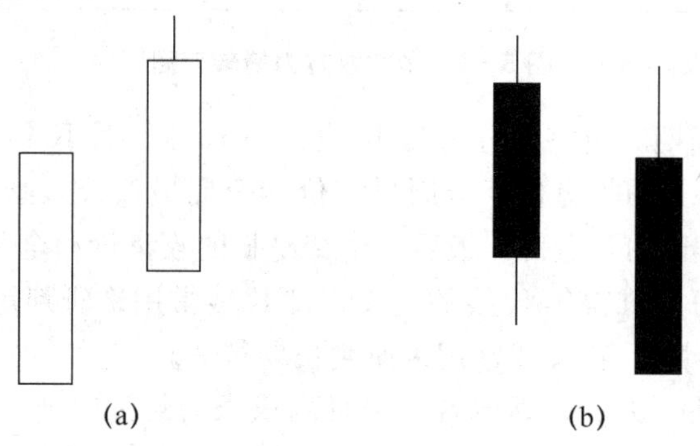

图 5－6　连续两根阳线或者连续两根阴线组合第一种情况

(2) 第二种情况，如图 5－7 所示，(a) 是两根连续阳线，但第二根阳线的收盘价低于第一根阳线的收盘价，这种 K 线组合说明虽然连续两天上涨但多方力量有限，空方出现暂时转机，未来股价向下调整的概率高。(b) 则正好相反，连续两根阴线，且第二根阴线的收盘价比第一根阴线的收盘价高。说明虽然连续两天下跌但空方力量有限，多方出现暂时转机，未来股价回头向上的概率高。如前所述，除了 K 线实体的长短，两种情况中上下影线的长度直接反映了多空双方力量大小的程度。

(3) 第三种情况，如图 5－8 所示。这种 K 线组合里出现了连续跳空的两根阳线或者连续跳空的两根阴线。(a) 是一根阳线之后又一根跳空阳线，(b) 是一根阴线之后又一根跳空阴线。跳空指的是股价大幅度上下跳动，使 K 线图出现了空当，这种空当也被称为跳

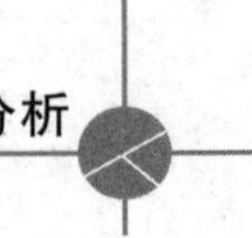

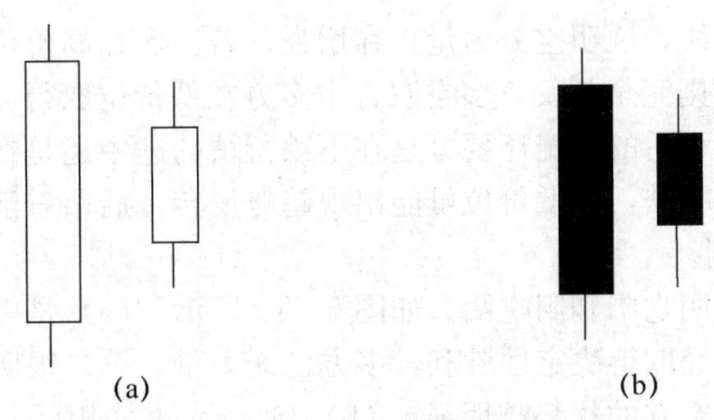

图 5-7　连续两根阳线或者连续两根阴线组合第二种情况

空缺口。(a) 的连续两根阳线表明多方全面进攻已经开始。如果出现在低价附近，则上涨将开始；如果在长期上涨行情的尾端出现，可能会是最后一涨，第二根阳线实体越长，上影线越短，涨势越强。(b) 则正好相反。一根阴线之后又一根跳空阴线，表明空方全面进攻已经开始。如果出现在高价附近，则下跌将开始，多方无力反抗；如果在长期下跌行情的尾端出现，则说明这是最后一跌，已到逐步建仓的时候，第二根阴线的下影线越长，则多方反攻的信号越强烈。

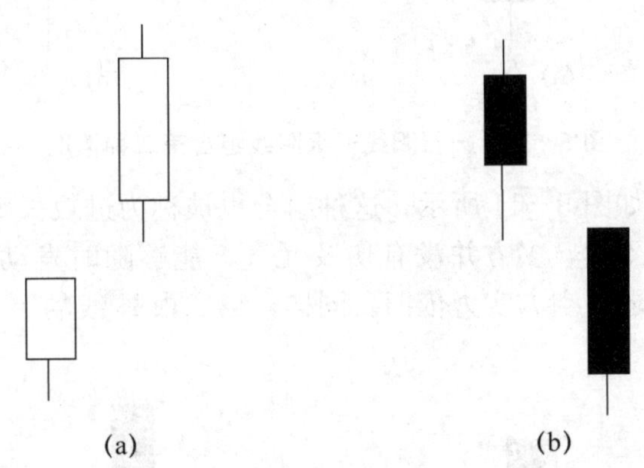

图 5-8　连续两根阳线或者连续两根阴线组合第三种情况

2. 一根阳线一根阴线组合

(1) 第一种情况，如图 5-9 所示。这种 K 线组合出现了跳空阴阳交替。(a) 是一根

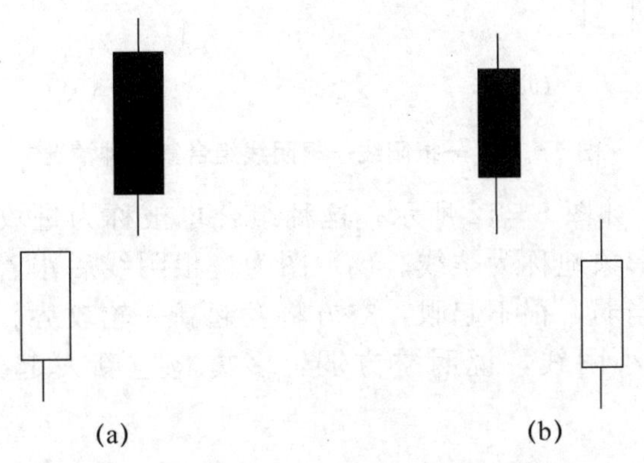

图 5-9　一根阳线一根阴线组合第一种情况

阳线加上一根跳空的阴线，说明空方力量正在增强。若出现在高价位，说明空方有能力阻止股价继续上升。(b) 则完全相反，多空双方中多方在低价位取得一定优势，改变了前一天的空方优势的局面，今后的情况还要分是在下跌行情的途中还是在低价位而定，在下跌行情途中后市可能继续下跌，在低价位可能出现趋势反转，后市看涨，可以根据更多交易日的 K 线组合进行研判。

(2) 第二种情况，阴吃阳和阳吃阴。如图 5－10 所示，(a) 是一根阳线被一根阴线吞没，说明第二天空方已经取得决定性胜利，多方已无力量，第二根阴线的实体越长，下影线越短，上影线越长，空方的优势越明显。(b) 与 (a) 正好相反。(b) 是一根阴线被一根阳线吞没，说明第二天多方已经取得决定性胜利，空方优势全无，将寻找新的抵抗区域。第二根阳线的实体越大，上影线越短，下影线越长，多方优势越明显。

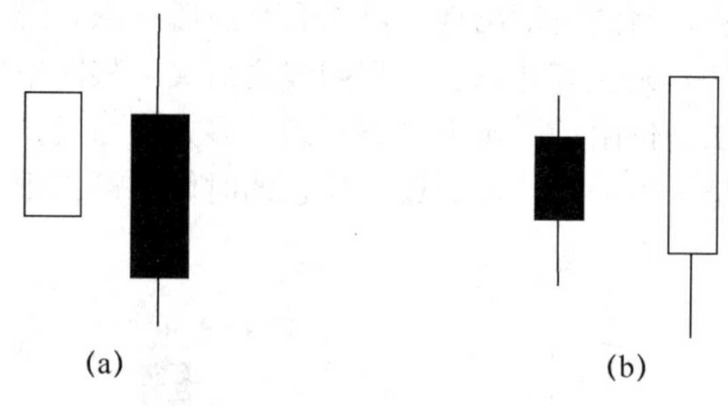

图 5－10　一根阳线一根阴线组合第二种情况

(3) 第三种情况，如图 5－11 所示，这种组合也被称为进攻失败型。(a) 图空方显示了力量和决心，但收效不大，多方并没有伤及元气，能够随时发动攻击。(b) 图正好相反，多方进攻的效果很弱，空方实力依旧。同样，第二根 K 线的上下影线的长度也是很重要的。

图 5－11　一根阳线一根阴线组合第三种情况

(4) 第四种情况，如图 5－12 所示，这种组合也被称为进攻失败型，因为很像怀孕的妇女，所以也被形象地称为孕线。(a) 图为一根阴线后跟着一根小阳线，说明多方抵抗了，但力量相当弱，很不起眼，空方将发起新一轮攻势。(b) 图正好相反，一根阳线后面跟着一根小阴线，说明空方弱，多方将重新发起进攻，股价很可能创新高。

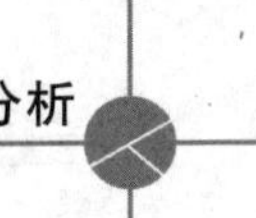

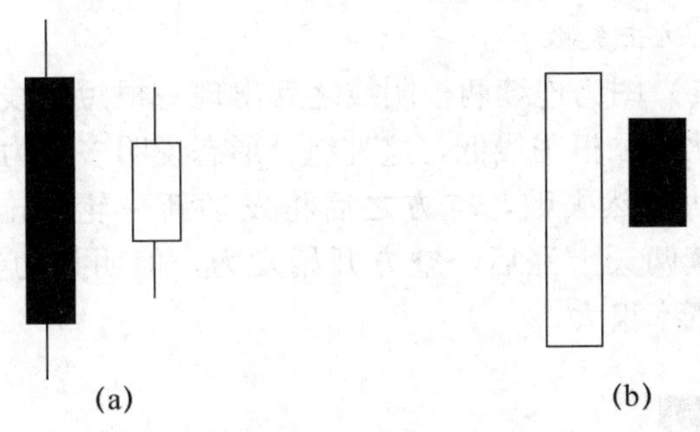

图 5－12　一根阳线一根阴线组合第四种情况

（5）第五种情况，如图 5－13 所示，第二根阳线或者阴线，完全吃掉了第一根阴线或者阳线，表示反转出现，这是重要的买入或者卖出信号。这种组合也被称为包入线。

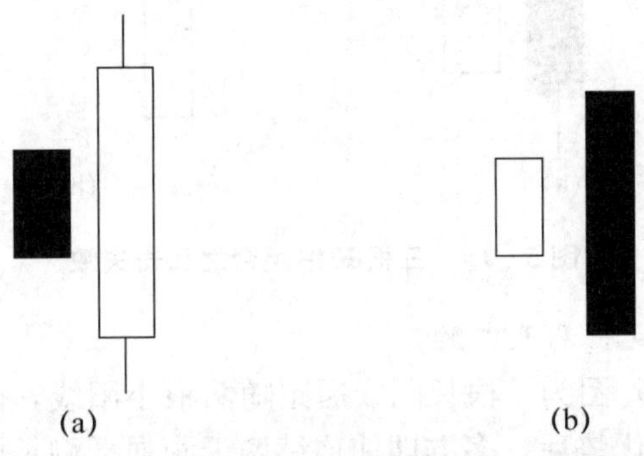

图 5－13　一根阳线一根阴线组合第五种情况

(四）三根 K 线的组合

三根 K 线与两根 K 线考虑问题的方式相同，都是由最后一根 K 线相对前面 K 线的位置来判断多空双方的实力大小。由于三根 K 线组合比两根 K 线组合多了一根 K 线，获得的信息就多些，可以由第三天确定第二天的趋势是否稳定或者反转是否有力，进而得出的结论相对于两根 K 线组合来讲要准确些，可信度更大些，K 线多的组合比 K 线少的组合得出的结论更可靠。

1. 三根 K 线组合之反击成功

如图 5－14 所示，（a）图一根阳线比两根阴线长，意味着多方占优，股价将上涨，空方力量不足已经失败。（b）图正好相反，代表空方实力强，能力足，稳占优势地位，一举获胜。

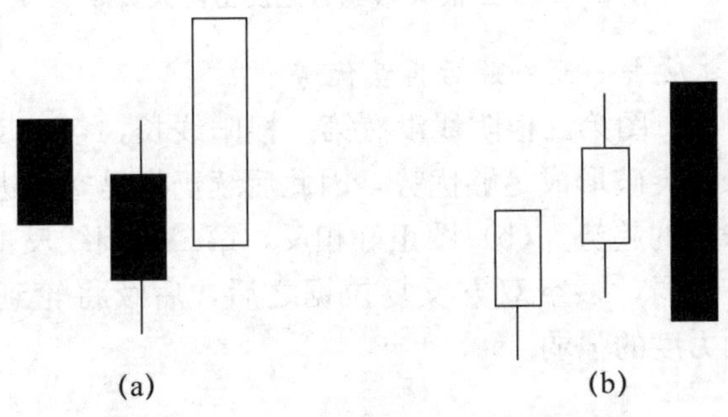

图 5－14　三根 K 线组合之反击成功

2. 三根K线组合之反击失败

如图5-15所示，(a)图为连续两根阴线之后出现一根短阳线，这根短阳线实体部分比第二根阴线短，位置比第二根阴线低，这种组合形态说明多方力量并不强，虽然组织了反击，但效果不大，行动已然失败，空方之后将发动新一轮攻击，有再创新低的势头。(b)图正好相反，在连续两天上涨后，空方开始发力，但明显力量较弱，局势由多方掌控，下一步继续上涨的概率很大。

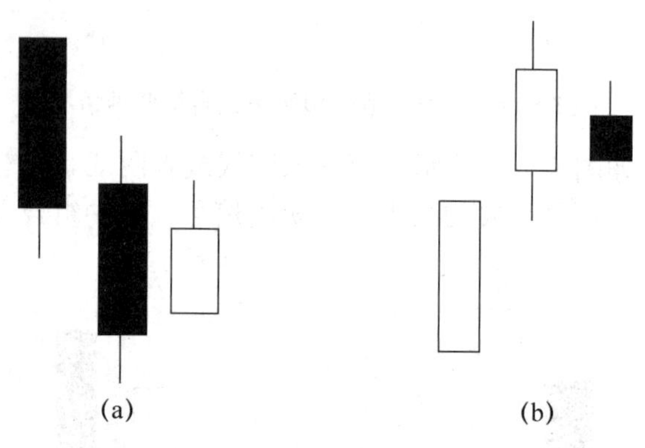

图5-15　三根K线组合之反击失败

3. 三根K线组合之反击两天失败

如图5-16所示，(a)图为一根长阴线后跟随两根小阳线，两根小阳线一起还比前一根阴线要短，表明空方占优势后，多方即使连续两天顽强抵御长阴线的下跌形势，但效果微弱，随后面临的仍是空方继续进攻。(b)图正好相反，多方占据了绝对主动，空方积聚力量反击，但没有明显效果，多方将等空方力尽时展开反击。

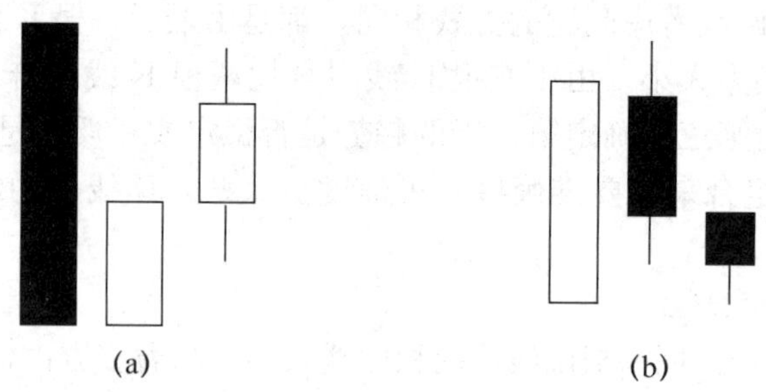

图5-16　三根K线组合之反击两天失败

4. 三根K线组合之反击一天失败后再获优势

如图5-17所示，(a)图第二根阴线没有第一根阳线长，空方反击的力度不足，第三天多方再度进攻，但未能突破形成足够优势，因此后续仍将是空方进攻为主，后续空方进攻力度的大小将决定未来的趋势。(b)图正好相反，第二根阳线反击第一根阴线，第三天虽然空方略强，但优势微弱，多空双方反复拉锯之后，后续将轮到多方进攻，结果将如何，要看多方向上拉动力度的强弱。

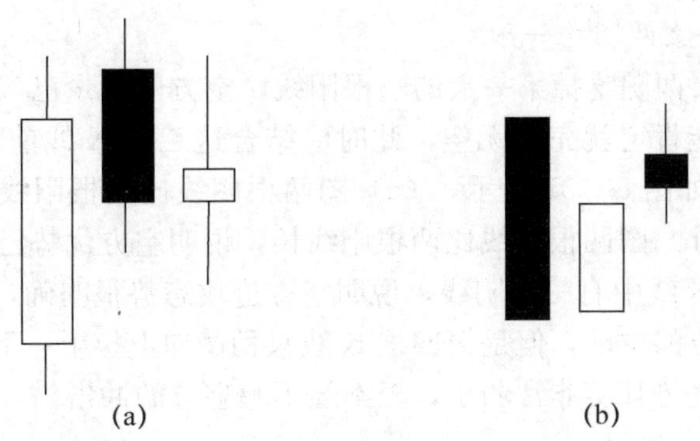

图 5-17　三根 K 线组合之反击一天失败后再获优势

5. 三根 K 线组合之两阴（阳）夹一阳（阴）

（1）第一种情况，如图 5-18 所示。（a）图第二根阳线比第一根阴线长，且第三根阴线并没有超过第二根阳线，说明多方力量占据绝对优势，空方力量不足以反攻，后市将由多方主导。（b）图正好相反，第二根阴线长度超过第一和第三根阳线，市场优势由空方主导。

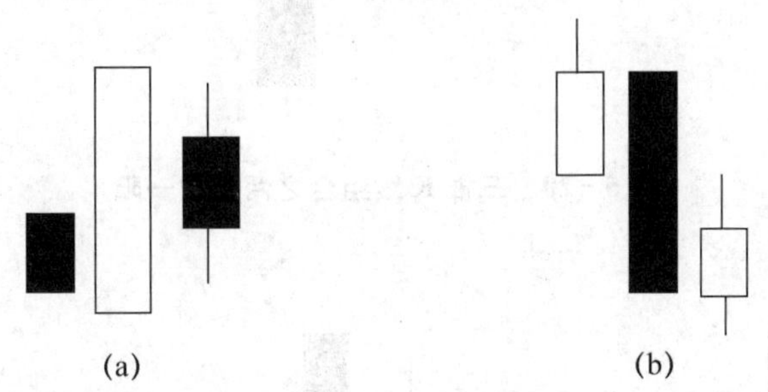

图 5-18　三根 K 线组合之两阴（阳）夹一阳（阴）第一种情况

（2）第二种情况，如图 5-19 所示。（a）图两阴夹一阳，第三根阴线比第二根阳线长，这是与前面一种形态根本性的不同，正因为如此，多空双方力量对比发生了根本性变化。（a）图空方占据优势，在下跌途中遇到了多方抵抗，但力量较弱，虽然多方暂时收复了一些失地，但在第三天空方的强大攻击下溃不成军，空方力量显著。（b）图正好相反，空方虽然进行了抵抗，但反攻不足，最终市场仍是多方占优势。

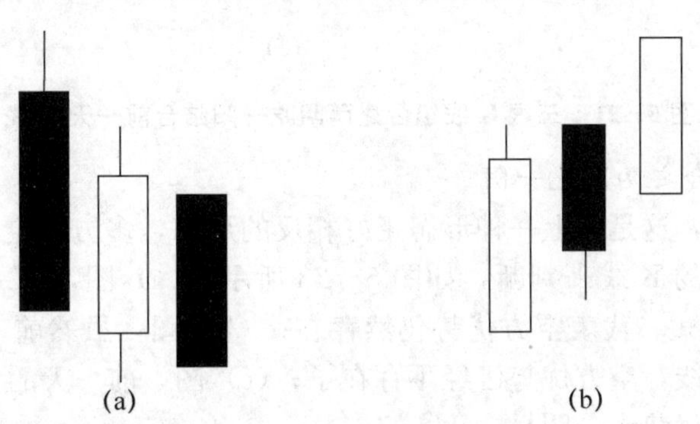

图 5-19　三根 K 线组合之两阴（阳）夹一阳（阴）第二种情况

6. 三根K线组合之两阴吃一阳

如图 5－20 所示，两阴吃掉第一天的一根阳线，空方的力量已经显示出很强大。多方连续两天失利，并不能肯定就完全无望，此时应结合这三根 K 线前一天的 K 线情况加以细分。四根 K 线组合如图 5－21 所示，（a）图两根阴线比两根阳线短，说明多方优势还在，还握有主动权。（b）图两根阴线比两根阳线长，说明空方优势已确立，下一步是空方的主动。（c）图四根 K 线中有三根阴线，说明空方进攻态势很明确，另外，单从前三根 K 线看，第四天将是多方的主动，但是第四根 K 线只稍微向上拉了一下就向下直泻，表明投资者原先期待的多方优势其实非常弱小，根本经不起空方的冲击。

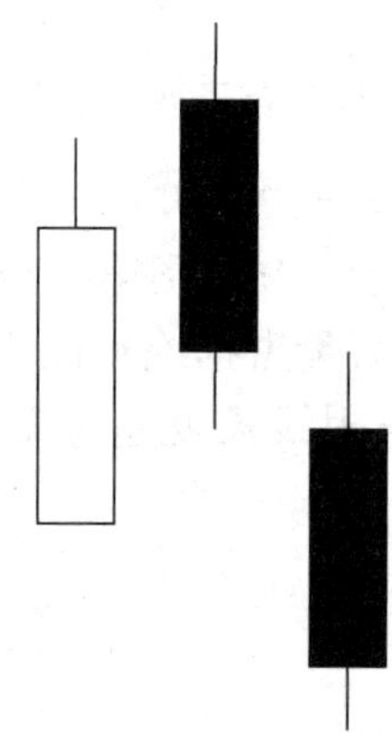

图 5－20　三根 K 线组合之两阴吃一阳

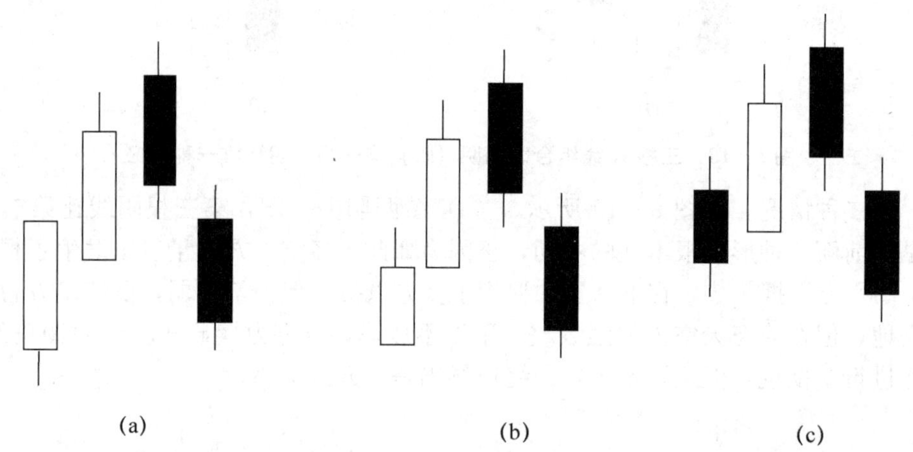

图 5－21　三根 K 线组合之两阴吃一阳结合前一天 K 线

7. 三根K线组合之两阳吃一阴

如图 5－22 所示，这是同上一种形态正好相反的形态，多方和空方的地位互换。此时同样需要参考前一天的 K 线来判断，如图 5－23 所示，（a）图，前一天 K 线为阴线，且两根阳线比两根阴线短，代表空方优势仍然存在；（b）图，虽然前一天 K 线为阴线，但两根阳线长于两根阴线，空方优势已经不存在了；（c）图，前一天的 K 线也是阳线，代表空方大势已去，多方优势十分明显。

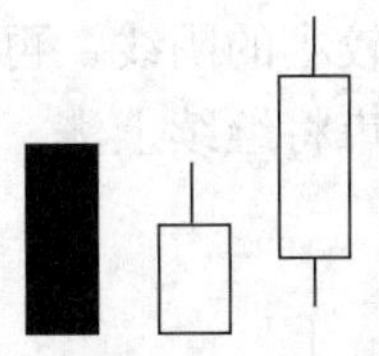

图 5-22　三根 K 线组合之两阳吃一阴

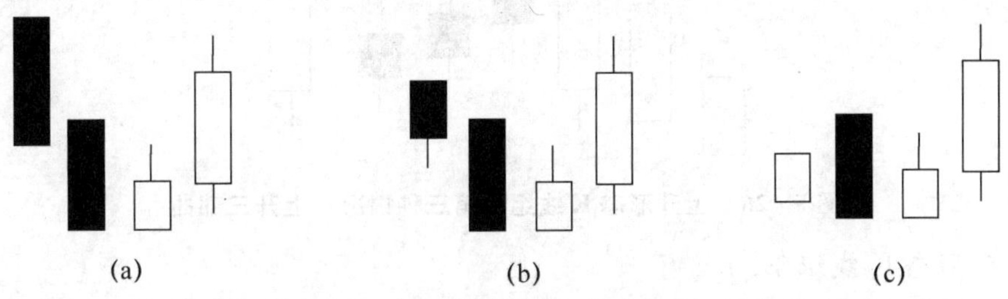

图 5-23　三根 K 线组合之两阳吃一阴结合前一天 K 线

(五) 常用的上升和下降多根 K 线组合形态

1. 上升形态 K 线组合

(1) 第一种情况：三个白武士，如图 5-24 所示，又被形象地称为红三兵。这种 K 线组合是由三根短小的连续上升的阳线组成，这三根 K 线的收盘价一日比一日高，表示武士（士兵）勇猛向前，势头明显，后市涨幅将加大。

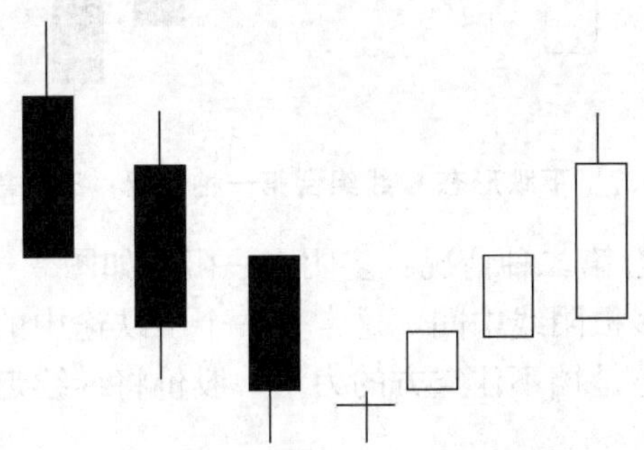

图 5-24　上升形态 K 线组合第一种情况：三个白武士

(2) 第二种情况：多阳夹一阴，如图 5-25 所示。在这种 K 线组合里，一根小阴线夹在多根阳线中间，这种 K 线组合形态在实践中非常实用，意味着多方力量超过空方，后续股价继续上涨的概率极大。

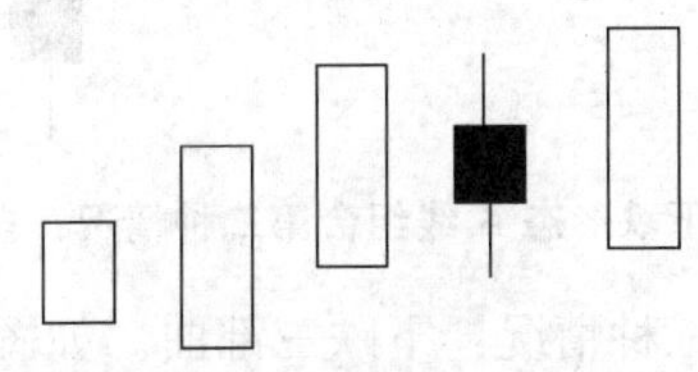

图 5-25　上升形态 K 线组合第二种情况：多阳夹一阴

(3) 第三种情况：上升三部曲，如图 5-26 所示。这种 K 线组合一般出现在股价上升的途中，由一根较大的阳线后接三根较小的阴线，再接一根较大的阳线组成，这种形态空方反击无力，多方优势明显，预示后市将继续上涨。

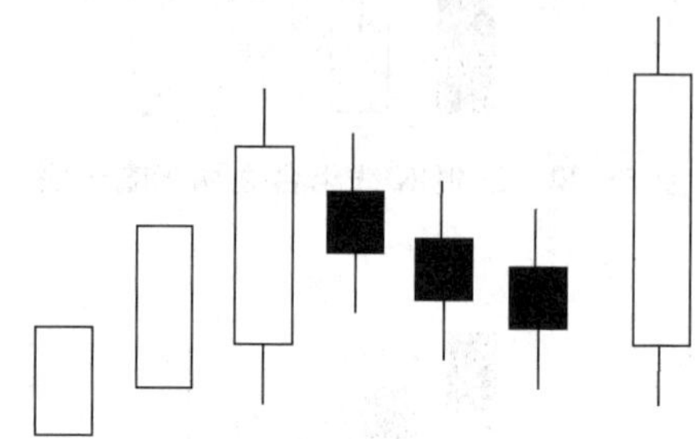

图 5-26　上升形态 K 线组合第三种情况：上升三部曲

2. 下跌形态 K 线组合

（1）下跌形态 K 线组合第一种情况：三只黑乌鸦，又称黑三兵，是和红三兵相反的一种形态组合，如图 5-27 所示，由三个短小的连续下跌的小阴实体组成，K 线收盘一日比一日低，表示空方力量在逐步加强，后市看淡，下跌速度将加快。

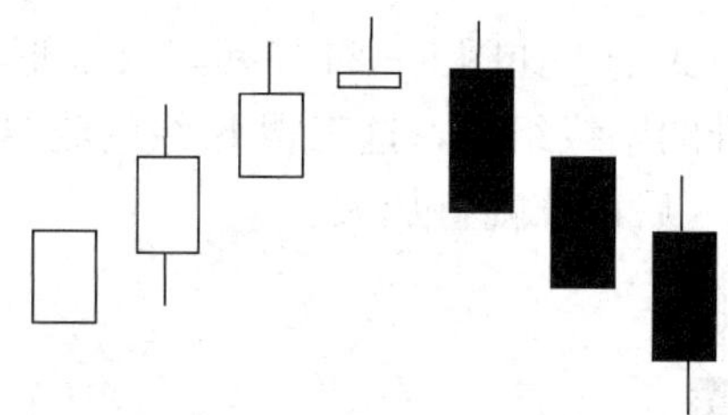

图 5-27　下跌形态 K 线组合第一种情况：三只黑乌鸦

（2）下跌形态 K 线组合第二种情况：多阴夹一阳。如图 5-28 所示，多阴夹一阳的 K 线组合就是一个阳线夹在多根阴线中间，这常是一个下跌途中的形态，表示股价下跌，中间遇到小阳线的抵抗，但还是挡不住空方的力量，股价将继续走下跌行情。

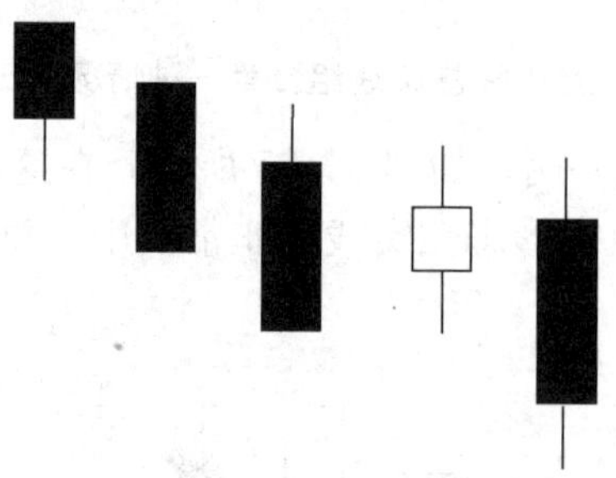

图 5-28　下跌形态 K 线组合第二种情况：多阴夹一阳

（3）下跌形态 K 线组合第三种情况：下跌三部曲。如图 5-29 所示，一根长阴线后跟三根连续小幅上涨的小阳线，随后又是一根大阴线，反映市场极度虚弱，小涨大跌空方绝对占优的情况。

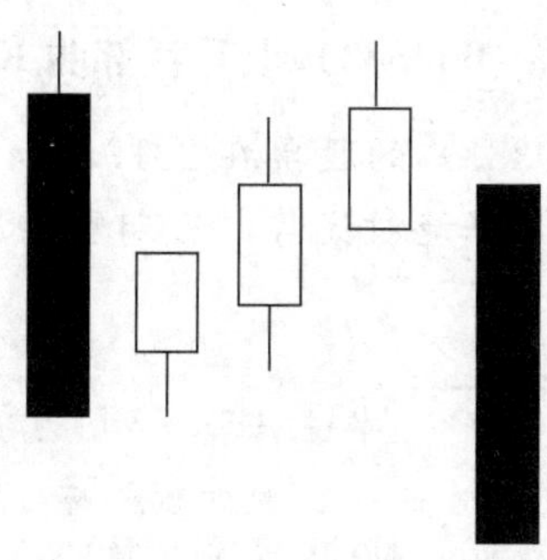

图 5-29 下跌形态 K 线组合第三种情况：下跌三部曲

拓展阅读

民盛金科（002647）黑三兵 K 线组合

如下图所示，民盛金科（002647）的股票在 2017 年 8 月到 9 月多次走出了黑三兵 K 线组合，预示这只股票近期卖方力量占据绝对优势，后期看跌。持股的投资者应尽快止损，持币的投资者应继续持币观望。

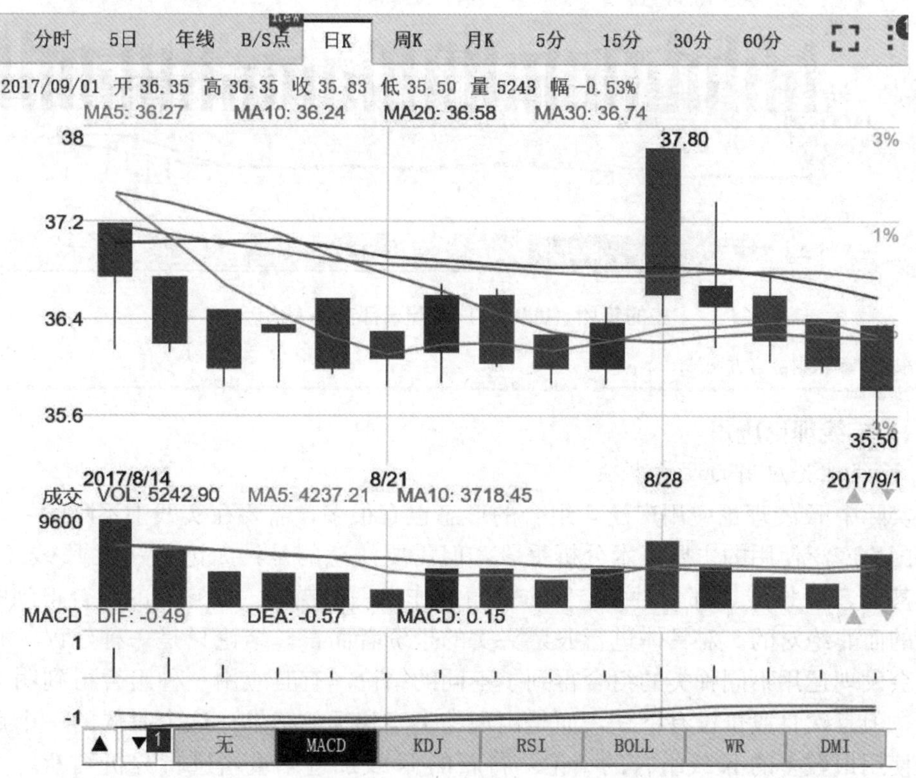

民盛金科（002647）黑三兵 K 线组合

数据来源：新浪财经官方网站.

美的集团（000333）上升三部曲 K 线组合

如下图所示，美的集团（000333）的股票在 2017 年 4 月末走出了上升三部曲 K 线组合，预示这只股票近期买方力量占据绝对优势，后期看涨。持币的投资者应尽快入市，持股的投资者应继续持股观望。

美的集团（000333）上升三部曲 K 线组合

数据来源：新浪财经官方网站.

（六）K 线理论应用

1. K 线理论应用的注意事项

在实际中 K 线理论应用广泛，组合的形态也有很多，需要在实践中不断学习。K 线分析是各国均广泛使用的主要技术分析手段，但需要注意的是：无论是一根 K 线还是两根、三根线甚至多根 K 线，都是对多空双方的争斗作出一个描述，由它们的组合得到的结论都是相对的而非绝对的。对具体进行股票买卖的投资者而言，结论只是一种建议。有时在应用时，会发现运用不同种类的组合得到了不同的结论。有时应用一种组合得到明天会下跌的结论，但是次日股价没有下跌，而是出现与事实相反的结果。这个时候的一个重要原则是尽量使用根数多的 K 线组合的结论，将新的 K 线加进来重新进行分析判断。一般情况下，多根 K 线组合得到的结论与事实更为相符。

2. K 线分析的主要原则

由于 K 线的种类较多，每种 K 线依其实体和影线的长短不同又有变化，再将两根至

多根 K 线组合起来分析，可变幻出几十种甚至上百种不同的组合。对 K 线的判断和应用的主要原则包括以下方面：

（1）判断实体的长短。

阳线实体越长，多方力量越强；阴线实体越长，空方力量越强。多根 K 线组合时，如果同是阳线且实体部分一根比一根长，表明多方占绝对优势，股价涨势还将增强；如果后面的阳线与前面的相比渐次缩短，表明多方气势在逐渐减弱，股价涨幅有限。如果同是阴线则相反，后面比前面的实体长，空方优势明显，股价将进一步被打压；阴线渐次缩短，空方力量开始衰退，股价下跌势头趋缓。

（2）分析上影线和下影线的长短。

上影线长，说明多方将股价推高后遇空方打压而下降，上影线越长，来自空方的阻力越大；下影线长，说明多方在低价位有强力支撑，下影线越长，支撑力越强。

（3）收盘价的相对关系。

如果紧连的两根或者三根 K 线分别为阳线或者阴线，则要注意分析它们的组合，包括 K 线相互的位置、实体和上下影线的长短，尤其需要着重比较收盘价的相对关系。

（4）分析多根 K 线是否组成某一形态。

要注意 K 线的组合是否已组成某一反转或者盘整形态，若已组成形态，则应按形态特点分析，而不必过于拘泥于 K 线的关系，但特别要注意突破形态的 K 线，如以大阳线向上突破或者以大阴线向下跌破，加上量的配合，是明确的买入或者卖出信号。

（5）在全局中分析 K 线。

要注意分析 K 线在长期趋势或者说某个较大行情中的位置，即需要在全局中分析 K 线，不能一叶障目。特别要注意高价和低价区域中出现大阳线、大阴线和十字星，要将它们放在整个行情走势中分析判断。K 线组合形态有着极其丰富的内容，投资者应当在进一步学习的基础上，在实践中不断探索、总结规律，才能熟能生巧、运用自如。

第三节　切线分析

切线是指按一定的方法和原则在由股票价格的数据所绘制的图表中画出的一些直线。根据切线可以推测股票价格的未来趋势，作出投资决策。切线主要起支撑或者压力的作用，因此也对价格上升或者下降趋势有一定的约束。

切线的画法是最为重要的，画得好与坏直接影响预测的结果。目前，画切线的方法有很多种，主要是趋势线、通道线等，此外还有黄金分割线、甘氏线、角度线等。

一、趋势分析

趋势是指股票价格的波动方向，按照股票价格波动方向从左下到右上、从左上到右下、水平波动，可以将趋势分为上升方向、下降方向和水平方向（无趋势方向）。按照道氏理论的分类，趋势可以分为三种类型：主要趋势、次要趋势和短暂趋势。投资分析要把握趋势，顺势而为。

（一）支撑线和压力线

1. 支撑线和压力线的定义

支撑线指的是当股价从高位下跌到某个价位附近时，多方大量增加买盘、空方大量减少卖盘导致股价停止下跌乃至回升，由于支撑线起到了阻止股价继续下跌的作用，所以也被称为抵抗线。压力线指的是当股价上涨到某价位附近时，空方大量增加卖盘、多方大量减少买盘导致股价停止上涨，甚至回落，由于压力线起到阻止股价继续上升的作用，所以也被称为阻力线。如图 5－30 所示。

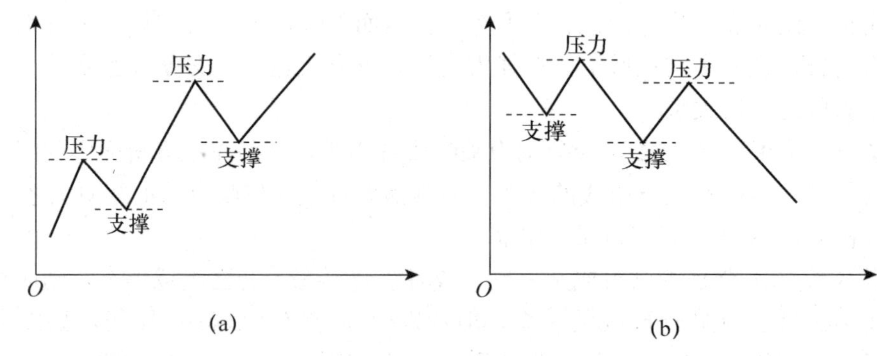

图 5－30　支撑线与压力线

2. 支撑线和压力线的作用

一条支撑线或者压力线对当前影响的重要性有三个方面：（1）股价在这个区域停留时间的长短；（2）股价在这个区域伴随的成交量大小；（3）这个支撑区域或者压力区域发生的时间距离当前时点的远近。判断的原则是股价停留的时间越长、伴随的成交量越大、离现在越近，则这个支撑或者压力区域对当前的影响就越大，反之就越小。

3. 支撑线与压力线的互相转化

因为支撑线与压力线会阻止或者暂时阻止股价向一个方向继续运动，因此要维持上升行情，就必须突破上升的压力线的阻力与干扰，创造出新的高点；要维持下跌行情，就必须突破下降的支撑线的阻力与干扰，创造出新的低点。也就是说，支撑线和压力线都有被突破的可能。在上升趋势中，如果一轮行情没有创新高，也就是没有突破压力线，反而在接下来的一轮行情向下突破了支撑线，那么就产生了强烈的趋势变化信号，意味着这个上升趋势已经结束，下一步趋势是下跌。同样的，如果在下降趋势中，一轮行情未能创造出新低，也就是没有突破支撑线，反而在接下来的一轮行情向上突破了压力线，意味着下跌趋势已经结束，下一步趋势是上涨。

当支撑线和压力线被突破后，会变成新的压力线和支撑线，这是因为股价大幅下跌至原来的支撑线时，多方增加购买，空方减少出售，导致股价停止下跌，然而股价在这个区域内徘徊一段时间后，向下突破了支撑线，继续下跌，卖出股票的空方认为自己正确，且对于自己没有多卖出证券而感到后悔，买入证券的多方认识到自己判断失误，他们希望股价上涨到他们的买入价格时，将他们买入的股票赶紧出售，因此这条被突破的支撑线就变

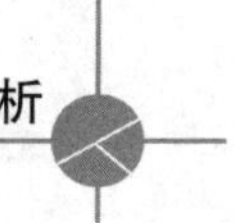

成了新的阻力线，如图 5－31（a）所示。又因为多方决定在价格上涨到原来的支撑线，也就是下一个卖出的时机卖出，所以股价稍微上涨就会受到关注，他们会或早或晚卖出股票，这样使得股价还没有上升到原来的位置，大量的卖出又会把价格拉下来，使得该区域成为阻力区，在该阻力区域发生的交易数量越多，说明更多的投资者认可这个价格，那么这个区域就越重要。同样的，当压力线被突破后，它就成为新的支撑线，如图 5－31（b）所示。

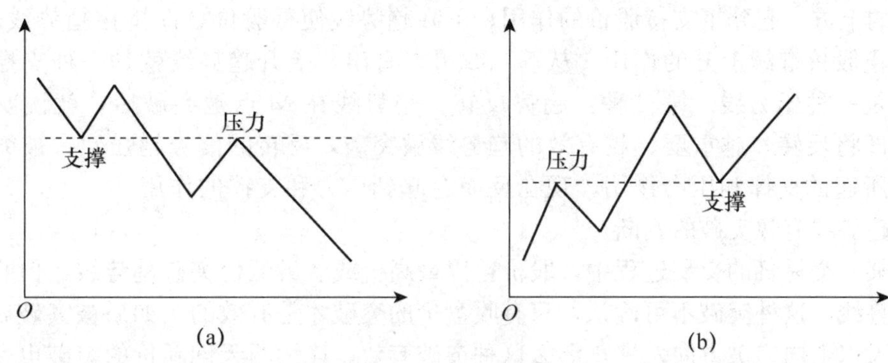

图 5－31　支撑线与压力线的互相转化

（二）趋势线和轨道线

1. 趋势线

（1）趋势线的定义。

趋势线就是一条用来表示市场价格变化趋势的直线（见图 5－32）。反映价格向上变化发展的趋势线是上升趋势线，反映价格向下变化的趋势线是下降趋势线，反映价格水平变化的趋势线是水平趋势线。此外，根据所绘制的趋势线覆盖时间的长短，又可以分为长期趋势线、中期趋势线和短期趋势线。由于价格会不断变化，时间区间也有所不同，所以同一方向的趋势线可能会有很多条。

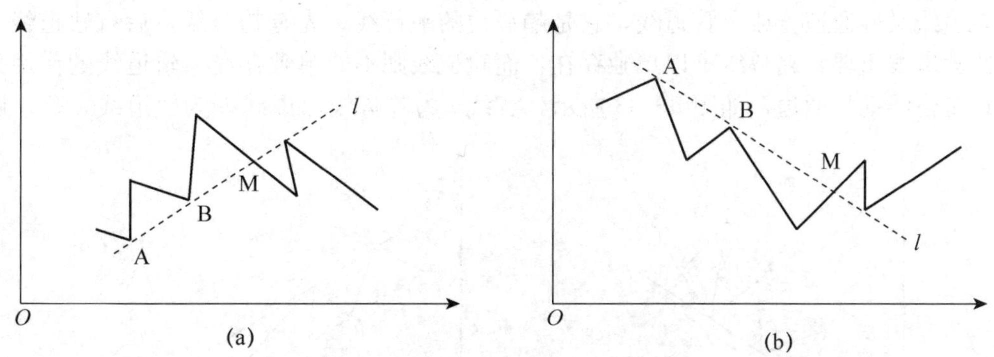

图 5－32　趋势线及趋势线的突破

（2）趋势线的绘制。

连接一段时间内价格波动的高点或者低点画出的一条线，在上升趋势中，两个低点（图 5－32（a）中的 A 点和 B 点）连成一条直线，就是上升趋势线；在下降趋势中，两个高点（图5-32（b）中的A点和B点）连成一条直线，就是下降趋势线。若干条趋势线中，最重要的是原始上升（下降）趋势线。一般来说，所画出的直线被触及的次数越多，这条直线延续的时间越长，那么它的重要性和有效性就越高，用它进行预测就越准确。

（3）趋势线的作用。

趋势线有以下两种作用：第一种：约束今后价格的变动。上升趋势线使得股价总保持在趋势线的上方，起到了支持股价的作用；下降趋势线使得股价总保持在趋势线的下方，起到了阻止股价继续上升的作用。从5-32可以看出，上升趋势线就是一种支撑线而下降趋势线是一种压力线。第二种：趋势反转。趋势线在M点被突破后，就说明股价下一步趋势即将反转。越重要、越有效的趋势线被突破，反转的信号越强烈。被突破的趋势线原来所起的支撑和压力作用，现在反而会起到压力和支撑的作用。

（4）趋势线有效突破的判断。

如果某一交易日的交易过程中，股价曾以最高价或者最低价突破趋势线，但收盘价仍未突破趋势线，这种突破不可确认，只有收盘价的突破才是有效的。如果被突破后市场价格连续两天以上向突破方向发展，那么这种突破有效。连续两天创新价的突破也是有效的突破。如果长期趋势被突破，也是有效突破，因为时间跨度很长的趋势线一旦被突破，说明大势反转的可能性大，股价反向变化的力度强，形成新趋势线的时间跨度也大。如果股价从下降的趋势转为上升的趋势，必须要有成交量配合。当股票价格向上突破下降趋势线时，成交量随之放大，为有效突破。但是股价下跌突破上升趋势线则不一定需要成交量增加。当股价向下跌破趋势线后，如果跌幅不深，成交量不一定增加，甚至有所萎缩，但是当股价回弹至趋势线下方，成交量明显放大，股价立即快速下跌，可确认上升趋势线已被有效突破。趋势线一旦与股价形态同时被突破会产生叠加效应，突破后股价走势力度加大，是一种有效突破。

2. 轨道线

（1）轨道线的定义。

轨道线又称通道线或者管道线，它是趋势线的平行线。先有趋势线，后有轨道线，趋势线比轨道线重要，趋势线可以单独存在，而轨道线则不能单独存在。轨道线的作用是帮助确认价格波动的通道，如图5-33所示，实线 l 为趋势线，虚线 h 为轨道线，（a）图为

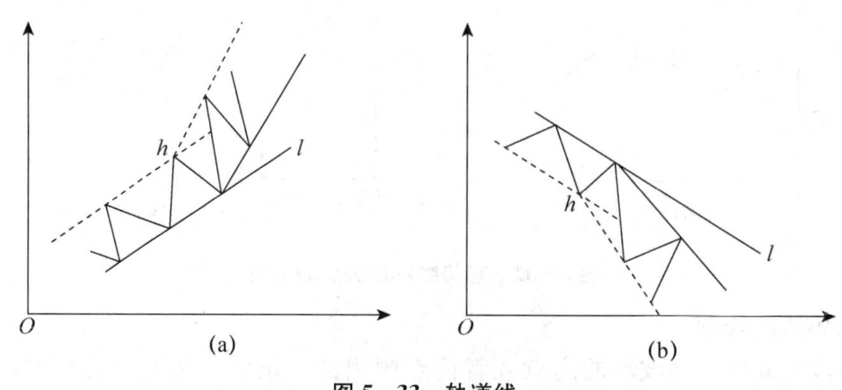

图5-33 轨道线

上升轨道，(b) 图为下降轨道。轨道线被触及的次数越多，延续的时间越长，它的重要性和有效性就越高，用它来预测也就越准确。

(2) 轨道线的突破。

与突破趋势线不同，对轨道线的突破并不是趋势反转的开始，而是趋势加速的开始，原来的趋势线的斜率将会增加，趋势线的方向将会更加陡峭。

拓展阅读

云南白药（000538）轨道线突破

如下图所示，云南白药（000538）与其上升趋势线（实线）平行的轨道线（虚线）在2017年10月中旬被突破，突破之后，云南白药（000538）股票在2017年10月下旬上升趋势加速，轨道线被突破预示这只股票近期买方力量占据绝对优势，后期看涨。持币的投资者应尽快入市，持股的投资者应继续持股观望。

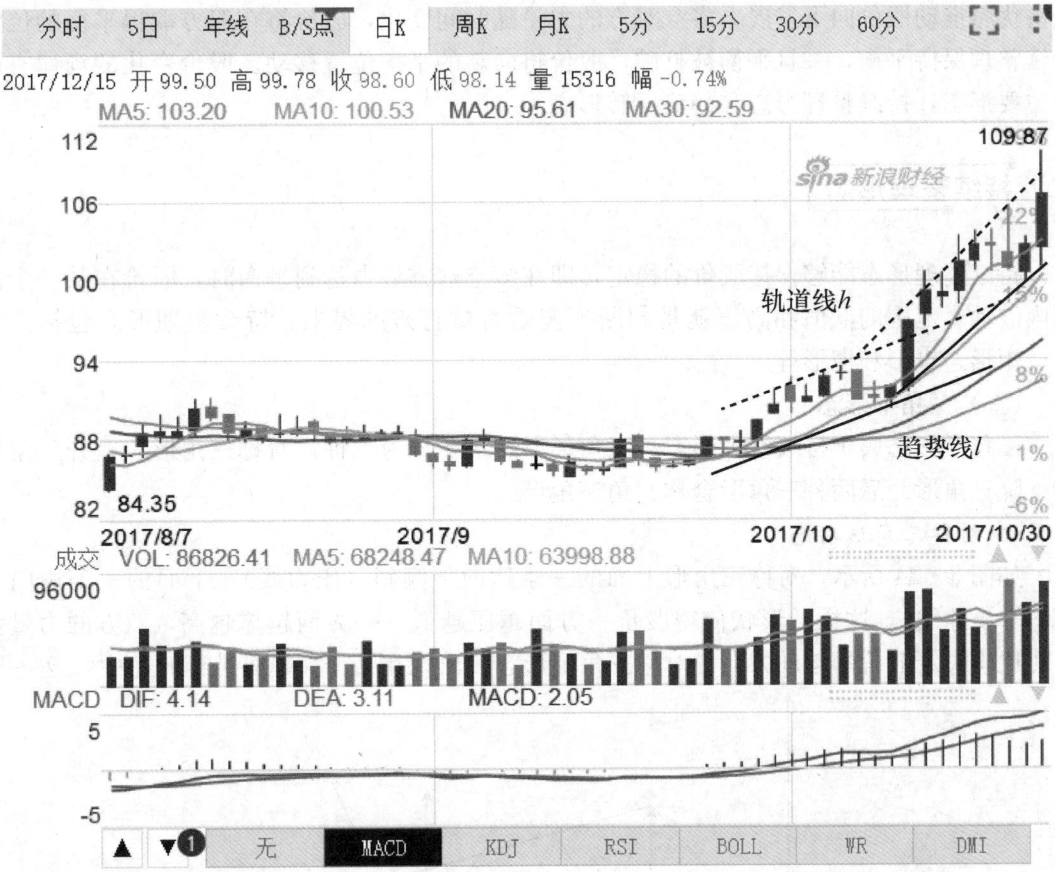

云南白药（000538）轨道线突破

数据来源：新浪财经官方网站.

第四节　形态分析

形态分析是根据证券价格图中过去一段时间形成的具体形态来判断股票价格未来趋势的技术分析方法之一。技术分析的第一条假设告诉我们，市场行为包括一切信息，价格形成轨迹是证券市场对全部影响因素作出反应后的表现，是市场最重要的行为之一，因此可以通过价格形成的形态来预测股票未来的趋势，主要的形态有头肩顶、头肩底、圆弧顶、圆弧底等数十种。

一、股价变化规律

股价的变化取决于多空双方力量的大小。多方力量占优将推动股价向上发展，空方力量占优将推动股价向下发展，多空双方的力量随时间变化，股价将在双方取得平衡的位置持续整理保持平衡，一旦平衡被打破，股价将向新的平衡位置移动。股价变化的规律有两种主要形态：持续整理形态和趋势反转形态。

二、持续整理形态

持续整理形态能够保持股价的稳定，即在多空双方势力达到平衡时，股价在某一个范围内波动。范围的低值和高值就是判断平衡是否被打破的界限。持续整理形态包括三角形、矩形、旗形和楔形等。

(一) 三角形形态

三角形形态属于持续整理形态。三角形形态主要分为三种：对称三角形、上升三角形和下降三角形，后两种三角形合称直角三角形。

1. 对称三角形形态

如图 5－34 所示，对称三角形上面的一条边向下倾斜（压力线），下面的一条边向上倾斜（支撑线），这样的形状使得股价一方面越压越低，一方面越撑越高，双方的力量强弱对比将决定股价的运动方向。对称三角形形态多出现在某个大趋势进行的途中，这一形

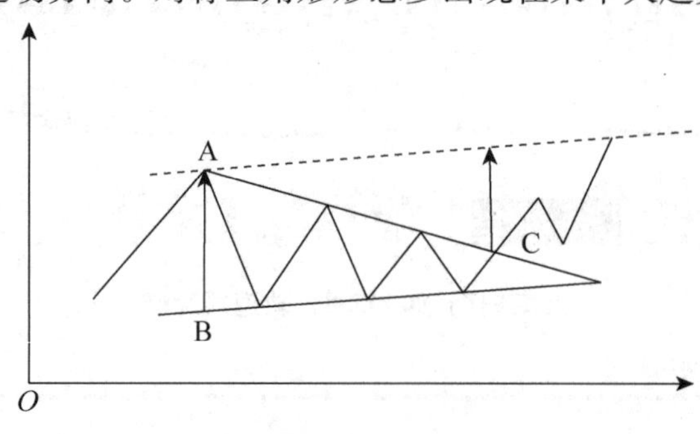

图 5－34　对称三角形形态

态代表原来的趋势暂时停滞原地整理，但之后还要沿着原趋势继续前进。由此可见，对称三角形形态出现后，未来最大的可能是沿着原有趋势方向发展。对称三角形有两条汇聚的直线，上方直线向下倾斜，是压力线，起阻碍股价继续上升的作用；下方直线向上倾斜，是支撑线，起阻碍股价继续下降的作用。

对称三角形一般应有 6 个折返点。一般来说，突破上下两条直线的包围，继续原有既定方向的时间要尽量早，越靠近三角形的顶点，三角形的各种功能就越不明显。根据经验，突破的位置一般应在三角形的横向宽度 1/2 至 3/4 的某个位置。

对称三角形被突破有如下测算功能：（1）可以 A、B 两点的距离来推测股价未来从 C 点向上突破后最少能够达到的高度，当股价从 C 点突破后，最少将上涨至对称三角形的形态高度，也就是 A、B 两点之间连线的长度。（2）可以从过 A 点的平行线确定，这条平行线是轨道线，确定了未来股价发展的区间。

2. 上升三角形形态

对称三角形的变形为上升三角形或者下降三角形。上升三角形形态如图 5－35 所示，上升三角形形态和对称三角形形态类似的是，它们的下面的一条边都是支撑线，支持股价往上发展，不同的是上升三角形形态上面的一条边是水平的，而对称三角形形态上面的一条边是向下倾斜的，也就是说上升三角形形态的压力线是水平的，压力始终一样，而支撑越来越高，所以比起对称三角形形态来说，上升三角形形态有更强烈的上升意愿，多方更主动，当股价向上突破了上升三角形，这个形态结束。

上升三角形形态对未来股价的判断标准是：（1）如果股价原来的趋势上升，碰见上升三角形形态可以很大概率确认未来向上突破，这是因为一方面股价有保持原来趋势运动即上升的惯性，另一方面，上升三角形形态本身就是向上发展。（2）如果股价原来趋势是下降，则要看两者的力量强弱，如果是在一段下降行情的末端，也就是之前下降趋势维持了很长一段时间，那么上升三角形形态还是看涨，它构成了底部的反转形态。（3）上升三角形形态的突破必须配合相当大的成交量，否则为假突破，突破后上涨的幅度为形态的高度，即 AB 线段的长度。

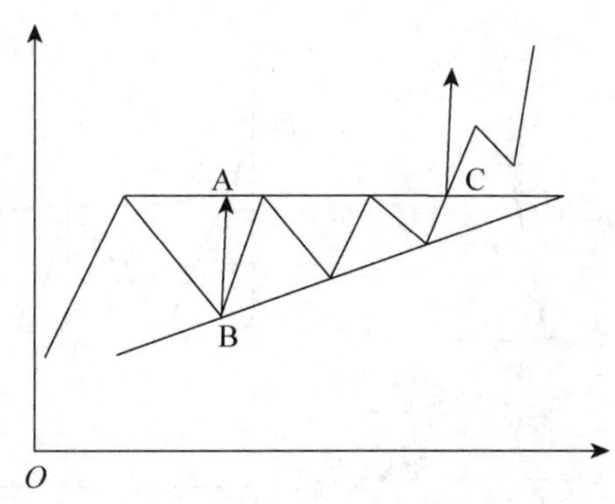

图 5－35　上升三角形形态

3. 下降三角形形态

下降三角形形态如图 5－36 所示。同上升三角形形态正好反向，下降三角形形态是看跌的形态。判断方法和上升三角形形态基本一致，但方向完全相反。此外还有一点不同，即下降三角形形态的向下突破不需要相当大的成交量配合。如果原来的趋势是下降，碰见下降三角形形态，几乎可以判断未来股价继续下降。如果原来的趋势是上升，碰见下降三角形形态时，判断股价未来发展要看是否下降三角形形态出现在上升趋势的末端，如果是，那么可以看成反转形态的顶部。

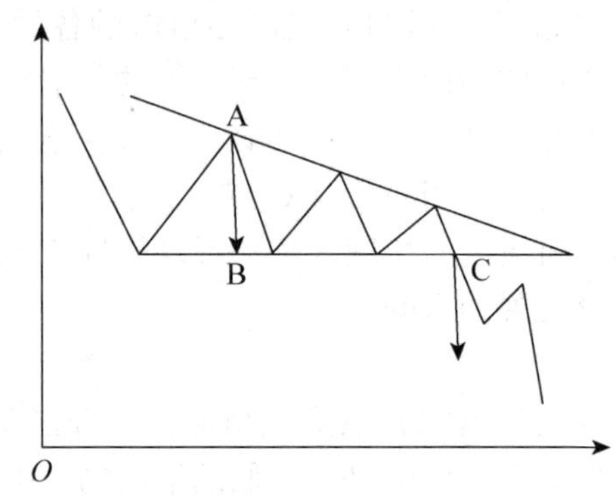

图 5-36　下降三角形形态

（二）矩形形态

矩形形态也被形象地称为箱形形态，这种形态是典型的整理形态之一。如图 5-37 所示，股票价格在两条横着的水平直线之间上下波动，呈现横向延伸运动。在矩形整理形态中，多空双方力量均衡，在价格下跌到某个价位多方就买入，在价格上升到某个价位空方就卖出，所以形成了两条明显的上边和下边。随着时间的变化，双方战斗热情减弱，成交量减少，市场趋于平淡。如果原来的趋势是上升，那么经过一段时间的矩形整理后，股价还会上涨，维持原来的方向，多方占据优势，股价将向上突破；反之，原来为下降趋势，空方力量明显，股价将向下突破。矩形形成中也可能演变成其他形态，如多重顶（底）形态。在矩形形态中，可以进行低买高卖的操作，如果矩形上下边的距离较远，那么能够获得可观的短线操作收益。

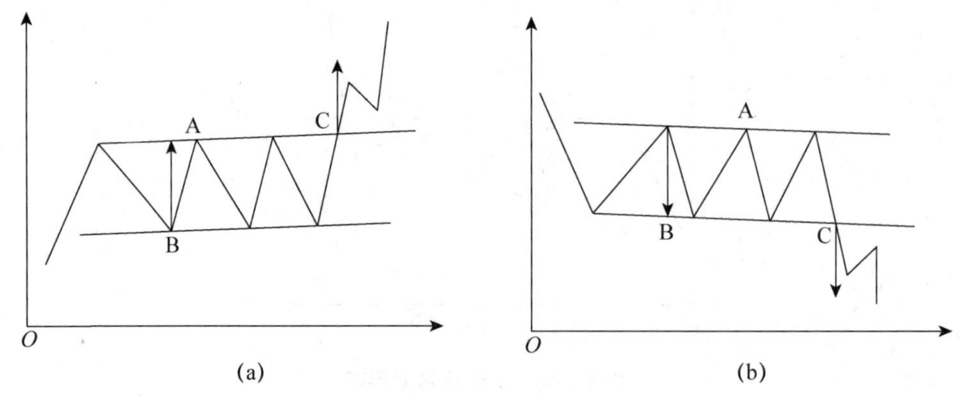

图 5-37　矩形形态

(三) 旗形与楔形形态

旗形与楔形也是持续整理的形态，在上升或者下跌行情的途中，股票走势常会出现这两种形态。这两种形态都有明确的形态方向，且形态方向与原有的趋势方向相反，也就是说，原来形态是下降，则这两种形态方向就是上升。

1. 旗形形态

如图 5－38 所示，这种向上或者向下倾斜的平行四边形就像一面挂在旗杆顶上的旗帜，因此被形象地称为旗形，包括上升旗形（a 图）和下降旗形（b 图）两种。旗形一般发生在股价大幅波动的阶段。旗形的上下两条平行线起着压力和支撑作用，与轨道线类似。这两条平行线的某一条被突破是旗形形态完成的标志。旗形的形态高度是两条平行线的距离，当旗形形态被突破后，股价将至少走到形态的高度，多数会走到旗杆高度的距离。

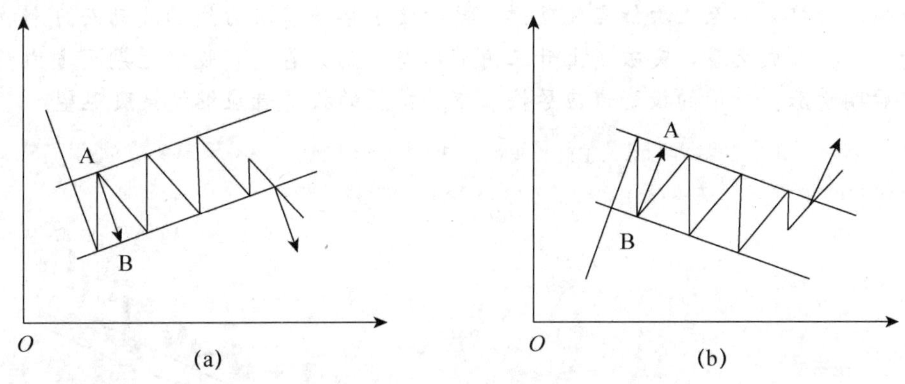

图 5－38 旗形形态

应用旗形形态时需要注意：(1) 旗形出现之前，由于股价的直线运动，一般先出现旗杆。(2) 旗形形态持续的时间应短于三周，如果时间过长，将无法保持原来的趋势；旗形形态形成前和突破后的成交量都很大，旗形形态形成过程中的成交量从左到右逐渐减少。

2. 楔形形态

楔形形态如图 5－39 所示，它是由上下倾斜的三角形而非旗形形态上下倾斜的平行四边形构成。同样，这种形态可以分为上升和下降两种。

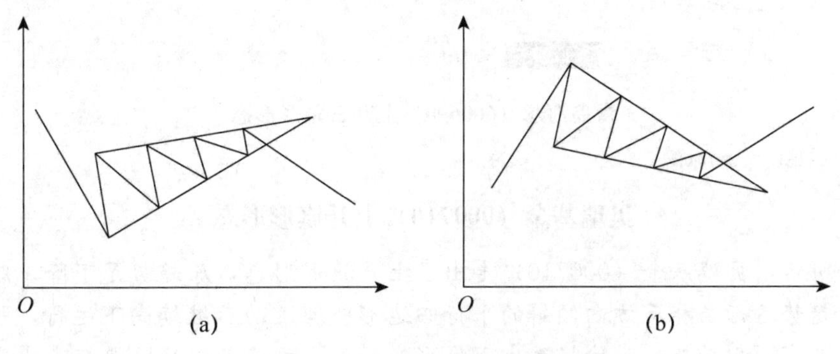

图 5－39 上升和下降楔形形态

与上文的三角形整理形态不同，楔形形态的三角形上下两条边同朝一个方向倾斜，倾向性明显。与旗形形态不同，楔形形态偶尔也会出现在顶部或者底部而作为反转形态，这种情况出现在趋势的末端。在楔形形态形成过程中，成交量逐渐减少；在楔形形态形成之前和突破之后，成交量一般都很大。同时，楔形形态需要更长时间（两周以上）才能完成。

拓展阅读

青岛海尔（600690）上升三角形形态

如下图所示，青岛海尔（600690）走出了上升三角形形态，价格在 17.5 元附近呈现强大的卖压，价格从低点回升到 17.5 元便告回落，形成了水平的阻力线，但市场的购买力仍十分强，价格未回至上次低点便反弹，持续使价格随着阻力线的波动而日渐收窄。随后伴随着一个较大成交量，突破了上升三角形形态，意味着这只股票近期买方力量占据绝对优势，后期看涨。持币的投资者应尽快入市，持股的投资者应继续持股观望。

青岛海尔（600690）上升三角形形态

数据来源：新浪财经官方网站.

贝瑞基金（000710）上升旗形形态

如下图所示，贝瑞基金（000710）走出了上升旗形形态，原趋势是下降，股价经过一个稍微与原趋势运行呈相反方向倾斜的平行四边形整理运动后继续向下运行，平行四边形形态高度也具有预测功能，股价将至少下降形态高度，意味着这只股票在走出上升旗形形态后，应继续持币观望一段时间，短期卖方力量占据优势。

贝瑞基金（000710）上升旗形形态

数据来源：新浪财经官方网站.

三、反转突破形态

反转突破形态是趋势的反转，意味着股价的大幅变化，是平衡被打破而形成的。

反转变化形态主要有头肩顶（底）形态、多重顶（底）形态、圆弧顶（底）形态、喇叭形以及V形反转形态等。

（一）头肩顶（底）形态

头肩顶（底）形态是实际股价形态中出现最多的一种形态，也是最著名和最可靠的反转突破形态。

1. 头肩顶形态

如图5－40所示，这种形态是证券价格最为常见的一种，如果股价出现了头肩顶形态，意味着可靠的卖出时机已经来临。这种形态往往由三个起落组成，也就是说形态要包括三个局部高点，因为左右两个高点比中间的高点低，所以被称为头肩顶，两边相对低的局部高点被称为左肩和右肩，中间的高点被称为头。

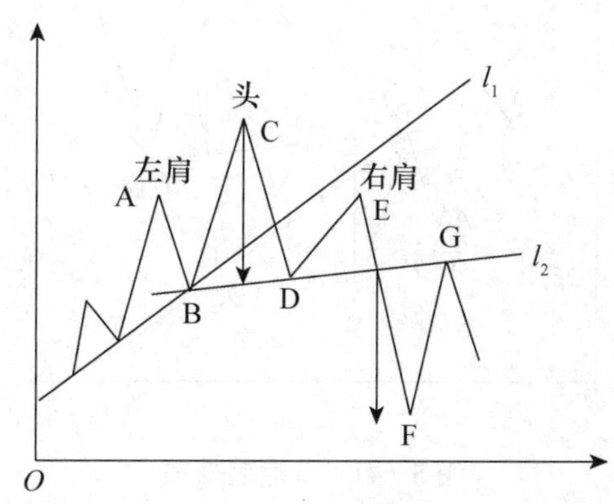

图5－40　头肩顶形态

头肩顶形态的形成过程主要有以下几个步骤：(1) 股价长期上升后，成交量大增，获利回吐压力亦增加，导致股价回落，成交量较大幅度下降，左肩形成。(2) 股价回升，突破左肩之顶点，成交量亦可能因充分换手而创纪录，但价位过高使持股者产生恐慌心理，竞相抛售，股价回跌到前一低点附近，头部完成。(3) 股价第三次上升，但前段的巨额成交量不再出现，涨势亦不再凶猛，价位在到达头部顶点之前即告回落，形成右肩。连接头部两个低点形成的线被称为颈线 l_2，头至颈线的距离被称为形态高度（图中箭头的长度)。这一次下跌时，股价急速穿过颈线，再回升时，股价也仅能达到颈线附近，然后转为下跌趋势，头肩顶形态宣告完成。下跌的深度可以借助头肩顶形态的测算功能进行预测。头肩顶反转的情况可以参考支撑线和压力线，图 5－40 中的直线 l_1 和颈线 l_2 就是支撑线，C 到 D 点突破了第一条支撑线 l_1，说明上升势头受阻，这时 l_1 转化为压力线，而新的低点 D 点和 B 点形成了新的支撑线 l_2，而价格反弹到 E 点并没有触及压力线就掉头下降，说明原有上升趋势转化成横向延伸，但此时并不能说明趋势变为反转，只有当价格突破了新的支撑线也就是形态最重要的颈线 l_2，并且到达 F 点才说明头肩顶反转形态已经形成，上升趋势转化为下跌趋势。这时 l_2 转化为压力线，价格反弹到 G 点后调头下降。

头肩顶形态的特征主要有：(1) 一般情况下，左肩与右肩高点大致相等，有时右肩较左肩低即颈线向下倾斜。(2) 就成交量而言，左肩最大，头部次之，而右肩成交量最小，即呈梯状递减。(3) 突破颈线不一定需要大成交量配合，但日后继续下跌时，成交量会放大。当颈线被突破，反转确认以后，大势将下跌。下跌的深度，可以借助头肩顶形态的测算功能进行。从突破点算起，股价将至少要跌到与形态高度相等的距离。

头肩顶形态颈线的突破必须用以下原则进行判断，否则会出现假头肩顶形态：当右肩高点比头部高点还高，股价最后在颈线水平回升，且高度大于头部高度，或者股价跌破颈线后又回升到颈线上方，那么就可能是假的形态。

2. *头肩底形态*

如图 5－41 所示，头肩底是头肩顶的倒转形态，是一个可靠的买进时机。

头肩顶形态与头肩底形态最大的区别是成交量。当头肩顶形态完成后，向下突破颈线时，成交量不一定放大，而头肩底形态向上突破颈线时，若没有较大的成交量出现，可靠性将大为降低，甚至可能出现假的头肩底形态。

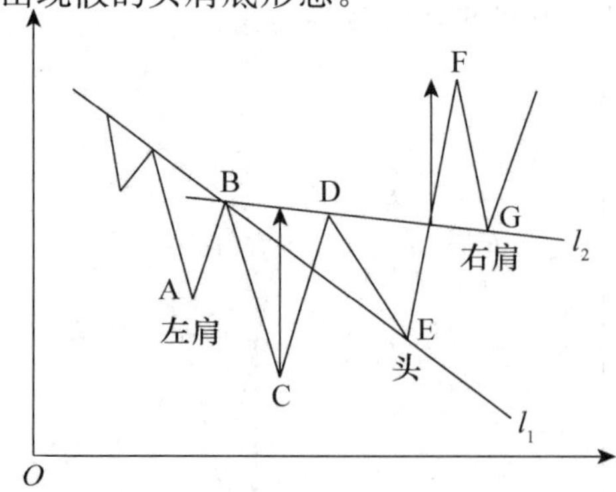

图 5－41　头肩底形态

3. 复合头肩顶（底）形态

如图 5-42 所示，这种形态与头肩顶（底）形态基本类似，只是左右肩部或者头部出现多于一次。复合头肩顶（底）形态一旦完成，即构成一个可靠性较大的沽出（买进）时机。

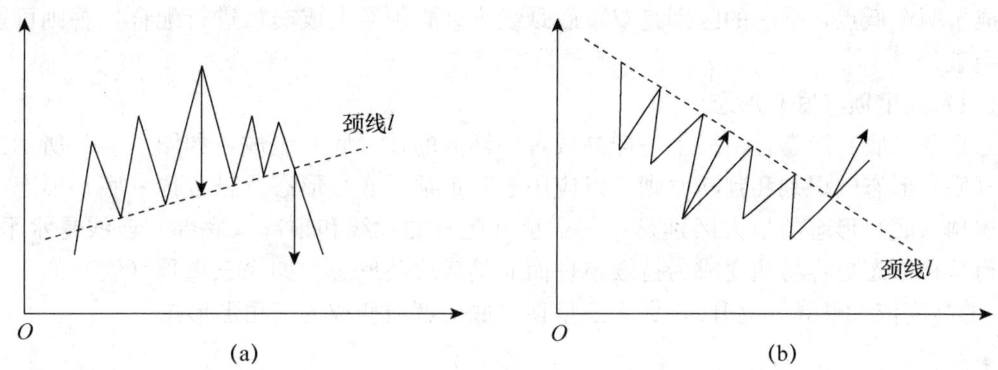

图 5-42　复合头肩顶（底）形态

（二）双重顶和双重底（M 头和 W 底）形态

双重顶和双重底（M 头和 W 底）形态在实际中出现得非常频繁。双重顶（底）形态如图 5-43 所示，这种形态将会出现两个顶（底），也就是两个相同高度的高点和低点。

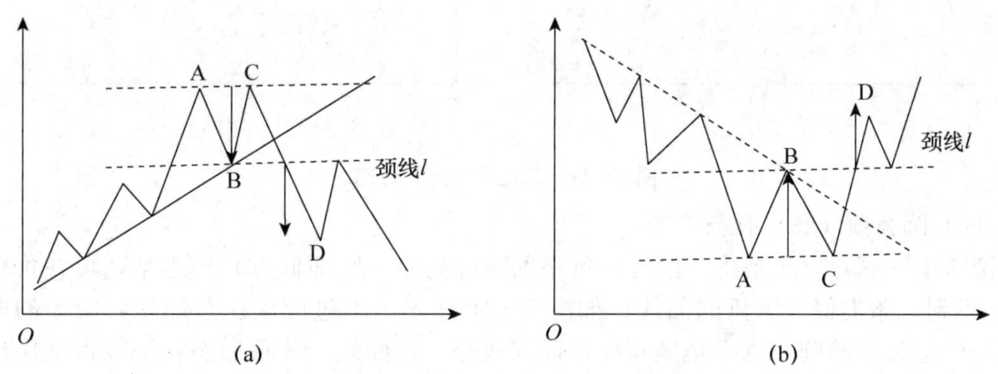

图 5-43　双重顶和双重底（M 头和 W 底）形态

1. 双重顶形态（M 头）

双重顶形态形成以后，未来有两种可能：(1) 未突破颈线，演变成前文中介绍的矩形整理形态。(2) 突破颈线的支撑位置继续向下，这种情况才是真正出现的双重顶反转突破形态。这种突破，除了必要的两个相同高度的高点外，还需向下突破 B 点的支撑位置。连接 AC 两个高点形成的趋势线的轨道线就是通过 B 点的平行线 l，这条线既是轨道线也是支撑线，还是最为重要的颈线，因此突破 l 就是突破支撑线和轨道线，适用于上文提及的关于支撑线和轨道线的全部原则。

双重顶反转的特征主要有：(1) 双重顶的两个高点不一定在同一水平，两者相差少于 3%就不会影响形态所揭示的未来股价趋势。(2) 向下突破颈线时不一定有大成交量伴随，但日后继续下跌时成交量会放大。(3) 双重顶形态一旦得到确认，即具有测算功能，最小跌幅是从突破颈线点算起，价格至少会下跌到与形态高度相等的距离，即从双头最高顶点到颈线之间的垂直距离。

2. 双重底形态（W底）

双重底形态与双重顶形态完全相反，压力线变成了支撑线，向下变成了向上，两个高点变成了两个低点，唯一的区别是双重底颈线突破必须有大成交量进行配合，否则可能为无效突破。

（三）三重顶（底）形态

三重顶（底）形态是由三个一样高或者一样低的顶（底）组成，如图5-44所示。头肩顶（底）形态的识别和判断原则可以应用于三重顶（底）形态。三重顶（底）形态与正常头肩顶（底）形态的最大区别是：三重顶（底）的颈线和顶部（底部）连线是水平的，这使得这种形态更容易演变成为持续整理而非趋势反转形态。如果三重顶（底）的三个顶（底）的高度依次下降（上升），那么三重顶（底）就演变成为三角形形态。

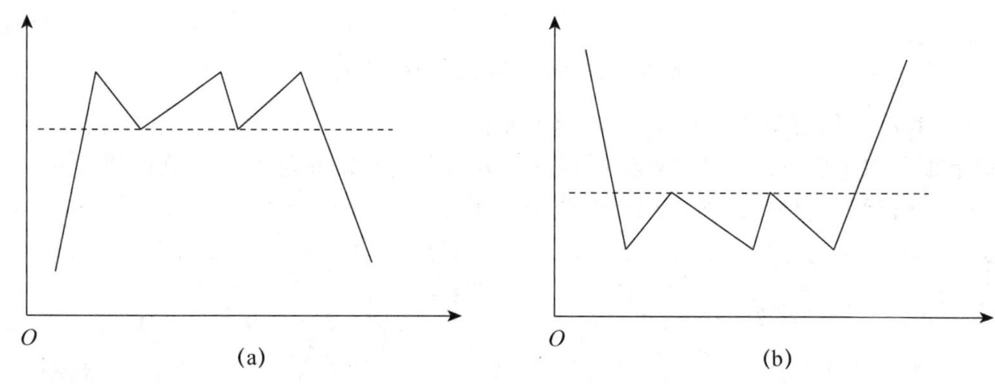

图5-44　三重顶（底）形态

（四）圆弧顶（底）形态

圆弧顶（底）形态是将一段时间价格的顶部高点（底部低点）连起来，可在价格上（下）得到一条类似于圆弧的曲线，如图5-45所示。不过应该注意的是，图中的曲线不是数学意义上的圆，也不是抛物线，而仅仅是一条曲线。这种形态在证券市场中出现机会较少，但是一旦出现则是绝好的卖出（买入）机会，形态的反转深度和高度均不可测。

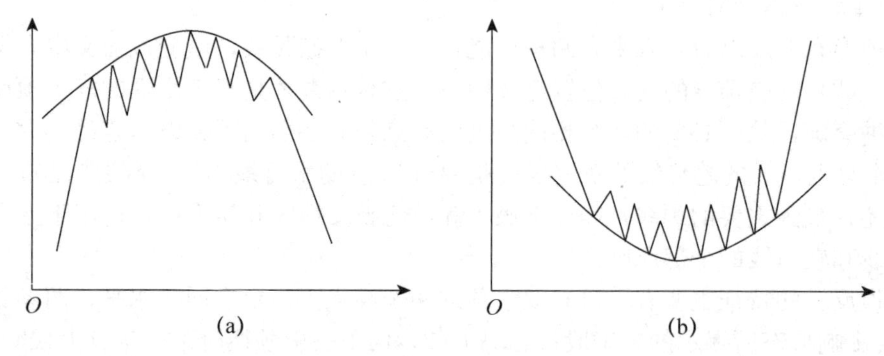

图5-45　圆弧顶（底）形态

圆弧顶（底）形态的特征主要有：(1) 形态完成，股价反转后，行情多属于爆发性，涨跌急速，持续时间也不长，一般一口气走完，中间极少出现回档或者反弹。(2) 在圆弧顶（底）形态的形成过程中，成交量的变化都是两头多、中间少，越靠近顶或者底成交量越少，到达顶或者底时成交量最少。(3) 圆弧顶（底）形态形成的时间越长，今后反转的力度就越强，可信程度和有效性越高。一般来说，圆弧顶（底）形态应该与一个头肩顶（底）形态形成的时间大致相当。

(五) 喇叭形态

喇叭形态多数情况出现在顶部，也是一种较为可靠的反转形态。这个形态完成后，几乎总是下跌，尤其是顶部的喇叭形态。一个标准的喇叭形态应该有三个高点、两个低点。

从图 5－46 中可以看出，由于股价波动幅度逐渐放大，形成了 A、C、E 这三个一个比一个高的高点，以及 B 和 D 这两个一个比一个低的低点，说明交易非常活跃，成交量逐渐放大，市场已失控，投资者情绪主导市场方向，然而多方在 E 点力量已达到顶峰，成交量也达到最高，从此之后开始下降，在空方的力量主导下，在 F 点突破了 B 点和 D 点确定的支撑线，虽然随后多方将价格拉升，但此时买盘不足以支撑 G 点触碰到原来的压力线，股价在喇叭形态之后的下调过程中，肯定会遇到反扑，而且反扑的力度会相当大，这是喇叭形态的特殊性，但只要反扑高度 G 点不超过下跌高度的一半，股价仍会继续下跌。

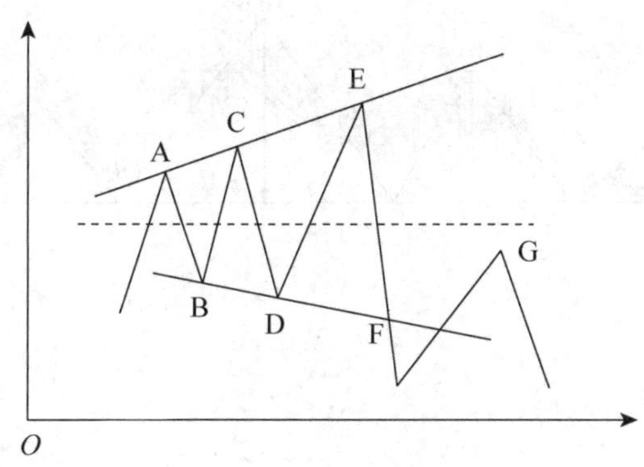

图 5－46　喇叭形态

喇叭形态的主要特征有：(1) 喇叭形态代表下跌，它暗示上涨已到尽头，除非股价在高成交量的推动下继续向上突破。(2) 整个喇叭形态期间都伴随着不规则的大成交量。(3) 跌幅往往很大，深不可测。(4) 喇叭形态来自投资者非理性情绪，因此在投资情绪不高的熊市中，基本不可能出现。

(六) V 形反转形态

V 形反转形态指的是股价在短时间内出现急剧下跌和急速上升的态势，它包括 V 形反转形态和倒 V 形反转形态，如图 5－47 所示。在分时图中，这一形态往往出现得非常突然，事先没有征兆，所以常常形成于剧烈市场动荡之中。V 形是一种失控的形态，在应用时要特别小心。

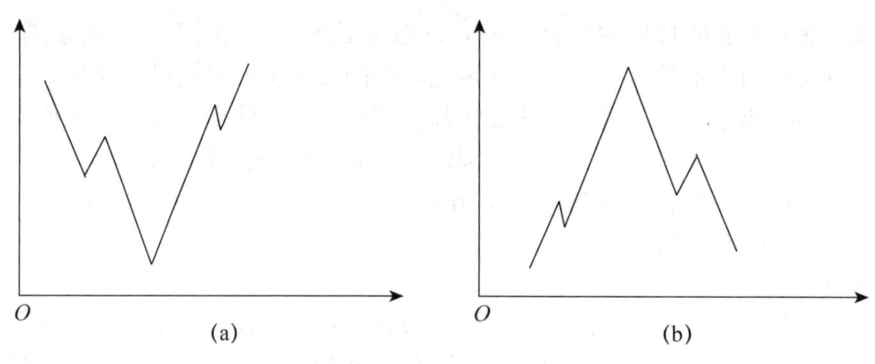

图 5-47 V 形反转形态

拓展阅读

万里扬（002434）头肩顶形态

如下图所示，可以看出万里扬（002434）在 2016 年 6 月至 2017 年 11 月走出了头肩顶形态。头至颈线的距离（形态高度）就是未来跌破颈线后将要下降的距离。

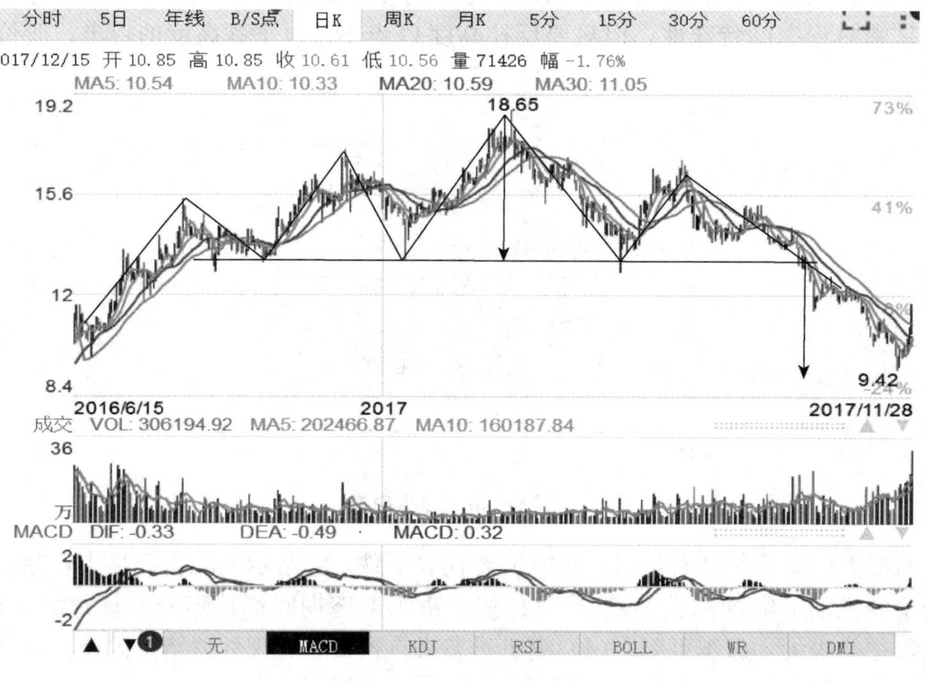

万里扬（002434）头肩顶形态

数据来源：新浪财经官方网站.

综艺股份（600770）喇叭形态

如下图所示，可以看出综艺股份（600770）在 2017 年 8 月至 10 月走出了顶部的喇叭形态，持股的投资者应注意控制仓位，及时获利离场。

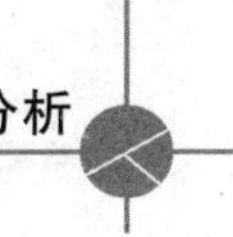

综艺股份（600770）喇叭形态

数据来源：新浪财经官方网站.

联得装备（300545）圆弧底形态

如下图所示，可以看出联得装备（300545）在2017年7月至9月走出了圆弧底形态。

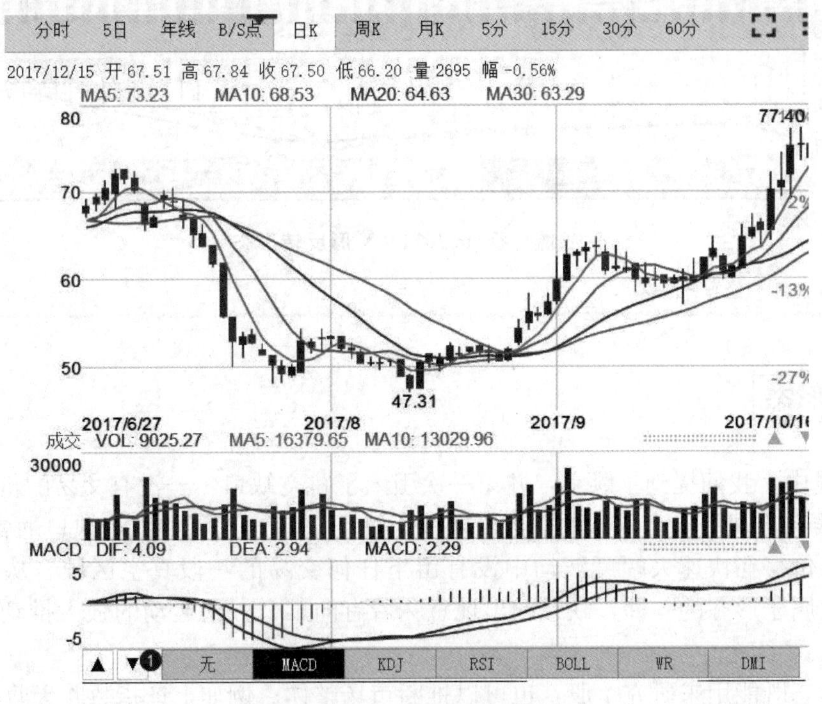

联得装备（300545）圆弧底形态

数据来源：新浪财经官方网站.

长城影视（002071）V形反转形态

如下图所示，可以看出，长城影视（002071）在2017年6月至9月走出了V形反转形态。

长城影视(002071) V形反转形态

数据来源：新浪财经官方网站.

四、缺口形态

在K线中，我们提到了跳空，并第一次引入了跳空缺口——没有交易的价格范围，也就是使K线图出现了空当，这种空当也被称为跳空缺口。正因如此，缺口通常又称跳空，它是指证券价格在快速大幅度波动中没有留下任何交易的一段真空区域。从这个意义上说，缺口也属于形态的一种，缺口的出现意味着有向某个方向运动的强大推动力，缺口越长力量越大。

缺口形态既能用来研究个股，也可以推断市场整体。例如上证指数昨天收盘3 000点，今天开盘3 050点，全天始终在3 050点上方运行，说明这是一个完整的50点跳空缺口，意味着这个交易日市场整体情绪乐观，多方力量强，向上运动的推动力量大，如果当天最

低点低于3 000 点，那么这仅仅是一个跳高开盘，缺口已经被填补。

缺口分析也是技术分析的重要方法之一。缺口可分为普通缺口、突破缺口、持续缺口和消耗性缺口四种形态。

（一）普通缺口

这种缺口一般出现在股价整理形态中，特别是容易出现在矩形或者对称三角形这两种整理形态中，由于股价处于整理时期，所以形态中的缺口不影响股价短期走势。

普通缺口形态的主要特征是：它经常出现，一般会在 3 日内回补；成交量很小，很少有主动的参与者；支撑或者阻力效能一般较弱。由于普通缺口短时间内一定会被填补，因此出现了投资机会，当出现向上方向的普通缺口，那么可以在缺口上方卖出该证券，再在缺口填补后买回；当出现向下方向的普通缺口，那么可以在缺口下方买入该证券，再在缺口填补后卖出。

（二）突破缺口

证券价格向某一方向急速运动，跳出原有形态所形成的缺口。从技术分析的角度来看，如果确定向上（向下）的突破缺口已经形成，那么股价会出现一波向上（向下）的趋势，如果股价在持续整理的区域，那么会出现明显的上升（下降）趋势。

突破缺口形态的主要特征是：往往伴随很强的动能，出现在激烈的价格运动中，预示行情走势将要发生重大变化。突破缺口取决于成交量，特别是向上的突破缺口需要明显增大的成交量，缺口形成后未被完全封闭，这种突破形成的就是真的突破缺口，如果成交量没有显著增大，或者缺口短期内封闭，则可能是假突破缺口。一旦确认了突破缺口，无论价格涨跌怎样，都应该立刻作出反应，向上突破缺口应立刻买入该证券，向下突破缺口应立刻卖出该证券，因为突破缺口一旦形成，行情必然向突破方向深入发展。

（三）持续缺口

当价格向某一方向有效突破后，在急速运动中途出现的缺口，是趋势持续的信号。在持续缺口出现的时候，成交量不一定增加，但如果增加说明趋势强烈。持续缺口通常是在股价突破后远离形态至下一个反转或整理形态的中途出现，因此通过持续缺口可大致预测股价未来可能移动的距离，所以又称为量度缺口。其量度的方法是从突破点开始，到持续性缺口始点的垂直距离，就是未来股价将会达到的幅度。

持续缺口形态的主要特征是：它出现以后，仍然会延续，且一般不会在短期内被封闭，由于它经常出现在上升形态确立后的保持上升到股价整理的阶段，因此投资者有足够的时间可在向上运动的持续性缺口附近买入或者在向下运动的持续性缺口附近卖出。

（四）消耗性缺口

消耗性缺口一般发生在一段行情的末端，表明趋势的结束。

消耗性缺口形态的主要特征是：若趋势中已出现突破缺口与持续性缺口，那么随后出现的很可能就是消耗性缺口。消耗性缺口会在短期内封闭。消耗性缺口出现在一段行情的末端并有大成交量的配合。消耗性缺口形态表明走势已近尾声，因此，投资者在上升行情出现消耗性缺口时应及时卖出，而在下跌趋势中出现消耗性缺口时及时买入。

 拓展阅读

元成股份（603388）缺口形态

如下图所示，可以看出元成股份（603388）走出了伴随很大成交量的向上的突破性缺口，之所以认为它是突破性缺口，是因为虽然第二天股价下跌，缺口形成后未被完全封闭，后紧紧跟随着一个持续性缺口（阴线和阳线之间的），因为该缺口的成交量并不够大。如果股价上升到一定高度，创新高之后再出现的伴随着很大成交量的缺口，很可能就是消耗性缺口，投资者此时应该及时卖出。

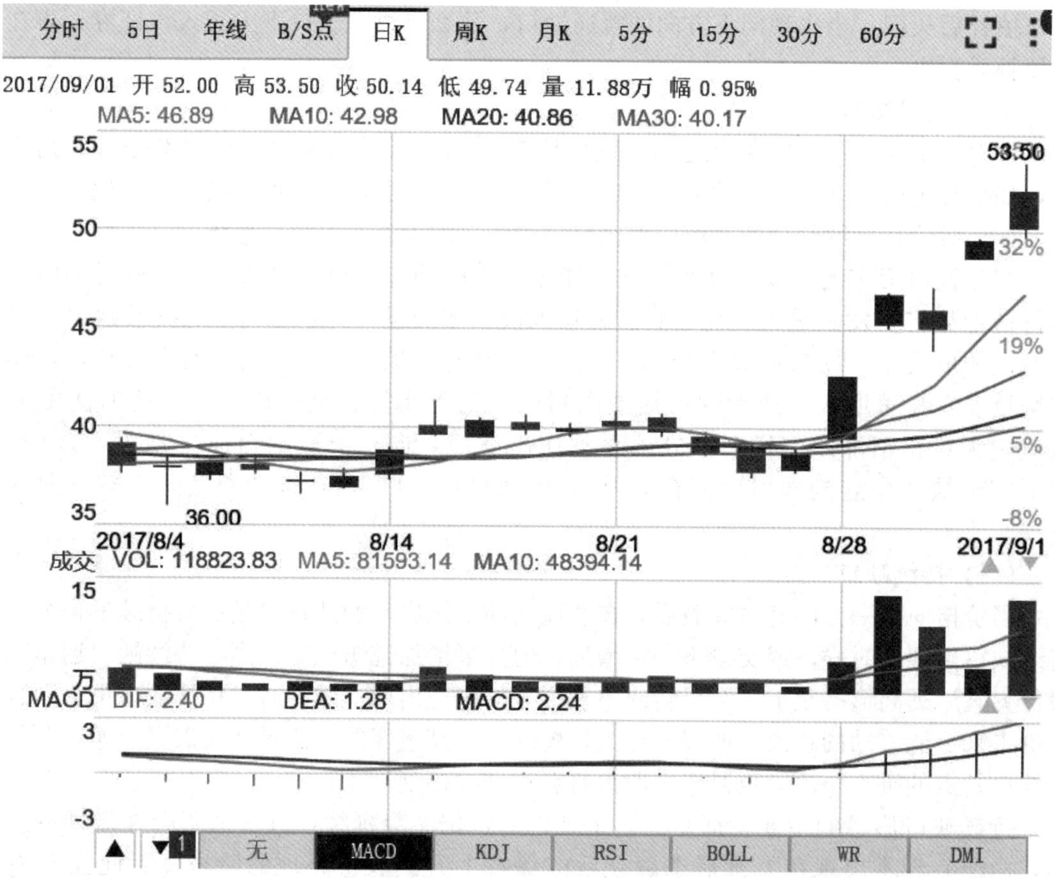

元成股份（603388）缺口形态

数据来源：新浪财经官方网站.

五、形态理论的应用

形态理论及分析目前已经发展得相对成熟，但也有正确应用的问题。首先，所站的角度不同，对同一形态的解释就不同；使用的投资者不同，主观分析的结果也不完全相

同。其次，进行实际操作时，形态理论要求形态完全明确才能行动，从某种意义上讲，形态完全形成需要时间，投资者因此有错过买卖机会的可能。再次，同其他技术分析方法一样，不能把形态理论当成万能的工具，形态分析得出的结论仅是一种参考。最后，形态理论是技术分析的方法之一，还应该结合基本面分析才能够得到较为准确的结论。

第五节　指标分析

指标分析是通过对市场中的数据进行计算，得出具体数值，用以分析证券市场状态的技术分析方法之一。由于其他技术分析方法多以价格为分析对象，不够重视成交量，导致分析结果的可靠性下降。技术指标除了考虑价格外，还考虑成交量等更多的信息并加以量化，所以弥补了其他技术分析方法的不足。进行指标分析的指标有很多种，各国略有不同。比较常用的是平滑异同平均线（MACD）、相对强弱指标（RSI）、随机指标（KDJ）、趋向指标（DMI）、能量潮（OBV）、心理线（PSY）、乖离率（BIAS）等。这些著名的技术指标在证券市场应用中长盛不衰的同时，新的技术指标随着时间的推移仍在不断地出现。

根据这些指标的不同功能，可以将它们分为趋势类指标、超买超卖类指标、人气类指标和大势类指标。应用指标时应该注意各类指标的使用范围和前提条件，同时，综合性地应用多种互补指标会提高分析的精度。

一、趋势类指标

根据市场趋势理论，趋势一旦形成将延续一段时间直至趋势结束，因此判断趋势方向的指标被称为趋势类指标。

（一）移动平均线

移动平均线（MA）是指用统计分析的方法，将一定时期内的证券价格（指数）加以平均，并把不同时间的平均值连接起来，形成一根移动平均线，用以观察证券价格变动趋势的一种技术指标。

1. 移动平均线的分类

移动平均线可分为算术移动平均线（SMA）、加权移动平均线（WMA）和指数平滑移动平均线（EMA）三种。在实际中最常使用的是指数平滑移动平均线。

2. 移动平均线的计算

最常使用的指数平滑移动平均线的计算公式如下：

$$EMA_t(N)=C_t\times\frac{2}{N+1}+EMA_{t-1}\times\frac{N-1}{N+1}$$

公式中，C_t 是计算期第 t 日的收盘价，EMA_{t-1} 是第 $t-1$ 日的指数平滑移动平均数。N 是天数，N 等于 5，计算出来的移动平均线就是 5 日线，可以表示为 MA(5)，同样的有 10 日线、20 日线、30 日线等。初始点的移动平均值可以用初始点的收盘价代替。

例题：某只股票 8 月 25 日的收盘价为 16.2 元，8 月 24 日的 5 日指数平滑移动平均价为 12.8 元，请计算 8 月 25 日的 5 日指数平滑移动平均价。

$$EMA_t(5)=16.2\times2\div6+12.8\times4\div6=5.4+8.53=13.93\text{ 元}$$

根据计算期的长短，移动平均线又可分为短期、中期和长期移动平均线。通常以 5 日、10 日线观察证券市场的短期走势，称为“短期移动平均线”；以 30 日、60 日线观察中期走势，称为“中期移动平均线”；以 13 周、26 周研判长期趋势，称为“长期移动平均线”。西方投资机构重视 200 天移动平均线，并以此作为长期投资的依据：若行情在 200 天均线以下，属空头市场；反之，为多头市场。

3. 移动平均线的特点

移动平均线是从消除股价随机波动的影响出发，寻找股价发展趋势。它的主要特征是：(1) 能够表示股价的趋势，并追踪这个趋势。如果能从股价的图表中找出上升或者下降趋势，那么，移动平均线将与趋势方向保持一致。原始数据的股价图表不具备追踪趋势这个特性。(2) 滞后性。在股价原有趋势发生反转时，由于追踪趋势这一特征，使其行动往往过于迟缓，调头速度落后于大趋势，这是极大的弱点。(3) 稳定性。因为移动平均线是股价几天变动的平均值，要想较大地改变移动平均的数值，当天的股价必须要有很大的变化。(4) 助涨助跌性。当股价突破移动平均线时，无论是向上还是向下突破，股价都有继续向突破方向发展的愿望。(5) 支撑线和压力线的特性。在股价走势中，它承担着支撑线和压力线的角色，当被突破时，就是支撑线和压力线被突破。

4. 移动平均线的判断原则

移动平均线的判断原则最重要的是葛兰威尔法则，又被简称为葛氏法则。如图 5-48 所示。该法则是根据证券价格与移动平均线的位置关系进行分析，得出买入卖出的八大法则。

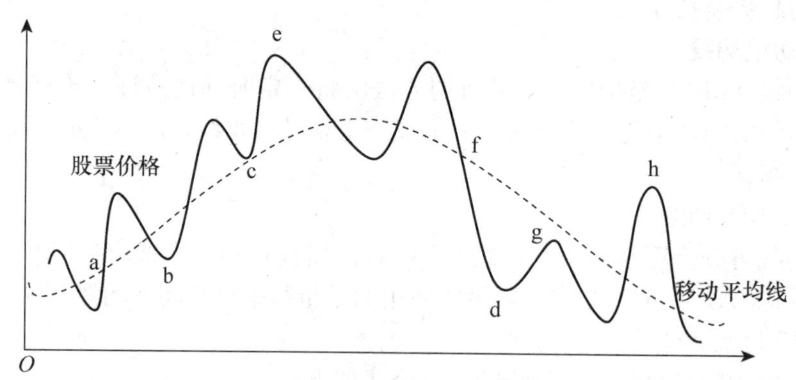

图 5-48 葛兰威尔法则

具体的买入法则是：(1) 平均线从下降开始走平，股价从下上穿平均线（a 点处）。(2) 股价跌破平均线，但平均线呈上升态势（b 点处）。(3) 股价连续上升远离平均线，突然下跌，但在平均线附近再度上升（c 点处）。(4) 股价跌破平均线，并连续暴跌，远离平均线（d 点处）。

具体的卖出法则是：(1) 移动平均线呈上升状态，股价突然暴涨且远离平均线（e点处)。(2) 平均线从上升转为盘局或者下跌，而股价向下跌破平均线（f点处)。(3) 股价走在平均线之下，且朝着平均线方向上升，但未突破平均线又开始下跌（g点处)。(4) 股价向上突破平均线，但又立刻向平均线回跌，此时平均线仍持续下降（h点处)。

5. 移动平均线的组合

(1) 金叉与死叉。

金叉是黄金交叉的简称，死叉是死亡交叉的简称。如果当前价格稳定在长期与短期移动平均线之上，短期移动平均线又向上突破长期移动平均线时，为买入信号，这种交叉就是金叉；反之，当前股价在长期与短期移动平均线之下，短期移动平均线又向下突破长期移动平均线时，则为卖出信号，这种交叉就是死叉。黄金交叉和死亡交叉，实际上就是向上突破压力线或者向下突破支撑线，所以，只要掌握了支撑和压力的思想就不难理解，但值得注意的是，黄金（死亡）交叉与普通交叉不同（如表5-1所示），应用黄金（死亡）交叉给出的信号作出的买入（卖出）操作判断更为准确，而使用普通交叉作出的操作风险很大。

表5-1　黄金交叉与普通交叉

图形			
特征	两根均线同时上翘	一根均线走平	一根均线下斜
技术含义	黄金交叉，以此为信号买入风险小	普通交叉，以此为信号买入风险大	

注：实线为短期移动平均线，虚线为长期移动平均线。

(2) 长、中、短期移动平均线的组合使用。

可以根据长期（250日)，中期（50日)，短期（5日、10日、20日、30日）移动平均线的交互关系来判断未来行情走向。如果在证券市场中，证券市场指数（股价）与移动平均线的排列从上往下依次为证券市场指数（股价)、短期均线、中期均线、长期均线，那么这种组合被称为多头排列，这种排列意味着证券市场（某只股票）看多，多方力量强大，主导市场走向，未来行情继续看涨；反之，当排列组合从上往下依次为长期均线、中期均线、短期均线和证券市场指数（股价)，则被称为空头排列，意味着空方占优，后市看跌。

拓展阅读

集友股份（603429）多头排列

如下图所示，可以看出集友股份（603429）的股价、5日均线、10日均线、20日均线、30日均线依次从上向下排列，形成了多头排列。此外，近5日K线的组合走出了上升组合的形态。

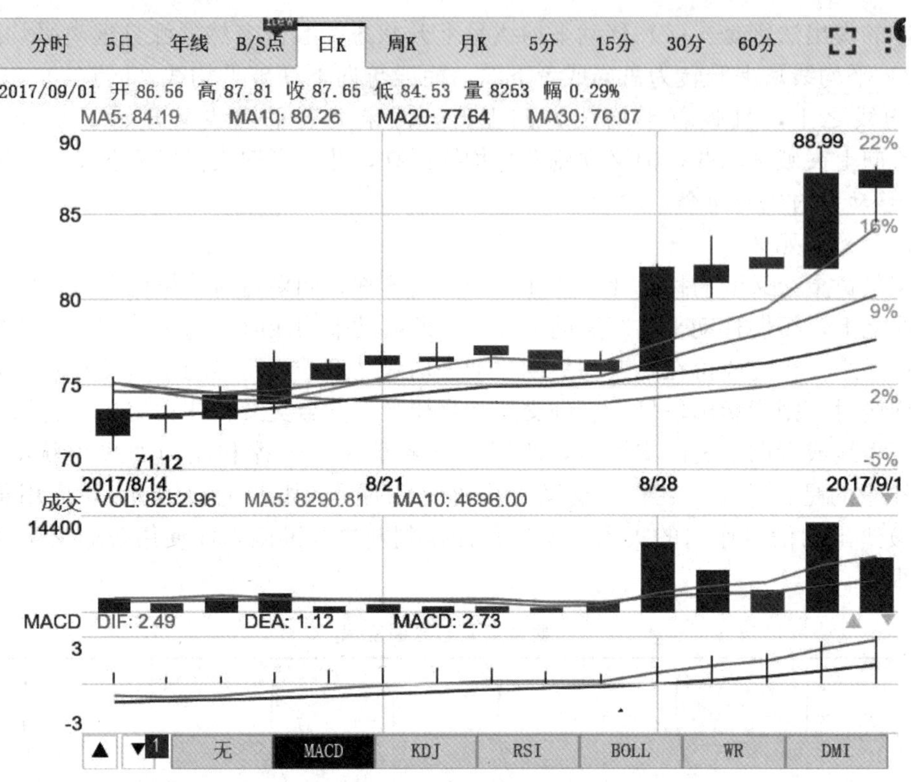

集友股份（603429）K线组合

数据来源：新浪财经官方网站.

（二）指数平滑异同移动平均线

指数平滑异同移动平均线是从双指数移动平均线发展而来的，其原理是利用快速移动平均线和慢速移动平均线，在一段上涨或者下跌行情中相互远离，在上涨或者下跌趋缓时相互接近的特点，运用双重平滑运算来判断买卖时机的方法。

1. 指数平滑异同移动平均线的计算公式

指数平滑异同移动平均线（MACD）由正负差（又称离差值，下文统称离差值（DIF））和异同平均数（DEA）两部分组成。离差值是快速平滑移动平均线与慢速平滑移动平均线的差。一般用12日指数平滑移动平均线为快速移动平均线，以26日指数平滑移动平均线为慢速移动平均线，计算出两者的离差值，然后再求出离差值的9日平滑移动平均线，就是MACD线。

$$EMA_t(12)=C_t\times\frac{2}{13}+EMA_{t-1}\times\frac{11}{13}$$

$$EMA_t(26)=C_t\times\frac{2}{27}+EMA_{t-1}\times\frac{25}{27}$$

$$DIF_t=EMA_t(12)-EMA_t(26)$$

$$DEA_t=DIF_t\times\frac{2}{10}+DEA_{t-1}\times\frac{8}{10}$$

在持续上涨行情中，12 日指数平滑移动平均线在 26 日指数平滑移动平均线上方，离差值为正且越来越大。在下跌行情中，离差值为负且越来越小。行情回转时，离差值将会缩小。指数平滑异同移动平均线就是利用正负离差值与离差值的 9 日平均线的交叉信号作为操作依据。

2. 指数平滑异同移动平均线的判断原则

第一种方法：可以用离差值和异同平均数数值以及两者的位置关系进行判断。判断依据如下：（1）两者均为正值时，属多头市场。离差值向上突破异同平均数是买入信号。（2）两者均为负值时，属空头市场。离差值向下突破异同平均数是卖出信号。（3）当离差值向下跌破 0 轴线时，为卖出信号。

第二种方法：可以使用指标背离原则。背离又称背驰，是指当股票价格或者指数在下跌（上涨）过程中不断创新低（高），而一些技术指标不跟随创新低（高）。如果离差值走向与股价背离，如股价出现几个低点，而离差值和异同平均数并没有出现新低点，可以买入证券。相反，股价连续出现新高点，离差值和异同平均数并没有出现新高点，可以卖出证券。

指数平滑异同移动平均线的优点是剔除了移动平均线频繁的买入卖出信号，缺点是证券市场没有明显行情，处于长期盘整区域时，运用该方法错判的情况较多。

拓展阅读

中国平安（601318）指数平滑异同平均线

如下图所示，中国平安（601318）指数平滑异同平均线（MACD）在 2017 年 11 月下旬出现了 DIF 从上往下穿 DEA 线，释放了近期的一个卖出信号。持股的投资者应该及时出售股票，持币的投资者应继续观望，等待新的买入时机。

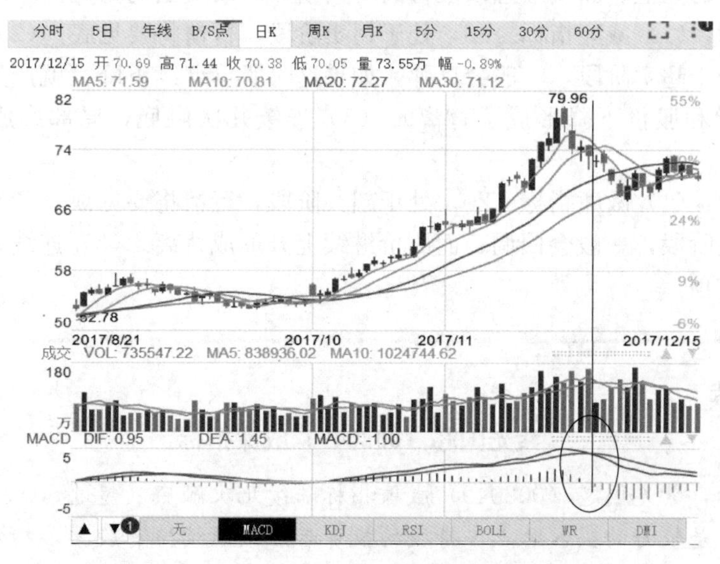

中国平安（601318）指数平滑异同平均线（MACD）

数据来源：新浪财经官方网站.

二、超买、超卖类指标

（一）威廉指标

威廉指标（WMS）最早起源于期货市场，这一指标是通过比较一段时期内股价最高最低价与收盘价的关系来判断证券市场的超买超卖状态，从而引导证券市场操作行为。该指标是最广泛应用于我国股票市场的技术分析指标之一。

1. 威廉指标的计算公式

$$WMS(n)=\frac{H_n-C_t}{H_n-L_n}\times 100$$

公式中，C_t 是当天收盘价，H_n 和 L_n 分别为最近几天包括当天出现的最高价和最低价。n 是时间参数，一般为循环周期的一半以上，多为 14 日或者 20 日。

例题：某只股票当日收盘价为 18.21 元，收盘前 20 个交易日的最高价为 22.32 元，最低价为 17.73 日，求该股票当日的威廉指标。

$$WMS(20)=(22.32-18.21)\div(22.32-17.73)\times 100=4.11\div 4.59\times 100=89.54$$

根据计算公式可以看出，威廉指标的取值范围应该为 0～100，特别要注意的是威廉指标顶部数值为 0，底部数值为 100。如果威廉指标较小，说明当天价格处于高位；如果威廉指标（WMS）较大，说明当天价格处于低位。

2. 威廉指标的判断原则

从威廉指标的数值、曲线形态以及背离可判断买入或卖出的时机。

买入信号为：（1）威廉指标＞80，处于超卖阶段，行情将要见底。（2）威廉指标进入高数值区域，处于超卖阶段，一般会反弹，如果这时股价继续下降，就产生背离（这里威廉指标向上反弹和股价下降形成了背离）。（3）连续几次触底，局部形成双重底或者多重底。

卖出信号为：（1）威廉指标＜20，处于超买阶段，行情将要见顶。（2）威廉指标进入低位，处于超买阶段，一般会回调，而股价继续上升形成背离。（3）连续几次见顶，形成双重顶或者多重顶。

拓展阅读

紫光国芯（002049）威廉指标

如下图所示，紫光国芯（002049）威廉指标陆续几次触底（超过 80），处于超卖阶段，行情将要见底，是较好的买入时点。持股的投资者应该继续持有股票，持币的投资者应择机入场。

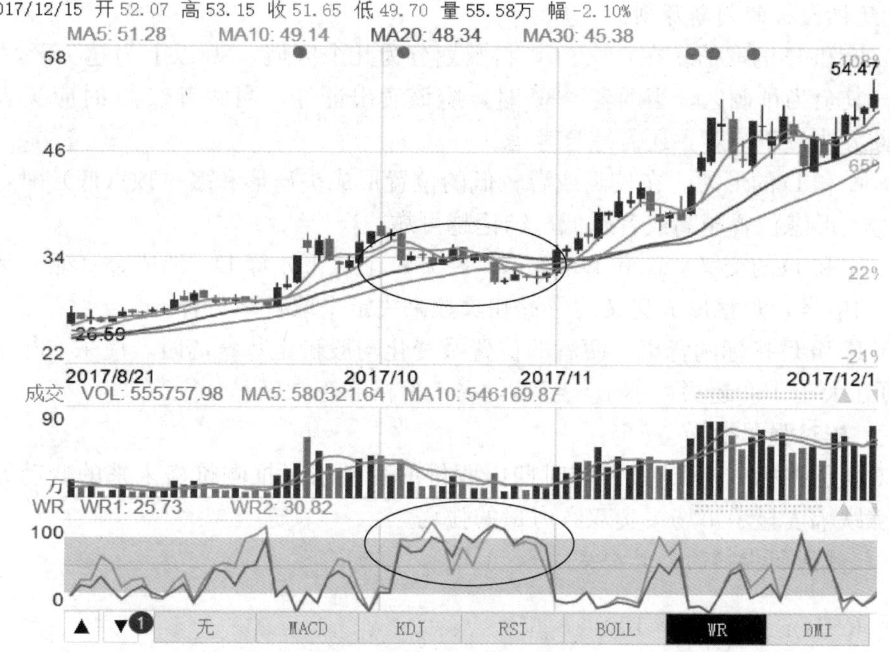

紫光国芯（002049）威廉指标

数据来源：新浪财经官方网站.

（二）随机指标

随机指标（KDJ）由三个指标 K、D、J 组成，也是常用的技术分析指标之一，广泛应用于证券市场。

1. 随机指标的计算公式

第一步，先计算周期 n 的未成熟随机值 $RSV(n)$：

$$RSV(n)=\frac{C_t-L_n}{H_n-L_n}\times 100$$

该指标与威廉指标的计算方法类似，但分子不同。

第二步，对 $RSV(n)$ 进行 3 日指数平滑移动平均，得到 K 值：

$$K_t=K_{t-1}\times\frac{2}{3}+RSV(n)_t\times\frac{1}{3}$$

第三步，对 K 值进行 3 日指数平滑移动平均，得到 D 值：

$$D_t=D_{t-1}\times\frac{2}{3}+K_t\times\frac{1}{3}$$

第四步，得出 J 值：

$$J_t=3D_t-2K_t$$

公式中的 1/3 是平滑因子，可以人为选择，默认值为 1/3，初始 K 和 D 可以使用当日 $RSV(n)$ 或者 50。

2. 随机指标的判断原则

(1) K 和 D 的取值。在 0～100，将其划分为几个区域，80 以上为超买区，20 以下为超卖区，其余为徘徊区。当两者>80 时，应该卖出证券，当两者<20 时应买入证券，但这种判断方法过于绝对，还需综合考虑。

(2) K 和 D 的形态。在较高或者较低的位置形成头肩形和多重顶（底）时，是采取行动的信号。形态位置越高或者越低，结论越可靠。

(3) K 和 D 的交叉。K 和 D<20（>80）K 上（下）穿 D，形成金（死）叉，是买入（卖出）的信号，观察形成交叉的位置和次数来决定采取行动与否。

(4) K 和 D 指标的背离。两者的位置及变化与股价走势背离时，应采取行动。

(5) J 大于 100 超买，小于 0 超卖，属于价格非正常区。

(三) 相对强弱指标

相对强弱指标（RSI）以一定时期内股价的变动情况推测价格未来的变动方向，并根据股价涨跌幅度显示市场买卖双方力量的强弱。

1. 相对强弱指标的计算公式

$$RSI(n)=\frac{A}{A+B}\times 100$$

公式中，A 为 n 日中股市收盘价升幅累计值；B 为 n 日中股市收盘价跌幅累计值；$A+B$ 为股价总的波动大小。n 是天数参数，一般选 5、9、14 等。该指标是用 n 日内每日收盘价高于前日收盘价的总和作为多方力量 A，以每日收盘价低于前日收盘价的总和作为空方力量 B，来计算多空双方的力量。

相对强弱指标的取值范围介于 0 和 100 之间。

例题：某股票 14 个交易日内向上波动幅度为 8.87%，向下波动幅度为 6.49%。求该股票 14 日的相对强弱指标。

$$RSI(14)=8.87\div(8.87+6.49)\times 100=8.87\div 15.36\times 100=57.74$$

2. 相对强弱指标的判断原则

相对强弱指标以一特定时间内股价的变动情况推测价格未来的变动方向，并根据股价涨跌幅度显示市场的强弱。

(1) 根据相对强弱指标取值的大小判断行情，如表 5-2 所示。

表 5-2　　用相对强弱指标判断行情

$RSI(n)$	市场特征	投资操作
80～100	极强	卖出
50～80	强	买入
20～50	弱	卖出
0～20	极弱	买入

(2) 根据短期和长期相对强弱指标曲线关系进行判断。当短期 RSI 大于长期 RSI，应属多头市场；短期 RSI 小于长期 RSI，应属空头市场。短期 RSI 从下往上突破长期 RSI，代表买入时机，反之卖出。

(3) 从相对强弱指标曲线的形态来看，当曲线在较高（低）的位置形成头肩顶（底）或者多重顶（底），代表卖出或者买入的时机。

(4) 从背离角度进行分析，当相对强弱指标曲线处于高位，一峰比一峰低，而此刻对应股价却是一峰比一峰高，即顶背离，是强烈的卖出信号。反之，曲线在低位形成两个底部抬高的谷底，而股价却一谷比一谷低，则是底背离，是强烈的买入信号。

拓展阅读

贵州茅台（600519）相对强弱指标（RSI）

如下图所示，贵州茅台（600519）在创出501.10的价格后，在2017年9月时，相对强弱指标（RSI）再次发出了买入信号，首先RSI指标在50～80靠近50的范围内，说明市场多方力量较强，应该买入该股票；其次可以看到股价在60日均线上，近期成交量出现增加的同时，6日RSI向上突破12日RSI，出现了RSI金叉。

贵州茅台（600519）相对强弱指标（RSI）

数据来源：新浪财经官方网站.

(四) 乖离率指标

乖离率指标（BIAS）用来测算股价与移动平均线的偏离程度。如果股价偏离移动平均线太远，不管是在移动平均线的上方还是下方，都有向移动平均线回归的要求。

1. 乖离率指标的计算公式

$$BIAS(n)=\frac{C_t-MA(n)}{MA(n)}\times 100\%$$

公式中，C_t 是第 t 日的收盘价，$MA(n)$ 是 n 日的移动平均数，n 是参数。参数越大，允许股价偏离移动平均数的程度就越大，当偏离到一定程度，则有向均线回归的趋势。

例题：某股票当日收盘价为 28.89 元，当日的 MA（5）为 25.12 元。求该股票当日的 BIAS（5）。

$$\mathrm{BIAS}(5)=(28.89-25.12)\div 25.12\times 100\%=15\%$$

2. 乖离率指标的判断原则

（1）从乖离率指标（BIAS）的取值大小和正负考虑。乖离率指标可正可负，除以分母后就是相对距离。正的乖离率越大，表示短期多头的获利越大，获利回吐的可能性越高；负的乖离率越大，则空头回补的可能性也越高。对于综合指数来说，乖离率指标 BIAS（10）>30%为抛出时机，BIAS（10）<−10%为买入时机；对于单只股票来说，乖离率指标 BIAS（10）>35%为抛出时机，BIAS（10）<−15%为买入时机。

（2）从曲线形状考虑，形态理论和切线理论同样适用。

（3）从两条乖离率曲线的相对位置入手，当短期乖离率指标在高位下穿长期乖离率指标时，是卖出信号；在低位，短期乖离率指标上穿长期乖离率指标时是买入信号。

（4）顶背离和底背离的分析原则同样适用于乖离率指标。

拓展阅读

贝瑞基因（000710）乖离率指标

如下图所示，贝瑞基因（000710）乖离率指标在 2017 年 9 月中旬发出了卖出信号，在

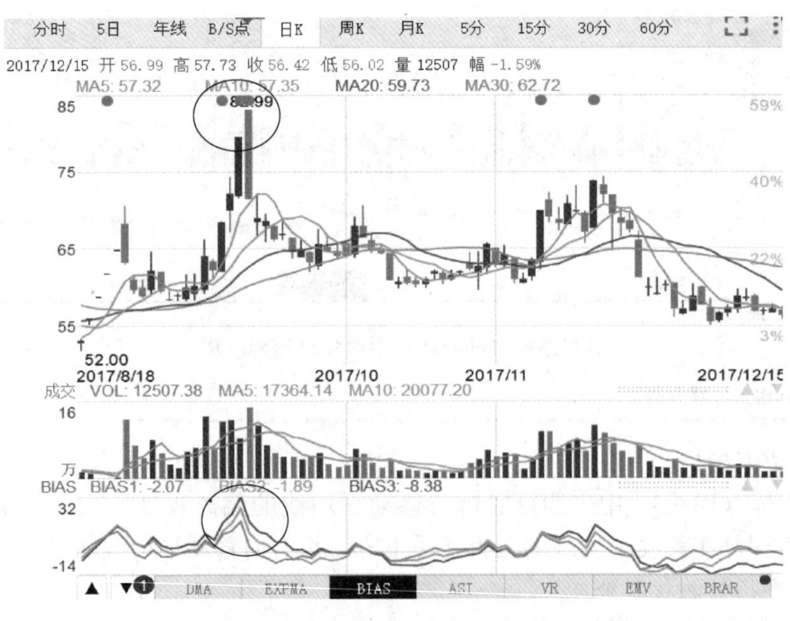

贝瑞基因（000710）乖离率指标

9月上旬这段时间，乖离率为正且一直上升，多头获利回吐的可能性很高，至月中，乖离率突破32%，持股的投资者应该考虑离场，持币的投资者应继续观望。

数据来源：新浪财经官方网站.

三、人气类指标

(一) 心理线指标

心理线指标（PSY）主要是从市场投资者多空双方的心理方面来分析证券市场股票价格的未来发展趋势。

1. 心理线指标的计算公式

$$PSY(N)=\frac{A}{N}\times 100$$

公式中，A 为 N 天之中股价上涨的天数，N 为天数。判断股价上涨还是下降以收盘价为标准。参数 N 选得越大，心理线指标的取值范围越集中、越平稳。PSY（N）取值范围为0～100，数值50以上是多方市场，50以下是空方市场。

2. 心理线指标的判断原则

(1) 心理线指标数值的正常范围为25～75，超过75是超买，低于25是超卖，股价下跌或者上升的机会增多，可准备卖出或者买进。

(2) 心理线指标数值高于90时是真正的超买，低于10时是真正的超卖，是最佳的卖出和买入时机。

(3) 一般要求心理线指标进入高位或者低位两次以上才能采取行动。

(4) PSY曲线如果在低位或者高位出现大的W底或者M头，也是买入或者卖出的行动信号。

(5) 可同股价曲线配合使用，顶背离和底背离原理在这个指标上同样适用。

(6) 心理线与其他技术指标如成交量、换手率等配合使用，精确度可更高。

(7) 在投机严重的市场中，心理线指标的运用有局限性。这是因为该指标给出的信号为事后预测，同时，投资者的心理偏好受诸多随机因素的影响，变化太快、太大。

拓展阅读

中国石油（601857）心理线指标

如下图所示，中国石油（601857）心理线指标在2017年9月出现了低位W底，且指标低于10，属于真正的超卖，这是明确发出买入的信号，这段时期持股的投资者应继续补仓，持币的投资者应考虑及时入场。

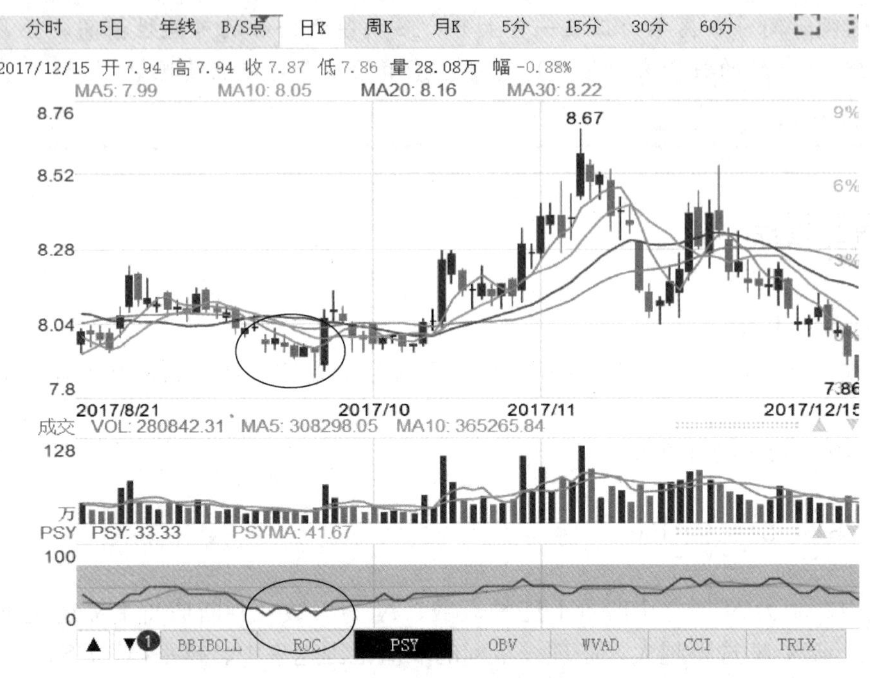

中国石油（601857）心理线指标

数据来源：新浪财经官方网站.

（二）能量潮指标

能量潮指标（OBV）又称人气指标。由于股价走势受市场上供求双方力量对比的影响，成交量的多少代表市场人气的兴衰，因此能量潮指标能够根据成交量来预测股价变化，它属于先行指标的一种，原理就是“先见量后见价”，价格的有效变化必须有成交量的配合才能成立。

1．能量潮指标的计算公式

$$OBV_t = OBV_{t-1} + sgn \times V$$

公式中的 sgn 为符号函数，当今日收盘价≥昨日收盘价时，$sgn=+1$；当今日收盘价＜昨日收盘价时，$sgn=-1$，V 是今日成交量，成交量是成交股票的手数而非金额。能量潮指标的初始值可以用第一日的成交量代替。

能量潮理论成立的三点依据：（1）交易双方对股票价格的评价越不一致，成交量越大；反之，评价越一致，成交量越小。因此，可用成交量来判断市场人气的兴衰。（2）股价上升需要的能量大，因而要以成交量放大伴随。股价下跌不必耗费很大能量，因而成交量不一定放大，甚至会有萎缩倾向。（3）股价波动有惯性可循，但变动到某一点后，总会改变方向。

2．能量潮指标的判断原则

（1）能量潮指标不能单独使用，必须与价格曲线结合使用。（2）曲线的变化是对当前股价变化趋势的确认。例如，当股价上升（下降），能量潮指标（OBV）也相应上升（下降），则可确认当前的上升（下降）趋势。当两者出现背离，则对目前上升（下降）的趋

势认可程度要大打折扣，后劲不足有反转的可能。（3）股价进入盘整区后，OBV 曲线会率先显露出脱离盘整的信号，向上或者向下突破，且成功率较高。（4）形态理论和切线理论的内容也适用于能量潮指标。

四、大势类指标

大势类指标只能判断市场的整体形势，而不能应用于个股。

（一）腾落指数

腾落指数（ADL）计算每天股票上涨家数和下跌家数的累积结果，与综合指数相互对比，进而对市场未来走势进行预测。

1. 腾落指数的计算公式

$$ADL_t = ADL_{t-1} + N_A - N_D$$

公式中，N_A 为当天所有股票中上涨的数量，N_D 为所有股票中下跌的数量。判断标准以今日收盘价与昨日收盘价相比，无涨跌者不计。初始值可使用零。

2. 腾落指数的判断原则

（1）腾落指数不看重取值的大小，而强调相对走势。（2）腾落指数不能单独使用，要结合股价曲线分析。腾落指数如果与股价同步走高（走低），创新高（低），则可以验证行情上涨（下跌）趋势，短期内反转的可能性不大。（3）腾落指数连续上涨（下跌）较长时间（3 天以上），股价却向相反方向下跌（上升），这是第一种背离；腾落指数保持上升（下跌）趋势，价格中途下降（上升），但很快又恢复原有的趋势，并创新高（低），这是第二种背离。背离代表多方（空方）强势，也是买进（卖出）信号。（4）形态学理论和切线理论的内容也可以用于腾落指数。（5）过去的历史发现，腾落指数对多头市场的预测更准确。

腾落指数的优点是计算简便，可弥补加权股价指数的不足，其缺点是只能反映大势的变化而不能提示买卖时机和个股的优劣，所以一般不能单独使用，而要和其他指标结合运用。

（二）涨跌比指标

涨跌比指标（ADR）是根据股票的上涨家数和下跌家数的比值，推断证券市场多空双方力量的对比，判断出证券市场的实际情况。

1. 涨跌比指标的计算公式

$$ADR(N) = \frac{P_1}{P_2}$$

公式中，$P_1 = \sum N_A$，即 N 日内上涨股票数量之和，$P_2 = \sum N_D$，即 N 日内下跌股票数量之和，N 为选择的天数，N 太小，容易受当日股价影响，N 过大，又容易导致结果敏感性不高，也无多大参考价值，所以 N 通常取 10 进行计算。涨跌比指标一般围绕 1 波动，N 越小，波动幅度越大，曲线上下起伏越剧烈；N 越大，波动幅度越小，曲线上下起伏越平稳。

2. 涨跌比指标的判断原则

(1) 10 日涨跌比率的常态分布为 0.5～1.5。(2) 当涨跌比率值大于 1.5 时，表示股价上涨已超出常态，产生了超买现象，股价容易回落，是卖出信号。(3) 当涨跌比率小于 0.5 时，表示股价下跌已超出常态，产生了超卖现象，股价可能会出现反弹或者回升，是买进信号。(4) 若股票加权指数与涨跌比率呈背离现象时，大势可能即将反转。

(三) 超买超卖指标

超买超卖指标 (OBOS) 是运用上涨和下跌的股票家数的差距对大势进行判断。

1. 超买超卖指标的计算公式

$$OBOS(N) = \sum N_A - \sum N_D$$

多空平衡位置是 0，$OBOS>0$ 多方占优势，$OBOS<0$ 空方占优势。

2. 超买超卖指标的应用法则

(1) 根据超买超卖指标数值判断，在 0 附近变化时，市场处于盘整时期；当指标数值为正数时，市场处于上涨行情；当指标数值为负数时，市场处于下跌行情。当指标数值达到一定正数时，大势处于超买阶段，可以择机卖出；反之，当指标数值达到一定负数时，大势处于超卖阶段，可伺机买进。(2) 超买超卖指标走势与指数背离时，是采取行动信号，大势可能反转。(3) 形态理论和切线理论中的结论也可用于超买超卖指标。(4) 当超买超卖指标曲线第一次进入发出信号区域时应注意是否出现错误。(5) 超买超卖指标比涨跌比指标简单易懂，运用较多，但不应放弃涨跌比指标。

必须注意的是，超买超卖指标主要用于分析大势，因此要与股价指数联系起来加以分析。超买超卖指标对大势而言有先行指标的作用，但对个别股价走势无法提供明确的提示。

五、技术指标的应用法则

通过上述指标的介绍，可以看出指标的应用法则主要有以下方面：(1) 指标的趋势。(2) 指标的交叉。(3) 指标的形态。(4) 指标的背离。(5) 指标的极端值。应用技术指标时需要注意，每一种指标都有自己的应用条件和适用范围，不能生搬硬套。初级投资者往往会盲目迷信技术指标的预测功能，犯了错误之后又走向技术指标无用的极端。实际上技术指标是技术分析方法的一种，它具有技术分析的优缺点，需要和基本面分析相结合。此外，虽然技术指标的种类很多，但在预测某只股票时，3～5 个关键技术指标就足够了。指标的选择具有一定的主观性，投资者的偏好不同，选择也不同。

本章小结

1. 技术分析方法从三大假设出发，利用历史的信息数据，总结经验，它的分析对象是证券市场过去和现在的市场行为，包括价格、成交量等，技术分析使用逻辑和数据分析的方法，总结出一套变化规律，据此来判断市场未来趋势。技术分析方法不仅仅能够应用于证券投资，还可以应用于债券、期货等其他金融市场。

2. 研究证券市场技术分析的理论是道氏理论。道氏理论认为：在开盘价、最高价、最低价和收盘价四个价格中，收盘价是最重要的。

3. 指数分析的方法有很多种，根据分析对象的不同可分为K线类、切线类、形态类和技术指标类。

4. K线分析是各国均广泛使用的技术分析手段，但需要注意的是，无论是一根K线还是两根、三根线甚至多根K线，都是对多空双方争斗的描述，由它们的组合得到的结论都是相对而非绝对的。对具体进行股票买卖的投资者而言，结论只是一种建议。

5. 切线是按一定方法和原则在由股票价格的数据所绘制的图表中画出一些直线。根据切线可以推测股票价格的未来趋势，并作出投资决策。切线主要起支撑或者压力的作用，因此对价格上升或者下降趋势有一定的约束。

6. 趋势是指股票价格的波动方向，趋势可以分为上升方向、下降方向和水平方向（无趋势方向）。按道氏理论的分类，趋势可以分为三个类型：主要趋势、次要趋势和短暂趋势。投资分析要把握趋势，顺势而为。

7. 指标分析是通过对市场中的数据进行计算，得出具体数值，用以分析证券市场状态的技术分析方法之一。由于其他技术分析方法多以价格为分析对象，不够重视成交量，导致分析结果可靠性下降。技术指标除了考虑价格外，也考虑成交量等更多的信息并加以量化，所以弥补了其他技术分析方法的不足。常用的指标有很多种，各国略有不同。比较常用的是平滑异同平均线（MACD）、相对强弱指标（RSI）、随机指标（KDJ）、趋向指标（DMI）、能量潮（OBV）、心理线（PSY）、乖离率（BIAS）等。这些常用的技术指标在证券市场应用中长盛不衰的同时，新的技术指标随着时间的推移仍在不断出现。

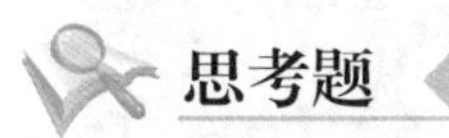

思考题

1. 名词解释

技术分析法　分时图　K线图　支撑线　趋势线　轨道线　缺口　移动平均线　威廉指标　相对强弱指标

2. 叙述题

（1）技术分析的三大假设。

（2）K线的形状。

（3）K线理论的应用。

（4）形态分析。

（5）缺口的形态。

（6）技术指标的分析。

（7）技术指标应用法则。

第六章 证券投资理论

学习目标

通过本章的学习，考生应了解现代投资组合理论、技术分析、价值投资、理性金融、行为金融等学派的理论的内容；熟练掌握资产定价理论、套利定价理论、有效市场等假说的前提条件及核心内容。

学习方法

(1) 预习法。通过预习，了解本章的内容，对资产定价理论、套利定价理论、有效市场理论的假设前提及核心内容有一个初步把握。

(2) 背诵理解学习法。本章与实际生活距离较远，理论公式较多，在学习过程中要在背诵的基础上加深理解和记忆。

(3) 完成本章后面的思考题。

案例导读

资本资产定价模型（Capital Asset Pricing Model，CAPM）是由美国学者夏普、林特尔、特里诺和莫辛等人于 1964 年在资产组合理论和资本市场理论的基础上发展起来的，主要研究证券市场中资产的预期收益率与风险资产之间的关系，以及均衡价格是如何形成的，是现代金融市场价格理论的支柱，广泛应用于投资决策和公司理财领域。该模型用简单的数学公式表述了资产的收益率与风险系数β以及系统性风险之间的关系。

资本资产定价模型假设所有投资者都按马科威茨的资产选择理论进行投资，对期望收益、方差和协方差等的估计完全相同，投资人可以自由借贷。基于这样的假设，资本资产定价模型研究的重点在于探求风险资产收益与风险的数量关系，即为了补偿某一特定程度的风险，投资者应该获得多少的报酬率。资本资产定价模型主要应用于资产估值、资金成本预算以及资源配置等方面。

当资本市场达到均衡时，风险的边际价格是不变的，任何改变市场组合的投资所带来的边际效果是相同的，即增加一个单位的风险所得到的补偿是相同的。

思考题：

1. 证券投资有哪些经典理论？
2. 资本资产定价模型的假设条件有哪些？
3. 资本资产定价模型在哪些方面可以应用？
4. 对于具有显著特殊性的中国证券市场，资本资产定价模型可以起到什么作用？
5. 资本资产定价理论对于确定证券投资组合有何意义？

第一节 投资理论发展历程

人类对证券投资理论的研究始于证券交易市场产生时，迄今为止，已经产生了技术分析、价值投资、理性金融、行为金融等几大学派。各种理论都在不同程度上反映了证券市场的规律和特征。

一、技术分析理论

技术分析理论是最早的证券投资理论。技术分析理论是以证券的市场表现为研究对象，纯粹根据证券过去的市场表现、行为模式来预测未来价格变动及市场走势的分析方法。证券的市场表现主要包括市场价格、成交量及达到这些价格和成交量所用的时间三个要素。这三个要素中，价格最重要，成交量及时间对价格起验证作用。查里斯·道是技术分析派的鼻祖，他在担任《华尔街日报》总编的 13 年间发表了一系列文章，表达了他对股市行为的研究心得。他认为，股市虽然变化多端，但总是循着特定趋势前进；股价运动同时包含有三种趋势：长期趋势、中期趋势、短期趋势，认识趋势即可预测股市未来。道氏理论成为技术分析派的理论基石。

二、价值投资理论

价值投资理论是以证券的内在价值及其与市场评价的偏差为研究对象的理论。1934年，本杰明·格雷厄姆与戴维·多德出版了《证券分析》一书。该书被看作价值投资理论的奠基之作，被誉为价值投资学派的圣经。在价值投资理论的众多追随者中，最有名的是沃伦·巴菲特。巴菲特通过运用格雷厄姆创立的价值投资理论，在证券市场上取得了几十亿美元的财富，他是世界顶级富豪中极少数通过证券投资方式得到财富和地位的人。价值投资理论认为，购买证券的投资人应该下工夫去研究公司的资产负债表和损益表，以公司的实际财务状况和未来的获利能力为依据去估计证券的内在价值，然后去寻找价值被低估的公司。价值投资学派强调投资者应该把注意力从证券的市场表现转到证券本身，买入那些价值被市场低估的证券，卖出那些价值被市场高估的证券。因为市场价格的变动只是表象，价格最终会和企业的内在价值相关。

三、理性金融理论

20 世纪 50 年代诞生了证券分析理论的第三个学派：理性金融理论。理性金融理论是以证券市场中理性人的行为方式及其对市场的影响为研究对象的投资理论。1952 年，哈里·马科威茨在其发表于《金融学》杂志上的一篇论文中创造性地提出用概率论中的数学期望来度量投资的预期收益，用方差（或标准差）来度量预期收益的不确定性。马科威茨的研究是，如果一个投资者同时在许多种证券上投资，那么他应该如何选择各种证券的投资比例，才能使得投资收益最大、风险最小。马科威茨的贡献在于他把收益与风险这两个有点含糊的概念明确为具体的数学概念，将资产组合的最优选择问题转化为线性约束下的期望收益最大化问题，最终投资者的资产组合选择问题可以简化为如何在投资组合的预期收益及其方差两方面取得平衡。1958 年，詹姆斯·托宾将马科威茨的风险资产组合选择理论拓宽到无风险资产与风险资产并存的情况。托宾的论证表明，如果投资组合在无风险资产和风险资产之间进行分配，那么无论投资者愿意承担多大的风险，单一风险资产在风险资产组合中的比例不变。托宾进一步把家庭和企业怎样选择资产构成的思想发展成金融和实物资产的一般均衡理论，并且分析了金融和实体经济之间的相互作用，从而完成了核心经济理论中实体经济和虚拟经济结合方面的一次重大突破，托宾因此获得了 1981 年度诺贝尔经济学奖。马科威茨-托宾的资产选择理论给出了理性投资者的最佳做法。1964 年，威廉·夏普推导出了著名的资本资产定价模型，成功地解决了均衡状态下的资本资产定价问题。因其对金融学投资理论的突破性贡献，马科威茨、夏普与另外一名经济学家莫顿·米勒三人共同分享了 1990 年度诺贝尔经济学奖。

四、行为金融理论

行为金融理论是以证券投资者的实际行为模式及对市场的影响为研究对象的投资理

论。行为金融理论纠正了传统证券投资理论中对证券投资者非理性行为的忽视，把对投资者行为模式的研究引入证券投资领域。理查德·泰勒是行为金融理论研究的开拓性人物。1985 年，泰勒与德·邦特首次发现股票收益率存在反转效应，即在过去 3～5 年收益率低的股票在未来会有着较高的市场收益率；而在过去 3～5 年收益率高的股票在未来会有着较低的市场收益率。股市反转效应的发现引发了一场对证券市场效率问题旷日持久的争论，行为金融学派在这场争论中逐渐发展壮大。1985 年，瑞典的诺贝尔经济学奖颁奖委员会把当年度的诺贝尔经济学奖授予了 MM 理论的创始人之一佛朗科·莫迪利亚尼。莫迪利亚尼与莫顿·米勒在 1958 年合作发表的 MM 理论最先采用了无套利分析方法。无套利分析方法使金融学的研究从方法论的角度与一般的经济学研究相分离，被看作当代金融学研究的方法论革命。而行为金融学者认为，套利者的套利行为对市场效率的影响远没有想象的那么大，这就使建立在无套利分析基础上的理性金融理论出现了很大的漏洞。

第二节　资产定价理论

资产定价理论解释在资本市场中单个资产的均衡价格是如何在收益和风险的权衡中形成的，在市场均衡状态下，单个资产的收益是如何依风险而确定的。

资本资产定价模型由资本市场线方程和证券市场线方程构成。资本资产定价模型被广泛地应用于资产价值评估和资本预算中。

一、资本资产定价模型的前提假设

简单形式的资本资产定价模型（Capital Asset Pricing Model，CAPM）建立在若干基本假定的基础上，这些基本假定的核心是尽量使个人投资行为相同化，不同的只是投资者初始财富和风险厌恶程度。投资者相同的投资行为会使分析大为简化。

（一）存在大量投资者

市场上存在大量投资者，每个投资者的财富相对于所有投资者的财富总和来说是微不足道的。投资者是价格的接受者，单个投资者的交易行为对证券价格不发生影响。这一假定与微观经济学中对完全竞争市场的假定是一样的。

（二）投资者的投资期限均相等

所有投资者的投资期限均相等，都在同一证券持有期内计划自己的投资，这种行为忽略了在持有期结束后可能发生的事件。

（三）投资范围限于公开交易的资产

投资者投资范围仅限于公开金融市场上交易的资产，如股票、债券等，并假定投资者可以在固定的无风险利率基础上借入或贷出任何额度的资产。

（四）不存在证券交易费用及税赋

不存在证券交易费用及税赋，即假设不存在实际交易中支付的佣金与印花税，以及利息税、红利税等。

（五）所有投资者均是理性的

所有投资者均是理性的，当面临其他条件相同的两种选择时，投资者会选择具有较高期望收益率的那种。当面临其他条件相同的两种选择时，投资者会选择具有较低标准差的那种。追求资产组合的收益最大化与方差最小化，这意味着投资者都采用马科维茨的资产选择模型。

（六）投资者对证券的评价和经济局势的看法都一致

所有投资者对证券的评价和经济局势的看法都一致。投资者关于证券收益率的概率分布预期是一致的。依据马科维茨模型，给定一系列证券的价格和无风险利率，所有投资者的证券收益的期望收益率与协方差矩阵相等，从而产生了有效率边界和一个独一无二的最优风险资产组合。这一假定也被称为同质期望。

（七）市场是完全竞争的

单个投资者不能通过买卖行为影响资产价格，即市场是完全竞争的。

（八）根据期望收益率及其标准差来评价投资组合

投资者根据期望收益率及其标准差来评价投资组合。

通过这些假设，资本资产定价模型将市场简化到一种极端的情形。在这样的市场上，投资者拥有相同的信息，并且对证券的前景具有一致的看法，他们以相同的方式来分析和处理信息，证券市场是没有摩擦的完全市场。在假设条件下，通过考察市场上所有投资者的集体行为，可以获得证券的风险和收益之间均衡关系的特征。

二、资本资产定价模型

资本资产定价模型回答了在市场均衡状态下，任意一项资产的预期收益与其所承担的风险之间的关系，即

$$E(r_i)=r_f+\beta_i[E(r_m)-r_f]$$

公式中的 $\beta_i=\frac{\sigma_{im}}{\sigma_M^2}$，它反映了任意资产 i 与市场组合之间的相关性，度量了由于市场波动给资产 i 带来的风险。

从模型可以看出，风险资产的收益由两部分组成：无风险资产的收益 r_f 和市场风险补偿额。风险资产的收益率肯定要高于无风险资产的收益率。同时，并非风险资产承担的所有风险都要予以补偿，给予补偿的只是系统性风险。因为非系统性风险需要通过多元化投资分散掉。风险资产的市场风险补偿的大小取决于 β 值，β 值是衡量市场风险的一个标准。

三、资本资产定价模型的基本结论

（一）按照市场组合比例复制风险资产组合

所有投资者按照包括所有可交易资产的市场组合 M 来按比例地复制自己的风险资产组合。为了简化起见，将风险资产特定为股票。每只股票在市场组合中所占的比例等于这

只股票的市值（每股价格乘以股票流通在外的股数）占所有股票市值的比例。

（二）市场组合相切于最优资本配置线

市场组合不仅在有效率边界上，而且市场组合相切于最优资本配置线，资本市场线也是可能达到的最优资本配置线。所有投资者选择持有市场组合作为他们的最优风险资产组合，投资者之间的差别只体现在投资于最优风险资产组合与无风险资产的比例不同。

（三）市场组合的风险溢价与投资者的风险厌恶程度成比例

市场组合的风险溢价与市场风险和个人投资者的风险厌恶程度成比例。由于市场组合是最优资产组合，即风险有效地分散于资产组合中的所有股票，σ_M^2 是这个市场的系统风险。

（四）单个资产与市场组合的风险溢价是成比例的

单个资产的风险溢价与市场组合 M 的风险溢价是成比例的，与其 β 系数也成比例。β 系数用来测度一只股票与市场一起变动的情况下，股票收益变动的状况。

四、市场组合与资本市场线

（一）市场组合

市场组合是把所有个人投资者的资产组合加总起来时，加总的风险资产组合价值等于整个经济中全部财富的价值。每个借入者都有一个贷出者与之对应，借入与贷出将互相抵消，因此，市场组合中不含有无风险资产。资本市场均衡时，直线效率边界上的切点组合就是市场组合。

经过市场组合的直线效率边界，是投资者投资决策时所应选择的对象，也就是说，直线效率边界代表投资者所应遵循的风险—收益准则。这条很重要的直线效率边界称为资本市场线。具体见图 6-1。

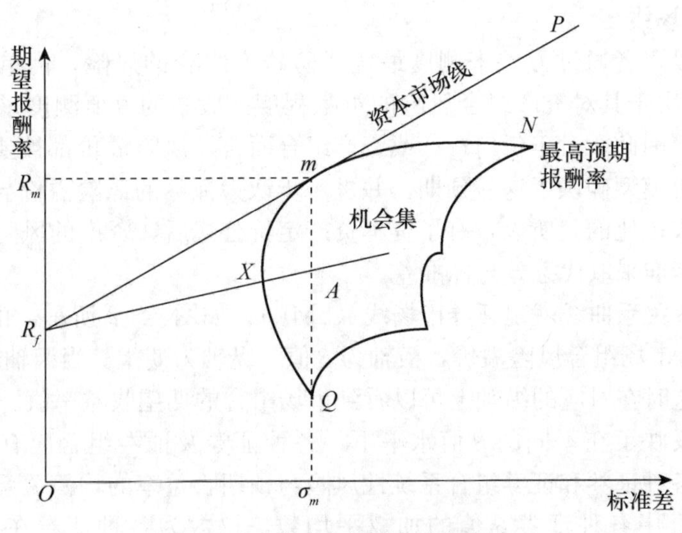

图 6-1　资本市场线与市场组合

资本资产定价模型认为每个投资者均有优化其资产组合的倾向，最终所有个人的资产组合会趋于一致，每种资产的权重都与市场组合中每种资产的权重相同。按照给定的假设条件，投资者在一个相同的时期内计划他们的投资，对证券收益率的概率分布预期也是一致的，并且都按马科维茨的投资组合理论选择证券，从无风险资产出发的直线效率边界也必然是相同的，都会经过相同的最优风险资产组合，即切点组合。这意味着，所有投资者都会持有切点组合，而所有投资者的持股总和就是市场组合，因此，直线效率边界的切点组合就是市场组合。

市场组合在资本资产定价模型中非常重要，投资者面临的有效集由市场组合和无风险资产两部分构成，投资者需要做的决策是将多少资金投资于市场组合、多少资金投资于无风险资产。在理论上，市场组合中的资产应该包括股票、债券、优先股、房地产、耐用消费品、人力资本等。但在实践中，大多数人将市场组合局限于股票。

例如，若甲公司在投资者的风险资产组合中所占的比例为3%，那么甲公司的市值在市场组合中的比例也是3%。这一结果对任何投资者的风险资产组合中的每一只股票都适用。结果，所有投资者的最优风险资产组合只不过是市场组合的一部分。不难看出，所有的投资者均倾向于持有同样的风险资产组合。

假设最优资产组合中不包括乙公司的股票。当所有投资者对乙公司股票的需求为零时，乙公司的股价将相应下跌，当这一股价变得异乎寻常的低廉时，它对于投资者的吸引力就会超过任意其他一只股票的吸引力。最终，乙公司的股价会回升到合理的水平，在这一水平上，乙公司完全可以被接受进入最优股票的资产组合之中。

这样的价格调整过程保证了所有股票都被包括在最优资产组合之中，这也说明了所有的资产都必须包括在市场组合之中，区别仅仅在于，一只股票在一个什么样的价位上投资者才愿意将其纳入自己最优风险资产组合。

如果所有的投资者均持有同样的风险资产组合，那么这一资产组合一定就是市场组合。均衡过程实际就是证券市场运作的基础。

（二）证券市场线

风险厌恶型投资者通过方差来测度最优风险资产组合的风险，但单个资产期望收益（或风险溢价）取决于其对资产组合风险的贡献程度。股票的β值测度了股票对市场组合方差的贡献程度。因此，对于任何资产或资产组合而言，风险溢价都被要求是关于β的函数。资本资产定价模型确认了这一预期，并进一步认为证券的风险溢价与β和市场组合的风险溢价是直接成正比的。所以，有了资本资产定价公式后，资产的风险可以用系统风险的β值作为衡量标准来取代方差与标准差。

期望收益与β关系曲线就是证券市场线（SML），如图6-2所示，由于市场组合的β值为1，故斜率为市场组合风险溢价，横轴为β值，纵轴为期望。当横轴的$\beta=1$时，即市场组合的β值，这时在对应的纵轴上可以看到市场组合的期望收益率值。

证券市场线反映了在不同的β值水平下，各种证券及证券组合应有的预期收益率水平，从而反映了各种证券和证券组合系统性风险与预期收益率的均衡关系。一个证券组合的β值等于该组合中各种证券β值的加权平均数，权数为各种证券在该组合中所占的比例。

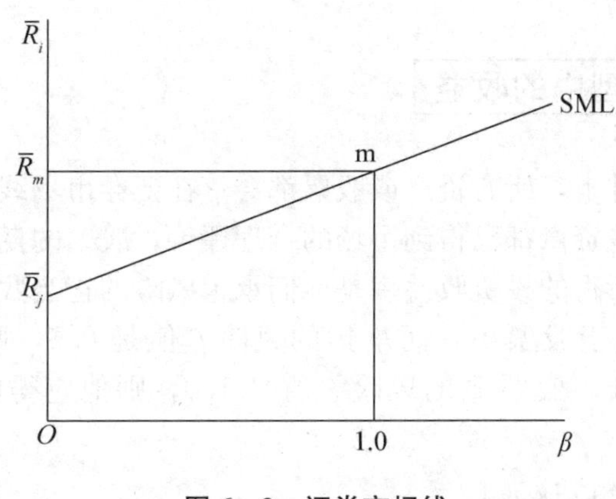

图 6-2 证券市场线

$$\beta_i = \sum X_i\beta_i$$

资本市场线反映的是有效资产组合（市场组合与无风险资产构成的资产组合）的风险溢价是该资产组合标准差的函数，标准差测度的是投资者总的资产组合的风险。证券市场线反映的是单个资产的风险溢价是该资产风险的函数，测度单个资产风险的工具不再是该资产的方差或标准差，而是该资产或资产组合对整个市场组合方差的影响程度或贡献度，可用β值来测度这一贡献度。证券市场线对于有效率资产组合与单个资产均适用。有了证券市场线，只要知道资产的β值，就可以知道投资者投资该资产要求的期望收益。

证券市场线表明，具有较大β值的证券具有较高的系统性风险，同样具有较高的期望收益率。非系统性风险与β值没有关系，投资者不会因为承担非系统性风险而获得收益。

五、资本资产定价模型的意义

市场组合中，单个资产的收益率与其系统风险存在线性关系。一部分为系统风险，即市场组合收益变动而使资产收益发生的变动，即β值；另一部分为非系统风险，即资产本身的风险。通过资本资产定价模型公式可知，单个资产的价格只与该资产的系统风险大小有关，与非系统风险无关。换句话说，只有承担系统风险才会有收益，承担非系统风险则没有收益。

如果单个股票的β值大于1，则这种股票被称为进取型股票，也就是说该股票收益率的变化大于市场组合收益率的变化。如果一只股票的β值小于1，则这种股票被称为防守型股票，即该股票收益率的变化小于市场组合收益率的变化。

虽然现实中投资者很难持有市场组合，资本资产定价模型中的许多前提条件也难以满足，但是这个模型仍然具有实际的价值和意义。通过投资合理分散的资产组合，可以消除企业特有的非系统风险，则投资者面临的主要是系统风险。只要投资者持有的资产组合是合理分散的，其资产组合同市场组合之间仍然会有很好的一致性，其资产组合的β值和市场的β值仍然是一个有效的风险测量尺度。

六、资本资产定价模型中的收益

在资本市场均衡条件下，所有资产或股票都会落在证券市场线上，这意味着在市场均衡情况下，所有的股票或资产都已得到市场的合理评价，股票的期望收益率与其风险成正比。也就是说，投资者所得的投资收益率是他们承担风险的正当收益，而无额外收益。如图 6-3 所示，若甲投资于股票 A，而承担的风险 β 值是 0.5，则他的期望收益率将是 10%。若乙投资于股票 B，股票 B 的风险 β 值是 1.0，则他应得的（正常）期望收益将是 12%。

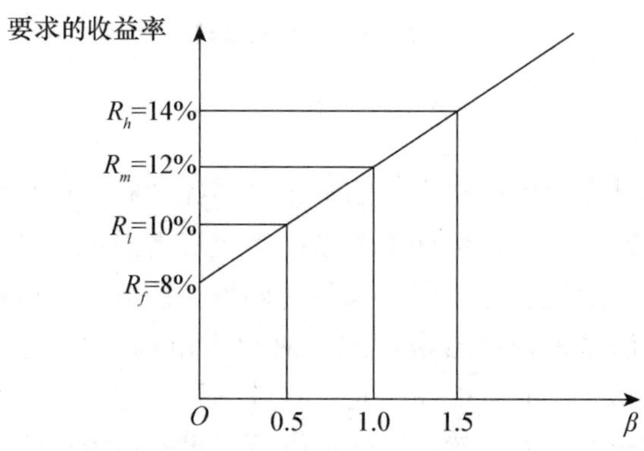

图 6-3　β 值与要求的收益率

但在证券分析时，投资者希望能发掘被市场低估的股票，只有投资于被低估的股票才能获得额外的收益。例如，若股票 A 在证券市场线的上方，代表它是被市场低估的股票。故其实际收益率是 $E(r_A)+\alpha$，比正常期望报酬率 $E(r_A)$ 高出 α（$\alpha>0$）。反之，若股票 B 是被市场高估的投资对象，因其实际收益率为 $E(r_B)+\alpha_i$（$\alpha_i<0$），低于正常期望收益率 $E(r_b)$。所以，实际收益率与期望收益率间的差距（称为 α）可用来衡量某股票是否被市场高估或低估，也可评价某些共同基金的经营业绩是否优良。

七、资本资产定价模型与资产组合理论的关系

资产组合理论讨论投资者的资金分配或配置问题，具体来说就是投资者应如何根据其风险厌恶程度选择风险资产与无风险资产的比例，选择风险资产中不同股票、债券的比例。它的基本思路是在已经确定投资的具体证券（包括股票、债券），且已经知道这些证券之间的相关系数的情况下，确定购买它们的比例。

资本资产定价模型具有评价股票（包括债券）价值的能力，只要计算出具体股票的 β 值，就可以算出它的期望收益。因此，通过比较该股票在市场中的实际价格，就可以确定哪些股票具有投资价值。也就是说，它是从另一个角度来选择适合投资的证券。两者虽然功能相同，但是由于在资本资产定价模型中是以 β 系数作为度量风险的指标，与计算期望收益、方差和协方差相切，计算的工作量大大减少了，这是资本资产定价模型的价值所在。

八、证券市场线与资本市场线的关系

证券市场线与资本市场线在市场均衡时是一致的，但也有区别，具体表现在以下两个方面。

（一）二者的适用范围不同

资本市场线只适用于分析无风险资产与有风险资产再组合后的有效资产组合的收益和风险关系，而证券市场线描述的是任何一种资产或资产组合的收益和风险之间的关系。

（二）二者选择的风险变量不同

资本市场线以 σ 反映和度量资产及资产组合的总风险，而证券市场线以 β 系数衡量和反映个别证券在市场系统性风险中的程度及该证券对投资组合的贡献。

第三节 套利定价理论

套利定价理论（APT）研究的是，如果每个投资者对同种证券的收益具有相同的预期，各种证券的均衡价格是如何形成的。套利定价理论是一个类似于资本资产定价模型的均衡状态下的定价模型，由罗斯于 1976 年提出。这种模型得出了与资本资产定价模型相似的结论，但是以不同假设为基础。罗斯认为，期望收益和风险之间存在正比例关系是因为在证券市场上没有套利机会。如果投资者可以找到这样一种证券组合，其初始净投资为 0 而又能赚得一定的正值收益，那么所有的投资者都会投资于这种吸引人的证券。结果，这种证券组合的价格将发生变化，直到均衡状态下正的收益降为 0 并且这种诱人的投资机会从市场上消失为止。据此，他得到了一种与资本资产定价模型非常类似的风险收益关系。

一、套利定价理论的假定前提

套利定价理论有以下假定前提：

（1）股票的收益率取决于两个因素：对所有股票都有影响的系统因素和对个别股票有影响的非系统因素。

（2）市场中存在大量的不同资产，资本市场是完全竞争的市场。

（3）市场中允许卖空，卖空所得款项归卖空者所有。

（4）投资者偏向获利较多的投资策略。

二、影响收益的因素

任何在金融市场上交易的股票的收益都由两个部分组成。以格力电器股票收益为例，在未来的一个季度中，影响格力电器股票收益的因素有以下几个。

(一) 正常收益或期望收益

这部分收益是市场上的股东对其投资收益的预测或期望。它取决于股东所拥有的关于其所持有股票的信息，以及如何认识和使用在未来一个季度有关影响股票价格变动因素的信息。

(二) 不确定性收益或风险收益

这部分收益源于在本季度内将要披露的信息。这类信息非常多，如关于格力电器公司的研究和开发的信息、关于政府公布的国内生产总值数字、发现竞争者的产品升级、关于格力电器的销售数量高出预期、利率突然升降、格力电器的创始人或总经理突然提前退休等。

因此，预测下个季度格力电器股票收益的公式是：

$$r=E(r)+U$$

公式中，r 为下个季度的实际总收益；$E(r)$ 为实际总收益中的期望收益部分；U 为实际总收益中的非期望收益部分。

在研究相关信息对收益的影响或作用时，必须认真慎重。例如，政府可能公布 GDP 或失业率的统计数字。在季度初，股东或投资者对于下个季度的 GDP 就会有些想法或者进行预测。在股东已经预测到政府所公布的统计数字的基础上，预测结果应该是季度初的期望收益部分，即 $E(r)$。如果政府公布的数字出人意料，并且达到了影响股票收益的程度，就会出现非期望收益部分或预想不到的收益，即 U。

例如，假设市场上的投资者已经预测到本季度的 GDP 增长 5%，并假设 GDP 会影响股票的收益，那么投资者会使用有关 GDP 的预测信息去预测本季度的期望收益，即 $E(r)$。如果政府公布的本季度的 GDP 增长率正好是 5%，等于预测值，那么投资者没有得到任何新的信息，政府公布的数字也不是任何新的信息。换言之，投资者已经对政府公布的信息进行折现。在这里，“折现”一词等同于计算现值使用的“折现”。当对未来的信息或公布的数字进行折现时，可以说由于市场上的投资者已经知道这一信息的大部分内容，这一信息对市场所产生的作用或影响就比较小。如果政府公布本季度 GDP 的实际增长率是 6.5%，高出投资者的预测值 1.5%，那么投资者确实获得了某些新的信息。实际结果和预测结果之间的差异，有时被称作“变动”或“异动”。

任何公布的信息都可以分为两个部分：期望（预期）部分和异动（变动）部分，写为：

公布信息＝期望部分＋异动部分

公式中，期望部分是指市场为获得某一种股票的期望或预期收益 $E(r)$ 而使用的部分信息；异动部分为影响该种股票没有预期到的收益（U）的那部分信息。

当公布信息时，实际上指的是公布信息中的异动部分，并非市场已经预期并对此进行了折现的那部分信息，即上述的期望部分。

三、系统性和非系统性风险

没有预期到的那部分收益，即由于异动引起的那部分收益，其实是任何投资的真实风险。虽然风险有各种各样的来源，但它们之间存在重要的差别。下面仍以格力电器为例进行说明。

公布关于利率或 GDP 的信息对所有公司来说都很重要，而关于格力电器总经理的信息、研究开发的信息、销售的信息、竞争对手的信息，对格力电器来说特别重要。依据上述这两种不同类型的信息可划分相应的风险，即系统性风险和非系统性风险。但有时，系统性风险与非系统性风险之间的区别并不只限于所认识到的这些。即使是范围最小的信息，都可能波及经济，小小的事件也可能对全球产生影响。因此，很难确切地定义系统性风险和非系统性风险。

我们可以将格力电器股票收益的风险分为两个部分：系统性风险和非系统性风险。所以有：

$$\begin{aligned} r &= E(r)+U \\ &= E(r)+m+\varepsilon \end{aligned}$$

公式中，m 代表收益的系统性风险，有时又称市场风险，这说明在某种程度上，m 影响着市场上所有资产的价格；ε 代表收益的非系统性风险，因为非系统性风险是某一公司特有的，所以有时又称特有风险，不同公司之间的特有风险不相关。

四、单因素套利模型

套利定价模型由罗斯在 1976 年提出，实际上也是有关资本资产定价的模型。模型表明，资本资产的收益率是各种因素综合作用的结果，诸如 GDP 的增长、通货膨胀的水平等因素的影响，它并不仅仅只受到证券组合内部风险因素的影响。

套利定价模型是资本资产定价模型的替代理论，虽然被称作套利定价模型，但实际与套利交易无关，是适用于所有资产的估值模型，其理论基础是一项资产的价格是由不同因素驱动的，将这些因素乘上该因素对资产价格影响的 β 系数，加总后，再加上无风险收益率，就可以得出该项资产的价值。虽然套利定价模型理论上很完美，但是由于它没有给出都是哪些因素驱动资产价格，这些因素可能数量众多，只能凭投资者的经验自行判断选择，此外每项因素都要计算相应的 β 值，而资本资产定价模型只需计算一个 β 值，所以在对资产价格估值进行实际应用时，CAPM 比 APT 使用得更广泛。

由于单因素模型没有提出具体测试某种因素是否影响证券收益的方法，其用途有限。一个较明智的方法是用权威的股票指数来代表宏观系统风险因素。这种方法引出与因素模型类似的等式，称为单指数模型，具体如下：

$$r=E(r)+\beta F+\varepsilon$$

五、多因素套利模型

通货膨胀的出现，在某种程度上会影响到几乎所有的公司。问题是格力电器股票的收益对这一没有预期到的通货膨胀反应的敏感程度如何呢？通过应用 β 系数，可以确定像通货膨胀这种系统性风险对某种股票收益的影响。β系数用于度量某种证券的风险溢价对于市场组合风险溢价的反应程度。因为考虑多种具体的系统性风险，所以β系数不局限于在资本资产定价模型中的定义，把β定义为证券的收益对某一特定因素的敏感程度。

如果公司股票的收益与通货膨胀的风险正相关，则该种股票具有的通货膨胀的β系数为正。如果公司股票的收益与通货膨胀的风险负相关，则该种股票具有的通货膨胀的β系数为负。如果公司股票的收益与通货膨胀的风险无关，则该种股票具有的通货膨胀的β系数为0。例如，因为出人意料的通货膨胀上升通常引起金价的上涨，所以金矿公司股票的通货膨胀的β系数可能是正数。又如，由于汽车制造公司面临激烈的外国企业竞争，通货膨胀的上升意味着公司要应付更多的工资，但是又无法通过提高价格来应付工资的增长，最后导致利润萎缩，即公司费用的增长超过收入的增长，结果出现负的通货膨胀的β系数。某些公司几乎没有资产，它们实际上充当经纪商，即从竞争性市场购买一些货物，然后在市场上销售。这类公司的成本和收入随着通货膨胀的变动呈现同方向变动，所以这类公司的股票收益基本上不受通货膨胀的影响，它的通货膨胀β系数可能为0。

假设已经确认了三种重要的系统性风险因素：通货膨胀、GDP和利率。同时，这三种系统性风险因素是足以描述影响股票收益的三种系统性风险因素。因此，每种股票都具有与这三种系统性风险有关的敏感度（或β系数）：通货膨胀β系数、GDP的β系数和利率β系数。这个例子是三因素模型。用通货膨胀率、GDP增长率和利率的变动作为系统性风险因素或系统性风险源。所以，可以用以下公式来表示股票的收益：

$$\begin{aligned} r &= E(r)+U \\ &= E(r)+m+\varepsilon \\ &= E(r)+\beta_I F_I+\beta_{GDP}F_{GDP}+\beta_r F_r+\varepsilon \end{aligned}$$

以上讨论的模型称为因素模型，如果有多个系统性风险因素，那么因素模型的完整公式如下：

$$r=E(r)+\beta_1 F_1+\beta_2 F_2+\beta_3 F_4+\cdots+\beta_i F_i+\varepsilon$$

其中，r——股票的收益率；

$E(r)$——股票的期望收益率；

F_i——第i个系统性风险因素的非预期变动；

ε——股票特有的非系统性风险的收益，并且它与其他公司股票的ε不相关，也与任何系统风险因素不相关，各系统风险因素F_i之间也不相关。

六、套利定价理论和资本资产定价模型的比较

（一）APT与CAPM的一致性

根据APT得到某证券的期望收益率等于无风险利率加上i个因子风险溢价分别乘以该证券的i个因子的敏感度之和。

一般情况下，$E(r)$不一定等于市场组合的期望收益率，两者仍有区别，主要表现在：

套利定价理论仅假定投资者偏好较高收益，而没有对他们的风险类别作出严格的限制；套利定价理论认为达到均衡时，某种资产的收益取决于多种因素，而并非像资本资产定价模型那样只有一种市场组合因素。在套利定价理论中，并不强调市场组合的作用，而资本资产定价模型则强调市场组合必须是一个有效组合。

相比较而言，套利定价理论利用单一要素证券市场假定和套利观点以获得满足充分分散化投资组合的期望收益-β关系。因为它着眼于无套利条件，没有市场或指数模型的进一步假定，所以套利定价理论不能排除任何个别资产违反期望收益-β关系。

套利定价理论与资本资产定价模型的共同点是：都认为期望收益与风险之间存在正相关关系。

（二）APT 与 CAPM 的区别

1. 假设不同

在推导期望收益-β关系时，APT 的基础是一个可操作的充分分散化资产组合，APT 的假设更少且更符合现实。CAPM 的基础是一个难以实现的真实市场组合。

2. 实际运用效果不同

在实际运用时，套利定价理论可以方便地分析多种影响股票收益的因素，而 CAPM 却缺乏这种能力。

3. 理论基础不同

套利定价理论的证明建立在一般的理性理解之上，缺乏严格的数学表达，因而不能排除任何个别资产违反期望收益-β关系；CAPM 的证明则要严谨得多。也正因如此，虽然套利定价理论有一定的优点，但并不能取代 CAPM 的主导地位。

第四节　有效市场理论

1953 年，莫里斯·肯德尔对股票价格的历史变化进行了研究，试图着手找出某些变化规律。但他却惊奇地发现股价的运行似乎是随机的，无法确定股价的可预测形式。股价的随机变化表明了市场是正常运作或者是有效的，而非无理性的。

一、有效市场的前提条件

有效是指价格对信息的反应具有很高的效率，这一高效率不仅是指价格对信息反映速度的及时性，而且还包括价格对信息反映的充分性和准确性。有效市场假设是对市场反应问题进行研究的学说，在具体的金融领域，资本市场的有效通常指的是证券价格充分反映了有用的信息，在这样的市场上，信息迅速扩散，在该市场上交易的证券的实际价格根据新信息迅速调整以全面反映该证券的投资价值，该证券的价值是所有投资者通过对该证券发行者的所有信息的判断而取得的。

有效市场假说的核心在于指出了金融资产价格包含了所有可获得信息，同时也是金融资产真实价值的最优估计。

要使有效市场在现实中得以建立，需要具备以下四个前提条件。

（一）信息公开的有效性

首先，作为证券发行者，其目的是希望投资者购买其发行的证券，因此，证券发行者会本能地向投资者宣传甚至夸大企业及其证券的优点，而对其存在的问题则避而不谈甚至有意歪曲掩饰。其次，有关企业的某些信息可能对其竞争对手有利，不能公开或完全公开。最后，信息公布会产生一定的成本，尽可能降低信息公布成本的企业不愿意完全、及时地公开信息。因此，信息公布的有效性受到一定程度的限制。

（二）信息从公开到被接受的有效性

这个条件主要受各种客观因素的影响。由于信息公布的程序、信息传播的方式、技术手段等一系列客观条件的限制，使得已经公开的信息不能完全、及时地被投资者所接受，导致信息传播和接受的有效性受到一定程度的限制。

（三）投资者对信息作出判断的有效性

这是一个以投资者个人为主体的主观条件。由于投资者的生活环境、社会背景各不相同，会形成不同的价值标准。同时，由于投资者的受教育程度不同，掌握证券投资的专业知识程度不同，投资者具有的信息判断能力也就不同。因此，不同的投资者对相同的信息会作出不同的判断，从而使信息判断的有效性受到限制。

（四）投资者实施决策的有效性

这个条件主要受投资者在实施决策过程中各种客观因素的影响。由于投资者进行交易的地点、实施交易的操作方法、完成交易的技术手段不同，投资者实施和完成投资决策的难度各不相同，从而会影响投资决策实施的有效性。

二、有效市场的三种形式

美国学者法马 1965 年在多位学者研究的基础上，提出了有效市场的假说，对理论界与实务界产生了巨大的影响。他在文章中指出股价已经反映了所有已知信息，这种观点被称为有效市场假说。有效市场假说按市场有效性的程度分为三种情况。

（一）弱式有效市场

在弱式有效市场（Weak Form Efficiency）条件下，证券的现价已经反映了过去的信息，即全部能从市场交易数据中得到的信息，这些信息包括过去的股价、交易量等数据。因此，对市场的价格趋势进行分析是徒劳的。因为过去的股价资料是公开的，可以毫不费力地获得。如果这样的数据曾经传达了未来、业绩的可靠信号，那么所有投资者肯定已经学会如何运用这些信号，随着这些信号变得广为人知，它们的价值会消失。所以，在弱式有效市场下，技术分析没有任何价值。

（二）半强式有效市场

在半强式有效市场（Semi-strong Form Efficiency）条件下，与公司前景有关的全部公开已知信息已经在股价上反映出来了。除了过去的价格信息外，这些信息包括公司生产经营管理方面的基本情况、统计数据、技术状况、产出状况、各种会计与财务数据等。因此，如果某投资者能从公开已知渠道获取这类信息，可以认为它也已经反映在股价中了。

半强式有效市场否定了基本分析的意义。

（三）强式有效市场

在强式有效市场（Strong Form Efficiency）条件下，股价反映了全部与公司有关的信息，甚至包括仅为内幕人员所知的信息。由于证券法规禁止公司管理层和了解公司经营活动和决策过程的内幕人士利用他们所知道的有关信息进行股票交易的盈利活动，因此从理论上说，一个机制完善、监管严格的市场不存在利用内幕消息进行的交易。从这个意义上讲，是无所谓强有效假定的。但实际上，内幕交易很难界定，法律无法确定所有在尚未广为人知之前就获得信息的投资者全是违规投资者。此外，市场监管也难以做到没有违规交易发生。当然，要求一个市场的股价能反映包括内幕信息在内的全部公司有关信息是太高的要求，在现实中并不存在这样的市场。它的意义和价值在于从理论上确定理想市场的标准，为内幕交易的违法性提供理论方面的依据。

三、有效市场假说与投资分析

弱式有效市场假说认为证券价格反映了所有的历史信息，这意味着以历史价格和成交量为分析对象的技术分析是无效的。价格和成交量的历史数据是以极低的成本就可获得的公开信息，任何由分析历史价格和成交量而获得的信息都已经反映在股价中，当投资者们争相利用历史股价这一共同信息时，股价必然会被推向使期望收益率与风险相平衡的水平。在这一价格水平上，投资者不可能期望获得超额收益。

半强式有效市场假说认为证券价格不仅反映了历史信息，而且反映了所有公开的信息，这意味着基本面分析是无效的。基本面分析是利用公司的盈利和股息前景、未来利率的预期以及公司风险的评估来确定适当的股票价格。基本面分析通常首先分析公司以往的盈利状况和公司财务报表，然后进一步深入分析公司管理层素质、公司在行业内所处的地位以及整个行业的前景等，目的在于洞察并预知尚未被市场其他主体认识到的公司未来表现。半强式有效市场假说认为基本面分析也注定要失败。如果分析者依赖那些公开的财务和行业信息资料，那么其对公司前景的评估就不太可能比其竞争对手更精确。有很多信息灵通且资金雄厚的公司都在进行市场研究，在这种竞争环境下，要发掘其他公司尚未得知的信息是很困难的。基本面分析的价值不在于发掘好的公司，而是在于发现比其他人的估计要好的公司。因此，经营惨淡的公司也可能成为抢手货，只要它们并不像其他股票所显示的那么糟即可。仅仅分析公司的好坏是不够的。只有分析结果比竞争者的好，才有可能赚取更大收益，因为市场价格已经反映了所有公开的信息。

四、积极与消极的资产组合管理

有效市场假说的拥护者认为，主动管理基本上是费精力或者未必值得花那么多费用。因此，他们提倡被动投资策略，该策略并不试图战胜市场。被动策略的目的只在于建立充分分散化的证券投资组合，而不去寻找那些过低或过高定价的股票。被动管理常被描述为一种买入并持有策略。因为有效市场理论指出，当给定所有已知信息时，股价的水平是公平的，频繁地买入或抛出股票是没有意义的，只会浪费大笔经纪佣金而不会提高其业绩。投资者只需要根据自身的风险偏好构建投资组合，不必随着市场或其他投资环境的临时改变而立即调整投资组合，其目的不在于择股或择时跑赢大盘。这种策略的优势在于管理成本和交易成本相对较低。

被动管理的常用策略就是建立一个指数基金，设计一个代表包含广泛股票指数的股票基金。例如，沪深300指数基金持有的股票种类与沪深300指数中的成分股相同，其持有的每种股票数量与沪深300指数中成分股的权重成正比。沪深300指数基金的业绩因而反映了沪深300指数走势。它的管理费用可以降至最低，因为基金经理无须付钱给分析家来评估股票前景，也无须为高周转率而付出交易费用。这种基金的投资者仅花较少的管理费就可获得广泛的多样化。

如果投资者相信市场不是有效的或处于弱式有效状态，那么投资者选择积极型投资策略是合理的。积极型投资策略是指投资者收集信息进行分析，试图找到被市场低估或高估的证券，发掘投资机会，赚取超额收益。积极投资策略主要通过择股和择时来实现，择股是投资者通过各种分析方法寻找未来具有上涨潜力或目前价值被低估的个股，择时是投资者通过对市场的预估和判断，以掌握买卖时机，调整其所持有的投资组合。

五、资产组合在有效市场中的作用

即使在完全有效的市场中，理性的资产组合管理也有重要作用。组合选择的基本原则就是分散化。即使所有的股票价格都是公正的，每一种股票仍具有特定风险，而这种风险是可以通过分散化来消除的。因此，即使在一个有效的市场中，理性的投资者也需要建立与其风险厌恶水平相适应的充分分散化的资产组合。在国外，理性的投资者在选择证券时还会考虑税赋。高税阶层的投资者通常不愿购入对低税阶层有利的证券。理性资产组合管理还与投资者的特定风险范畴有关。例如，上海汽车公司的一个经理，其所获红利视公司的利润水平而定，那么通常他不应在汽车股上进行额外的投资，因为其薪水已经反映了公司的业绩。

因此，即使在有效的市场中，资产组合管理仍具有一定的作用。投资者资金的最佳组合将随税赋、风险厌恶程度以及职业等因素而变化。有效市场中的资产组合经理们的任务是确保资产组合适应这些需要，而不是冲击市场。

本章小结

1. 证券投资理论的研究始于证券交易市场的产生，并且产生了技术分析、价值投资、理性金融、行为金融等大的学派。各种理论在不同程度上反映了证券市场的规律和特征。

2. 资产定价理论解释了在资本市场中，单个资产的均衡价格是如何在收益和风险的权衡中形成的，或者说，在市场均衡状态下，单个资产的收益是如何依风险而确定的。

3. 套利定价理论研究的是当每个投资者对同种证券的收益具有相同的预期时，各种证券的均衡价格是如何形成的。套利定价理论是一个类似于资本资产定价模型的均衡状态下的定价模型。这种模型得出了与资本资产定价模型相似的结论，但是以不同假设为基础。

4. 美国学者法马提出了有效市场的假说，对理论界与实务界产生了巨大的影响。有效市场假说指出，股价已经反映了所有已知信息。有效市场假说按市场有效性的程度分为弱式有效市场、半强式有效市场和强式有效市场三种情况。

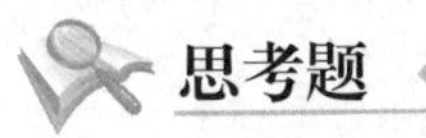

思考题

1. 名词解释

市场组合　资本市场线　证券市场线　弱式有效市场　半强式有效市场　强式有效市场

2. 叙述题

（1）技术分析理论的内容。

（2）价值投资理论的内容。

（3）资本资产定价模型的前提假设。

（4）资本资产定价模型的意义。

（5）证券市场线和资本市场线的关系。

（6）套利定价理论的前提假设。

（7）套利定价理论和资本资产定价模型的比较。

（8）有效市场的前提条件。

第七章　证券交易行为

学习目标

通过本章的学习，考生应掌握行为金融学的基本特征；熟练掌握证券投资过程中自我控制、锚定效应、心理账户、沉没成本、过度自信、后悔厌恶、框定偏差、禀赋效应、羊群效应等各种交易行为的含义和表现；掌握证券投资行为的管理。

学习方法

(1) 预习法。通过预习，了解本章的内容，对证券交易行为的各种表现及自我控制有一个初步了解和把握。

(2) 案例联系学习法。证券交易行为直接影响证券价格，而影响证券交易行为的因素除了经济性因素外，还存在大量的非经济性因素，非经济性因素往往还起着主导作用。交易行为是投资者运用投资理论、技术和实际知识在证券市场上操作的具体反映。证券交易行为无论是在理论上还是在实践上都日益受到关注，2017 年诺贝尔经济学奖的得主泰勒就是因研究将心理学引入交易行为而获奖。结合具体案例和相关知识进行学习，可以对每种证券交易行为有更深刻的认识。

(3) 完成本章后面的思考题。

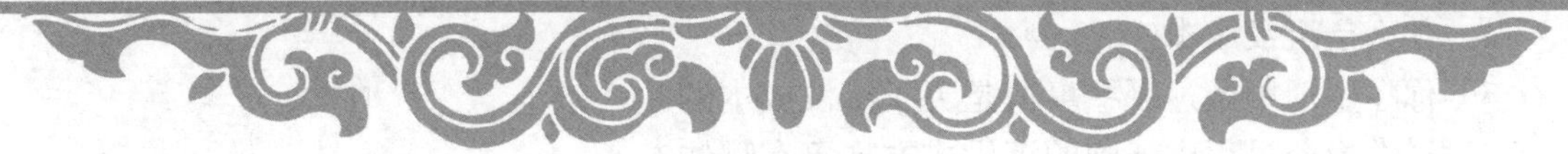

案例导读

案例 1：

一条巷子里有两家卖粥的小店，左边一家，右边一家。两家店的生意都很好，每天都是顾客盈门。可是，每天晚上盘点的时候，左边这家店都比右边那家店多赚两三百块钱，而且每天都是这样，让人心生不解。

如果你走进右边那家粥店，服务员微笑着盛好一碗粥，热情地问你："您好！加不加鸡蛋?"一般情况下，喜欢吃鸡蛋的人，就会说加一个吧！于是服务员就会拿来一个鸡蛋；不喜欢吃鸡蛋的人，就会说不加，结了账就走了。可是，如果你走进左边那家粥店，服务员同样也是微笑着给你盛好一碗粥，然后热情地问你："您好！加一个鸡蛋还是加两个鸡蛋?"一般情况下，喜欢吃鸡蛋的人，就会说加两个；不喜欢吃鸡蛋的人，就会说加一个。就这样，一天下来，左边的这家粥店就比右边的那家粥店要多卖出很多个鸡蛋，这就是它每天的营业额多出两三百块钱的原因。

其实，粥店的生意经里蕴含着十分深刻的心理学道理。左边的那家粥店其实是在运用心理学中的锚定法，诱导消费者在不经意间作出有利于店家的选择。如果你是它的顾客，你的决策则是受到了心理锚定效应的影响，你不自觉地在粥店设定的条件下进行了决策选择。也许，多吃一个鸡蛋并没有什么大的问题，但是，如果在商业交易或谈判中你多付出了 10 万元或者 100 万元，可能就是一个大问题，或者说是一个大损失。

这种方法是人们在作决策和判断时经常会采用的一种方法，即先把自己"锚定"在某个事物上，然后再在这个基础上进行调整。左边那家店的服务员把顾客"锚定"在"加几个鸡蛋"上，而右边那家店的服务员则把顾客"锚定"在"要不要加鸡蛋"上。在前一种情况下，顾客是在"加一个鸡蛋还是加两个鸡蛋"上进行选择或调整，而后一种情况下，顾客是在"加不加鸡蛋"上进行选择或调整，顾客有限的理性使很多的顾客没有充分地调整，从而使得两家店的生意大相径庭。

案例 2：

某一天你在等公交车，等了半个小时车还没有来。你开始考虑要不要叫出租车，这时你就会想：反正已经等了半个小时，就再等等看吧，说不定公交车一会儿就来，这样还省点车费。

受到沉没成本的影响，事实上这半个小时已经过去，无法收回，因而应该考虑的是再继续等候公交车与马上乘坐出租车的利弊。

思考题：

1. 什么是锚定的参考点？它是如何形成的？请举日常生活中的例子进行说明。
2. 在证券投资决策中是否存在锚定现象？
3. 如何避免锚定效应？
4. 什么是沉没成本？
5. 你在生活中做过哪些事情是关于沉没成本的？
6. 证券投资过程中遇到的沉没成本现象有哪些？

第一节　证券投资交易行为理论基础

行为金融学是金融理论领域的一次革命，它打破了期望效用最大化理论和有效市场假说的传统统治地位，构建了新的框架和新的基本观念。过去几十年的金融研究发展中一直存在一个趋势，即假设所有人类行为都是严格理性的，人们利用信息也是完美的。而行为金融学的兴起和发展是对这种趋势的一个自然逆转。人们意识到传统金融理论中的某些结论是不正确的，至少是起着很大程度上的误导作用。对金融学来说，行为金融革命不再局限于一个狭窄的理论框架，而是将其他社会科学的理论和知识纳入研究范围，包括心理学、社会学、政治科学和人类学。

一、行为金融学的定义

行为金融学从微观个体行为以及产生这种行为的心理等动因来解释、研究和预测金融市场的发展。这一研究视角通过分析金融市场主体在市场行为中的偏差和反常，来寻求不同市场主体在不同环境下的经营理念及决策行为特征，力求建立一种能正确反映市场主体实际决策行为和市场运行状况的描述性模型。

行为金融是将行为与金融相结合的科学。行为金融学不仅融合了心理学，也引入了许多其他学科的研究内容，如社会学。简单来说，行为金融学是以心理学和其他相关学科的成果为基础，并尝试将这些成果应用于解决金融问题的科学。

二、行为金融学的特征

行为金融学的特征体现在以下几个方面：

（1）以心理学和其他相关学科的研究成果为依据。

（2）突破了传统主流金融理论只注重用理性投资决策模型对证券市场投资者实际决策行为进行简单测度的模式，强调了投资者在更多时候是非理性或有限理性的。

（3）以人们的实际决策心理为出发点，研究投资者的投资决策行为规律及其对市场价格的影响。

（4）使人们可以更加透彻、真实地了解和剖析金融市场。

三、行为金融学与传统主流金融学的关系

传统主流金融理论把金融投资过程看作一个动态均衡过程，根据均衡原理，在理性假设和有效市场的基础上，推导出证券市场的均衡模型。有效市场假说被认为是传统主流金融理论的核心之一，它充分反映了传统金融的研究脉络。

有效市场理论诞生后，各种质疑不断涌来。金融噪声理论、分形市场假说、协同市场假说均对其进行批评和修正，但真正具有挑战性的是行为金融学。行为金融学是行为理论与金融分析相结合的研究方法与理论体系。它分析人的心理、行为以及情绪对人的金融决策、金融产品的价格以及金融市场发展趋势的影响，也是心理学与金融学结合的研究成果。20 世纪 90 年代以来，行为金融学通过实验手段，从人类决策行为的非理性角度出发，对市场有效性假说提出了质疑。其基本结论是：证券的市场价格并不仅由证券自身包含的一些内在因素决定，而且在很大程度上受到各参与主体行为的影响。换句话说，证券市场并不是有效的。行为金融学在质疑传统理论假设的基础上，就资本市场的价格发生、预测等重大问题初步形成了独具特色的研究框架。

行为金融学试图用以人为中心的模式取代传统金融理论的模式。尽管如此，行为金融学也承认传统金融理论的模式在一定程度上仍然是正确的。从研究方法上看，行为金融学与传统主流金融理论是基本相同的，都是在某种假设的基础上建立模型，并对金融市场的现象作出相应的解释。所不同的是，行为金融学关于投资者行为的假设是以心理学对人们实际决策行为的研究成果为基础的。因此，研究行为金融学的理论基础，建立适合证券市场实际情况的行为模型，提供基于行为金融学的投资策略，成为行为金融学的研究框架。

传统主流金融学与行为金融学的对比如表 7－1 所示，从中可以更清晰地分辨两者之间的区别。

表 7－1　　传统主流金融学与行为金融学的区别

比较项	传统主流金融学	行为金融学
理论基础	“理性人”假设	投资者实际决策模式（应变性、偏好多样化、追求满意方案等）
分析方法	推理和数学模型	综合运用经济学、数学、实验经济学、心理学等多种方法
涉及学科及领域	经济学、金融学、数学	经济学、金融学、数学、心理学、生物学、社会学、系统动力学等
研究视角	将复杂的经济现象抽象为简单的数学模型	探究决策过程中投资者的实际行为和心理依据，并基于此对经济现象加以解释

拓展阅读

行为金融学的产生

在传统主流金融理论发展的同时，有关证券市场的经验研究发现实际中存在许多主流

金融理论不能解释的异象。这激起了许多学者对交易者风险偏好、信念的反思和修正。在此背景下，以心理学对投资人决策过程的研究成果为基础，重新审视整体市场价格行为的行为金融学逐渐受到重视。

19 世纪勒庞的《乌合之众》和马凯的《投资与骗局》这两本书就已经开始研究投资市场群体行为了。1936 年，凯恩斯的“空中楼阁理论”开始关注投资者自身的心理影响。该理论主要从心理因素角度出发，强调心理预期在人们投资决策中的重要性。他认为，决定投资者行为的主要因素是心理因素，投资者是非理性的，其投资行为是建立在所谓“空中楼阁”之上的，证券的价格决定于投资者心理预期形成的合力，投资者的交易行为充满了“动物精神”。

真正意义上的行为金融学理论是由美国奥瑞格大学的 Burrel 教授和 Bauman 教授于 1951 年最先提出来的。他们认为，金融学家们在衡量投资者的投资收益时，不仅应建立和应用量化的投资模型，而且应对投资者传统的行为模式进行研究。1972 年，心理学教授 Slovic 发表了一篇启发性的论文，开始从心理学的角度出发研究投资决策的过程。但是由于 20 世纪七八十年代正好是传统金融理论迅速发展的时期，其金融理论体系的完美性，加之大量实证结果的支持，使得行为金融理论处于相对弱势的地位。

这一时期的行为金融研究主要以斯坦福大学教授特维斯基和普林斯顿大学卡纳曼为代表人物。特维斯基和卡纳曼的两篇论文对行为金融学的创立和发展影响深远，其研究核心是人在面对不确定未来世界时是否总能保持理性。1974 年，他们在《科学》杂志上讨论了直觉驱动偏差，1979 年他们在《经济计量学》上发表了讨论框架依赖的论文。而直觉驱动偏差和框架依赖正是行为金融学的重要论题。

行为金融理论作为一种新兴金融理论，真正兴起于 20 世纪 80 年代后期。1985 年，德邦和泰勒发表了《股票市场过度反应了吗?》一文，引发了行为金融理论研究的复兴，因而被学术界视为行为金融研究的正式开端。此后，行为金融研究有了突破性的进展，主要原因在于：第一，经济学重新重视经济行为主体本源的规律性挖掘，金融学则顺应这种转向，越来越注重对微观金融现象的研究；第二，大量异常现象的产生和一些心理学实验研究表明传统金融学理论存在基础上的缺陷；第三，对研究方法论的再思考，行为金融理论研究首先关注的是“实际是什么”，注重对现实的研究，再试图找出这些现象背后深层次的经济学解释；第四，特维斯基和卡纳曼提出的前景理论得以进一步发展并得到广泛认可。

泰勒研究了股票回报率的时间序列、投资者心理账户以及行为生命周期假说等问题。席勒从证券市场的波动性角度，揭示出投资者具有非理性特征，同时他在羊群效应、投机价格和流行心态的关系等方面也作出了巨大的贡献。2001 年，拉宾将人的心理行为因素引入经济学的分析模型，他关注在自我约束的局限下，人们会出现“拖延”和“偏好反转”等行为，这些有趣的研究成果对储蓄、就业等问题都具有一些有意义的启示。除此以外，史莱佛对噪声交易者和套利限制的研究、Odean 对“处置效应”的研究、Kim 和 Ritter 对 IPO 定价异常现象的研究等都受到了广泛的关注。

20 世纪 90 年代以来，大量学者将注意力投向行为金融领域，行为金融研究进入深化阶段，其影响力也与日俱增。由于心理因素是影响投资决策和资产定价不可缺少的因素，这个时期的行为金融理论更加关注基于投资者心理的最优组合投资决策和资产定价研究。1994 年，Shefrin 和 Statman 提出了行为资本资产定价模型，2000 年他们又提出行为组合理论（BPT）。

随着影响的日益扩大，行为金融理论已经开始为主流经济学家们所关注并逐渐被接受。2002 年度的诺贝尔经济学奖颁给行为金融学奠基人之一的卡纳曼，充分反映了主流经济学对行为金融理论的认可，同时也彰显了行为金融学在未来学科发展中令人不可忽视的位置。不管这个理论有多少不足和缺陷，对它的认可本身就给主流经济学带来了巨大的冲击和挑战，预示着经济学的一场革命。

第二节 证券投资行为

投资行为学对投资者认知偏差的研究主要吸收了认知心理学的研究成果。把投资行为看作系统的信息处理过程，认知就是信息的加工。在这个过程中，投资者受到诸多因素的影响，每个阶段都可能对信息的理解发生偏离，从而导致投资者认知偏差的产生。

一、自我控制

（一）自我控制的概念

自我控制是控制自己的情绪，并能够在保持理性的前提下，对各种事件作出自认为最合理、最有利的判断和决定。具体到证券市场上，每一个投资者都有自觉的自我控制动机，渴望能够使自己把握住局面，以有效应对瞬息万变的交易市场，不要使自己成为市场博弈中的输家。

投资者从内心深处认为自己是能够改变所处境遇的导航者，但在实践中，计划者会在与实施者的对抗中处于劣势。换言之，投资者并不能很好地做到自我控制。

（二）自我控制的表现

1. 代表性偏差

绝大多数的投资者相信，自己对于某种事物的控制程度越高，就会对这个事物产生想要的影响。然而，当个体代表性偏差一旦幸运地成功了几次，基于惯性思维方式，投资者会百分之百地相信事物完全在自己的控制之中。可见，代表性偏差为自我控制幻觉提供了依据。

2. 自我成就归因偏差

人们普遍存在这样一种归因倾向，即成功的事情都归于自己的功劳，而失败则由他人或者某些客观因素所造成。在证券市场上，投资者的这种归因偏差表现尤为明显。没有投资者会承认自己不具备投资的天赋，然而在具体的交易之后，如果有人取得成功，就会认为自己投资手段高、技术分析能力强、把握时机很准、挑选股票的眼光独到等。一旦投资失败，便会不自觉地将责任推卸到诸如大盘掉头、基本面不好、负面消息的突发影响等原因上，甚至会自我安慰：股票买卖其实是碰运气，这次亏了仅仅是因为运气不好罢了。

3. 浅尝辄止偏差

浅尝辄止偏差是指投资者一旦拥有一系列成功的投资经历后，就会处于一种自以为掌控一切的幻觉中，从而不再顾及市场风险，贸然踏入更大的风险中去。在著名的巴林银行倒闭事件中，交易员尼尔森在出事之前曾被业界称赞为明星交易员，他长期操作股指期货，为巴林银行带来了丰厚的利润，但正是因为长时间的成功，让他变得越来越骄傲自大，视风险为无物。在遭受一系列损失之后把窟窿越弄越大，最终将巴林银行毁于一旦。

4. 有效性偏差

在人们的记忆中，越早发生的事情往往记忆模糊，越不幸的事情更是被人选择性遗忘。在投资过程中，这种情况也体现得尤为明显，伴随着事件有效性的逐步下降，事件的重要性也随之下降。损失发生后的时间间隔越长，风险评价对决策的影响就会越小，这种自我控制上的偏差会直接导致在以后的投资过程中交易风险被不断放大。

5. 事后诸葛亮偏差

人们容易高估自己对客体的了解程度。例如，投资者若看好某只股票，但因为资金或其他一些因素而没有实际购入。事后该股票若上涨，投资者会认为自己择股能力强大；若股价下跌，则会认为自己有先见之明。这是典型的事后诸葛亮偏差。后见之明帮助投资者构建了一个对过去决策似乎是永远合理的事后法则，使其对自己的决策能力感到自豪。由于人们在潜意识里不愿意承认自己对股价波动几乎没有控制能力，倾向于认为自己实际上在当时就知道将要发生的一切，受到这种事后诸葛亮偏差效应影响的投资者会不适当地将以前的一些类似情形套用到当前的事件上。例如，某甲手中持有某只 ST 股票，以前该股票曾有过涨停，而甲先生过早地卖出了该只股票，该股连续几个交易日内持续封涨停板，甲少赚了不少钱，为此懊悔不已。因此，当它再一次涨停时，甲便毫不犹豫地坚定持有，坚信它会像以前那样继续疯涨，可事实却是该股票为报复性反弹，继而掉头向下一泻千里，甲再一次遭受严重损失。可见，这种认知上的偏差会使人产生过度自信，会助长投资者产生事情是可预测的错觉，导致投资者遭受损失。

（三）认知偏差产生的原因

解决问题的策略多种多样，应用哪种策略既依赖于问题的性质和内容，也依赖于人的知识和经验。总的说来，人们所应用的问题解决策略可分为两类，即算法和启发法。算法是解题的一套规则，精确地指明解题的步骤。如果一个问题有算法，那么只要按照其规则进行操作，就能获得问题的解，这是算法的根本特点。启发法是凭借经验解决问题的方法，也可称为经验规则。启发法与算法不同，它不能保证问题一定能得到解决，但却常常有效地解决问题。心理学的研究表明。人们在面对复杂的、不确定的、缺乏现成算法的问题时所采取的是启发法，寻求解决问题的捷径。这种方法会导致人们形成一些经验规则，这些经验规则往往使得人们处理问题和决策判断时有了一些相对迅速、简单的方法和标准。但是当涉及与统计有关的投资行为时，大量的行为科学研究发现，人并不是良好的直觉统计处理器。人的心理状况会扭曲推理过程，常常会导致一些不自觉的偏误，这些错误的推理结果就表现为一系列心理偏差，即所谓的“启发式偏差”。

二、锚定效应

（一）锚定效应的定义

锚定效应又称沉锚效应，是指当人们需要对某个事件做定量估测时，会将某些特定数值作为起始值，这个起始值像锚一样制约着估测值。在做决策的时候，人们会不自觉地给予最初获得的信息过多的重视。

人们在平时生活与投资决策中，习惯于根据某一个初步的资料来预测评估事件，即对某一特定对象作出评估或预测时，倾向于选定一个起始点或者参考点，并由此开始去考虑进一步的信息，并通过获得的反馈调整初始的决策，获得最终的解决办法。

（二）锚定效应的表现

锚定效应的关键在于首先获得的信息或者资料。从决策的角度出发，人们对于初始信息会自然而然地形成一个定位，即锚。这个定位所造成的结果就是在人们的心目中形成一个制约，制约其对需要作出决策事件的估计。

例如，一个班有 50 名同学，有 3 名同学考试不及格，某同学知道自己是其中一名不及格者之后，一定会相当难过。但如果有 30 名同学不及格，那么，他一般就不会像前面那样难过，甚至可能还会不以为然，因为有 29 个人而不是 2 个人陪着他。班里究竟是 3 个人不及格，还是 30 个人不及格，都没有改变那个同学的福利状况。他不及格和要参加补考的状况都没有改变，但在两种不同的参照系里面，他的心理感觉却会完全不同。这就是“锚定”基准的不同导致人们对同一件事评价不同的原因。前者是只有少数人要补考，而后者是多数人都要受二遍罪。似乎，有那么多人一起受罪，苦就不再是苦了。

锚定效应有助于解释金融市场的问题，如美国投资者在 20 世纪 80 年代普遍认为日本股票的市盈率太高，这是因为他们以美国股市的市盈率为参照系数。而到了 90 年代中期，人们不再认为东京股市市盈率过高，尽管其市盈率还是比美国的要高得多。因为此时 80 年代末东京较高的市盈率已成为其比较参照的参考系数。锚定效应的存在会使得投资者们在预测某一交易对象的未来价值时，不可避免地受到被他们视为初始值的变量的影响。

在复杂的金融市场上，影响最终成交价格的信息铺天盖地而又瞬息万变，是否能够真正从中抓住重点作出理性决策具有很大的不确定性。

（三）产生锚定效应的原因

在判断过程中，人们最初得到的信息会产生锚定效应，从而制约人们对事件的估计。人们通常以一个初始值为开端进行估计和调整，以获取问题的答案。这些初始值的设定会受到很多因素的影响，围绕初始值的调整也是不充分的，而且不同的初始值会产生不同的最终估计。锚定效应在复杂事件的风险评估过程中尤其显著。

金融市场中常见的对价格反应不足等现象就与锚定效应有着密切的关系。当重要消息出现时，股票价格只有少许变动，随后在没有什么重大信息透露时发生巨幅变动。这意味着价格对消息一开始反应不足，然后逐渐消化并反应出来。公司股票价格会延迟反应公司盈余的消息。分析师预期的低盈利成长公司在盈利宣布日股价会上升，而分析师预期的高盈利成长的公司股价在盈余宣告日会下跌。出现该现象的原因主要在于分析师（包括市场）过度依赖过去的盈利变化来预测，而且当盈利的消息传出时，调整的速度相对较慢。分析师和投资者对于新信息的反应都比较保守。

三、心理账户

（一）心理账户的概念

心理账户是指人们在心里无意识地把财富划归不同的账户进行管理，不同的心理账户有不同的记账方式和心理运算规则。这种心理记账的方式和运算规则恰恰与经济学和数学运算方式都不相同，因此经常会以非预期的方式影响着决策，使个体的决策违背最简单的理性经济法则。

（二）心理账户的表现

人们常常错误地将一些资产的价值估计得比实际价值低。如赌场赢得的资金、股票市场获得的财富、意想不到的遗产等。人们倾向于更轻率地或愚蠢地使用这些被低估的资产。人们根据资金的来源、资金的所在和资金的用途等因素对资金进行归类。个人投资者自然地认为在他们的投资组合中有一个受最低风险保护的安全部分和一个涉及投资致富的风险部分。人们把他们的收入来源分为三类：当前的工资和薪金收入、资产收入和未来收入，并且有区别地支出这些不同收入的现值。例如，人们不愿意支出未来收入，即使它肯定会到来。

在证券投资中，投资者会根据价值的大小，一层一层地建立起金字塔式的投资组合，不同的层次对应于不同的目标以及其对风险的特殊态度。有些钱投资在最底下的保护层，主要目的是避免遭受损失，例如投资于偏好大盘蓝筹股的开放式基金。有些钱则投资在最上面的潜力层，目的是在承受较大风险的同时，获得丰厚的利润回报，例如投资于中小企业板块中具有巨大成长潜力，同时又面临着很大不确定性的某生物制药企业的股票。

（三）心理账户出现的原因

人们在做事情之前，一般都会根据自己的心理账户来决定事情的重要性，进而决定取舍，即在决策过程中，决策者的心理与行为，如情感、情绪、成就动机、价值权衡、才智品德、心理偏好等都是影响作出决策的重要因素，因而使得决策过程呈现出种种非理性特征。可见，心理账户对于理财是一个很不错的帮手，因为如果一个人在心理上事先把这些钱归入了不同的账户，他一般就不会产生挪用的念头。但是当把心理账户和决策联系起来，非理性状态下作出的决策往往是有失偏颇的。

心理账户还可以对“弗里德曼-萨维奇困惑”进行解释，如投资者同时购买保险和彩票这两种风险和期望收益完全矛盾的资产的原因、不将与本国股票相关性极低的外国股票纳入股票组合的原因。这些问题从不同的心理账户、相应的预期回报和风险承受能力角度作出了合理解释。对于“股利之谜”，即股东要求分红的现象，心理账户从投资者对投资收益的“资本账户”和“红利账户”两个局部账户，区别理解资本账户损失和红利账户损失，从而对“股利之谜”作出了解释。

四、沉没成本

（一）沉没成本的概念

如果一项开支已经付出并且不管作出何种选择都不能收回，一个理性的人就会忽略它。这类支出称为沉没成本。

（二）沉没成本的表现

投资心理学把这种项目投入大量资源后，发现完成该项目获得收益的可能性很小，在各种客观信息表明应放弃的情况下，仍然继续投入额外资源的行为称为“承诺升级”与“恶性增资”的恶性循环现象。管理者为了显示自己对于项目的责任，出于证明自己决策正确性的强烈动机，就会由当初的自信演变成过度自信，这种过度自信推动其希望通过追加投资来力挽狂澜，造成“承诺升级”，结果是，管理者往往对他们负责的失败项目比成功项目投入了更多的资金。一个个人或团体决策者，由于不能理性地看待已经发生的支出，在进行下一步决策时同样不能理性地评估期望边际成本和收益，从而造成了继续决策时的沉没成本效应。

人们在进行价值判断时，应该考虑现时的成本和效益，而不应考虑过去的成本和效益，因为过去的成本与现实的判断是没有关系的。但是人们常常违反沉没成本这一原则。个人或团体决策者如果不能理性地看待已经发生的支出，在进行下一步决策时同样不能理性地评估期望边际成本和收益，会造成继续决策时的沉没成本效应。

沉没成本效应会迫使人们坚持一些时间上并不划算的未成功的投资，尽管投资的失败早就露出端倪。如果投资的成功或失败已经被公众看在眼里，那么沉没成本的表现程度还要更强烈一些。因为知道投资不成功的人越多，越难以在早期将其终止。

例如：一只股票现价 6 元，张三以 2 元买入，李四以 8 元买入，请你估计谁更愿意卖出此股票？理性地讲，多少钱买进股票与现在是否抛售是完全没有关系的，无论你是否抛售它，买进时的钱都已付出，是收不回来的，股票的走势也绝对不会受到你是多少钱买进的影响。应当考虑的是这只股票的未来走势，是否有其他备选的更好投资方案和你目前是否需要现金。

五、过度自信

（一）过度自信的概念

过度自信是指由于受到诸如信念、情绪、偏见和感觉等主观心理因素的影响，人们常常过度相信自己的判断能力，高估自己成功的概率和私人信息的准确性。

人是过度自信的，尤其对其自身知识的准确性过度自信。人们系统性地低估某类信息并高估其他信息，认为自己知识的准确性比事实中的程度更高，即对自己的信息赋予的权重大于对事实情况赋予的权重。有关主观概率测度的研究也发现，确实存在过度估计自身知识准确性的情况。

（二）过度自信的表现

1. 频繁交易效应

过度自信使得投资者对自身的判断能力确信无疑，过分相信自己能够获得高于平均水平的投资回报率，从而倾向于过度交易。过度自信包含了对凭借个人努力获得成功的过度乐观情绪。在投资过程中，适度的自信是有利的，但过度自信却是很危险的。在现实中，投资者由于过度自信，坚信他们掌握了有必要进行投机性交易的信息，过分相信自己能获得高于平均水平的投资回报率，因而导致了大量盲目性交易的产生。但过度自信而频繁进行的交易并不能让投资者获得更高的收益。

2. 事后聪明偏差

人们经常在不确定的结果出现后，把已经发生的事情视为相对必然和明显的，而没有意识到对结果的回顾会影响人们的判断，使人们认为结论很容易预测，但人们无法说出是什么样的信息导致了结果的产生，从而使得人们认为自己具有先知先觉的能力。后见之明则帮助人们构建了一个对过去认知似乎合理的事后法则。事实上在这个过程中，人们的判断已经无意识地受到了事件后果的影响。在证券市场上，投资者普遍有着后见之明的特征，这种行为的偏差没有任何的事实根据，仅是一种情感上的自我安慰，是过度自信的一种典型表现。

3. 爱冒风险及分散化不足

过度自信还会影响投资者的冒险行为。理性的投资者会在最大化收益的同时最小化所承担的风险。然而，过分自信的投资者会错误地判断他们所承担的风险水平。这样，如果一个投资者深信自己所挑选的股票会有很高的回报率，他就不会意识到风险了。

过度自信的投资者的投资组合会有较高的风险，主要有两个方面的原因：一方面是投资者倾向于买入高风险的股票，高风险的股票主要是一些小公司和新上市公司的股票；另一方面则是他们没有充分地进行分散化投资。

4. 赌场资金效应

股票市场的繁荣往往会导致更多的自信，人们会认为自己是很精明的，盛极一时的网络热潮就体现出了人们的过度自信。骄傲情绪会对个人的投资行为产生很大影响，并在个人获得一连串的成功之后进一步强化其自信心。

人们在获得收益后会倾向于接受他们以前通常不接受的赌博，而遭受失败的时候，他们会拒绝以前通常接受的赌博，这种现象被称作赌场资金效应，即投资者在获得收益后会不断提高其投资的意愿。然而一旦遭受损失，人们对投资失败会更加害怕，或者当市场处于下跌趋势导致损失增加时，人们会变得愈加保守。

5. 一月效应

过度自信可以有效地解释处在跌势中的股票市场以及封闭式基金在一月份价格反弹的现象。当人们进入新的一年，感到面前还有整整 12 个月，如果去赌上一把，即使输了，还有足够的时间去赢回来，而随着时间的推移，这种自信心便会逐渐减弱。

（三）过度自信的后果

过度自信使得投资者误以为自己的投资策略是最优的，而事实上他仅掌握着有限的信息和个人经验，即使是华尔街最精明的投资分析师，也不敢保证他所挑选的股票或基金更具升值潜力。

六、后悔厌恶

（一）后悔厌恶的概念

后悔厌恶是没有作出正确决策时的情绪体验，是认识到一个人本该做得更好而感到的痛苦。后悔比受到损失更加痛苦，因为这种痛苦让人觉得要为损失承担责任。为了避免痛苦，人们常常作出许多看起来似乎是非理性的行为。

例如，投资者趋向于获得一定的信息后才作出决策，即使后来获得的信息对他们采取什么决策并没有影响。在不确定条件下，投资者作出决策时要把现实情形和他们遇到的不同选择的情形进行对比，如果个体认识到不同的选择会使他处于更好的境地，他就会因为自己作出了错误的决定而自责不已，这种情绪就是后悔；相反，如果从现实选择中得到了更好的结果，他就会有一种欣喜的感觉。

（二）后悔厌恶的表现

1. 维持现状偏差

如果可能带来损失，人们则不愿意与别人交换已经持有的物品，而更倾向安于现状，哪怕伴随损失的还有可能的收益。因为损失比盈利显得更让人难以忍受，所以人们偏爱维持现状。维持现状偏差可以导致交易惰性。

2. 赠予效应

一旦人们拥有一件商品，他们对这件商品的估值就会比拥有前大大增加，即人们具有不愿意放弃现状下的资产的倾向，因为损失一项资产的痛苦程度大于得到一项资产的喜悦程度。赠予效应导致买价与卖价之间的价差，如果让人们对某种经济利益进行定价，则其得到这种经济利益所愿支付的最大值，远远小于放弃这种经济利益所愿接受的最小补偿值。

3. 短视的损失厌恶

在股票投资中，短期损失可能会周期性地打断长期收益，短视的投资者过分强调潜在的短期损失，他们甚至把股票市场视同赌场。投资者往往没有意识到，通货膨胀的长期影响可能会远远超过短期内股票的涨跌。投资者会经常评价他们的投资组合，即使是长期投资的投资者也要担忧短期的收益和损失。而对投资的评估频率越高，就越可能受到损失厌恶的侵扰。这样，短视的损失厌恶导致投资者在其长期的资产配置中过于保守。

损失厌恶和后悔厌恶能较好解释金融市场中的“处置效应”，即投资者倾向于过长时间地持有账面上已产生投资亏损的股票，而过早地卖出账面上已产生收益的股票。因为投资者赢利时，面对确定的收益和不确定的未来走势，为了避免价格下跌而带来的后悔，倾向于规避风险而获利了结；当投资者出现亏损时，面对确定的损失和不确定的未来走势，为避免立即兑现损失而带来的后悔，倾向于继续持有股票。

七、框定偏差

（一）框定偏差的概念

由于人们的认知能力有限，人们在决策过程中可能受到来自各个方面的影响。当人们用特定的框定来看问题时，他们的判断与决定将在很大程度上取决于问题所表现出来的特定的框定，即所谓的框定依赖，由框定依赖导致的认知与判断的偏差称为框定偏差。

（二）框定偏差产生的原因

在证券市场上，无论是新手还是富有经验的老手，都会不经意地产生框定偏差。由于人们对事物的认知和判断过程中存在对背景的依赖，所以事物的表面形式会影响对事物本质的看法，事物的形式用来描述决策问题时常称为“框架”。“框架独立”是指形式与行为无关。传统金融学的拥护者认为框架是透明的，表明证券市场上的专业人士可以通过不同的方法看到现金流是如何被描述的。然而，许多框架不是透明的，而是隐晦难懂的，当一个人通过不是透明的框架来看问题时，他的决定将在很大程度上取决于他所用的特殊框架，这就是所谓的“框架依赖”。由框架依赖导致认知与判断的偏差即为“框架偏差”，它是指人们的判断与决策依赖于所面临的决策问题的形式，即尽管问题本质相同，但因形式不同，也会导致人们作出不同的决策。

八、代表性偏差

（一）代表性偏差的概念

人们在不确定的情形下，会抓住问题的某个特征直接推断结果，通过假定将来的模式会与过去相似并寻求熟悉的模式来作判断，而不考虑这种特征出现的概率以及与特征有关的其他原因。

人们倾向于根据观察到的某种事物的模式与其经验中该种事物的典型模式的相似程度来进行判断。它反映的是个体与类别之间的关系。

（二）代表性偏差的表现

1. 代表性启发法

人们在不确定性条件下，会关注一个事物与另一个事物的相似性，以推断第一个事物与第二个事物的类似之处。人们假定将来的模式会与过去相似并寻求熟悉的模式来判断，并且不考虑这种模式的原因或者模式重复的概率。认知心理学将这种推理过程称为代表性启发法。它是指人们倾向于根据样本是否代表（或类似）总体来判断其出现的概率。

代表性启发法与贝叶斯规则的预测在某些特定场合可能是一致的，从而造成人们按照概率推理遵循贝叶斯规则的印象。它是思想在处理现实世界问题时所走的捷径，这在大多数时候是很有效的。人们运用代表性启发法判断问题时存在这样的认知倾向：喜欢先把事物分为典型的几个类别，然后再估计事件概率，过分强调这种典型类别的重要性，而不顾

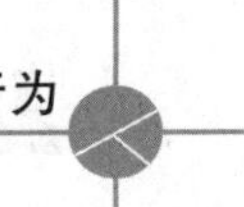

有关其他潜在可能性的证据。常见的表现有，人们习惯用大样本中的小样本去代替大样本，或者凭经验掌握了一些事物的“代表性特征”，当人们判断某一事物是否出现时，他们常常只看这一事物的“代表性特征”是否出现。

代表性启发法导致的偏差在股票市场中也会表现出来。如果公司过去几年的业绩不错，那么未来高利润的可能性就比较大。由于受到代表性启发法的影响，投资者认为过去的状况会持续，对于股市中过去的输家会过度悲观，而对过去的赢家会过度乐观，结果使得股价和基本面价值的差异越来越大。

2. 可得性启发法

可得性启发法是指人们倾向于根据一个客体或整体在知觉或记忆中的可得性程度来评估其相对频率，容易知觉到的或回想起的客体或整体被判定为更常出现。可得性在评估频率和概率时是有用的线索，因为大集合（更容易得到的事件）的例子通常比小集合（不容易得到的事件）能更好、更快地获得。因此，可得性启发法在事件的可得性与其客观频率高度相关时是非常有用的，然而，依靠可得性进行预测可能会导致偏差。

投资者很多时候只是简单地根据信息获取的难易程度来确定事件发生的可能性。之所以造成这种现象，是因为个人不能完全从记忆中获得所有相关的信息，因此往往对容易记起来的事情更加关注，认为其发生的可能性较大。比如，具体事情比抽象概念容易被记住，因此给人的印象更深刻。由于 20 世纪 90 年代后的股市繁荣伴随着网络的迅速发展，网络使用者们倾向于将股市繁荣归功于网络的发展。由于网络发展给人的印象比较深刻，相对于其他的事情而言，这些投资者认为网络在这一轮牛市行情中起着更重要的作用。

在证券市场上，投资者经常会犯代表性思维的错误。例如，有的投资者误认为好公司就是好股票。好公司的特点是盈利能力强、销售收入增长快、管理水平高，而好股票是指价格上涨幅度比其他股票大的股票。很明显，好公司不一定是好股票。认为好股票就是过去业绩一直高速增长的公司忽略了以下事实，即很少有公司能够一直保持过去的高速增长。公众对这类业绩高速增长的公司的追捧抬高了其股票价格，但随着时间的推移，当事实证明投资者对股票未来业绩增长的预期过于乐观时，其股票价格就开始下跌。

九、禀赋效应

（一）禀赋效应的概念

禀赋效应是指当个人一旦拥有某项物品，那么他对该物品价值的评价要比未拥有之前大大增加。这一现象可以用行为金融学中的损失厌恶理论来解释，该理论认为，一定量的损失给人们带来的效用降低要多过相同的收益给人们带来的效用增加。因此，人们在决策过程中对利害的权衡是不均衡的，对“避害”的考虑远大于对“趋利”的考虑。出于对损失的畏惧，人们在出卖商品时往往索要过高的价格。

（二）禀赋效应的表现

禀赋效应所导致的交易不足在证券市场上也同样存在，表现为投资者过早卖出盈利股票和过久持有亏损股票。

一般来说，投资者买入股票是为了获取收益，而卖出股票则是为了获利或避免进一步的损失。随着投资者持有股票的账面损失增大，其惜售倾向增加，于是出现了投资者长时间持有亏损的股票，而过早地卖出盈利股票的现象。与享受获利相比，人们更为厌恶损失的出现。因此，相对于买入价而言，投资者倾向于继续持有出现账面损失的股票，而升值的股票却被迅速出手。

十、羊群效应

（一）羊群效应的概念

羊群效应也被称为“从众效应”，是指人们经常受到多数人的影响，而跟从大众的思想或行为。经济学里经常用“羊群效应”来描述经济个体的从众跟风心理。羊群是一种很散乱的组织，平时在一起也是盲目地左冲右撞，但一旦有一只头羊动起来，其他的羊也会不假思索地一哄而上，全然不顾前面可能有狼或者不远处有更好的草。

（二）产生羊群效应的原因

投资者之间信息不对称是羊群效应产生的重要原因。对于中小投资者而言，机构投资者是资金充裕、消息灵通和操作专业的代名词。中小投资者由于资金较少、信息不充分、投资经验不足、研究力量薄弱，加之对风险的厌恶，受操作失败的后悔和利益受损的恐惧心理影响，当出现信息不一致的时候，不愿意也没有能力去辨别真伪，而宁愿选择安全的投资策略，跟随机构投资者的投资行为，与机构投资者保持一致，以获取部分安全的收益。

缺乏自信心因素也是羊群效应产生的重要原因。在中小投资者中，仅有少部分人对自己的投资能力有较高的评价。多数中小投资者因缺乏专业知识和实际操作经验，对自我投资决策能力严重缺乏信心。他们在高风险、高收益的证券投资活动中，为了追求收益、避免损失，往往以专业投资者的认知和判断作为自己投资决策的依据。在这种情况下，专业人士扮演着头羊的角色，广大中小投资者顺理成章成为羊群。

博弈格局因素也是羊群效应产生的重要原因。在我国的证券市场上，中小投资者虽然人数众多，但资金的绝对量大且分散，不能形成合力。在缺乏有效信息和投资经验的情况下，中小投资者的投资行为具有相当大的盲目性。相对而言，机构投资者在信息、人才、设备和资金投向的集中度方面均占有绝对优势。中小投资者成为机构投资者共同博弈的对象。机构投资者借助各类消息、传闻操纵市场，诱导大量处于弱势的中小投资者跟风投资。

中小投资者厌恶损失和后悔，但是又负担不起获取确切信息的费用，而且缺乏正确分析信息的经验和能力，所以会采用观察的方式间接观摩其他成功投资者的投资思路，进而模仿成功的中小投资者的投资策略。经过一系列的传染过程，市场上存在越来越多的中小投资者效仿成功投资者的投资行为，形成一定程度的羊群行为。

第三节　证券投资行为管理

一、自我控制调节

投资者的心态可以被简单地归纳为乐观和悲观，进而被表现为一个人稳定的个性特征。但事实上，乐观和悲观并不是个体稳定的个性特征，它会随外部环境的变化而发生改变。在证券市场上，投资者的情绪时时刻刻会受到环境的影响，而最终成功与否则在很大程度上取决于投资者是否能够很好地做到对自我的控制。

绝大多数投资者无法很好地控制自我，不能很好地预测股价未来的发展趋势。在投资决策之前，几乎所有人表面上都有很强的自信心，认为自己所购买的股票是优质的潜力股，可一旦实际买入的股票忽然掉头下跌时，就会茫然失措。投资工具的走势无论是下跌还是上涨，都会让人们的情绪产生波动，并最终体现在是否影响人们未来的金融行为上。如果一个人拥有很好的自我控制能力，就能把情绪对操作的影响降到最低。

自我控制意味着对那些可能产生错误行为的冲动加以控制。进行控制的重要原因在于，需要警惕人们对于投资盈利机会的过度乐观以及投资过程中超出投资者承受能力的风险。一旦人们在股市中获得了一定的成功，那么自我归因与自身的技术水平又将会很容易地导致投资者夸大对未来盈利的预期。投资者在进行实际操作时，都会比较关心到底是什么因素导致自我控制的偏差，并希望在了解成因的基础上，有意识地避免自身受到其影响，进而使自己的决策成功率更高，最终获得更大的投资收益。

投资者时常需要与自己做斗争，因为人总是存在这样一种冲动，想要尽快赚钱。正是这种心态让他们比较容易成为失败者。投资者最需要的不是频繁交易，而是自我控制。对自我控制影响最为显著的因素是：资金规模和盈亏情况、能力高低和对投资风险的把握程度、对投资结果的评价方式。

二、锚定效应控制

由于锚定效应，投资者可以防止轻易地接受那些购买股票的建议，一个不负责任的客户经理可能会向他的客户推荐一些超过客户购买能力的股票，若以第一次的推荐股票作为锚定标准，第二次的推荐无疑更吸引投资者。

投资者在投身股市时，应能够清醒地认识到：由于锚定效应的存在，某家公司股票的定价很可能是不合理的。当公司由于某些不利情况使得效益突然出现较大幅度下滑的时候，由于分析师们一般将注意力放在对其过去业绩水平的评估分析上，即用以分析评论的统计数据只可能来源于以往的统计报表，因此，研究结论往往会与实际的变化情况相脱离。

股票市场上大部分投资者都倾向于过高地估计所谓利好消息可能出现的概率，这是一种普遍存在的心理锚。人们对收益的定位普遍过高，尤其是那些在大牛市背景下入市且渴望尽快致富的年轻投资者们，投资知识的相对缺乏加上拥有过于乐观自信的投资心态，最终的结果往往使其遭受一定程度的亏损。作为一个成熟的投资者，应该有意识地避免这种情况的发生，尽可能做到谋定而后动，时刻保持谨慎与客观的态度来对待自己的每一个交易决策。

三、沉没成本控制

首先，沉没成本是业已发生或承诺的，无法收回的成本支出。沉没成本是一种历史成本，对现有决策而言是不可控成本。在投资决策时应排除沉没成本的干扰。事实上，沉没成本很容易使决策者在面临再次选择时固守原有的决策。

其次，设置合理的参照点，培养良好的心理素质。无论是参照点的选择，认知过程的形成，还是对于沉没成本的心理预期，都与投资者的心理素质水平密不可分。投资决策的成败一定程度上就是对投资者心理素质的考验。

四、过度自信防范

受过度自信心理的驱使，证券市场的一些成功人士在重大投资决策过程中普遍存在盲目的乐观主义倾向，因此，需要通过调整和完善投资决策机制来避免和降低投资过程中过度自信行为的发生。

五、后悔厌恶控制

避免后悔厌恶的一个有效方法是时间分散化策略。与实际损失不同，账面损失仍然有希望实现收支平衡，但是一旦最后期限来临，收支平衡的希望就可能会破灭，此时延长投资期限就显得很有意义。拥有投资期限选择权的投资者可以通过推迟实现账面损失来避免后悔。长期的时间分散化策略能够将投资者的注意力从短期损失带来的后悔与恐惧中转移到期望获得长期收益的自豪中。

六、代表性偏差控制

在股票市场上，当人们面对一组对事件进行描述的信息时，经常会忽略不熟悉或者看不懂的信息，只凭自己能够理解和熟悉的信息去作出判断。但这些被忽略的信息可能对判断是关键的，而自己能够理解的信息可能对判断是不重要的。对付可获得性带来的错觉，可以采用反向调整法，不仅仅根据投资的有利方面进行决策。

七、禀赋效应控制

在不确定投资决策的情况下，执行了一项决策后，就会获得关于决策更为真实的信

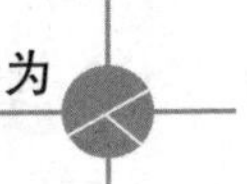

息，若这时获得的信息与原先的估计产生冲突，就会发生认知不协调，产生心理成本。为避免这种心理负担，在随后的决策执行中，决策者会选择忽略不利的信息，甚至避免接触新的信息以维持原有的风险水平。决策者往往会决定冒险一试，继续执行初始的决策。为防止心理因素的干扰，投资决策者应设置合理的投资决策参照点，提高心理素质。

八、羊群行为控制

当市场处于低迷状态时，其实正是进行投资布局、等待未来高点收成的绝佳时机，不过，由于大多数投资人存在"羊群效应"的心理，当大家都不看好时，即使那些具有最佳成长前景的投资品种也会无人问津。等到市场热度增高，投资人才争先恐后地进场抢购，一旦市场稍有调整，大家又会一窝蜂地杀出，这似乎是大多数投资人无法克服的投资心理。避免跟风操作的简单方法是：投资人结合自身的投资目标、风险承受度等因素，设定获利点和止损点，同时控制自己的情绪来面对各种起落，加强个人"戒急用忍"能力，这样才能顺利实现投资目标。

本章小结

1. 行为金融学是金融理论领域的一次革命，它打破了期望效用最大化理论和有效市场假说的传统统治地位，构建起了新的框架和新的基本观念。过去几十年的金融研究发展中一直存在一个趋势：假设所有人类行为都是严格理性的，人们利用信息也是完美的。而行为金融学的兴起和发展是对这种趋势的一个自然逆转。

2. 行为金融学是将行为与金融相结合的科学。行为金融学不仅融合了心理学，也引入许多其他学科的研究内容，如社会学。简单来说，行为金融学是以心理学和其他相关学科的成果为基础，并尝试将这些成果应用于解决金融问题的科学。

3. 投资行为学对投资者认知偏差的研究主要吸收了认知心理学的研究成果。把投资行为看作系统的信息处理过程，认知就是信息的加工。在这个过程中，投资者受到诸多因素的影响，每个阶段都可能对信息的理解发生偏差，从而导致投资者认知偏差的产生。

4. 证券交易行为主要表现为：自我控制、锚定效应、沉没成本、过度自信、后悔厌恶、代表性偏差、禀赋效应、羊群行为。

5. 证券交易行为管理的环节体现在：自我控制调节、锚定效应控制、沉没成本控制、过度自信防范、后悔厌恶控制、代表性偏差控制、禀赋效应控制、羊群行为控制。

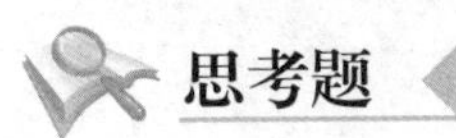

思考题

1. 名词解释

行为金融学　自我控制　锚定效应　沉没成本　过度自信　后悔厌恶　代表性偏差　禀赋效应　羊群行为

2. 叙述题

(1) 行为金融学的特征。

(2) 行为金融学与主流金融学的区别。

(3) 自我控制认知偏差的表现。

(4) 产生锚定效应的原因。

(5) 过度自信的表现。

(6) 证券交易行为的管理。

第八章　证券投资风险管理

学习目标

通过本章的学习，考生应了解投资组合的概念，掌握证券投资中所讲风险和收益的含义、风险管理的基本方法、资产组合的收益和风险、资产组合的业绩评价方法。

学习方法

(1) 预习法。通过预习，了解本章的内容，掌握证券投资中所讲风险和收益的含义及风险管理的基本方法。

(2) 联系学习法。本章是证券投资实践和理论知识的延伸。在此之前，考生对证券与证券市场的基本概念，包括证券投资工具及证券市场运行已有了一定的了解，掌握了证券市场的宏观和微观分析及技术操作方法，初步了解了证券市场相关理论及交易行为。在此基础上，通过本章的学习，考生能够奠定对证券市场整体风险和收益的掌控，构建完整的证券市场理论与实践体系。

(3) 完成本章后面的思考题。

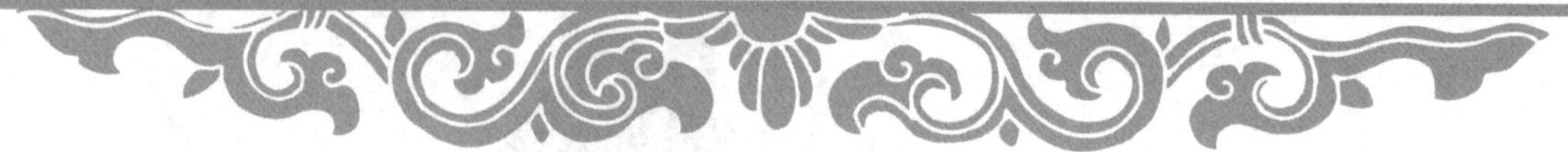

案例导读

案例1:

南方证券：2004年1月2日，深圳市嘉宾路太平洋商贸大厦20层，南方证券总部。随着一纸公告的宣读，中国证监会、深圳市政府、中国人民银行、公安部联合成立的行政接管领导小组正式开始对南方证券实施行政接管。这是我国对问题券商进行行政接管的第一案。

案例2:

大鹏证券：挪用18亿元客户保证金的大鹏证券，出现了向登记结算公司透支2亿多元的紧张状况。据深圳市中院公告透露，中审会计师事务所对大鹏证券资产审计的结果显示：大鹏证券的资产总额为人民币32.36亿元，负债总额为人民币60.14亿元，资不抵债金额为27.78亿元，资产负债率高达185.87%，已严重资不抵债。深圳市中院裁定，宣告大鹏证券有限责任公司破产还债，并指定清算组对破产企业进行接管。

案例3:

有人认为，在马科威茨1952年关于组合选择的论文发表之前，投资者不知道他们应该采取分散化策略，这是不确切的。威格伯格在1952年的《投资公司》及其以前的各册书中表明，当时美国的投资公司持有许多种证券的资产组合。分散化投资的思想也不是全新的。例如，在《威尼斯商人》中，莎士比亚笔下的安东尼奥说道：我的买卖的成败，并不完全寄托在一艘船上，更不是依赖于一处地方。我的全部财产也不会因为这一年的盈亏而受到影响，所以我的货物并不能使我忧愁。可见莎士比亚已经有了协方差和分散化的感觉。1952年以前缺少的是如何进行分散化的理论。

案例4:

从2010年到2015年，国债指数、公司债指数和企业债指数都是不断上涨的，从月K线看，基本上呈缓慢向上的趋势，这为债券投资者提供了较为稳定的收益和较小的波动。与此同时，2010年1月至2014年6月上证综指不断下跌，2014年7月至2015年5月上证综指快速上涨随后下跌，投资者在面临赚钱机会的同时也面临较大的波动。比较可以发现，这一时期我国的债券波动小、风险小，股票的波动大、风险大，这两者存在较大差异。对于投资者来说，如果在股市下跌时买入债券是有机会弥补损失即降低风险的。债券和股票这种风险差异以及时正时负的关联对于投资者进行资产组合配置具有很好的应用价值。

思考题:

1. 对于个人投资者来说，证券投资有风险，那么对于机构投资者是否同样存在证券投资风险呢？

2. 证券投资风险有哪些？

3. 如何防范证券投资风险？

第一节　投资风险管理

金融投资是与风险紧密联系在一起的，金融领域中的很多金融合约都是关于转移风险的，而不是转移资金的。保险和担保是这样，期货、期权这类金融衍生产品的出现也是如此。投资人从事证券投资活动的目的是获得投资收益，而证券投资收益究其根源还是来自发行人的盈利。由于发行人的经营状况受多种因素的影响，其盈利具有不确定性，发行证券所能带来的现金流在数量上和时间上都具有不确定性。一家经营不善的公司可能会减少或取消红利，一家破产的公司可能无法偿还债务。如何估计证券的未来收益及其风险，是证券投资决策的主要内容。

一、风险的含义

在投资学中，风险是指投资结果的不确定性，这种结果的不确定性影响着投资者的投资效用。投资风险是指投资结果的收益具有不确定性。如果一项投资收益的波动性大，我们称其风险的不确定性。如果一项投资收益的波动性小，我们称其风险小。比如，通常认为投资国库券的风险比较小，投资股票的风险比较大。

投资学中关于风险的概念不同于人们日常生活中讲到的风险。日常生活中讲到的风险常常是指危险，意味着损失或失败。在投资学中，风险投资的结果可能是坏的，也可能是好的，既包含对投资者不利的一面，也包含对投资者有利的一面。风险不仅包括负面效应的不确定性，而且包括正面效应的不确定性。

在投资学中，一般假定投资者是风险厌恶者，市场必须提供足够的风险报酬，人们才愿意投资于风险性资产。风险报酬是市场为了促使风险厌恶者购买收益率不确定的资产而向人们提供的额外收益，也称风险补偿。风险报酬的计算公式如下：

为投资者提供的风险报酬＝风险资产期望收益率＋无风险资产收益率

二、证券投资收益

投资者在进行投资决策时寻求收益与风险的平衡，既希望获得较高的收益，又要回避可能的风险。因此，收益与风险是投资活动中必须考虑的两个基本要素。

(一) 收益的衡量

证券投资收益是指初始投资价值的增值，该增值来源于两个部分：第一是投资者所得到的现金，包括股息、利息等；第二是初始购入价格的上升。

例题：假定投资者在年初以每股 10 元的价格买入 1 万股股票，在年底每股得到 0.2

元的股利，价格也涨到了12元，1年内该项投资的收益可通过公式计算得出。

$$10\,000\times0.2+(12-10)\times10\,000=2\,000+20\,000=22\,000$$

由于证券收益是与初始投资的金额相关的，收益的衡量也应以收益与初始投资额的百分比来表示，这个百分比称持有期收益率（HPR），用下式表示：

$$HPR=(EMV-BMV+I)/BMV\times100\%=(20\,000+2\,000)\div(10\times10\,000)\times100\%=22\%$$

公式中HPR代表持有期收益率；EMV代表股票期末市值；BMV代表期初市场价值；I代表投资者在此期间的利息或股息收入。

（二）平均收益率

投资者的证券持有期不一定恰好是整年，因此，对短于一年的持有期收益率的计算要转换成年收益率，以便于对不同持有时间、不同投资额的投资收益进行比较。一般来说，除非专门指出外，持有期收益率都是指年收益率。平均收益率可以用算术平均法和几何平均法两种方法计算。

1. 算术平均法

算术平均法是将各历史时期已经实现的收益率相加，再除以时期数，用公式表示如下：

$$\overline{R}_A=\frac{1}{N}\sum_{t=1}^{N}R_t$$

例题：某公司股票在过去两年中的收益率分别为-8%和10%，那么用算术平均法计算的平均收益率为：

平均收益率$=(-8\%+10\%)\div2=1\%$

2. 几何平均法

几何平均法计算时考虑了资金的时间价值，是一种带有复利思想的计算方法。在第一期期初所投资的1元，到第一期期末为（$1+R_1$）元。几何平均法假定，投资者在第二期会将这（$1+R_1$）元进行再投资，在第二期期末，这（$1+R_1$）元则增值为$(1+R_1)(1+R_2)$元。重复这种投资过程，那么在第一期期初所投资的1元，在第n期期末增值为$(1+R_1)(1+R_2)\cdots(1+R_n)$元。因此，几何平均值的数学式表达为：

$$\overline{R}_i=\left\{\prod_{t=1}^{n}(1+R_t)\right\}^{\frac{1}{n}}-1$$

使用上例某公司股票收益率的例子，则有：

$$\overline{R}_i=[(1-0.08)\times(1+0.1)]^{1/2}-1=5.98\%$$

这一结果与算术平均收益率不同。当收益率的波动很大时，两种收益率的差异也会随之增大。

例题：假设一支基金没有分红，且初始净值是每股1元。在第一年年末，该基金净值是每股0.5元，第二年年末每股1元。该基金第一年收益的收益率为：

$$(0.5-1)\div 1=-0.5=-50\%$$

即第一年损失50%，第二年的收益率为：

$$(1-0.5)\div 0.5=1=100\%$$

即收益100%。那么算数平均收益率为：

$$\overline{R}_i=(-0.5+1)\div 2=0.25=25\%$$

几何平均收益率为：

$$\overline{R}_i=[(1-0.5)(1+1.0)]^{1/2}-1=0=0\%$$

假设已投资于该基金两年，那么，到底哪个平均收益率是正确的呢？

在此例中，原始投资额是1元，两年之后，还是1元。很明显，从投资者的角度来看，没有获得任何收益，即收益率是0%。既然几何平均收益率真实反映了该投资者资产价值的变化，那么几何平均收益率也就是正确的结果。几何平均收益率能够用来解释资产价值的实际增减情况，而算术平均收益率则是毫无意义的。

但是，算术平均收益率在下列两种情况下则应用价值较高：

(1) 估计同一时期不同种类证券的平均收益率。例如，当计算某一特定行业的多种证券的平均收益率时，可以使用算术平均法。如果想评估计算机行业在过去一年中的业绩情况，就可以使用计算机行业各种股票的算术平均收益率。也就是说，不必花时间去计算过去几个时期内该行业的增长情况，而只需要计算在一个时期内该行业的平均业绩即可。

(2) 估计预期收益率。假定想在四维图新股票上投资一年。根据四维图新过去8年的收益率，就可以很好地估计下一年四维图新的收益率。若收益率第一年是−50%，第二年是100%。再进一步假设，在将来此股票的收益率仅有上述两种可能。既然不能肯定在下一年中哪一个结果可能会发生，那么，对此所做的最佳估计则应该是25%，即50%和100%的算术平均值。需要说明的是，这里不是对此股票的业绩进行长期估计，而仅仅是对其将来短期内（如一年）的业绩进行估计。

(三) 时间权重收益率

以时间为权重的收益率简称时间权重收益率。之所以称之为时间权重收益率，是因为在计算这种收益率时，充分考虑了资金（如股息）的时间价值。时间权重收益率的计算方法做了如下假定：投资者在实现现金流入时，如收到现金股息，立即将这部分现金再投资到现存的证券。正如几何平均法一样，时间权重法也是以复利思想来计算收益率的。从本质上来说，时间权重收益率解决的问题是：投资者在第一期期初投资1元，那么，经过n期之后，这1元在第n期期末的价值是多少？在这个时期内如果发生现金流入，那么从理论上来讲，投资者必须把这些资金在获得之日以当天的市场价格购买该证券进行再投资。这样，计算收益率最为准确的办法就是：先计算有价证券在现金流入之日的市场价值，再计算下一个时期的期间收益率，然后，将各个时期的期间收益率综合起来考虑即可得到整个期间的收益率。

时间权重收益率的计算公式如下：

$$R_{TM}=\left[\prod_{t=1}^{n}(1+R_t)\right]-1$$

（四）时间权重收益率和几何平均收益率之间的区别

时间权重收益率不开 n 次方，而几何平均收益率则要开 n 次方。这说明，时间权重收益率是 1 元投资在第 n 期期末的价值减去 1 所得的结果，而几何平均收益率则是反映各个时期的平均收益率。也就是说，时间权重收益率是计算资产在 n 个时期内所获得的总收益率，而几何平均收益率是计算资产在 n 个时期内的平均收益率。

时间权重收益率与持有期收益率的区别在于：时间权重收益率法假定当你收到股息时立即将这些股息进行再投资，持有期收益率假定当你收到股息时要么让这些股息闲置着，要么被消费掉了。一般来说，与持有期收益率相比，时间权重收益率是更好的衡量收益率的指标。这是因为时间权重收益率考虑了现金流入的日期，即考虑了资金的时间价值。

不同的计算方法并不能给投资者提供最佳的投资策略。例如，有时将股息进行再投资并不太妥当，比如当股票价格下跌时。时间权重收益率方法只不过是给投资者提供了某一特定资产真实、客观、历史的收益率。

三、应计利息与税后收益

（一）应计利息

应计利息是在计算债券收益率时必须考虑的问题。世界上大部分国家的多数债券是息票债券。比如美国的债券，其债券按面值出售，一年中会在固定的时间支付两次利息。这样，债券的投资者在非付息日出售债券时就会碰到自上次付息日到债券出售日的利息如何计算的问题。债券的购买者除了应该支付债券的价格外，还应支付从上次付息日到购买日的利息，这段时间的利息是出售债券方应得的，但是在金融行情表中提供的债券价格不包括这部分利息，因此，这段时间的利息也称作应得利息或应计利息。考虑应计利息的持有期收益率计算公式为：

$$R_i=\frac{(P_i+AI_i)-(P_{i-1}+AI_{i-1})+C_i}{P_{i-1}+AI_{i-1}}\times 100\%$$

式中：I_i——债券在第 i 期的持有期收益率；

P_i——债券在第 i 期期末的市场价格；

AI_i——在第 i 期期末时的债券中的应计利息；

P_{i-1}——债券在第 $i-1$ 期期末的市场价格；

AI_{i-1}——第 $i-1$ 期期末时债券上积累的应计利息；

C_i——债券发行者按在第 i 期规定的日期与利率支付给债券持有人的息票利息。

这一公式提出的解决应计利息的办法是，将期初的应计利息和期末的应计利息分别加到期初的价格和期末的价格上。

（二）税后收益

政府对一些投资征税，对另一些投资给予税收优惠。对投资收益的征税会改变投资者的收益水平，税后收益是投资者实际可以支配的收益，对投资者来说更具有实际意义。税后收益率的计算并不复杂，将计算持有期收益率的公式稍加变化即可适用于税后收益率的计算。投资者在第 i 期继续持有证券情况下的第 i 期税后收益率的计算公式如下：

$$R_i=\frac{EMV_i-BMV_i+I_i(1-T)}{BMV_i}\times 100\%$$

式中：　EMV_i——第 i 期期末证券的市场价值；

BMV_i——第 i 期期初证券的市场价值；

I_i——投资者第 i 期所获得的收入；

T——收入税税率。

我国目前只对股利征税，对资本利得暂不征税。

四、名义利率与实际利率

（一）名义利率

名义利率是不考虑通货膨胀影响的利率。由于只有实际购买力增加才会使投资者的投资活动获得实际的效益，在测度投资者的投资收益时，既要看名义收益和名义利息的增长情况，又要看实际收益和实际利息的增长情况。

（二）实际利率

实际利率是扣除通货膨胀因素影响的利率。通货膨胀是指社会商品和服务价格的普遍上涨，通常是由于经济过热、社会总需求大于总供给造成的。各国一般以有代表性的商品和服务的价格变化来代表社会总物价水平的变化，即由商品和服务的价格指数（通常为居民消费价格指数，CPI）来代表通货膨胀率。在通货膨胀的情况下，如果投资收益率超过通货膨胀率，投资者购买力则是增加的；如果投资收益率低于通货膨胀率，投资者所持有的资产价值就会因通货膨胀而降低购买力。投资者进行投资，归根结底是为了未来拥有的资产具有更高的购买力。因此，实际利率水平的变化对投资者的投资意愿具有重要的影响。实际利率与名义利率的关系为：

$$R_{\text{real}}=\frac{1+R_{\text{nom}}}{1+h}-1=\frac{R_{\text{nom}}-h}{1+h}$$

式中：　R_{real}——实际利率；

R_{nom}——名义利率；

h——通货膨胀率。

例题：若某年度名义利率为 5%，通货膨胀率为 4%，请计算该年度实际利率。

$$R_r=(5\%-4\%)\div(1+4\%)=1\%\div 104\%=0.96\%$$

五、期望收益率

各种收益率的计算方法都是用来衡量证券历史经营业绩的，也就是说是已实现的收益率，属于事后收益率。投资者在买卖股票时，面临的是股价波动的不确定性。为了对这种不确定的收益进行衡量、比较和决策，可使用期望收益率的概念。在证券投资活动中，期望收益率是证券在未来某种经济状态下所能获得的收益率，是不同状态下的证券预期收益率与不同状态下出现的概率的乘积之和。它有两种计算方法：直接预测法和历史数据法。

（一）直接预测法

如果投资者能够描述影响收益率的各种可能情况，还可以估计各种情况出现的概率及收益的大小，那么期望收益率就是各种情况下收益率的加权平均，权数是各种情况出现的概率。用 $P(s)$ 表示 s 情况下的概率，$r(s)$ 为该情形下的收益率，那么期望收益率 $E(r)$ 为：

$$E(r) = \sum P(s)r(s)$$

例题：某投资者预测甲股票可能的收益情况与该国的经济状况有关，如表 8－1 所示。

表 8－1　　甲股票可能的收益情况

经济状况	概率	收益率（%）
繁荣	0.25	10
正常增长	0.5	5
萧条	0.25	−8

则此股票的期望收益率为：

$$E(r)=10\%\times 0.25+5\%\times 0.5+(-8\%)\times 0.25=3\%$$

在上例中，投资者给出了不同的经济状况出现的概率，并且估计了不同经济状况下的收益率。在实际工作中，要完成这项工作是有难度的。

（二）历史数据法

历史数据法要求收集足够多的、能代表预测投资期收益率分布的事后收益率的样本，并假定所有观察值出现的概率相同，计算这些数据的平均值，将此平均值作为期望收益率。这种方法实际上是将收益率看成一个随机变量，用历史收益率的样本均值作为期望收益率的估计量。

$$E(r) = \frac{1}{n}\sum_{i=1}^{n} r_i$$

（三）期望的到期收益率与承诺的到期收益率

发行者不会对股票投资者承诺保证其收益，但债券投资者可以事先获得发行人的承诺。如果债券的支付是确定的，那么期望的到期收益率与承诺的到期收益率之间没有区别。但是，绝大多数债券的未来支付是不确定的，原因有两点：第一，发行人可能推迟某些支付。在更远的将来收到的一元钱比计划期收到的一元钱现值更小。推迟支付的可能性越大，债券的现值越小。第二，债券发行人可能部分或全部违约，不支付利息，或到期不偿付本金。

为了估计债券或债务工具的期望到期收益率，应考虑所有可能状态及其概率。例如，某债券承诺的到期收益率及兑现概率如表 8-2 所示。

表 8-2　　某债券承诺到期收益率及兑现概率

承诺的到期收益率	兑现概率
12%	0.05
8%	0.15
5%	0.35
2%	0.45

期望的到期收益率是以概率为权重的加权平均值，即 $\{(12\%\times0.05)+(8\%\times0.15)+(5\%\times0.35)+(2\%\times0.45)\}=4.45\%$。

投资者在做投资决策时应关注的是期望的到期收益率，而不仅仅是承诺的到期收益率。承诺的到期收益率是基于在承诺的时间内实现承诺的支付来计算的，如果存在债务人不能准时和不完全履行承诺的风险，那么期望的到期收益率便会小于承诺的到期收益率，风险越大，偏离就越大。

六、证券投资风险的度量

在概率论与数理统计中，人们用数学期望表达随机变量取值的概率平均，用方差表达随机变量取值距离中心值的偏离程度。

在投资学中，人们常用收益率的标准差（有时也用方差）度量风险，标准差是投资风险的度量工具。标准差为零的资产称为无风险资产，标准差大于零的资产称为风险资产。标准差越大，表示投资的风险越大。计算方差需要用到随机变量的数学期望。

$$\sigma^2=\sum_s P(s)[r(s)-E(r)]^2$$

则上例甲股票的方差为：

$$\sigma^2=0.25\times(10\%-3\%)^2+0.5\times(5\%-3\%)^2+0.25\times(-8\%-3\%)^2=0.445\%$$

当计算某种资产 n 年以来的收益率方差时，可以简单地以 $1/n$ 来代表概率 P_i，即：

$$\sigma^2=\sum_{i=1}^{n}\frac{1}{n}\left[r_i-E(r)\right]^2$$

通常将方差开算术平方根，得到标准差，与变量的单位保持一致，则上式甲股票的标准差为：

$\sigma=(0.445\%)^{1/2}=0.06782$

用标准差度量风险的优势在于将投资的不确定性概括成单一数字，不足之处是将高于期望收益和低于期望收益的两种相反情况同等对待，看成同样的风险。

第二节　资产组合的收益与风险

一、资产组合的含义

资产组合一般是指投资者在金融市场的投资活动中，根据自己的风险和收益偏好所选择的几种金融工具的集合。投资者之所以要进行资产组合，是为了避免因投资集中而可能导致的全军覆没的惨败。具体来说，当投资组合的一部分资产发生亏损时，另一部分资产会产生盈利，以弥补亏损或减少亏损。对投资者意味着，即使意外事件发生，也不会损失严重。因此，做资产组合是有必要的，做好资产组合需要投资技巧。

在评估一个资产组合的风险时，投资者必须考虑到资产收益之间的相互作用。例如签订保险合约，交一大笔保险金是降低风险的好办法。当资产组合中的一部分资产如房屋或工厂遭受火灾的巨大损失时，购买的火险就派上了用场。房产与保险这两种资产收益相互抵消，稳定了整个资产组合的风险。投资于补偿形式的资产，使之抵消可能遇到的风险，这种做法被称为套期保值。保险合约便是明显的套期保值工具。在很多情况下，金融市场提供类似的、间接的套期保值机会。例如，有两家公司，一家生产防晒油，另一家生产雨伞。两个公司的股东都面临着两种相反天气的风险。多雨的夏季使防晒油公司的收益下降，却使雨伞公司的收益增加。雨伞公司的股份相当于为防晒油公司股东购买的天气保险。当防晒油公司的经营环境恶劣时，保险资产（雨伞股份）很好的收益就可以抵消这部分损失。

控制资产组合风险的另一个工具是分散化，这意味着投资是散布于各类资产中的，以保证任何特定证券所暴露风险的有限性。通过把鸡蛋放在许多篮子中，整个资产组合的风险实际上要比资产组合中任何一个孤立证券所具有的风险低得多。

二、资产组合的收益

一个资产组合是多种证券的集合，因此从逻辑上说，一个资产组合的期望收益率和标准差应该依赖于包含在该资产组合中的每种证券的期望收益率和标准差以及每种证券的投资比例。

例题：若某投资者在年初购入了 A、B、C 三只股票，构成一个证券组合 P，该投资者对购买的每一只股票的期末价格进行了预测（见表 8-3），得到 A、B、C 三只股票的期望价格，计算证券组合 P 的期望收益率。

首先算出 A、B、C 每种股票的预期期末价格，再汇总为组合的期末价格，三种股票权重及各自期望价格见表 8-3。

表 8-3　　股票 A、B、C 的期望价格及组合

股票	数量（股）	期初价格（元）	总价（元）	预期期末价格（元）	预期期末总值（元）
A	100	40	4 000	42	4 200
B	200	35	7 000	40	8 000
C	100	62	6 200	70	7 000
合计	—	—	17 200	—	19 200

若投资者构建由三只证券构成的资产组合 P，设 W_i（$i=1, \cdots, n$）为第 i 只证券的期初总值，W 为投资组合 P 的期初总值，w_i 为第 i 只证券的期初总值占资产组合 P 期初总值的比例，则：

$$W=\sum_{i=1}^{n} W_i$$

$$w_i=\frac{W_i}{W}$$

$$w_1+w_2+\cdots+w_n=1$$

在公式中，将每种资产占整个组合的比例 w 称作权重，它反映了投资者将资金的多大部分比例投资于该种资产，且所有的权重之和一定为 1。继续设：W'_i（$i=1, \cdots, n$）为第 i 只证券的期末预期总值，$E(r_{ip})$ 为第 i 只证券的期望收益率，$E(r_p)$ 为投资组合的期望收益率，则：

$$E(r_{ip})=\frac{W'_i-W_i}{W_i}$$

$$E(r_p)=\sum_{i=1}^{n} w_i E(r_{ip})$$

证券组合的期望收益率是单个证券期望收益率的加权平均数，其权数即为每一证券占整个组合的权重 W_i。很显然，第 i 种证券的投资权重 w_i 越大，那么，它对证券组合的期望收益率影响也就越大。极端的情况是，当某种证券的投资权重为 1 时，即投资者将其所有财富都投资于该证券时，证券组合的期望收益率也就等于该种证券的期望收益率。计算资产组合 P 的持有期收益率，计算过程见表 8-4。

表 8-4　　资产组合 P 持有期收益

股票	总价（元）	占总价比例	期初价格（元）	预期期末价格（元）	预期持有期收益率（%）	对资产组合的预期持有收益率的贡献（%）
A	4 000	0.232 5	40	42	5.00	1.16
B	7 000	0.407 0	35	40	14.29	5.82
C	6 200	0.360 5	62	70	12.9	4.65
合计	17 200	1.000 0	—	—	—	11.63

计算得到资产组合的期望收益率为 11.63%。

三、资产组合的风险

资产组合的风险可以用其方差来度量，方差的计算可以使用其定义式直接计算，计算两个风险资产 A 与 B 的组合 P 时，可运用下面的公式来计算：

$$\sigma_{\mathrm{p}}^{2}=(W_{\mathrm{A}}\sigma_{\mathrm{A}}+W_{\mathrm{B}}\sigma_{B})^{2}$$

σ_{P} 表示证券组合 P 的标准差。σ_{A}，σ_{B} 分别表示组合中两项资产的标准差，W_{A}，W_{B} 分别表示组合中两项资产各项比重。

四、资产组合中的协方差和相关系数

（一）协方差

协方差测度的是两个风险资产收益相互影响的方向与程度。正的协方差意味着两种资产收益同向变动，负的协方差表明它们朝相反的方向变动。

为了测度协方差，考虑在某一特定情景中，每种股票与预期收益的偏差的积为：

$$[r_{\mathrm{A}}-E(r_{\mathrm{A}})][r_{\mathrm{B}}-E(r_{\mathrm{B}})]$$

如果两种股票同方向运动，乘积将为正。也就是说，两种股票的收益都超出预期或达不到预期水平。另一方面，如果一只股票的收益超出预期而另一只股票达不到预期，乘积将为负。因此，所有可能情况下的一个好的测度是所有情景下的这个积的预期值。

协方差可以测度两只证券收益率之间的互动性。协方差为正值，表明证券的收益率倾向于向同一方向变动。协方差为负值，表明一种证券与另一种证券向相反方向变动，负的协方差可以证明两只股票之间具有套期保值作用。相对小的或 0 值的协方差则表明两种证券的收益率之间只有很小的互动关系或没有任何互动关系。

（二）相关系数

相关系数是比协方差更便于计算的指标。它把协方差的值放在－1 与＋1 之间，－1 表示完全负相关，＋1 表示完全正相关。两个变量的相关系数等于它们的协方差除以各自的标准差。

较大的负相关系数（接近－1）表明两家公司股票有很强的反向变动趋势。

套期保值就是购买与现有资产组合负相关的风险资产。这种负相关使得套期保值资产的波动性具有降低风险的特性。在资产组合中加入无风险资产是一种简单的风险降低策略，套期保值策略是取代这种策略的有效方法。

相关系数对证券组合风险的影响：

（1）当相关性一定时，投资权重影响资产组合的方差。

（2）当投资比重一定时，资产之间的相关性越小，资产组合的方差就越小。

第三节 证券投资风险与管理

一、系统风险与非系统风险

资产组合可以有效地减少和分散风险，但不能完全消除风险。随着资产组合中资产数目的增加，各资产本身的风险状况对组合风险的影响逐渐减少，乃至最终消失。但各资产间相互作用、共同运动产生的风险并不能随风险的增大而消失，它是始终存在的。

（一）非系统风险

非系统风险是由个别资产本身的各种因素造成收益的不稳定。也就是说，非系统风险来自个别公司或个别企业的因素，且不对整体经济（或宏观经济）层面有影响。非系统风险的来源可能是：公司产品科技含量与未来发展的好坏、消费者（或客户）对公司产品喜好的变动、产品竞争的程度、政府对公司产品或服务的财力支持或法令干预、公司经营效率的高低、公司举债的多寡，等等。虽然造成非系统风险的因素众多，但可归类成两种重要的风险：商业风险与财务风险。

1. 商业风险

商业风险是非系统风险的一部分，是指公司息税前盈余的变动。息税前盈余是否稳定可检验公司的管理是否有效率。因为好的盈余业绩是一个公司整体经营决策正确与经营有效率的结果。一个管理良好且有效率的公司，其盈利必定稳定，从而商业风险低。这种商业风险低的公司必然有一套有效率的管理策略，例如良好的存货管理制度、积极推销产品与开拓新市场、有效率的营销策略、极力降低成本、改良产品质量、极力研发新产品，等等。

2. 财务风险

财务风险的产生是因为公司向外举债以支持公司的营运与扩充。因对外举债，公司必须按期还本付息。当公司经营顺利或经济状况良好时，公司能从容应对利息的支付与本金的偿还。但当公司经营不顺利，或遭遇恶劣经济状况时，公司无法支付利息与偿还本金的可能性大增。一般说来，举债越多的公司，在恶劣情况下支付利息与偿还本金越有困难，致使其财务风险也越大。

（二）系统风险

系统风险是因某些因素对几乎所有证券的价格造成冲击而产生的风险。更进一步来说，经济、政治与社会情况或事件的非预期变动是造成系统风险的主因。这些非预期变动造成几乎所有股票与债券的价格向同一方向变动。例如，当预测未来经济将严重萎缩时，公司的销售额与利润将会大幅下降，就会导致几乎所有的股票价格下降。在高通货膨胀下的市场，若预测通货膨胀将会下降，则会导致市场利率下降，股价全盘上升。

造成系统风险的因素统称为市场因素，造成非系统风险的因素称为非市场因素。前者（系统风险）主要包括市场风险、利率风险、购买力风险等。

1. 市场风险

市场风险是指会造成投资者很快改变期望的风险因素与事件。也就是说，能使投资者的投资心理或市场心理产生变化的任何有形和无形的因素与事件都是造成市场风险的原因。除经济因素外，其他无形因素或事件表面上看似乎对宏观经济不构成影响，但实质上它对整体经济的影响很可能是深重的。例如，社会不安定、政治不稳定、叛乱都会造成投资者的心理转成悲观，导致对股市不利。再如，与工业国家经济命脉有密切关系的地区发生动乱或战争，会影响工业国家与其他国家的经济发展，尽管这种事件发生在外国，但也会影响本国投资者的投资心理，造成股价下跌。

2. 利率风险

利率风险是指因市场利率的不确定变动造成投资收入与证券价格不确定变动的风险。利率变动对证券价格的影响是反方向的，即当利率上升（下降）时，证券价格下降（上升）。造成利率变动的原因可能来自中央银行的货币政策与国库券利率的升降。为控制通货膨胀，央行会采取紧缩的货币政策，使利率上升，以防止经济过热，导致证券价格会因之而下降。此外，政府支出扩大，大量发行国库券时，只有提高国库券利率，与公司债券竞争，才能吸取所需的资金，以应付支出的扩大。但国库券利率（即无风险利率）提升将会导致其他具有风险的证券（股票及公司债券）收益率或利率上升。股票及公司债券的收益率会跟随国库券利率的升降而升降。投资者应随时追踪央行的货币政策（或利率政策）与国库券利率的升降，并预测其未来的走向，以便拟定适当的证券投资策略。

3. 购买力风险

购买力风险是指未来投资收入与投资价值购买力的不确定变动。投资的购买力风险包括通货膨胀风险与通货紧缩风险。商品与服务价格的持续上升称为通货膨胀，其价格的持续下降称为通货紧缩。通货膨胀与通货紧缩都会造成证券价格下跌，使投资者蒙受损失。这是因为在通货膨胀期间，投资者与一般大众的投资财富与收入的购买力因物价上升而下降。通货紧缩则会造成商品与财富价值下降。

大部分工业国家很少面临通货紧缩，绝大部分时期面临通货膨胀。因此，一般人将购买力风险称为通货膨胀风险。持续宽松的货币政策最终会导致通货膨胀的来临。此外，原料成本的普遍上涨与商品及服务需求的急速增加都是造成通货膨胀的因素。

二、风险管理的方法

为减少风险采取适当的行动称为风险管理。人们在实践中探索出了一些风险管理的方法。

（一）风险回避

风险回避是指有意识地避免某种特定风险的风险管理方法。因为考虑到风险太大，人们会决定避免从事某项职业，公司会避免从事某些经营活动来回避风险。但是，回避风险并非总是可行的，有些风险是不可避免的。在证券投资中，可以空仓的方式回避风险。

（二）预防并控制损失

预防并控制损失是指为了降低发生损失的可能性或严重性而采取的行动，这种行动可

以在损失发生之前、之中或之后采取。比如，在流感发生期间避免或减少到可能传染流感的地方，一旦发生感冒，注意卧床休息，避免感冒诱发其他疾病。一些人不注意控制损失，如感冒后不注意休息，导致感冒转成肺炎，甚至危及生命。

（三）风险留存

风险留存是指投资者自己承担风险并以自己的财产来弥补损失。这种情况有时是因为过失而产生的。例如，投资者没有觉察到风险的存在或者没有对风险给予足够的重视。但也有人可能是有意识地决定自己承担风险。比如，投资者认为自己有能力承担风险或者避免风险的成本过高时，他将倾向于主动承担风险。再如，有的人不去购买机动车辆的某些险种，而是选择用自己积累的财富负担某些可能的损失。

（四）风险转移

风险转移是指采取行动将部分或全部风险转移给他人。转移风险最基本的方法是出售有风险的资产。风险转移能够对经济效率作出贡献，因为通过风险转移，可以将现有的风险重新分配给最愿意承担风险的人，或根据新的风险承担状况在生产和消费上重新进行资源的分配。

三、风险转移的方法

（一）套期保值

套期保值是指采取措施将未来的收益锁定，从而避免风险的方法。当一个人采取行动时不仅降低了面临的风险，同时也使他放弃了潜在的获得额外收益的可能性，这种行为就是套期保值。例如，农民为了减少收获时农作物价格降低的风险，在收获之前就以固定的价格出售未来收获的农作物。因为这种行为避免了收获时农作物价格下跌给农民带来的损失，也意味着他放弃了收获时农作物价格升高而获得更多利润的可能性。

（二）购买保险

购买保险是指通过支付额外费用（保险费）来转移风险的行为。通过购买保险，投资者以一项确定的损失（为保险而支付的额外费用）替代了如果不保险而遭受更大损失的可能性。

保险和套期保值有着本质的区别。在套期保值时，投资者通过放弃潜在收益的行为来避免潜在的损失。保险则是通过支付保险费，在保留潜在收益的情况下避免重大损失造成的风险。

（三）分散投资

分散投资是指同时持有多种风险资产，而不是将所有的投资集中于一项。分散投资之所以能降低风险，是因为持有一项以上的资产，可以避免因一次意外而倾家荡产。投资者的投资决策基于两个目标，即在寻求“期望收益最大化”的同时追求“收益的不确定性最小”。事实上，投资者要想得到较高的收益，必须承担较大的风险，证券的收益与风险不可能两全。资产组合选择理论为投资者寻求收益与风险之间的平衡提供了一种行之有效的途径，即寻求在期望收益相同的条件下风险最小或在风险相同的条件下期望收益最大的最优证券组合。

四、证券投资组合

（一）证券投资组合的含义

证券投资组合是指个人或机构投资者同时持有的各种有价证券的总称，如股票、债券、存款单等。投资组合不是证券品种的简单随意组合，它体现了投资者的意愿和投资者所受到的约束，即受到投资者对投资收益的权衡、投资比例分配、投资风险偏好等限制。

（二）构建证券投资组合的原因

组合理论是建立在对理性投资者行为特征的研究基础之上的，理性投资者具有厌恶风险和追求收益最大化的基本行为特征。对证券投资进行组合管理，可以在降低资产组合风险的同时实现收益最大化。

1. 降低风险

"不要将鸡蛋放在一个篮子里"可以非常通俗地解释构建投资组合、降低投资风险的原因。如果把鸡蛋放在一个篮子里，万一这个篮子不小心掉在地上，所有的鸡蛋就可能摔碎。如果把鸡蛋分别放在不同的篮子里，一个篮子掉了不会影响到其他篮子里的鸡蛋。资产组合理论证明，投资组合可以有效地降低非系统性风险。

2. 实现收益最大化

理性投资者都是厌恶风险，同时又追求收益最大化的。就单个资产而言，风险与收益是成正比的，高收益总是伴随着高风险。但是，各种资产不同比例的组合，却可以使投资组合整体的收益与风险特征达到在同等风险水平上收益最高和在同等收益水平上风险最小的理想状态。

（三）证券投资组合的类型

按投资目标的不同，证券投资组合通常分为以下种类。

1. 避税型证券投资组合

这种投资组合以避税为首要目的，主要服务于高税率档次的富人。避税型证券投资组合通常投资于政府债券，政府债券投资所得在大多数国家都是免税的。避税型证券投资组合一般投资于地方和中央政府的免税债券。在西方国家，投资管理要考虑的一个重要因素就是投资者的税收地位。以美国为例，要想使投资者实际获得尽可能多的基本收入和资本收入，就不仅要考虑联邦所得税，还要考虑州所得税。一个处于高税率档次的富人，如果对高股息或高利息的证券品种进行投资，纳税后实际的投资所得很少。

2. 收入型证券投资组合

收入型证券投资组合追求的是低风险和基本收益（即利息、股息）的稳定，一般投资于能够带来固定收益的证券，如附息票债券、避税债券及优先股，也可投资于保守的优质股票及公用事业股票等。一般来说，年纪较大的投资者、需要负担家庭生活及教育费用的投资者及有定期支出的机构投资者（如养老基金等）会偏好这种投资组合。这种投资组合的主要功能是为投资者实现基本收益的最大化，定期从投资组合获得的收入可以满足投资者的部分或全部日常开支的需要。当然，这并不是说收入型投资组合仅适用于中等收入或年纪较大阶层，作为一种投资目标，富人也可能有此需要，只是对他们而言，不仅要考虑

基本收入的最大化，还要考虑避税的问题。

3．增长型证券投资组合

增长型证券投资组合以资本升值为目标，旨在追求高的资本增长率。投资者往往愿意通过延迟获得基本收益来求得未来收益的增长，一般投资于潜在的成长型股票，投资风险较大。年轻人及高收入阶层往往偏好这种投资组合。

4．收入和增长混合型证券投资组合

收入和增长混合型证券投资组合追求基本收益和资本增长并重，试图在基本收入和资本增长之间、收益与风险之间达到某种均衡，因此也被称为均衡投资组合。二者的均衡可以通过两种投资组合方式获得：一种是使投资组合中的收入型证券和增长型证券达到均衡；另一种是选择那些既能带来基本收益，又具有增长潜力的证券进行投资组合。收入和增长混合型证券投资组合一般投资于优质的普通股票，承担的风险小于增长型证券投资组合。

5．货币市场型证券投资组合

货币市场型证券投资组合一般投资于到期期限在一年以内，具有高度流动性的货币市场上的证券，如国库券、高信用等级的商业票据等。货币市场交易具有规模大、价格波动小的特点，不适宜小额投资。这种投资组合可使中小投资者得以参与货币市场投资。

6．指数化型证券投资组合

指数化型证券投资组合旨在跟踪复制某种市场指数，即按选定指数的成分股在指数中所占的比重，选择同样的资产配置模式投资，以获取该目标指数代表的资本市场的平均收益率。信奉有效市场理论的机构投资者通常会倾向于这种投资组合，以求获得市场平均的收益水平，因此，指数化型证券投资组合也常被称为追踪基金或被动基金。

（四）证券投资组合管理的基本步骤与方法

1．证券投资组合管理的概念

证券投资组合管理是指投资管理人根据对不同证券品种的收益-风险特性的分析和投资者的收益-风险偏好，运用证券投资组合理论，将资金按不同比例配置在不同的证券上，以构造符合预定投资目标的证券投资组合，并按照市场情况的变化对投资组合进行评估和修改的行为。

2．证券投资组合管理的特点

证券投资组合管理的特点主要表现在以下两个方面。

（1）多元化投资。

证券投资组合的风险随着组合所包含证券数量的增加而降低，尤其是证券间关联性极低的多元化证券投资组合可以有效降低非系统风险，使证券投资组合的投资风险趋向于市场平均风险水平。因此，组合管理强调构成组合的证券应多元化。

（2）风险与收益相匹配。

资产的收益率与其承担的风险存在线性关系。换句话说，投资收益是对承担的风险的补偿。风险越大，收益越高；风险越小，收益越低。因此，组合管理强调投资的期望收益应与风险的承受能力相适应。

（三）证券投资组合管理的基本步骤

证券投资组合管理的全过程通常包括以下五个基本步骤。

1. 确定证券投资政策

证券投资政策是投资者为实现投资目标应遵循的基本方针和准则，包括投资目标、投资规模和投资对象三方面的内容以及应采取的投资策略和措施等。投资目标是指投资者在承担一定风险的前提下期望获得的收益率。投资者在设立投资目标时会受个人性格、收入、知识等主观因素的影响，而投资管理人不可能把握每个投资者的主观因素，只能根据证券的收益与风险特征组合出具有不同特色的金融商品以供选择。由于证券投资属于风险投资，且风险和收益之间呈正相关关系，因此，投资目标的确定应兼顾风险和收益两方面。投资规模是指用于证券投资的资金数量。投资对象是指证券组合管理者准备投资的证券品种，它是根据投资目标确定的。确定证券投资政策是证券组合管理的第一步，它反映了证券组合管理者的投资风格，并最终反映在投资组合包含的有价证券的类型和特征上。

2. 证券投资分析

证券投资分析是证券投资组合管理的第二步，对第一步确定的个别证券或证券组合的具体特征进行考察分析，了解这些证券的价格形成机制以及价格与价值的偏离情况。

3. 构建证券投资组合

构建证券投资组合是证券投资组合管理的第三步，确定具体的证券投资品种和在各证券上的投资比例。在构建证券投资组合时，投资者需要注意个别证券选择、投资时机选择和多元化这三个问题。个别证券选择主要是预测个别证券的价格走势及波动情况；投资时机选择涉及预测和比较各种不同类型证券的价格走势及波动情况；多元化则是指依据一定的现实条件，构建一个在收益一定的条件下风险最小的资产组合。

4. 证券投资组合的修正

投资组合的修正是证券投资组合管理的第四步，实际上是定期重温前三步的过程。随着时间的推移，现有的证券组合也许已不再是最佳组合了。这可能是因为投资者改变了投资目标，或者是投资管理者的预测发生了改变。为此，需要对现有的资产组合产品进行挑选或增补。任何修正都必须考虑证券交易成本，包括佣金、买卖差价和价格冲击的影响，以确保修正后的资产组合价值减去原资产组合价值和交易成本后的价值净增值最大化。这样，最好的修正方案不一定就是理论上所说的最优资产结构。当达到最优资产结构的交易成本很高时，一般满足于达到一个次优的资产结构。

5. 证券投资组合的业绩评价

证券投资组合管理的第五步是评估投资组合的业绩。对投资组合资产的经济效果进行评价是投资组合管理的最后一环，也是十分关键的一环，它既涉及对过去一个时期组合管理业绩的评价，也关系到下一个时期组合管理的方向。与投资目标相适应，投资业绩评估也包括投资收益和所承担的风险两个方面。评价经济效果并不是仅仅比较一下收益率就行了，还要看资产组合所承担的风险。风险度不同，收益率也不同，在同一风险水平上的收益率数值才具有可比性，而资产组合风险水平的高低应取决于投资者的风险承受能力，若投资超过风险承受能力，即使获得高收益也是不可取的。

（四）证券投资组合管理的方法

根据投资管理者对市场效率的不同看法，证券投资组合管理分为被动型投资管理和主动型投资管理两类。

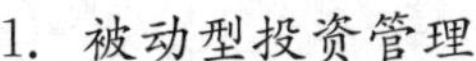

1. 被动型投资管理

被动型投资管理是按照市场现行的证券比例建立一个充分分散化的证券投资组合的投资管理方法。主张这种方法的管理者认为，证券市场能够有效地反映供求方面各种因素的变化，使证券的价格与其内在价值一致。因此，任何企图预测市场行情或寻找那些过低或过高定价的证券，并借此频繁调整持有证券的行为都不可能提高期望收益率，反而会增加交易成本。单纯购买持有策略是被动型投资管理的方法，被动型投资管理者持有的证券组合要么是市场组合的替代组合——指数化型证券组合，要么是与普通投资者持有组合的偏好和要求不同的特别组合。

2. 主动型投资管理

主动型投资管理是指经常预测市场行情或寻找那些过低或过高定价的证券，并借此频繁调整证券组合，以获得尽可能高的收益的管理方法。主张这种方法的管理者认为，证券市场不能有效地平衡供求双方，证券的价格往往偏离其内在价值，需要经常调整证券组合比例。

第四节　证券组合投资业绩评价

个人投资者在现有的种种投资组合中选择一个或者几个作为投资的对象时，总要先比较各种组合以往的投资业绩，分析投资业绩来自运气还是经营水平，预测投资业绩的变动趋势。

一、单因素整体业绩评价模型

证券投资收益与风险之间的关系是正向的。有些投资组合表现似乎良好，但是它的风险也比其他组合更高。因此，简单地比较投资收益是不科学的。任何评价都只是相对的，都会有一个参照物。投资组合业绩评价最主要的是评价相比基准而言的投资表现，因而应该首先选择适当的基准投资组合作为参照体系，据此再来评价业绩。

马克维茨的均值-方差理论以及夏普的资本资产定价模型的出现，为较为精确地评估投资组合的业绩提供了基准。但是这些模型涉及计算所有资产的协方差矩阵，面对上百种可选择的资产时，模型本身的复杂性也就制约了其实际应用。杰克·特雷纳、威廉·夏普以及詹森基于 CAPM 模型，各自提出具有深远影响的业绩评价模型，从根本上简化了投资组合整体绩效评价的复杂性。因为它们均是以 CAPM 模型为基础，因此，我们统称这些模型为单因素整体业绩评价模型。

（一）特雷纳指标评估模型

特雷纳指标是以单位系统风险收益作为投资组合绩效评估指标的，利用美国 1953—1962 年 20 个投资基金的年收益率资料作为研究样本，进行绩效评估的实证分析，其计算公式为：

$$T_p = (r_p - r_f) / \beta_p$$

式中：　T_P——特雷纳绩效指标；

r_p——该投资组合在样本期内的平均收益；

r_f——该时期的无风险利率；

β_p——该投资组合在样本期内的系统风险。

特雷纳指标表示该投资组合承受每单位系统风险所获取风险收益的大小，其评估方法是首先计算样本期内各种基金和市场的特雷纳指标，然后进行比较，较大的特雷纳指标意味着较好的绩效。如果进行足够分散化的组合，那么应该不存在非系统风险。事实上，很多投资组合并没有能够或者就没有计划分散这种原则上可以通过分散化投资抵消的风险，可见，特雷纳指标的局限性是比较直观的，它隐含了非系统风险已全部被消除的假设，旨在衡量单位系统风险的收益。因此，它能反映投资组合经理的市场调整能力，但不能评估经理人分散和降低非系统风险的能力。如果非系统风险没有全部消除，则特雷纳指数可能会给出错误信息。

（二）夏普指数评估模型

夏普指数是用资产组合的长期平均超额收益（相对于无风险收益）除以这个时期该资产组合收益的标准差。夏普利用美国1954—1963年34只开放式基金的年收益率资料进行了绩效的实证研究。夏普指数的计算公式为：

$$S_p=(r_p-r_f)/\sigma_p$$

式中：　r_p——资产组合的收益率；

r_f——组合的无风险利率；

σ_p——组合的标准差。

当采用夏普指数评估模型时，首先要计算市场上各种组合在样本期内的夏普指数，然后进行比较，较大的夏普指数表示较好的绩效。

夏普指数衡量的是投资组合每单位总风险带来的收益。夏普指数表明风险的大小，决定了组合的收益大小。夏普指数评价投资业绩的依据是资产组合中每单位总风险具有的超额收益率和系统性风险要求的收益率补偿。夏普指数和特雷纳指标一样，能够反映投资管理经理人的市场调整能力。此外，由于夏普指数同时考虑了系统风险和非系统风险，即总风险，它还能够反映经理人分散和降低非系统风险的能力。如果证券投资组合已完全分散了非系统风险，那么夏普指数和特雷纳指标的评估结果应该近似。如果证券投资组合分散非系统风险的水平较低，那么采用夏普指数的评价值比较低，采用特雷纳指标的评价值则比较高。

由于夏普指数和特雷纳指标提供的关于基金业绩的信息不同，进行业绩比较时可能会产生很大的差异。比如，利用夏普指数衡量投资组合A比投资组合B好，而利用特雷纳指标，则结论可能是投资组合B比投资组合A好。那么，个人投资者如何选择较好的基金呢？最终的结果要取决于投资者对风险度量的认识。因为，当投资者所要评价的投资组合构成了该投资者在某特定资产类别中的主要甚至是全部投资时，非系统风险一般不能得到充分分散。在这种情况下，要用全部风险来对其收益进行调整，即用投资组合收益的标准差来衡量风险是较为适当的；当所要评估的投资组合仅仅构成该投资者在特定资产类别内投资的较小一部分时，可以认为非系统风险已被充分分散了，所面临的主要是系统风险。在这种情况下，用该组合的 β 值度量风险就更为恰当。

（三）詹森指数评估模型

詹森指数是建立在 CAPM 模型基础上的。詹森利用美国 1945—1964 年 115 个基金的年收益率资料以及标准普尔 500 指数计算的市场收益率进行了实证研究。詹森指数的计算公式为：

$$J_p = r_p - [r_f + \beta_p(r_M - r_f)]$$

式中：J_p——詹森指数；

β_p——该投资组合承担的系统风险；

r_f——该时期的无风险收益率；

r_M——市场投资组合在该时期的收益率；

r_p——投资组合 P 在该时期的收益率。

詹森指数为绝对绩效指标，评价投资业绩的依据是资产组合的超额收益率。詹森指数代表基金业绩中的超额收益。当其值大于 0 时，表示该投资组合的绩效优于市场投资组合绩效。当投资组合之间进行业绩比较时，詹森指数越大越好。

詹森模型奠定了投资组合绩效评估的理论基础，也是使用最广泛的模型之一。用詹森指数评估投资组合整体绩效时隐含了一个假设，即投资组合的非系统风险已经通过投资组合彻底分散，因此，该模型只反映了收益率和系统风险之间的关系。如果投资组合没有完全消除非系统风险，则詹森指数可能会给出错误信息。例如，甲、乙两种投资组合具有相同的平均收益率和系统风险，但组合甲的非系统风险高于组合乙。按照詹森指数来评估，两种投资组合绩效相同。但实际上，组合甲承担了较多的非系统风险，因而甲组合的经理人分散风险的能力弱于乙组合的经理人，组合甲的绩效应该劣于组合乙。由于该模型只反映了收益率和系统风险的关系，使投资组合绩效和市场投资组合绩效之间存在非线性关系，从而导致詹森模型评估存在统计上的偏差。

夏普指数与特雷纳指标均为相对绩效度量方法，而詹森指数则是在风险调整基础上的绝对绩效度量方法，表示在完全的风险水平情况下，投资组合经理人对证券价格的准确判断能力。特雷纳指数和詹森指数在对投资组合进行绩效评估时，均以 β 系数来测定风险，忽略了投资组合中所含证券的数量（即投资组合的广度），只考虑获得超额收益的大小（即投资组合的深度）。当投资组合的 β 系数处于不断变化的过程中时，詹森指数和特雷纳比率都无法恰当地评价投资组合的表现。在衡量投资组合的绩效时，投资组合的广度和深度都必须同时考虑。相比较而言，夏普指数模型和特雷纳指数模型对投资组合绩效的评估较具客观性，詹森指数模型用来衡量投资组合实际收益的差异较好。

（四）估价比率

估价比率用资产组合的 α 值除以其非系统性风险，测度的是每单位非系统性风险所带来的超额收益，是建立在 CAPM 模型基础上的一种与詹森指数密切相关的评价指标。

在一段时期内使用股票选择或使用其他技术增加的回报率都会具有波动性，这些波动性表明了存在于投资管理行为中的风险。对于与股票选择相联系的风险，我们称之为残值风险，亦称跟踪误差或残差。在投资组合管理中，我们总是期望在增加投资组合价值增量的同时尽可能地减少残值风险。当残值风险较低时，可以以较大的置信度相信 α 值是稳定的；而当残值风险较高时，投资组合的价值增量 α 值就会有更大的不确定性。为了提高对业绩度量的置信度，应该使价值增量 α 值与面临的残值风险比率达到最大。

$$APR=\frac{\alpha_p}{\sigma_p}$$

APR 为估价比率，詹森绩效指标是投资组合的价值增量，资产组合残差的标准差为非系统风险测度。估价比率等于用 CAPM 测度的投资组合的超额收益率除以非系统风险，衡量的是每单位非系统风险带来的超额收益率。坎诺和科拉杰克于 1986 年对此进行了实证研究，证明根据该比率对投资组合业绩进行排序的稳定性较高，因此适于预测投资组合的未来相对表现。但是，这一结论的成立是建立在一系列假设基础之上的，包括市场无法预测、收益率服从多元正态分布、所有投资组合经理人的效用函数都是指数型的、所有投资组合持有的所有投资资产都是可交易的等。由于这些约束条件比较严格，此比率在进行投资组合排序时实用性不强。此外，当投资组合经理具有时机选择能力而不断调整组合时，估价比率也会出现失效的情况。

（五）M2 测度指标

组合业绩的 M2 测度指标是由摩根士丹利公司的利厄·莫迪利亚尼及其祖父、诺贝尔经济学奖得主佛朗哥·莫迪利亚尼对夏普测度进行改进后引入的，其目的是纠正投资者只考虑投资组合原始业绩的倾向，鼓励他们应同时注意投资组合业绩中的风险因素，从而帮助投资者挑选出能带来真正最佳业绩的投资组合。与夏普指数类似，M2 测度指标也把全部风险作为风险的度量，反映资产组合与相应的无风险资产混合以达到同市场组合具有同样的风险水平时，混合组合的收益高出市场收益的大小。

$$M2=r_{p*}-r_m$$

该测度数值越大，投资组合业绩相对越好。P^* 为调整后的组合，由于调整后的组合和市场指数的标准差相等，即风险相当，因此，只要比较它们之间的收益率就可以考察它们的业绩了。因此，同夏普指数相比，M2 测度指标的经济解释更为直观。

二、多因素整体业绩评估模型

单因素模型都是建立在 CAPM 基础之上的，只考虑了市场因素下的经风险调整的收益，无法解释按照市盈率（P/E）、股票市值、账面价值比市场价值以及过去的收益等股票特征进行分类的投资组合收益之间的差异。APT 理论的诞生，大大推动了理论界对投资组合业绩表现研究的深入发展。一些学者提出了以 APT 模型为基础的多因素整体业绩评估模型。

影响证券收益的因素包括市场平均指数收益、股票规模、市盈率（P/E）、公司前期的销售增长等。影响证券收益的因素除了上述因素外，还应包括按照行业特征分类的普通股组合收益、小盘股收益与大盘股收益之差、高账面价值比市场价值的收益与低账面价值比市场价值的收益之差等因素，将这些因素引入绩效评估模型。可以得到多因素整体业绩评估模型的一般表达式：

$$R_i = \alpha_i + b_{i1} I_1 + b_{i2} I_2 + \cdots + b_{ik} I_k + \varepsilon_i$$

多因素模型部分解决了单因素模型存在的问题，模型的解释力也有所增强。但在实证研究中，多因素模型要求能识别所有的相关因素，绩效的评估结果对因素的选取十分敏感。投资定价理论并没有明确地给出对风险资产定价所需的所有因素或因素的个数。所以在实证时，因素的选择就受到个人主观判断的影响，而且这些因素的构成可能本身就不稳定，因此基于这些因素构成的多基准投资组合的稳定性也受到影响。

三、市场时机选择的业绩评估模型

以市场时机选择为基础的投资管理方法是不断调整有风险资产与无风险资产之间的组合比例。也就是说，投资组合管理人在预期市场将处于牛市行情时，就采取更加进取的投资策略，将更多的资金投资于风险资产，而预期处于熊市的情况下，将更多资产投资于无风险资产。如果投资组合经理人具有市场择时能力，就会主动改变组合的风险，以适应市场的变化并谋求高额的收益；资本资产的价值本身也可能随时间的变化而变化。为此，学者们提出不同的回归模型来检验组合 β 值变动的有效性。其中，最为典型的有三个模型：T-M 模型、H-M 模型和 C-L 模型。

(一) T-M 模型

T-M 模型通过在回归模型中加入一个二次项来评估证券投资管理人的市场时机选择能力。他们认为，具备市场时机选择能力的管理人应能预测市场走势，在多头时，通过提高投资组合的风险水平，以获得较高的收益；在空头时，通过降低投资组合的风险水平，以避免较大的损失。因此，证券市场线不再是有固定斜率的直线，而是一条斜率会随市场状况而改变的曲线。其模型的一般表达式为：

$$R_{pt} - r_{ft} = \alpha + \beta_1 (r_{Mt} - r_{ft}) + \beta_2 (r_{Mt} - r_{ft})^2 + \varepsilon_{pt}$$

公式中，R_{pt} 为组合收益率，r_{mt} 为市场基准组合的收益率，r_{ft} 为无风险资产收益率，α 为常数项，反映了组合的证券选择能力，β_1 为投资组合所承担的系统性风险，β_2 为择时能力指标，ε_{pt} 为误差项。如果 β_2 在统计上显著大于 0，表明投资管理人具有市场时机选择能力。

(二) H-M 模型

市场时机选择能力体现了投资组合管理人预测市场收益与无风险收益之间差异的大小，并根据这种差异将资金进行有效分配的能力。具备市场时机选择能力的管理人可以先于市场变化调整资金配置，以减少市场收益小于无风险收益时的损失。因此，他们提出了一种较 T-M 模型更为简单的模型。他们假设投资组合的 β 只取两个值：当市场行情看涨时取较大值，当市场行情看跌时取较小值。其模型的一般表达式为：

$$R_{pt} - r_{ft} = \alpha + \beta_1 (r_{Mt} - r_{ft}) + \beta_2 \times D (r_{Mt} - r_{ft})^2 + \varepsilon_{pt}$$

这里的 D 为虚拟变量，当市场行情看涨，即 $r_{Mt} > r_{ft}$ 时，$D=1$，否则 $D=0$。如果 D

在统计上显著大于 0，表明投资管理人具有市场时机选择能力。

（三）C-L 模型

C-L 模型是对 H-M 模型变形和改进的模型。其模型的一般表达式为：

$$R_{pt}-r_{ft}=\alpha+\beta_1 D_1(r_{Mt}-r_{ft})+\beta_2 D_2(r_{Mt}-r_{ft})+\varepsilon_{pt}$$

如果 $r_{Mt}>r_{ft}$，则 β_2 表示多头市场下基金的 β 系数。如果 $r_{Mt}<r_{ft}$，则 β_2 表示空头市场下的 β 系数。如果 β_2 显著高于 β_1，就表示组合管理人具有市场时机选择能力。α 表示基金经理选股能力。

本章小结

1. 在投资学中，风险是指投资结果的不确定性，这种结果的不确定性影响着投资者的投资效用。投资风险是指投资结果的收益具有不确定性。如果一项投资收益的波动性大，我们称其风险的不确定性。投资者在进行投资决策时寻求收益与风险的平衡，既希望获得较高的收益，又要回避可能的风险。因此，收益与风险是投资活动中必须考虑的两个基本要素。

2. 名义利率是不考虑通货膨胀影响的利率。由于只有实际购买力增加才会使投资者的投资活动获得实际的效益，因此，在测度投资者的投资收益时，既要看名义收益和名义利息的增长情况，又要看实际收益和实际利息的增长情况。实际利率是扣除通货膨胀因素影响的利率。通货膨胀是指社会商品和服务价格的普遍上涨，通常是由于经济过热，社会总需求大于总供给造成的。由于社会总物价水平难以测度，各国一般均以有代表性的商品和服务的价格变化来代表社会总物价水平的变化，即由商品和服务的价格指数来代表通货膨胀率。

3. 资产组合一般是指投资者在金融市场的投资活动中，根据自己的风险–收益偏好所选择的几种金融工具的集合。投资者之所以要进行资产组合，是为了避免因投资的孤注一掷而可能导致的全军覆没的惨败。具体来说，当投资组合的一部分资产发生亏损时，另一部分资产会产生盈利，以弥补亏损或减少亏损。对投资者意味着，即使意外事件发生也不会损失严重。因此，做投资组合是有必要的，做好投资组合需要投资技巧。

4. 资产组合可以有效减少和分散风险，但不能完全消除风险。随着资产组合中资产数目的增加，各资产本身风险状况对组合风险的影响逐渐减少，乃至最终消失。但各资产间相互作用、共同运动产生的风险并不能随风险的增大而消失，它是始终存在的。只反映资产本身的特性、可通过增加资产组合中资产数目而最终消除的风险称为非系统风险，又称个别风险。反映各资产共同运动、无法最终消除的风险称为系统风险，又称市场风险。

5. 个人投资者在现有的种种投资组合中选择一个或者几个作为投资的对象时，总要先比较各种组合以往的投资业绩，分析投资业绩来自运气还是经营水平，预测投资业绩的变动趋势。

思考题

1. 名词解释

风险　证券投资收益　实际利率　资产组合　非系统风险　商业风险　系统风险　市场风险　利率风险　证券投资组合管理

2. 叙述题

(1) 平均收益率的计算方法。

(2) 算术平均法的应用价值。

(3) 实际利率的计算。

(4) 证券投资风险的度量。

(5) 系统风险的构成。

(6) 非系统风险的构成。

(7) 风险管理的方法。

(8) 风险转移的方法。

(9) 证券投资组合的类型。

(10) 证券投资组合管理的特点。

(11) 证券投资组合管理的步骤。

(12) 证券投资组合管理的方法。

(13) 证券投资组合业绩评价。

第九章　证券市场监管

学习目标

通过本章的学习，考生应掌握证券市场监管的目标和原则；掌握证券发行的监管，证券市场信息披露的监管，证券操纵市场的监管，证券内幕交易的监管，虚假陈述、信息误导行为和欺诈客户行为的监管体系；掌握证券监管的具体目标；了解证券监管的内容、法律法规及应承担的法律责任。

学习方法

(1) 预习法。通过预习，了解本章的内容，对证券监管的目标、具体内容和方法有一个初步的认识；掌握法律法规在证券市场中的具体应用范围和手段。

(2) 案例分析法。通过前八章的认知，考生系统地学习了证券市场和证券投资的相关内容，在此基础上，本章开始进入证券市场监管内容的学习。随着国内证券市场的快速发展，上市公司数量越来越多，公众参与证券投资的程度越来越高，监管层也不断更新

或发布新的法律法规，本章的学习将有助于考生把握证券市场中违规行为的种类和处理，更好地在投资的同时遵守相应的法律法规，保障合法投资收益。

(3) 完成本章后面的思考题。

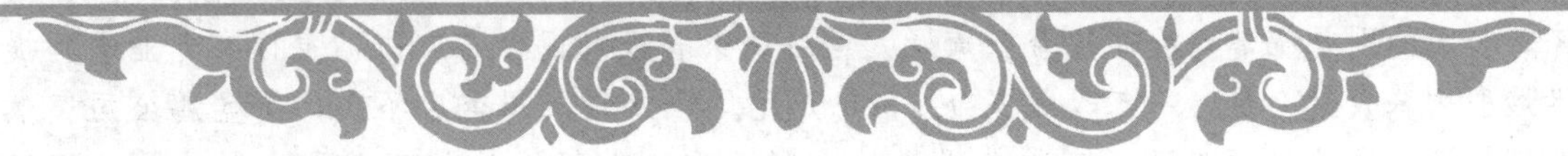

案例导读

中国证券市场欺诈典型案例

1. “民间股神”集资诈骗案

2010年11月3日，上海市第二中级人民法院判处犯集资诈骗罪的“民间股神”韩劲松无期徒刑，同案其他4人犯非法吸收公众存款罪，判处2至3年不等的有期徒刑和缓刑。自2006年起，韩劲松通过媒体自称“民间股神”，利用向股民讲授炒股知识之机，虚构事实，以高额回报为诱饵，以股指期货、代客理财、黄金外汇交易等名义，从数百名投资者处骗取资金一千多万元，并将这些资金用于填补自己的早期投资亏损。2007年9月，他还用从投资者处骗取的5万美元与国际股神罗杰斯共享两个半小时的晚宴。后终因资金链断裂而暴露。

2. 黄光裕内幕交易民事索赔案

2010年8月30日，北京市高级人民法院对黄光裕案作出二审宣判，维持了一审判决，认定黄光裕犯内幕交易罪。法院认定的黄光裕内幕交易成交额累计人民币14.15亿余元，至信息公告日，内幕交易账户的账面收益额为人民币3.09亿余元。

自一审判决黄光裕犯内幕交易罪后，一些律师公开征集投资者委托代理提起民事损失赔偿。2010年12月，北京市二中院正式受理了两起案件，索赔金额分别为60万元和3.4万余元，黄光裕内幕交易民事索赔案进入司法程序。

3. 徐琴内幕交易案

2010年8月间，证监会公布了一起以家属为主的内幕交易案。早在2007年，格力集团决定将其房地产业务借西安海星科技之壳上市，并委托公司董秘况勇洽谈。10月29日，双方终于就重组细节达成一致，次日海星科技宣布停牌。12月13日，公布重组协议并复牌。在此期间，况勇经常在家中打电话沟通重组事宜，其妻偷听该事宜，并将消息泄露给况勇的外甥女徐琴。徐琴在2007年10月25日至26日期间，利用内幕信息，获利巨大，遭到证监会的处罚。

4. 韩刚“老鼠仓”刑事案

2010年9月6日，中国证监会通报了一例涉嫌利用未公开信息交易罪被移送公安机关追究刑事责任的案件。长城基金原基金经理韩刚自2009年1月6日任长城久富证券投资基金经理期间，与他人共同操作其亲属开立的证券账户，先于或同步于韩刚管理的久富基金多次买入、卖出相同个股，获利较大，情节严重。2009年2月28日，《中华人民共和国刑法修正案》通过，基金经理的“老鼠仓”行为被列入其中。这是一起典型的因涉嫌违反《刑法》中规定“利用未公开信息交易罪”而被移送公安机关追究刑事责任的案件。

5. 新盈鸿非法经营证券业务案

2010 年 12 月 16 日，重庆市警方宣布破获特大非法经营证券业务案，抓获 9 名犯罪嫌疑人，已逮捕 7 人。警方在 2010 年 3 月接手侦办重庆新盈鸿数码科技有限公司非法经营证券业务案。经查发现，新盈鸿公司通过网上代办执照的中介机构在重庆虚假注册成立，经营公司的则是福建籍女子陈金。嫌疑人通过多家省级电视台打广告，声称有专业老师提供炒股内幕吸纳会员，一年吸收资金 1 500 万元。警方介入调查后不久，新盈鸿公司突然注销执照，改头换面为云南速通数码科技有限公司，继续非法从事股票交易咨询。2010 年 5 月初，重庆警方查获相关证据。

思考题：

1. 什么是证券市场监管？
2. 证券市场监管的对象和实施机构有哪些？
3. 什么是操纵市场行为？
4. 内幕交易及其法律责任是什么？
5. 证券从业人员买卖股票的限制有哪些？

第一节　证券市场监管概述

一、证券市场监管的概念及意义

（一）证券市场监管的概念

证券市场监管是指证券管理机关运用法律的、经济的以及必要的行政手段，对证券的募集、发行、交易等行为以及证券投资中介机构的行为进行监督与管理。证券市场监管是一国宏观经济监管体系不可缺少的组成部分，对证券市场的健康发展意义重大。

（二）证券市场监管的意义

加强证券市场监管是保障广大投资者合法权益的需要，是维护市场良好秩序的需要，是发展和完善证券市场体系的需要。

（三）证券市场监管的构成要素

证券市场监管的构成要素主要包括五个方面：（1）监管的主体是政府、政府授权的机构或依法设立的其他组织。（2）监管的目的是降低资本市场风险，保护社会公众利益，维护社会安定。（3）监管的依据是国家有关的金融法律、法规、条例和政策。（4）监管的方式是监督、管理、控制与指导。（5）监管的对象是证券市场体系及其各种活动。

二、证券市场监管的目标和原则

（一）证券市场监管的目标

国际证监会组织监管有三个目标：第一，保护投资者合法权益；第二，保证证券市场的公平、效率和透明；第三，降低系统性风险。其中保护投资者合法权益是证券监管的首要目标。

我国证券市场的监管目标是：运用和发挥证券市场机制的积极作用，限制其消极作用；保护投资者利益，保障合法的证券交易活动，监督证券中介机构依法经营；防止人为操纵、欺诈等不法行为，维持证券市场的正常秩序；根据国家宏观经济管理的需要，运用灵活多样的方式，调控证券市场与证券交易规模，引导投资方向，使之与经济发展相适应。

（二）证券市场监管的原则

证券市场监管的原则有以下几个。

1. 依法监管原则

依法监管原则是指证券市场监管部门必须加强法制建设，明确划分各方面的权利和义务，保护市场参与者的合法权益，即证券市场管理必须有充分的法律依据和法律保障。

依法监管并非否定经济调控方式和行政管理方式在一定客观条件下的必要性，而是强调以法治市的管理原则。依法监管有两层含义：第一是要求证券法律、法规、制度的完善与具体；第二是要求执法的严格和有力。一个无法可依、执法不严或以人治代替法治的证券市场必然会出现动荡甚至危机。

2. 保护投资者利益原则

从资金来源看，证券市场发展的关键在于投资者对市场的信心。要确保投资者信心，必须切实保护投资者的利益。由于普通投资者一般处于信息和资金劣势，为消除市场竞争中的不对称性，要求监管者尽力消除证券市场上的欺诈、操纵、信息偏差等问题，保护投资者利益免受侵害。

3. 三公原则

为保障证券市场的高效、稳定、有序、顺利运行，围绕证券监管的各项目标，证券市场的有效监管确立了三公原则。三公原则是指公平、公开、公正，这是证券监管最基本的原则。

（1）公平。

公平是要求证券市场上的参与者拥有均等的市场机会、均等的交易机会和均等的竞争机会，不存在任何歧视或特殊待遇。市场经济条件下的市场公平在本质上反映了商品交换的等价有偿性。在证券市场上，统一的市场规则、均等的市场机会、平等的主体地位与待遇、以价值规律为基础的证券交易形式，就是公平。公平原则的首要要求是信息的完全性和对称性，即所有投资者拥有同质的及时信息。公平原则的内容也涉及地位公平、税负公平、权利公平、利益公平；公平的对象主要是社会公众，也包括其他市场参与主体。机会均等和平等竞争是证券市场正常运行的前提。

（2）公开。

公开是要求证券市场上的各种信息向市场参与者公开披露，任何市场参与者不得利用内幕信息从事市场活动。这里的信息包含各种财务信息、交易信息、行为信息、政策信息乃至监管信息等与市场参与者利益相关的所有信息。公开原则是实现市场公平和公正的必要条件，也是证券法律的精髓所在。公开性与信息的透明度是证券市场监管与证券市场效率之间的微观结合点。信息的公开程度直接关系到市场效率的高低。可以说，三公原则是市场经济的三大原则，是证券监管活动必须奉行的基本原则，也是各国证券市场管理的核心和灵魂所在。

（3）公正。

公正是要求证券监管者公正无私地进行市场管理和对待市场参与者。公正原则的内容包括立法公正、执法公正、仲裁公正。公正原则是有效监管的生命，是监管者以法律框架实现市场所有参与者之间的平衡与秩序的关键，并构成对管理者、立法者、司法者权利的赋予与制约。

4. 监督与自律相结合的原则

政府证券监管机构必须注重政府监管与自律管理的有机结合，由此出发建立完整的证券市场监督管理体系。即使在自律管理方面具有悠久传统且发挥重大作用的英国等西方国家，政府监管也正成为整个证券监管框架中不可或缺的部分。对于新兴证券市场，更应强调政府的集中、统一的监管地位，在此基础上构建自律组织的权责和职能。

三、证券市场监管手段

证券市场监管手段多样，具体表现在以下几个方面。

（一）法律手段

法律手段是通过建立完善的证券法律、法规体系和严格执法来实现的。这是证券市场监管部门的主要手段，具有较强的威慑力和约束力。在立法中，不仅要重视原则的规定，而且要重视根据已有的经验对各种行为、现象作出尽可能具体详细的规定，从而使法律具有很强的操作性和适用性。在执法中，不仅要重视法治，而且可贯彻“除法律明确限制或禁止的行为外，其他各种行为都可尝试或展开”的原则。运用法律性手段监管，其主旨并不在于限制和禁止，更重要的还在于为证券市场的发展、创新提供良好的法治环境。

（二）经济手段

经济手段是通过运用利率政策、公开市场业务、信贷政策、税收政策等经济政策、经济调控、经济制裁等手段，对证券市场进行干预，防范风险。这种手段相对灵活，但调节到实现目标的过程可能较慢，存在时滞。

（三）行政手段

行政手段是指有关监管机构运用行政机制，通过制订计划、政策等对证券市场的活动主体进行监管，以防范风险，维护正常的运行秩序。对于实行注册制的国家来说，较少采用行政性手段。对于实行许可制的国家来说，行政性手段的运用则是制度规定的。在恰当运用行政性手段的场合，证券市场的运行风险能够得到有效的防范。这种手段比较直接，但运用不当可能违背市场规律，无法发挥作用甚至使得证券市场运行风险增大。

（四）技术性手段

技术性手段是指有关监管机构运用现代电子技术、经济指标及其他技术对资本市场运行及有关经营机构的行为进行监管。运用现代电子技术，有关监管机构能够获得证券交易的即时行情、资金流量、各席位的交投数据及其他有关数据，从而能够及时进行分析，及早发现问题，防患于未然。

(五) 信息性手段

信息性手段是指通过推动信息公开化的方式来防范风险。推动信息公开化的方式很多，除了在各种信息媒介上公开上市公司、证券经营机构、中介机构、政府政策、证券市场行情等信息外，还包括对一些重大政策、重大市场现象、重大事件等展开的讨论和研究，这既有利于监管机构的监管，也有利于深化人们的认识。

四、监管模式

从全球范围看，一个国家采取何种监管模式并无定论。采用何种监管模式主要取决于以下两个基本因素：第一，证券市场的发展阶段、发育程度与证券市场的自由度；第二，一国政府对经济运行的调控模式。由于各国具体情况不同，监管的模式也不大一样。

(一) 集中立法管理模式

集中立法管理模式（即集中管理模式）是指政府通过制定专门的证券市场管理法规，并设立全国性证券管理监督机构来实现对全国证券市场的管理。集中管理模式的代表国家是美国。

1. 集中管理模式的特点

(1) 有一整套全国性的证券市场管理法规。

以美国为例，除有《公司法》对组建公司的行为进行规范外，还有证券管理的专门立法等。此外，各州都有一些与证券管理有关的法律，这些法律大体可分为以下三类：州的《公司法》，用于规范公司的组建和经营；州的《证券法》，总称《蓝天法》，大多是重复联邦法律中的禁止条款；关于证券转让的法律，主要是依据联邦法律《统一商法典》的部分内容。

(2) 设有全国性负责管理、监督证券市场的管理机构。

这种管理机构有的是专职管理机构，有的是政府的一个职能部门，按照管理者划分，又可细分为以下三种类型：

①以独立监管机构为主体。这一类型的典型代表是美国。美国设立了专门管理机构——证券交易委员会（SEC），拥有对全国的证券发行、证券交易所、证券商、投资公司等机构实施全面管理监督的权力。SEC 下设全国市场咨询委员会、联邦证券交易所、全国证券商协会。证券交易委员会的超脱地位和广泛的权力成为各国证券管理机构的楷模，大多数拉美国家都实行这种管理体制。这种管理体制的优点是证券市场的监督者可以站在较超然的地位监督证券市场，避免部门本位主义，并可协调各部门的立场和目标，但要求监督者有足够的权力，否则难以解决各部门的扯皮现象。

②以中央银行为主体。这种类型国家的证券监督机构就是该国中央银行体系的一部分。这种类型的代表国家是巴西。巴西证券市场的监督机构是证券委员会，根据巴西国家货币委员会（巴西中央银行的最高决策机构）的决定，行使对证券市场的监管权力。

③以财政部为主体。这类管理体制是指由财政部为监管主体或由财政部直接建立监管

机关，其代表国家有日本、韩国等。日本的证券管理机构是大藏省的证券局。日本的《证券交易法》规定，证券发行人在发行有价证券前必须向大藏省登记，证券交易的争端由大藏大臣调解。

在实行这种体制的国家中，通常财政部部长在该国的地位较高，该体制有利于国家宏观经济政策的协调，但不适合财政部和中央银行独立性较强的国家。

2. 集中管理模式的优点

（1）具有超脱于证券市场参与者之外的统一管理机构，能较公平、公正、客观、有效、严格地发挥其监督作用，并能起到协调全国证券市场的作用，防止出现过度竞争的混乱局面。

（2）具有专门的证券法规，使证券市场的行为有法可依，提高证券市场监管的权威性。

（3）由于管理者的超脱地位，较注重保护投资者的利益。

（4）自律性作用得以发挥。

3. 集中管理模式的缺陷

集中管理模式也存在一些弊端：由于证券市场的管理是一项艰巨而复杂的任务，涉及面广，因此单靠全国性的证券管理机构而没有交易所和证券商协会的配合很难完成，难以实现有效管理又不过多行政干预的目标。

为了克服单纯集中管理模式的缺陷，实行集中管理模式的国家通常也会注意发挥证券交易所和证券商协会自律管理的作用。

（二）自律管理模式

自律管理模式是指政府除了某些必要的国家立法外，较少干预证券市场，对证券市场的管理主要由证券交易所及证券商协会等组织进行自律管理。自律组织通过其章程、规则来引导和制约其成员的行为，自律组织有权拒绝接受某个证券商为会员，并对会员的违章行为进行制裁，直到开除其会籍。自律管理模式的典型代表是英国。此外，荷兰、爱尔兰等欧洲国家或地区也实行自律管理。

1. 自律管理模式的特点

（1）通常不制定单行的证券市场管理法规，而是通过一些间接的法规来制约证券市场的活动。英国是典型代表。

（2）没有设立全国性的证券管理机构，而是靠证券市场及其参与者进行自我管理。例如，英国的证券市场没有单边法律，多以君子协定和道义劝告等方式进行管理。

2. 自律管理模式的优点

（1）既可以提供较充分的投资保护，又能充分发挥市场的创新和竞争意识，从而有利于市场的活跃。

（2）允许证券商参与制定证券市场管理条例，而且鼓励他们遵守这些条例，从而使市场管理更切合实际。

（3）由市场参与者制定和修订证券管理条例比由议会制定证券法律具有更大的灵活性，效率更高。

3. 自律管理模式的缺陷

（1）自律管理模式通常把重点放在市场的有效运转和保护证券交易所会员的利益上，

对投资者提供的保障往往不够充分。鉴于此，实行自律管理模式的国家通常都公布了投资保护法规以弥补不足，如英国1958年颁布的《防止欺诈（投资法）》、1973年颁布的《公正交易法》、1976年颁布的《限制性交易实践法》等。

（2）管理者的非超脱性难以保证管理的公正。

（3）由于没有立法作后盾，管理手段较软弱。

（4）由于没有专门的管理机构，难以协调全国证券市场的发展，容易造成混乱状态。

由于自律管理模式具有诸多缺陷，因此实行自律管理模式的国家纷纷效仿集中管理模式国家的某些做法，朝着政府管理与市场自律相结合的方向发展。

第二节 证券市场监管的主要内容

一、证券市场监管的对象和实施机构

（一）证券市场监管的对象

《中华人民共和国证券法》（以下简称《证券法》）于1998年12月颁布并于1999年7月正式实施，2005年进行了修订。《证券法》是我国第一部规范证券发行与交易行为的法律，确定了资本市场的法律地位。根据《证券法》的相关规定，证券监管机构依法对证券发行人、上市公司、证券交易所、证券公司、证券登记结算机构、证券投资基金管理机构、证券投资咨询机构、证券资信评估机构以及从事证券业务的律师事务所、会计师事务所、资产评估机构的证券业务活动进行监督管理。证券市场监管的对象主要是从事相关证券业务活动机构的各类行为。这些行为包括证券发行、证券市场信息披露、操纵证券市场、证券内幕交易以及证券虚假陈述、信息误导和欺诈客户等。

（二）证券市场监管的实施机构

我国证券市场经过20多年的发展，逐步形成了五位一体的监管体系，即证监会、证监会的派出机构、证券交易所、行业协会和投资者保护基金公司的监管和自律体系。其中自律体系将在第三节证券监管方式中介绍。以下介绍证监会及其派出机构、证券交易所、行业协会和投资者保护基金公司的具体情况。

1. 中国证监会及其派出机构

中国证券监督管理委员会（以下简称证监会）成立于1992年并在全国设有9个稽查局和36个地方证监局。证监会是国务院直属的证券监督管理机构，按照国务院授权和依照相关法律法规对证券市场进行集中、统一监管。它的主要职责是：依法制定有关证券市场监督管理的规章、规则，负责监督有关法律法规的执行，负责保护投资者的合法权益，对全国的证券发行、证券交易、中介机构的行为等依法实施全面监管，维持公平而有序的证券市场。

1998年建立全国集中统一监管体制后，证券监管不断完善，明晰了属地监管、职责明确、责任到人、相互配合的辖区监管责任制，建立了中央与地方政府协作的综合监管系

统。证监会在各地设立了分支机构，2002年增设专司操纵市场和内幕交易查处的机构。2007年进行重大改革，建立集中统一指挥的稽查体制。2001年年底，中国加入世贸组织（WTO），资本市场对外开放促进了中国证券市场的国际化进程，合资证券机构、合格境外机构投资者（QFII）与合格境内机构投资者（QDII）相继建立，中国企业境外上市稳步增加，外商投资股份公司境内上市逐步开展，证券监管的国际合作进一步加深。

证监会依据《证券法》在对证券市场实施监督管理中可履行下列职责：依法制定有关证券市场监督管理的规章、规则，并依法行使审批或者核准权；依法对证券的发行、上市、交易、登记、存管、结算进行监督管理；依法对证券发行人、上市公司、证券公司、证券投资基金管理公司、证券服务机构、证券交易所、证券登记结算机构的证券业务活动进行监督管理；依法制定从事证券业务人员的资格标准和行为准则，并监督实施；依法监督检查证券发行、上市和交易的信息公开情况；依法对中国证券业协会的活动进行指导和监督；依法对违反证券市场监督管理法律、行政法规的行为进行查处；法律、行政法规规定的其他职责。

《证券法》第184条规定，国务院证券监督管理机构依法制定的规章、规则和监督管理工作制度应当公开。国务院证券监督管理机构依据调查结果，对证券违法行为作出的处罚决定，应当公开。《证券法》第185条规定，国务院证券监督管理机构应当与国务院其他金融监督管理机构建立监督管理信息共享机制。国务院证券监督管理机构依法履行职责，进行监督检查或者调查时，有关部门应当予以配合。《证券法》第187条规定，国务院证券监督管理机构的人员不得在被监管的机构中任职。

值得注意的是，中国证监会作为证券市场监管机关，通过行政许可、审批、处罚、监管措施以及制定相关规则等方式，维护证券市场秩序，进而实现对投资者权益的保护。这种保护，并不是监管机关在履行职责过程中对单个投资者的直接保护，而是通过对证券市场交易秩序的维护，为投资者提供公平的市场交易环境，而投资者应基于这一公平的市场交易环境，通过自己对交易风险的评估判断和交易能力获取合法利益。

2. 证券交易所

（1）证券交易所的职能。

《证券交易所管理办法》中规定，证券交易所的职能包括：提供证券交易的场所、设施和服务；制定和修改证券交易所的业务规则；审核、安排证券上市交易，决定证券暂停上市、恢复上市、终止上市和重新上市；提供非公开发行证券转让服务；组织和监督证券交易；对会员进行监管；对证券上市交易公司及相关信息披露义务人进行监管；对证券服务机构为证券上市、交易等提供服务的行为进行监管；管理和公布市场信息；开展投资者教育和保护；法律、行政法规规定的以及中国证监会许可、授权或者委托的其他职能。

（2）证券交易所交易规则的内容。

证券交易所交易规则的内容包括：证券交易的基本原则；证券交易的场所、品种和时间；证券交易方式、交易流程、风险控制和规范事项；证券交易监督；清算交割事项；交易纠纷的解决；暂停、恢复与取消交易；交易异常情况的认定和处理；投资者准入和适当性管理的基本要求；对违反交易规则行为的处理规定；证券交易信息的提供和管理；指数的编制方法和公布方式；其他需要在交易规则中规定的事项。

(3) 上海证券交易所异常交易行为。

我国的证券交易所是沪深交易所。上海证券交易所（以下简称上交所）在1995年前后逐步建立监察制度，设立了由实时监控组、稽查组和历史分析组三部门组成的市场监察部，负责实时监控证券交易市场，发现异常交易行为上报证监会，协助查处违法行为。上交所的监察分为在线监察和线下监察两个模块。在线监察部分，上交所主要监察的对象是异常交易行为，这些异常交易行为在《上海证券交易所交易规则》中进行了定义：

①可能对证券交易价格产生重大影响的信息披露前，大量买入或者卖出相关证券。

②以同一身份证明文件、营业执照或者其他有效证明文件开立的证券账户之间，大量或者频繁进行互为对手方的交易。

③委托、授权给同一机构或者同一个人代为从事交易的证券账户之间，大量或者频繁进行互为对手方的交易。

④两个或两个以上固定的或者涉嫌关联的证券账户之间，大量或者频繁进行互为对手方的交易。

⑤大笔申报、连续申报或者密集申报，以影响证券交易价格或其他投资者的投资决定；频繁申报或频繁撤销申报，以影响证券交易价格或其他投资者的投资决定；巨额申报，且申报价格明显偏离申报时的证券市场成交价格。

⑥一段时期内进行大量且连续的交易；在同一价位或者相近价位大量或者频繁进行回转交易；大量或者频繁进行高买低卖交易。

⑦进行与自身公开发布的投资分析、预测或者建议相背离的证券交易；在大宗交易中进行虚假或其他扰乱市场秩序的申报。

⑧上交所认为需要重点监控的其他异常交易。线下监察主要是根据成交、报价等资料分析发现违规交易行为，以电话询问、协助调查等方式要求券商提供交易数据等，同时也受理举报和配合上级主管机构进行调查。

(4) 深圳证券交易所异常交易行为。

深圳交易所（以下简称深交所）设立了由实时监控组和调查分析组两个小组组成的市场监察部，也分为在线和线下监察。《深圳证券交易所交易规则》中对异常交易进行了明确规定：

①可能对证券交易价格产生重大影响的信息披露前，大量或持续买入或卖出相关证券。

②单个或两个以上固定的或涉嫌关联的证券账户之间，大量或频繁进行反向交易；单个或两个以上固定的或涉嫌关联的证券账户，大笔申报、连续申报、密集申报或申报价格明显偏离该证券行情揭示的最新成交价。

③单独或合谋，以涨幅或跌幅限制的价格大额申报或连续申报，致使该证券交易价格达到或维持涨幅或跌幅限制；频繁申报和撤销申报，或大额申报后撤销申报，以影响证券交易价格或误导其他投资者；集合竞价期间以明显高于前收盘价的价格申报买入后又撤销申报，随后申报卖出该证券，或以明显低于前收盘价的价格申报卖出后又撤销申报，随后申报买入该证券。

④对单一证券品种在一段时期内进行大量且连续交易；同一证券账户、同一会员或同

一证券营业部的客户大量或频繁进行日内回转交易；大量或者频繁进行高买低卖交易。

⑤在证券价格敏感期内，通过异常申报，影响相关证券或其衍生品的交易价格、结算价格或参考价值。

⑥单独或合谋，在公开发布投资分析、预测或建议前买入或卖出有关证券，或进行与自身公开发布的投资分析、预测或建议相背离的证券交易。

⑦在综合协议交易平台进行虚假或其他扰乱市场秩序的申报。

⑧深交所认为需要重点监控的其他异常交易行为。

（5）沪深证券交易所异常交易行为差异。

与上交所定义15%为标准不同的是，《深圳证券交易所交易规则》中定义ST和*ST股票连续三个交易日内收盘价涨跌幅偏离值累计达到±12%的即为异常波动。重点监控的对象为：

①涉嫌内幕交易、操纵市场等违法违规行为。

②证券买卖的时间、数量、方式等受到法律、行政法规、部门规章和规范性文件及深交所业务规则等相关规定限制的行为。

③可能影响证券交易价格或者证券交易量的异常交易行为。

④证券交易价格或者证券交易量明显异常的情形。

⑤深交所认为需要重点监控的其他事项。

线下监察类似于上交所，有所创新的是，深交所建立了各项网络系统，如“上市公司信息披露网上业务直通车系统”“上市公司投资者关系互动平台”“监督信息交流专区系统”等，这些系统的应用，进一步保证了深交所监督检查工作的开展。

3. 行业协会

《证券法》第8条规定：“在国家对证券发行、交易活动实行集中统一监督管理的前提下，依法设立证券业协会，实行自律性管理。”为了保证自律性管理合乎现行法律与法规，证券监管机构应依法对证券业协会的活动进行指导和监督。证券公司应加入证券业协会。证券业协会的职责如下：

（1）教育和组织会员遵守证券法律、行政法规。

（2）依法维护会员的合法权益，向证券监督管理机构反映会员的建议和要求。

（3）收集整理证券信息，为会员提供服务。

（4）制定会员应遵守的规则，组织会员单位的从业人员的业务培训，开展会员间的业务交流。

（5）对会员之间、会员与客户之间发生的证券业务纠纷进行调解。

（6）组织会员就证券业的发展、运作及有关内容进行研究。

（7）监督、检查会员行为，对违反法律、行政法规或者协会章程的，按照规定给予纪律处分。

（8）证券业协会章程规定的其他职责。

4. 证券投资者保护基金公司

证券投资者保护基金是指按照《证券投资者保护基金管理办法》筹集形成的、在防范和处置证券公司风险中用于保护证券投资者利益的资金。证券投资者保护基金的主要用途

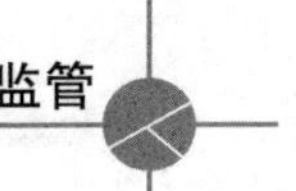

是证券公司被撤销、关闭和破产或者被中国证监会实行行政接管、托管经营等强制性监管措施时，按照国家有关规定对债权人予以偿付。证券投资者保护基金公司是负责证券投资者保护基金的筹集、管理和使用，不以营利为目的的国有独资公司。

(1) 设立证券投资者保护基金公司的意义。

①保护投资者权益。证券投资者保护基金公司可以在证券公司出现关闭、破产等重大风险时，依据国家政策规范地保护投资者权益，通过简便的渠道快速地对投资者特别是中小投资者予以保护。

②有助于稳定和增强投资者信心。证券投资者保护基金公司有助于稳定和增强投资者对我国金融体系的信心，有助于防止证券公司个案风险的传递和扩散。

③多层次监管体系的重要补充。证券投资者保护基金公司是对现有的国家行政监管部门、证券业协会和证券交易所等行业自律组织、市场中介机构等组成的全方位、多层次监管体系的一个重要补充，将在监测证券公司风险、推动证券公司积极稳妥地解决遗留问题和处置证券公司风险方面发挥重要作用。

④有助于我国建立国际成熟市场通行的证券投资者保护机制。证券投资者保护基金是证券投资者保护的最终措施之一。

(2) 证券投资者保护基金公司的职责。

①筹集、管理和运作基金。

②监测证券公司风险、参与证券公司风险处置工作。

③证券公司被撤销、关闭和破产或者被中国证监会实施行政接管、托管经营等强制性监管措施时，按照国家有关政策规定对债权人予以偿付。

④组织、参与被撤销、关闭或者破产证券公司的清算工作。

⑤管理和处分受偿资产，维护基金权益。

⑥发现证券公司经营管理中出现可能危及投资者利益和证券市场安全的重大风险时，向证监会提出监管、处置建议；对证券公司运营中存在的风险隐患会同有关部门建立纠正机制。

⑦国务院批准的其他职责。

二、证券市场监管的具体内容

(一) 对证券发行的监管

证券发行是证券市场的基础，证券发行的监管来自市场的失灵，证券发行监管是通过市场的管理和监督来保证证券发行行为的公平与公正，监管的主体是政府。

1. 证券发行监管的目标

证券发行监管的主要目标为：(1) 保护投资者利益。只有充分保护投资者利益，才能吸引更多投资者参与证券发行，募集足够的资金。(2) 稳定市场秩序。只有公开、公平、公正的市场才能得到充分的发展，发行时信息不对称会导致证券市场不稳定。

2. 证券发行的审核制度

证券发行的审核制度主要有注册制、核准制和审批制。审批制是具有中国特色的制度，是我国计划经济的特殊产物，这种制度行政干预强，不利于市场经济的发展，因此于2001年被核准制所取代。核准制是指证券发行申请人不但要依法公开一切与证券发行相关的信息并确保其真实性，而且还要符合法律、法规和证券监管机构规定的实质要件，由证券审核机构决定是否准予其发行证券。注册制是指发行人依法公开募集并发行证券之前，按照法定程序向证券监管部门申请注册登记，提供公开与发行有关的公司财务等所有信息，并对信息的真实性、完整性、全面性负责。一定时期内，如果证券监管机构并未提出异议，则证券发行注册产生法律效力，任何未经注册而发行证券的行为违法。注册制度源于英国，成熟于美国，也是现在发达国家普遍采用的证券发行制度，该制度的核心是发行人进行强制信息披露并强调信息披露的真实性。我国现行发行审核监管制度是以保荐制为核心的核准制，它起源于2004年2月1日《证券发行上市保荐制度暂行办法》的实施。证券发行信息披露的文件主要有招股说明书和上市公告书。

3. 违反证券发行规定的法律责任

在证券发行方面有以下行为将承担法律责任：

（1）擅自公开或者变相公开发行证券的。未经法定机关核准擅自公开或者变相公开发行证券的，责令停止发行，退还所募集资金并加算银行同期存款利息，处以非法所募集资金金额1%以上5%以下的罚款。对擅自公开或者变相公开发行证券设立的公司，由依法履行监督管理职责的机构或者部门会同县级以上地方人民政府予以取缔。对直接负责的主管人员和其他直接责任人员给予警告，并处以3万元以上30万元以下的罚款。

（2）欺诈发行股票、债券。发行人不符合发行条件，以欺骗手段骗取发行核准，尚未发行证券的，处以30万元以上60万元以下的罚款；已经发行证券的，处以非法所募资金金额1%以上5%以下的罚款。对直接负责的主管人员和其他直接责任人员处以3万元以上30万元以下的罚款。在招股说明书、认股书、公司或企业债券募集办法中隐瞒重要事实或者编造重大虚假内容，发行股票或者公司债券数额巨大、后果严重或者有其他严重情节的，处5年以下有期徒刑或者拘役，并处或者单处非法募集资金金额1%以上5%以下的罚款，单位犯罪的，对单位判处罚金，并对直接负责的主管人员和其他直接责任人员处5年以下有期徒刑或者拘役。

（3）证券公司承销或者代理买卖未经核准擅自公开发行的证券。证券公司承销或者代理买卖未经核准擅自公开发行的证券的，责令停止承销或者代理买卖，没收违法所得，并处以违法所得1倍以上5倍以下的罚款；没有违法所得或者违法所得不足30万元的，处以30万元以上60万元以下的罚款。给投资者造成损失的，应当与发行人承担连带赔偿责任。对直接负责的主管人员和其他直接责任人员给予警告、撤销任职资格或者证券从业资格，并处以3万元以上30万元以下的罚款。

（4）证券公司以虚假宣传、不正当竞争手段招揽承销业务等。这些行为包括：①进行虚假的或者误导投资者的广告或者其他宣传推介活动。②以不正当竞争手段招揽承销业务。③其他违反证券承销业务规定的行为。证券公司承销证券，有以上行为之一的，责令改正，给予警告，没收违法所得，可以并处30万元以上60万元以下的罚款；情节严重的，暂停或者撤销相关业务许可。给其他证券承销机构或者投资者造成损失的，依法承担赔偿责任。对直接负责的主管人员和其他直接责任人员给予警告，可以并处3万元以上30

万元以下的罚款；情节严重的，撤销任职资格或者证券从业资格。

(5) 保荐机构出具虚假陈述保荐书等。保荐人出具有虚假记载、误导性陈述或者重大遗漏的保荐书，或者不履行其他法定责任的，责令改正，给予警告，没收业务收入，并处以业务收入1倍以上5倍以下的罚款；情节严重的，暂停或者撤销相关业务许可。对直接负责的主管人员和其他直接责任人员给予警告，并处以3万元以上30万元以下的罚款；情节严重的，撤销任职资格或者证券从业资格。

(6) 擅自改变公开发行证券所募集资金的用途的。发行人、上市公司擅自改变公开发行证券所募集资金的用途的，责令改正，对直接负责的主管人员和其他直接责任人员给予警告，并处以3万元以上30万元以下的罚款。发行人、上市公司的控股股东、实际控制人指使从事上述违法行为的，对直接负责的主管人员和其他直接责任人员给予警告，并处以3万元以上30万元以下的罚款。

(7) 非法集资类犯罪行为。以非法占有为目的，使用诈骗方法非法集资，数额较大的，处5年以下有期徒刑或者拘役，并处2万元以上20万元以下罚金；数额巨大或者有其他严重情节的，处5年以上10年以下有期徒刑，并处5万元以上50万元以下罚金；数额特别巨大或者有其他特别严重情节的，处10年以上有期徒刑或者无期徒刑，并处5万元以上50万元以下罚金或者没收财产。

拓展阅读

兴业证券欣泰电气发行案

兴业证券于2016年6月12日被中国证监会立案调查，于2016年7月8日收到中国证监会出具的《行政处罚及市场禁入事先告知书》。至此，中国证监会对兴业证券涉嫌违反证券法律法规行为的立案调查工作已经完成，案件审理终结。

经查明，兴业证券在推荐欣泰电气申请首次公开发行股票并在创业板上市过程中，未遵守业务规则和行业规范，未勤勉尽责地对欣泰电气IPO申请文件进行审慎核查，出具的相关保荐和承销文件存在虚假记载。鉴于兴业证券和相关人员能够配合调查，积极研究制订先行赔偿方案，补偿投资者因欣泰电气虚假陈述而遭受的投资损失。中国证监会根据违法行为的事实、性质、情节和社会危害程度，决定对公司给予警告，没收保荐业务收入1 200万元，并处以2 400万元罚款；没收承销股票违法所得2 078万元，并处以60万元罚款；对签字保荐代表人兰翔、伍文祥给予警告，并分别处以30万元罚款，撤销证券从业资格的行政处罚。

资料来源：中国证监会官方网站.

(二) 对证券市场信息披露的监管

上市公司是投资的对象，本身具有完备的关于公司真实经营状况的信息，这些信息引导着投资者，业绩优异的上市公司股票会得到投资者的关注，反之将会遭到抛售。投资者的资金支持和上市公司的不断发展能够有效地促进证券市场良好投资环境的培育，因此，上市公司必须及时向投资者披露真实、全面、完整的信息。加强对信息披露的监管可以防范市场操纵行为，降低信息不对称，进而维护市场交易的公平秩序，保障投资者的权益。

1. 证券市场信息披露及证券市场信息披露监管的定义

(1) 信息披露。

信息披露是指公司以招股说明书、上市公告书以及定期报告和临时报告等形式，向投资者和社会公众公开披露公司相关信息的行为。上市公司信息披露是投资者了解公司经营状况的重要来源，投资者和社会公众在获取这些信息后，可以作为投资决策的主要依据。

(2) 证券市场信息披露监管。

证券市场信息披露监管是指在证券市场传递信息的过程中，对信息传输遗漏、夸大、失真等采取不同的措施进行监督管理的行为。

2. 证券市场信息披露监管的目的

在证券市场中进行信息披露监管的目的在于提高证券市场的信息传输效率，提高信息的真实性、完整性和有效性，发挥市场价格形成机制，有效地实现证券市场的资本配置，保护证券市场投资者的利益。

3. 证券市场信息披露义务的特性

信息披露是一种义务，它的特性主要有以下几点：

(1) 信息披露的单向性。

信息披露的单向性是指信息披露义务和权利的单向性，信息披露方单方承担信息披露的义务和责任，投资者单方享有获得信息的权利。上市公司必须依法按时披露信息，投资者和潜在投资者可依法要求上市公司提供必须披露的信息材料。

(2) 信息披露的强制性。

信息披露是一项法定义务，信息披露方没有变更的余地。发行人必须严格按照法律规定的格式和内容编制招股说明书，已发行股票上市的公司须定期披露公司的经营状况。

(3) 信息披露时间的持续性。

上市公司必须披露定期报告，定期报告包括年度报告、中期报告、第一季报、第三季报。年度报告由上市公司在每个会计年度结束之日起4个月内编制完成（即1至4月份），中期报告由上市公司在半年度结束后两个月内完成（即7、8月），季报由上市公司在会计年度前3个月、9个月结束后的30日内编制完成（即第一季报在4月份，第三季报在10月份）。定期报告应在指定报刊披露其摘要，同时在中国证监会指定的网站上披露其正文。

4. 我国现行证券市场信息披露监管的具体内容

《证券法》第63条规定："发行人、上市公司依法披露的信息，必须真实、准确、完整，不得有虚假记载、误导性陈述或者重大遗漏。"第68条规定："上市公司董事、监事、高级管理人员应当保证上市公司所披露的信息真实、准确、完整。"我国现行的信息公开制度的具体内容如下：

(1) 一般规定。

发行人、上市公司依法披露的信息，必须真实、准确、完整，不得有虚假记载、误导性陈述或者重大遗漏。依法必须披露的信息，应当在国务院证券监督管理机构指定的媒体发布，同时将其置备于公司住所、证券交易所，供社会公众查阅。国务院证券监督管理机构对上市公司年度报告、中期报告、临时报告以及公告的情况进行监督，对上市公司分派或者配售新股的情况进行监督，对上市公司控股股东和信息披露义务人的行为进行监督。证券监督管理机构、证券交易所、保荐人、承销的证券公司及有关人员，对公司依照法律、行政法规规定必须作出的公告，在公告前不得泄露其内容。证券交易所决定暂停或者终止证券上市交易的，应当及时公告，并报国务院证券监督管理机构备案。

(2) 发行股票、公司债券的信息披露。

经国务院证券监督管理机构核准依法公开发行股票，或者经国务院授权的部门核准依法公开发行公司债券，应当公告招股说明书、公司债券募集办法。依法公开发行新股或者公司债券的，还应当公告财务会计报告。

(3) 定期报告的信息披露。

上市公司和公司债券上市交易的公司，应当在每一会计年度的上半年结束之日起 2 个月内，向国务院证券监督管理机构和证券交易所报送记载以下内容的中期报告，并予以公告：

①公司财务会计报告和经营情况。

②涉及公司的重大诉讼事项。

③已发行的股票、公司债券变动情况。

④提交股东大会审议的重要事项。

⑤国务院证券监督管理机构规定的其他事项。

上市公司和公司债券上市交易的公司，应当在每一会计年度结束之日起 4 个月内，向国务院证券监督管理机构和证券交易所报送记载以下内容的年度报告，并予以公告：

①公司概况。

②公司财务会计报告和经营情况。

③董事、监事、高级管理人员简介及其持股情况。

④已发行的股票、公司债券情况，包括持有公司股份最多的前 10 名股东的名单和持股数额。

⑤公司的实际控制人。

⑥国务院证券监督管理机构规定的其他事项。

(4) 临时报告的信息披露。

发生可能对上市公司股票交易价格产生较大影响的重大事件，投资者尚未得知时，上市公司应当立即将有关该重大事件的情况向国务院证券监督管理机构和证券交易所报送临时报告，并予以公告，说明事件的起因、目前的状态和可能产生的法律后果。

重大事件是指：

①公司的经营方针和经营范围的重大变化。

②公司的重大投资行为和重大的购置财产的决定。

③公司订立重要合同，可能对公司的资产、负债、权益和经营成果产生重要影响。

④公司发生重大债务和未能清偿到期重大债务的违约情况。

⑤公司发生重大亏损或者重大损失。

⑥公司生产经营的外部条件发生重大变化。

⑦公司的董事，1/3 以上监事或者经理发生变动。

⑧持有公司5%以上股份的股东或者实际控制人，其持有股份或者控制公司的情况发生较大变化。

⑨公司减资、合并、分立、解散及申请破产的决定。

⑩涉及公司的重大诉讼，股东大会、董事会决议被依法撤销或者宣告无效。

⑪公司涉嫌犯罪被司法机关立案调查，公司董事、监事、高级管理人员涉嫌犯罪被司法机关采取强制措施。

⑫国务院证券监督管理机构规定的其他事项。

上市公司董事、高级管理人员应当对公司定期报告签署书面确认意见。上市公司监事会应当对董事会编制的公司定期报告进行审核并提出书面审核意见。上市公司董事、监事、高级管理人员应当保证上市公司所披露的信息真实、准确、完整。发行人、上市公司公告的招股说明书、公司债券募集办法、财务会计报告、上市报告文件、年度报告、中期报告、临时报告以及其他信息披露资料，有虚假记载、误导性陈述或者重大遗漏，致使投资者在证券交易中遭受损失的，发行人、上市公司应当承担赔偿责任；发行人、上市公司的董事、监事、高级管理人员和其他直接责任人员以及保荐人、承销的证券公司，应当与发行人、上市公司承担连带赔偿责任，但是能够证明自己没有过错的除外；发行人、上市公司的控股股东、实际控制人有过错的，应当与发行人、上市公司承担连带赔偿责任。

5. 违反证券市场信息披露规定的法律责任

对于“违规披露、不披露重要信息的行政责任的认定”由2011年证监会公告〔2011〕11号《信息披露违法行为行政责任认定规范》进行认定。《证券法》规定的信息披露违法行为行政责任认定适用于该规则。

（1）发行人、上市公司或者其他信息披露义务人未按照规定披露信息，或者所披露的信息有虚假记载、误导性陈述或者重大遗漏的，责令改正，给予警告，并处以30万元以上60万元以下的罚款。对直接负责的主管人员和其他直接责任人员给予警告，并处以3万元以上30万元以下的罚款。

（2）发行人、上市公司或者其他信息披露义务人未按照规定报送有关报告，或者报送的报告有虚假记载、误导性陈述或者重大遗漏的，责令改正，给予警告，并处以30万元以上60万元以下的罚款。对直接负责的主管人员和其他直接责任人员给予警告，并处以3万元以上30万元以下的罚款。发行人、上市公司或者其他信息披露义务人的控股股东、实际控制人指使从事上述违法行为的，依照上述规定处罚。

随着证券市场的发展，信息披露的相关规定也有了新进展。深交所自2011年10月开始试行上市公司信息披露直通车，2013年2月扩大了实施范围，覆盖86%的深市上市公司，直通车披露的公告按类别计算约占全部公告的30%。上交所2013年7月1日开始实施上市公司信息披露直通车，覆盖100%的沪市上市公司，直通车披露的公告按类别计算约占全部公告的65%。直通车的实施使上市公司归位尽责，真正承担起了信息披露的责任，上市公司信息披露的效率得以提高。同时，监管部门的重心也从事前转向事中、事后，证券交易所不再进行“保姆式”监管，节约了监管资源，提高了监管效率。可以说，直通车是我国证券市场监管方式的一次重大变革，也是我国资本市场逐步走向成熟的表现和标志之一。

拓展阅读

欣泰电气欺诈发行及信息披露违法违规案——欺诈发行强制退市第一案

欣泰电气不仅欺诈发行，同时涉及信息披露违法违规。欣泰电气为实现在创业板发行上市目的，报送包含虚假财务报告的发行申请材料，骗取发行核准。在上市后继续披露虚假财务报告，构成欺诈发行、虚假陈述。证监会依法对欣泰电气及其17名现任或者时任董事、监事、高级管理人员及其他相关人员进行行政处罚，并对欣泰电气实际控制人、董事长温德乙，时任总会计师刘明胜采取终身证券市场禁入措施。深圳证券交易所随即对欣泰电气启动重大违法强制退市程序。兴业证券主动出资5.5亿元设立投资者先行赔付专项基金。此外，证监会依法向公安机关移送欣泰电气涉嫌犯罪案件，并对欣泰电气首发上市保荐机构兴业证券、审计机构北京兴华会计师事务所、法律服务机构北京市东易律师事务所依法查处。此案中，由于相关部门综合运用行政、民事和刑事手段严惩IPO欺诈发行，对市场形成了有力震慑，有利于净化市场环境。

资料来源：中国证监会官方网站.

慧球科技信息披露违法案

针对慧球科技存在的实际控制人不清楚、董事会秘书无资质等众多问题，中国证监会新闻发言人张晓军2016年8月26日表示，对上市公司及相关信息披露义务人披露信息进行监督，是《证券法》第115条赋予证券交易所的法定职责。针对慧球科技未按规定披露相关信息且拒不按要求改正等行为，上交所已依法依规对公司股票实施停牌处理，并暂停公司信息披露直通车业务资格。同时，广西证监局于2016年7月以来依法对慧球科技开展了现场检查，发现其在公司治理、信息披露等方面存在多项违规问题，已对慧球科技涉嫌信息披露违法行为进行立案调查。

上海证券交易所2016年8月26日发布关于拟对慧球科技股票实施ST处理及相关复牌安排的通报。通报要求慧球科技在2016年9月9日之前完成整改；如届时未能落实整改要求、消除风险状态，将于9月12日对公司股票停牌一天，9月13日起对公司股票实施ST处理，转入风险警示板交易。考虑到投资者在停牌之前对公司股票可能被ST处理没有相应预期，股票被ST处理后，股票单日涨跌幅、单日买入数量等事项也有所改变，将安排公司股票于8月29日起复牌。同时，上交所将对公司及相关责任人启动纪律处分程序。

通报强调，上交所经研究认为，慧球科技存在的信息披露问题十分严重，已经持续一段时间，给投资者投资决策带来很大的风险，达到了实施ST处理的实质标准。对其股票实施ST处理，向已经持有和将要买入公司股票的投资者持续揭示该股风险，已有必要。慧球科技及其董事长和董事会成员的行为已经给股东知情权和投资者审慎参与公司股票交易的权利带来了很大的影响和风险，达到上交所《股票上市规则》第13.1.1条明确的风险警示制度适用情形，即“投资者难以判断公司前景，投资者权益可能受到损害”。事实上，慧球科技上述信息披露问题给投资者带来的风险，对投资者基本权利的影响，也已不亚于《股票上市规则》第13.3.1条列明的“董事会会议无法正常召开并形成决议”“主要银行账号被冻结”等应予以ST处理的情形。因此，上交所认为，有必要根据《股票上市规则》第13.1.1条和第13.3.1条第（六）项，认定慧球科技股票出现了应当予以ST处理的情形。

需要说明的是，公司目前未触及退市标准，不适用《股票上市规则》关于退市风险警示（*ST）的有关规定；对公司股票实施ST处理，是交易机制的安排，主要目的是向投资者揭示公司出现了特定的风险情形，在买卖公司股票时需要加以注意。

此外，上交所已于同日向慧球科技发出监管工作函，向公司明确提出整改要求：一是恢复公司的信息披露管理秩序。公司董事长应当建立与交易所的有效联系，担负起信息披露管理责任，及时接听交易所监管来电，接受交易所的监管谈话；公司董事会指定一名董事或者高级管理人员，在董事长无法保持有效联系时代行联系职责。同时，公司董事会还应承诺在6个月内聘任具有任职资格的董事会秘书、证券事务代表，过去3年内受到上交所公开谴责的人员不应担任董事会秘书，也不宜担任证券事务代表。二是核实并披露公司实际控制人的情况。提供鲜言的书面说明，核实其是否直接或者间接持有公司股份、是否直接或者间接控制公司董事会席位、是否直接或者间接控制公司日常经营管理和信息披露事务；提供顾国平的书面说明，核实其是否仍然实际控制公司。三是核查公司未对外披露的公告全文泄露情况并予以追责。四是公司董事会自查信息披露相关问题并形成整改报告，并承诺保证不再出现类似的违规行为。

通报最后强调，针对慧球科技信息披露中存在的违规行为，中国证监会已经开展立案调查，上交所也已启动了纪律处分程序。具体采取何种纪律处分措施，将结合公司及相关人员前期违规情况、接下来的整改情况加以确定。对经多次督促仍不改正的，将从严处理。还需要说明的是，上交所暂停公司信息披露直通车业务，并未限制公司通过上交所业务系统发布公告的正常权利，也不影响公司依法履行各项信息披露义务。暂停其信息披露直通车业务，只是针对公司信息披露存在的突出问题和风险隐患，对公告增加必要的事前审核环节，防范公司随意发布公告，误导投资者。如果公司提交的公告符合法律法规和《股票上市规则》的规定及监管要求，相关公告可正常对外发布。上交所将继续督促公司依法依规履行信息披露义务，要求公司尽快采取切实有效措施，早日恢复正常信息披露工作。

资料来源：中证网官方网站.

（三）对操纵市场行为的监管

证券市场监管的违规行为之一是操纵市场行为。操纵市场行为极大地破坏了市场中供需平衡形成价格的机制，打击了投资者信心，严重降低了证券市场的投融资效率，破坏了市场的资源配置功能，进而影响经济的有效健康发展，因此必须对操纵市场行为进行严厉监管。

1. 操纵市场的定义

操纵市场是指以获取利益或者减少损失为目的，利用资金、信息等优势或者滥用职权，影响证券市场价格，制造证券市场假象，诱导投资者在不了解事实真相的情况下作出证券投资决定，扰乱证券市场秩序的行为。《证券法》等相关法律维护的是证券市场公平、公正、公开原则，操纵市场行为严重破坏了上述原则，扰乱了市场，同时让违法者获得了非法利益。

2. 操纵市场行为的具体内容

我国《证券法》中第 77 条明确规定：禁止任何人以下列手段操纵证券市场：单独或者通过合谋，集中资金优势、持股优势或者利用信息优势联合或者连续买卖，操纵证券交易价格或者证券交易量；与他人串通，以事先约定的时间、价格和方式相互进行证券交易，影响证券交易价格或者证券交易量；在自己实际控制的账户之间进行交易，影响证券交易价格或者证券交易量。以其他手段操纵证券市场。

3. 操纵市场的法律责任

操纵证券市场行为给投资者造成损失的，行为人应当依法承担赔偿责任。《证券法》中明确规定：操纵证券市场的，责令依法处理非法持有的证券，没收违法所得，并处以违法所得 1 倍以上 5 倍以下罚款；没有违法所得或者违法所得不足 30 万元的，处以 30 万元以上 300 万元以下的罚款。单位操纵证券市场的，还应当对直接负责的主管人员和其他直接责任人员给予警告，并处 10 万元以上 60 万元以下的罚款。

拓展阅读

“内幕交易保代第一人”谢风华操纵市场案

2017 年 8 月 11 日，证监会在例行新闻发布会上通报了两宗案件的行政处罚，其中一宗操纵市场案的核心人物之一，正是当年“保代内幕交易第一案”中的谢风华。

根据证监会披露的内容，恒康医疗集团股份有限公司（以下简称恒康医疗）控股股东及实际控制人阙文彬与蝶彩资产管理（上海）有限公司（以下简称蝶彩资产）、蝶彩资产实际控制人谢风华合谋，利用作为上市公司控股股东及实际控制人具有的信息优势，控制恒康医疗密集发布利好信息，人为操纵信息披露的内容和时点，未及时、真实、准确、完整披露对恒康医疗不利的信息，夸大恒康医疗研发能力，选择时点披露恒康医疗已有的重大利好信息，借“市值管理”名义，行操纵股价之实。

证监会指出，通过上述一系列信息披露的综合起效，客观上误导了投资者，影响了恒康医疗的股价，实现了阙文彬高价减持恒康医疗的目的，阙文彬、蝶彩资产、谢风华的上述行为违反了《证券法》，决定没收蝶彩资产违法所得 4 858 万元，并处以 9 716 万元罚款；对谢风华给予警告，并处以 60 万元罚款；没收阙文彬违法所得约 304.1 万元，并处以约 304.1 万元罚款。同时，对谢风华采取终身证券市场禁入措施。

证监会新闻发言人指出，上述行为违反了证券期货法律法规，破坏了市场秩序，必须坚决予以打击。证监会将持续对内幕交易、操纵市场等违法违规行为保持高压态势，依法依规精确打击，保护投资者合法权益。

资料来源：中国证监会官方网站.

“私募一哥”徐翔案

徐翔，1978 年出生于一个普通家庭，20 世纪 90 年代开始投资股市，和几个朋友以银河证券宁波解放南路营业部为核心开始买卖股票。他们投资风格强悍，极为擅长短线操作，选中股票后，就集中资金将股价迅速地拉到涨停，一两个板之后就出货，绝不恋战，因此被称为“宁波涨停板敢死队”，被选中的股票也出现了大起大落的走势。银河证券宁波解放南路营业部2002年的交易量为90多亿元，60%是徐翔团队所贡献的。此后数年间，这个团队一直保持着优异的投资业绩。在此过程中，徐翔也实现了个人资产数万倍的增长。2009年12月7日，他在上海成立了泽熙投资管理有限公司（以下简称泽熙），注册资本3 000万元人民币。2012年，泽熙规模达到100亿元，仅次于当时排第一的重阳投资。2014年，泽熙管理的四只基金产品均已排名私募前十。泽熙私募作为中国较大的私募基金之一，更是以高收益率和对市场精准的把控闻名于私募界。2015年，徐翔的被捕结束了“私募一哥”的辉煌历史。

基金业协会在处分决定书上披露了徐翔案的细节：徐翔实际控制139个账户，与13家上市公司董事长或者实控人合谋操纵股价，利用高送转等利好消息，引入乙肝疫苗、石墨烯、手机游戏、泽熙举牌等热点题材拉升股价，帮助上市公司股东减持，获利分成，此外还通过定向增发获利。上市公司股票价格拉升后，徐翔用泽熙产品及其控制的证券账户以大宗交易的方式接盘上述公司股东减持的股票，并随后在二级市场全部抛售，抛售过程中伴有大量竞价买卖行为。上述公司股东将大宗交易减持股票超过约定底价的部分，按照约定的比例与徐翔等人五五或者四六分成，汇入徐翔等人指定的账户。徐翔等人收到分成款项后，销毁双方签署的协议。直至2015年11月被捕，徐翔等人实际非法获利93.38亿元。

除操纵证券市场外，泽熙在管理上也存在诸多问题：一是人员登记信息不实，实际控制人为徐翔，却写了郑素贞；二是基金备案信息不实；三是未按规定持续报送信息，泽熙投资和泽熙资管未按规定报送2014年至2016年的财务报告；四是风险控制和内部管理制度缺失。交易上的违规再加上泽熙备案登记的不规范，徐翔和泽熙最终走向末路。

2017年1月23日，青岛市中级人民法院对被告人徐翔、王巍、竺勇操纵证券市场案进行一审宣判，被告人徐翔犯操纵证券市场罪，被判处有期徒刑五年六个月，徐翔个人的非法所得90亿元全部上缴国库，同时并处罚金110亿元。

资料来源：中国证监会官方网站.

（四）对证券内幕交易的监管

1. 证券内幕交易的定义

内幕信息是指证券交易活动中，涉及公司的经营、财务或者对该公司证券的市场价格有重大影响的尚未公开的信息。内幕交易、泄露内幕信息是指证券内幕信息的知情人员或者非法获取证券交易内幕信息的人员，在涉及证券的发行、证券交易或者其他对证券价格有重大影响的信息尚未公开前，买入或者卖出该证券，或者泄露该信息，或者明示、暗示他人从事上述交易活动，情节严重的行为。我国《证券法》第73条到第76条对内幕信息、知情人范围等作出了定义。

2. 证券内幕信息内容

证券内幕信息包括以下方面：（1）《证券法》第67条第2款所列重大事件。（2）公司

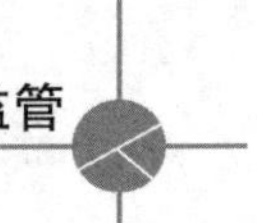

分配股利或者增资的计划。(3) 公司股权结构的重大变化。(4) 公司债务担保的重大变更。(5) 公司营业用主要资产的抵押、出售或者报废一次超过该资产的30%。(6) 公司的董事、监事、高级管理人员的行为可能依法承担重大损害赔偿责任。(7) 上市公司收购的有关方案。(8) 国务院证券监督管理机构认定的、对证券交易价格有显著影响的其他重要信息。持有或者通过协议、其他安排与他人共同持有公司5%以上股份的自然人、法人、其他组织收购上市公司的股份,《证券法》另有规定的,适用其规定。

3. 证券内幕交易行为主体

证券内幕交易行为主体包括:(1) 发行人的董事、监事、高级管理人员。(2) 持有公司5%以上股份的股东及其董事、监事、高级管理人员,公司的实际控制人及其董事、监事、高级管理人员。(3) 发行人控股的公司及其董事、监事、高级管理人员。(4) 由于所任职务可以获取公司有关内幕信息的人员。(5) 证券监督管理机构工作人员以及由于法定职责对证券的发行、交易进行管理的其他人员。(6) 保荐人、承销的证券公司、证券交易所、证券登记结算机构、证券服务机构的有关人员。(7) 国务院证券监督管理机构规定的其他人。

4. 证券内幕交易的法律责任

证券内幕信息的知情人员或者非法获取证券交易内幕信息的人员,在涉及证券的发行、证券交易或者其他对证券价格有重大影响的信息尚未公开前,买入或者卖出该证券,或者泄露该信息,或者明示、暗示他人从事上述交易活动,情节严重的,处5年以下有期徒刑或者拘役,并处或者单处违法所得1倍以上5倍以下罚金;情节特别严重的,处5年以上10年以下有期徒刑,并处违法所得1倍以上5倍以下罚金。单位犯罪的,对单位判处罚金,并对其直接负责的主管人员和其他直接责任人员,处5年以下有期徒刑或者拘役。

证券内幕信息的知情人员或者非法获取证券交易内幕信息的人员,在涉及证券的发行、证券交易或者其他对证券价格有重大影响的信息尚未公开前,买卖该证券或者泄露该信息,或者建议他人买卖证券的,责令依法处理非法持有的证券,没收违法所得,并处以违法所得1倍以上5倍以下的罚款;没有或者所得不足3万元的,处以3万元以上60万元以下的罚款。单位违反上述规定的,对直接负责人给予警告,并处3万元以上30万元以下的罚款。证券监督管理机构工作人员进行内幕交易的,从重处罚。

拓展阅读

证监会对5宗案件作出行政处罚

2017年7月28日,证监会新闻发言人在例行新闻发布会上表示,证监会对5宗案件作出行政处罚,其中包括1宗信息披露违法违规案,3宗内幕交易案,1宗基金从业人员违法违规案。上述案件涉及大连控股、华闻传媒、亚邦股份、唐山港等上市公司以及广发基金。

(1) 大连大福控股股份有限公司(以下简称大连控股)未按规定披露对大连大显集团有限公司提供1.4亿元担保并开具3亿元转账支票作为履约保证事项,未按规定披露募集资金4.59亿元质押担保事项，2016年5月31日的临时公告存在虚假记载。大连控股的上述行为违反了《证券法》第63条、《上市公司信息披露管理办法》第21条、第22条、第30条的规定，依据《证券法》第193条的规定，大连证监局决定对大连控股给予警告，并处以60万元罚款，对直接负责的主管人员代某给予警告，并处以30万元罚款，对其他直接责任人员周某林给予警告，并处以3万元罚款。

(2) 李某峰、刘某菊系华闻传媒投资集团股份有限公司（以下简称华闻传媒）拟收购陕西华商传媒集团有限责任公司等多家公司这一内幕信息的知情人。在内幕信息敏感期内，华闻传媒财务部经理助理万某珍与刘某菊存在联络接触，且负责审核刘某菊尽职调查出差报销单据，控制使用万某弟的证券账户交易“华闻传媒”，获利约6.6万元，万某珍的堂兄万某曾任华闻传媒董事，是李某峰的前直属领导，与李某峰存在联络接触且与万某珍联系频繁，控制使用某公司证券账户及万某等亲友的证券账户交易“华闻传媒”，获利约1 358.8万元，上述行为违反了《证券法》第73条、第76条的规定，依据《证券法》第202条的规定，没收万某珍违法所得约6.6万元，并处以约19.9万元罚款，没收万某违法所得约1 358.8万元，并处以约4 076.5万元罚款。

(3) 杨某泽系江苏亚邦染料股份有限公司（以下简称亚邦股份）重大资产重组事项这一内幕信息的知情人，内幕信息敏感期内，杨某泽之子杨某伟同其父通信联络频繁，控制使用“曹某”“杨某菁”证券账户交易“亚邦股份”，获利约为135.8万元，违反了《证券法》第73条、第76条的规定，依据《证券法》第202条的规定，甘肃证监局决定没收杨某伟违法所得约135.8万元，并处以约271.6万元罚款。

(4) 赵某系唐山港集团股份有限公司（以下简称唐山港）2015年度利润分配及资本公积金转增股本事项这一内幕信息的知情人，刘某是赵某的直接下属，二人平时接触多，在内幕信息敏感期内，刘某在与赵某交谈后立即使用本人证券账户大量买入“唐山港”，获利约为16.16万元，违反了《证券法》第73条、第76条的规定，依据《证券法》第202条的规定，没收刘某违法所得约16.16万元，并处以约48.5万元罚款。

(5) 白某于2011年7月入职广发基金管理有限公司（以下简称广发基金），成为证券投资基金从业人员。从业期间，白某及其配偶雷某共同控制肖某证券账户进行证券投资，但未按规定向广发基金申报，违反了《基金法》第18条的规定，依据《基金法》第121条的规定，重庆证监局决定责令白某改正，并处以5万元罚款。

资料来源：中国证监会官方网站.

（五）对虚假陈述、信息误导行为和欺诈客户行为的监管

1. 虚假陈述、信息误导行为

虚假陈述是指行为人对证券发行、交易及其相关活动的事实、性质、前景、法律等事项作出不实、严重误导或有重大遗漏的陈述或者诱导，致使投资者在不了解事实真相的情况下作出证券投资决定的行为。禁止国家工作人员、传播媒介从业人员和有关人员编造、传播虚假信息，扰乱证券市场。禁止证券交易所、证券公司、证券登记结算机构、证券服务机构及其从业人员，证券业协会、证券监督管理机构及其工作人员在证券交易活动中作出虚假陈述或者信息误导。各种传播媒介传播证券市场信息必须真实、客观，禁止误导。

2. 欺诈客户行为

我国《证券法》规定，禁止证券公司及其从业人员从事下列损害客户利益的欺诈行为：(1) 违背客户的委托为其买卖证券。(2) 不在规定时间内向客户提供交易的书面确认文件。(3) 挪用客户证券或者资金。(4) 未经客户委托，擅自为客户买卖证券或者假借客户名义买卖证券。(5) 为牟取佣金收入，诱使客户进行不必要的证券买卖。(6) 传播虚假或者误导投资者的信息。(7) 其他违背客户真实意思表示，损害客户利益的行为。

违反《证券法》的规定，在证券交易活动中作出虚假陈述或者信息误导的，责令改正，处以 3 万元以上 20 万元以下的罚款；属于国家工作人员的，还应当依法给予行政处分。

3. 诱骗投资者买卖证券的刑事责任认定

证券交易所、证券公司的从业人员，证券业协会或者证券管理部门的工作人员，故意提供虚假信息或者伪造、变造、销毁交易记录，诱骗投资者买卖证券，造成严重后果的，处 5 年以下有期徒刑或者拘役，并处或者单处 1 万元以上 10 万元以下罚金；情节特别恶劣的，处 5 年以上 10 年以下有期徒刑，并处 2 万元以上 20 万元以下罚金。单位犯罪的，对单位判处罚金，并对其直接负责的主管人员和其他直接责任人员，处 5 年以下有期徒刑或者拘役。

4. 金融机构刑事责任认定

商业银行、证券交易所、期货交易所、证券公司、期货公司、保险公司或者其他金融机构，违背受托义务，擅自运用客户资金或者其他委托、信托的财产，涉嫌以下情形之一的，应予立案追诉：(1) 擅自运用客户资金或者其他委托、信托的财产，数额在 30 万元以上的。(2) 虽未达到上述数额标准，但多次擅自运用客户资金或者其他委托、信托的财产，或者擅自运用多个客户资金或者其他委托、信托的财产的。(3) 其他情节严重的情形。商业银行、证券交易所、期货交易所、证券公司、期货公司、保险公司或者其他金融机构，违背受托义务，擅自运用客户资金或者其他委托、信托的财产，情节严重的，对单位判处罚金，并对其直接负责的主管人员和其他直接责任人员，处 3 年以下有期徒刑或者拘役，并处 3 万元以上 30 万元以下罚金；情节特别严重的，处 3 年以上 10 年以下有期徒刑，并处 5 万元以上 50 万元以下罚金。

拓展阅读

证券公司金融委托理财合同纠纷案

2007 年 8 月 28 日，胡某与甲证券公司签订资产管理合同，以 10 万元认购了甲证券公司某金融理财产品。经过展期及增发，2013 年 9 月 23 日，胡某名下共计约 11 万份理财产品份额被清盘强赎，赎回金额 6 万余元。胡某认为甲证券公司在宣传理财产品时所作的“专家管理，通过优化组合投资和利益捆绑，在追求本金安全的基础上为投资者获取超过业绩基准的收益”等表述，与该产品实际运营情况不符，有欺诈消费者之嫌，故诉至法院，要求甲证券公司承担 8 万元的欺诈赔偿责任。审理法院认为，从胡某举证的宣传折页及甲证券公司官网的相关宣传内容来看，对理财产品种类及期待收益的描述多用“积极捕捉”“努力实现”“追求”等语句，并不能理解为“保本保收益”的承诺，并未构成对投资者的欺诈。从法理上看，上述宣传也非实质性合同条款，不符合要约的条件。胡某认可与甲证券公司之间合同签订手续完备，订立合同时对相关风险也已知晓。合同明确界定了当事人的权利义务，还就投资风险进行了重点提示和说明，胡某签名确认，故欺诈的法律后果并未构成。本案审理过程中，法院借助于调解组织的诉调对接平台，通过多次磋商、疏导，当事人达成了诉讼外解决纠纷的合意，胡某撤回起诉。

提示：本案消费者胡某虽然通过与证券公司达成和解协议获得一定补偿，但也反映出其在金融消费活动中不够谨慎，导致其不能正确理解可能面临的较大风险。本案在审理过程中，胡某一再强调其受到证券公司宣传材料及官网的误导才购买的理财产品，但时间久远，其已无法举证。而胡某与证券公司签订的合同较为明确地界定了当事人的权利义务并提示了投资风险，其中并无“保本保收益”等相关约定。因此，消费者在购买理财产品时，对于金融机构的相关宣传材料应注意保存，在签订合同时应详细阅读合同条款，知晓双方的权利义务，谨慎签约。

资料来源：中国证监会官方网站.

（六）对其他证券交易行为的监管

1. 短线交易的法律责任

上市公司的董事、监事、高级管理人员、持有上市公司股份5%以上的股东，违反《证券法》第47条的规定买卖本公司股票的，给予警告，可以并处3万元以上10万元以下的罚款。《证券法》第47条规定买卖本公司股票是指将其持有的该公司的股票在买入后6个月内卖出，或者在卖出后6个月内又买入。

2. 非法进行证券交易的法律责任

（1）非法开设证券交易场所的法律责任。非法开设证券交易场所的，由县级以上人民政府予以取缔，没收违法所得，并处以违法所得1倍以上5倍以下的罚款；没有违法所得或者违法所得不足10万元的，处以10万元以上50万元以下的罚款。对直接负责的主管人员和其他直接责任人员给予警告，并处以3万元以上30万元以下的罚款。

（2）擅自设立证券公司或非法经营证券业务的法律责任。未经批准，擅自设立证券公司或者非法经营证券业务的，由证券监督管理机构予以取缔，没收违法所得，并处以违法所得1倍以上5倍以下的罚款；没有违法所得或者违法所得不足30万元的，处以30万元以上60万元以下的罚款。对直接负责的主管人员和其他责任人员给予警告，并处以3万元以上30万元以下的罚款。

（3）限制转让期限内买卖证券的法律责任。违反法律规定，在限制转让期限内买卖证券的，责令改正，给予警告，并处以买卖证券等值以下的罚款。对直接负责的主管人员和其他直接责任人员给予警告，并处以3万元以上30万元以下的罚款。

（4）违反《证券法》规定，法人以他人名义设立账户或者利用他人账户买卖证券的，责令改正，没收违法所得，并处以违法所得1倍以上5倍以下的罚款；没有违法所得或者违法所得不足3万元的，处以3万元以上30万元以下的罚款。对直接负责的主管人员和其他直接责任人员给予警告，并处以3万元以上10万元以下的罚款。证券公司为上述规

定的违法行为提供自己或者他人的证券交易账户的，除依照上述的规定处罚外，还应当撤销直接负责的主管人员和其他责任人员的任职资格或者证券从业资格。证券公司违反《证券法》规定，假借他人名义或者以个人名义从事证券自营业务的，责令改正，没收违法所得，并处以违法所得1倍以上5倍以下的罚款；没有违法所得或者违法所得不足3万元的，处以3万元以上30万元以下的罚款；情节严重的，暂停或者撤销证券自营业务许可。对直接负责的主管人员和其他直接责任人员给予警告、撤销任职资格或者证券从业资格，并处以3万元以上10万元以下的罚款。

第三节　证券市场监管的方式

一、证券市场监管的方针

证券市场监管的方针是：法制、监管、自律、规范。其中法制强调的是立法，监管强调的是执法，自律强调的是守法和自我约束，规范强调的是证券市场需要达到的运作标准和运作状态，是证券市场运行机制和监管机制的完善和成熟。这八字方针完全符合我国证券市场发展的实际情况，是保证证券市场健康发展的长期指导性方针。它们揭示了证券市场发展过程中各因素之间的相互关系。八字方针的四个方面相辅相成，相互作用，缺一不可。其中，规范是目的，法制是基础，监管和自律是手段。证券市场的规范化是八字方针的核心，而要实现证券市场的规范化，就必须依靠法制、监管和自律，法制、监管和自律围绕实现规范化的目的而展开，具体表现在以下方面：

（1）规范是目的。规范是做好证券市场工作的基本出发点，也是八字方针的核心。规范的证券市场能够引导社会资源用于生产效率较高的经济部门，促进国民经济发展。而一个秩序混乱的证券市场，则可能破坏国民经济的正常发展进程，甚至引起社会动荡。没有规范，就不可能实现真正的发展。因此，八字方针把证券市场的规范化建设作为核心任务，具有非常重大的意义。

（2）法制是基础。法制建设是保证市场沿着正确轨道健康发展的基本条件。没有规矩，不成方圆。证券市场的建立、规范和发展，要以科学、完整的法律制度为基础。证券市场是市场经济的一个重要组成部分，必须以法律制度来规定市场参与者的权利和义务，约束各种危害社会整体利益的行为，维护正常的市场秩序。没有健全的法律制度，证券市场只能处于盲目无序状态，不可能健康发展。

（3）监管和自律是手段。国家监管和行业自律是证券市场法制能够得到落实的根本保障。有规矩而不依，法制就成为空话，规范也无从谈起，国家监管和行业自律是相互补充、共同作用的。各国证券市场的发展经验表明，为了有效地控制风险，推动证券市场的健康发展，需要一个强有力的监管机构对市场实行有效管理。我国证券市场发展时间短，法制不完善，市场参与者不成熟，证券监管的重要性也更加突出。在注重法制和国家监管的同时，证券市场还必须强调自律，发挥证券市场组织者、参与者自我管理、相互监督的作用。首先，证券市场参与者众多、运作程序复杂、相关因素广泛，仅靠国家监管机构的监管是不够的，必须要求证券市场所有利益主体进行相互监督和自我约束；其次，进行自律也是市场组织者和参与者自身利益的需要。

总之，“法制、监管、自律、规范”的八字方针，就是要求在法制的基础上，通过监管、自律达到证券市场规范化的目的，促进我国证券市场的健康发展，使之更好地为我国国民经济发展服务。

二、证券市场监管的具体方式

证券市场监管的具体方式主要有如下几种。

（一）法律法规监管

运作良好的证券市场需要通过完善的证券法律、法规体系和严格执法来实现。这是证券市场监管的主要手段，具有较强的威慑力和约束力。

1. 证券市场法律法规效力

证券市场的法律、法规分为四个层次，其法律效力依次降低。第一层次是指由全国人民代表大会或者全国人民代表大会常务委员会制定并颁布的法律。第二层次是指由国务院制定并颁布的行政法规。第三层次是指由证券监管部门和相关部门制定的部门规章及规范文件。第四层次是指由证券交易所、中国证券业协会及中国证券登记结算有限公司等自律组织制定的行业自律规则。中国证券市场在形成和发展的过程中，出台了大量相关法律法规，对证券市场的规范和有序发展起到了重要作用。

2. 证券市场法律、法规和部门规章

目前我国的证券市场法律、法规和部门规章如下：(1) 主要法律有《中华人民共和国证券法》《中华人民共和国公司法》《中华人民共和国证券投资基金法》《中华人民共和国物权法》《中华人民共和国反洗钱法》《中华人民共和国企业破产法》等。(2) 主要法规有《中华人民共和国公司登记管理条例》《证券公司监督管理条例》《证券公司风险处置条例》等。(3) 主要部门规章及规范性文件有《上市公司信息披露管理办法》《证券市场禁入规定》等。

3. 证券监管法律法规立法沿革

1987 年 1 月 5 日，上海市政府、中国人民银行上海分行发布了《证券柜台交易暂行规定》，这是第一个对价格操纵和内幕交易进行禁止的相关规定。其中第 10 条规定企业不得在金融机构购买本企业的股票，禁止了解企业内幕情况的人从事该企业的股票买卖活动。1990 年 11 月，上海证券交易所成立，同年 12 月，上海市政府颁布《上海市证券交易管理办法》。1990 年 12 月，深圳证券交易所成立；1992 年 4 月，深圳市政府颁布《深圳市上市公司监管暂行办法》。《上海市证券交易管理办法》中禁止任何单位和个人有下列行为：(1) 同一个单位或个人和两个以上单位或个人私下串通，同时买卖同一种证券，制造证券的虚假供求和价格。(2) 利用内幕消息，从事证券买卖。(3) 为诱使他人参与交易，制造或散布虚假的、容易使人误解的信息。(4) 以操纵市场为目的，连续抬价买入或者压价卖出同一种证券。(5) 未经许可，在证券交易市场上直接或间接买卖自己发行的证券。

(6) 以其他直接或间接方法，操纵市场或扰乱市场秩序。《深圳市上市公司监管暂行办法》第27条规定，凡涉及上市公司经营情况及其财务数据的报道文章，在刊登前必须经交易所审阅，并同时报送主管机关备查，否则便视为有意操纵该种股票价格。

1993年4月22日，证券监督管理委员会与国务院证券委共同颁布《股票发行与交易管理暂行条例》，第74条规定："任何单位和个人违反本条例规定，有下列行为之一的，根据不同情况，单处或并处警告、没收非法获取的股票和其他违法所得、罚款：（一）在证券委批准可以进行股票交易的证券交易场所之外进行股票交易的；（二）在股票发行、交易过程中，作出虚假、严重误导性陈述或者遗漏重大信息的；（三）通过合谋或者集中资金操纵股票市场价格，或者以散布谣言等手段影响股票发行、交易的；（四）为制造股票的虚假价格与他人串通，不转移股票的所有权或者实际控制，虚买虚卖的……"第77条明确规定："违反本条例规定，给他人造成损失的，应当依法承担民事赔偿责任。"这是第一个明确提及在证券交易中如果发生违法行为如何处置处罚涉案人员的条例，也是第一个提到民事赔偿责任的条例，但它并未说明违法行为的具体形式、处罚以及民事赔偿责任的具体程度。1993年9月2日，国务院证券委员会发布《禁止证券欺诈行为暂行办法》，对价格操纵具体行为、内幕交易形式等进行了详细的界定，同时对处罚也做了进一步明确。《禁止证券欺诈行为暂行办法》第8条明确规定，操纵市场行为包括：(1) 通过合谋或者集中资金操纵证券市场价格。(2) 以散布谣言等手段影响证券发行、交易。(3) 为制造证券的虚假价格，与他人串通，进行不转移证券所有权的虚买虚卖。(4) 出售或者要约出售其并不持有的证券，扰乱证券市场秩序。(5) 以抬高或者压低证券交易价格为目的，连续交易某种证券。(6) 利用职务便利，人为地压低或者抬高证券价格。(7) 其他操纵市场的行为。《禁止证券欺诈行为暂行办法》第15条明确规定了对价格操纵的处罚：证券经营机构、证券交易场所以及其他从事证券业的机构有操纵市场行为的，根据不同情况，单处或并处警告、没收非法所得、罚款、限制或者暂停其证券经营业务、其从事证券业务或者撤销其证券经营业务许可、其从事证券业务许可。第16条明确规定，第15条所列以外的机构有操纵市场行为的，根据不同情况，单处或并处警告、没收非法所得、罚款；已上市的发行人有操纵市场行为，情节严重的，并可以暂停或者取消其上市资格。第17条明确规定，个人有操纵市场行为的，根据不同情况，没收其非法获取的款项和其他非法所得，并处以5万元以上50万元以下的罚款。

1994年7月1日《公司法》实施，2006年1月1日修订后生效，其中明确规定有限责任公司最低注册资本额降低至3万元，其中投资公司可以在5年内缴足；货币出资不得低于30%；有限责任公司设立监事会，其成员不得少于3人；有限责任公司监事会会议每年至少召开一次，股份有限公司至少6个月召开一次；上市公司董事会成员中应当有1/3以上的独立董事；上市公司在1年内购买、出售重大资产或者担保超过公司资产总额的30%的，应当由股东大会作出决议，并2/3以上通过；董事会会议由1/2以上无关联关系董事出席；公司上市条件中的公司股本总额降低至3 000万元。

1996年10月31日，证监会发布《中国证券监督管理委员会关于严禁操纵证券市场行为的通知》，进一步明确了以下行为为操纵市场的行为：(1) 通过合谋或者集中资金操纵证券市场价格。(2) 以散布谣言等手段影响证券发行、交易。(3) 以制造证券的虚假价格，与他人串通，进行不转移证券所有权的虚买虚卖。(4) 以自己的不同账户在相同的时间内进行价格和数量相近、方向相反的交易。(5) 出售或者要约出售其并不持有的证券，扰乱证券市场秩序。(6) 以抬高或者压低证券交易价格为目的，连续交易某种证券。(7) 利用职务便利，人为地压低或者抬高证券价格。(8) 证券投资咨询机构及股评人士利用媒介及其他传播手段制造和传播虚假信息，扰乱市场正常运行。(9) 上市公司买卖或与其他人串通买卖本公司的股票。(10) 中国证监会认定的其他操纵市场的行为。《中国证券监督管理委员会关于严禁操纵证券市场行为的通知》对同一个人或机构控制的不同账户的相反操作的违法行为进行了描述，要求证券交易所监控股价异常波动的股票，及时上报证监会，也首次明确了媒体的责任。

1997 年 3 月《中华人民共和国刑法》增加了关于证券犯罪的内容，随后该法数次修正，逐步明确了相关证券市场违法行为的法律责任。

1999 年 7 月 1 日《证券法》实施，2006 年 1 月 1 日修订后生效。《证券法》是我国第一部规范证券发行与交易行为的法律，确定了资本市场的法律地位。《证券法》第 180 条明确规定，国务院证券监督管理机构依法履行职责，有权采取下列措施：(1) 对证券发行人、上市公司、证券公司、证券投资基金管理公司、证券服务机构、证券交易所、证券登记结算机构进行现场检查。(2) 进入涉嫌违法行为发生场所调查取证。(3) 询问当事人和与被调查事件有关的单位和个人，要求其对与被调查时间有关的事项作出说明。(4) 查阅、复制与被调查事件有关的财产权登记、通信记录等资料。(5) 查阅、复制当事人和与被调查事件有关的单位和个人的证券交易记录、登记过户记录、财务会计资料及其他相关文件和资料；对可能被转移、隐匿或者毁损的文件和资料，可以予以封存。(6) 查询当事人和与被调查事件有关的单位和个人的资金账户、证券账户和银行账户；对有证据证明已经或者可能转移或者隐匿违法资金、证券等涉案财产或者隐匿、伪造、毁损重要证据的，经国务院证券监督管理机构主要负责人批准，可以冻结或者查封。(7) 在调查操纵证券市场、内幕交易等重大证券违法行为时，经国务院证券监督管理机构主要负责人批准，可以限制被调查事件当事人的证券买卖，但限制的期限不得超过 15 个交易日；案情复杂的，可以延长 15 个交易日。

2001 年 9 月 21 日，最高人民法院下发《关于涉证券民事赔偿案件暂不予以受理的通知》(以下简称《通知》)，《通知》指出，我国的资本市场正处于不断规范和发展阶段，也出现了不少问题，如内幕交易、欺诈和操纵市场等行为。这些行为损害了证券市场的公正、侵害了投资者的合法权益，也影响了资本市场的安全和健康发展，应该逐步规范。当前，法院审判工作中已出现了这些值得重视和研究的新情况、新问题，但受目前立法及司法条件的局限，尚不具备受理及审理这类案件的条件。经研究，对上述行为引起的民事赔偿案件，暂不予受理。

2002 年 1 月 15 日，最高人民法院下发《关于受理证券市场因虚假陈述引发的民事侵权纠纷案件有关问题的通知》，其中指出："经研究决定，人民法院对证券市场因虚假陈述引发的民事侵权赔偿纠纷案件，凡符合《中华人民共和国民事诉讼法》规定受理要件的，自本通知下发之日起予以受理。"后来，2006 年《证券法》第 76 条和第 77 条中分别规定，因内幕交易和市场操纵给投资者造成损失的，行为人应当依法承担赔偿责任。

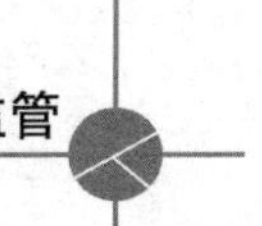

2005年6月30日，《证券投资者保护基金管理办法》发布，其中明确规定了投资者保护基金的来源：(1) 交易所交易经手费的20%。(2) 证券公司营业收入的0.5%至5%。(3) 申购冻结资金的利息。(4) 依法向有关责任方追偿所得和证券公司破产清算中受偿收入。(5) 捐赠。(6) 其他合法收入。同年8月，中国证券投资者保护基金有限责任公司成立。2006年《证券市场禁入规定》中指出，违反法规情节严重的，对有关责任人采取3年以上5年以下的证券市场禁入措施；行为恶劣的，对有关责任人采取5年以上10年以下市场禁入措施；情节特别严重的，对有关责任人采取终身的证券市场禁入措施。2016年4月19日公布了修订后的《证券投资者保护基金管理办法》，自2016年6月1日起施行。

2007年5月18日，《中国证券监督管理委员会限制证券买卖实施办法》发布，其中明确规定，受限账户包括被调查事件当事人及其实际控制的资金账户、证券账户和与当事人有关的其他账户。限制证券买卖是指证监会在调查操纵证券市场、内幕交易等重大证券违法行为时，对被调查事件当事人受限账户的证券买卖行为采取的限制措施。通过限制涉嫌价格操纵和内幕交易的相关账户，能够及时中止违法犯罪交易，并有利于下一步的调查取证。

2008年6月25日，《最高人民检察院、公安部关于公安机关管辖的刑事案件追诉标准的规定（一）》颁布，规定中明确规定了公安机关经济犯罪侦查部门的工作内容，指出以暴力、威胁手段强迫他人参与或者退出投标、拍卖，强迫他人转让或者收购公司、企业的股份、债券或者其他资产，强迫他人参与或者退出特定的经营活动，具有多次实施、手段恶劣、造成严重后果或者恶劣社会影响等情形之一的，应予立案追诉。2010年5月7日，《最高人民检察院、公安部关于公安机关管辖的刑事案件追诉标准的规定（二）》印发，其中第4条、第5条、第6条、第7条进一步明确规定了虚报注册资本，虚假出资，抽逃出资，欺诈发行股票、债券，违规披露、不披露重要信息行为的立案追诉条件。第35条至第41条明确规定了对内幕交易、操纵市场等违法行为立案追诉的标准。

2008年4月23日《证券公司监督管理条例》印发，其中明确规定：证券公司应当每一会计年度结束之日起4个月内报送年报；自每月结束之日起7个工作日内报送月报；证券公司股东的非货币财产出资总额不得超过证券公司注册资本的30%；持有或者实际控制证券公司5%以上股权要经证监会批准；证券公司应当有3名以上从业满2年的高级管理人员；高级管理人员离任的，要进行审计，2个月内报证监会。2008年《证券公司风险处置条例》明确规定：允许收购人在收购完成后12个月每年增持不超过2%；对于收购人取得上市公司发行的新股30%的，可以向监管部门申请免于履行要约义务；证券公司申请融资融券业务试点的条件：经纪业务满3年的创新试点类证券公司；2年内未违规；最近6个月净资本均在12亿元以上；实行第三方存管；其他条件。

2009年5月26日，《证券公司分类监管规定》发布，2010年5月14日进行了第一次修订，2017年7月7日进行了第二次也是最新一次修订。这次修订的主要内容包括以下五个方面：

(1) 维持分类监管制度总体框架不变，集中解决实践中遇到的突出问题。不改变现行的以风险管理能力、持续合规状况为主的评价体系和有效做法，仅对相关评价指标结合行业实际和监管需要进行优化。

(2) 完善合规状况评价指标体系，落实依法全面从严监管要求。完善日常监管措施及针对立案调查、风险事件的扣分规则，引导一线监管部门用好用足监管措施。客观、准确体现不同类别公司在持续规范运营上的差异，引导公司按照监管导向依法合规、稳健经营。

(3) 强化风险管理能力评价指标体系，促进行业提升全面风险管理能力。更新风险管理评价内容，提高净资本加分门槛，引导证券公司提升资本实力、引入高端专业人才、完善风控基础设施，形成精准计量各类风险、动态监测监控和有效应对风险的全面风险管理能力，实现风险管理全覆盖。

(4) 突出监管导向，引导行业聚焦主业。优化原有的市场竞争力指标，剔除部分偏离主业、过度投机的业务因素，增加反映公司综合实力、跨境服务能力等因素的指标，引导证券公司突出主业、做优做强，提升国内国际竞争力。

(5) 为持续完善评价体系留出空间，增强制度的适应性和有效性。增加授权条款，委托中国证券业协会在条件具备时对全面风险管理能力、合规管理能力、社会责任履行情况等进行专项定量评价，逐步提升风险管控能力在分类评价中的比重，确保分类评价结果切实管用、持续有效，不断提高监管资源配置的有效性。

通过二十多年的发展，政府部门已经意识到监管的重要性。对法律法规的逐渐完善，是提升中国证券市场水平和走向国际化的关键基础。

(二) 行业自律性监管规则

1. 证券交易所自律性规则

证券交易所制订的自律性规则主要有《上海证券交易所股票上市规则》《深圳证券交易所股票上市规则》《深圳证券交易所创业板股票上市规则》等。

2. 证券业协会自律性规则

证券业协会自律性规则主要有《首次公开发行股票承销业务规范》《首次公开发行股票配售细则》《证券公司直接投资业务规范》《证券业从业人员执业行为准则》等。

3. 证券从业人员买卖股票限制

证券从业人员买卖股票的限制如下：

(1) 交易所、证券公司、证券登记结算机构、证券监督管理机构相关人员买卖股票的限制。交易所、证券公司、证券登记结算机构的从业人员、证券监督管理机构的工作人员以及法律、行政法规禁止参加股票交易的其他人员，在任期或者法定限期内，不得直接或者以化名、借他人名义持有、买卖股票，也不得收受他人赠送的股票。任何人在成为上述人员时，其原已持有的股票必须依法转让。证券交易所、证券公司、证券登记结算机构必须依法为客户开立的账户保密。

(2) 证券服务机构及人员买卖股票的限制。为股票发行出具审计报告、资产评估报告或者法律意见书等文件的证券服务机构和人员，在该股票承销期内和期满后 6 个月内，不得买卖该种股票。除上述规定外，为上市公司出具审计报告、资产评估报告或者法律意见书等文件的证券服务机构和人员，自接受上市公司委托之日起至上述文件公开后的 5 日内，不得买卖该种股票。

4. 证券从业人员违反交易规定的法律责任

证券从业机构及相关人员违反交易规定的法律责任如下：

（1）聘任不具有任职资格、证券从业资格的人员的法律责任。违反证券法规定，聘任不具有任职资格、证券从业资格的人员的，由证券监督管理机构责令改正，给予警告，可以并处10万元以上30万元以下的罚款；对直接负责的主管人员给予警告，可以并处3万元以上10万元以下的罚款。

（2）禁止参与股票交易的人员买卖股票的法律责任。法律、行政法规规定禁止参与股票交易的人员，直接或者以化名、借他人名义持有、买卖股票的，责令依法处理非法持有的股票，没收违法所得，并处以买卖股票等值以下的罚款；属于国家工作人员的，还应当依法给予行政处分。

（3）交易所等相关从业人员违反交易规定的法律责任。证券交易所、证券公司、证券登记结算机构、证券服务机构的从业人员或者证券业协会的工作人员，故意提供虚假资料、隐匿、伪造、篡改或者毁损交易记录，诱骗投资者买卖证券的，撤销证券从业资格，并处以3万元以上10万元以下的罚款；属于国家工作人员的，还应当依法给予行政处分。为股票的发行、上市、交易出具审计报告、资产评估报告或者法律意见书等文件的证券服务机构和人员，违反《证券法》第45条的规定买卖股票的，责令依法处理非法持有的股票，没收违法所得，并处以买卖股票等值以下的罚款。

（三）其他监管方式

其他监管方式主要包括：

（1）经济监管。这是指国家运用利率政策、公开市场业务、信贷政策、税收政策等经济手段，对证券市场进行干预。这种手段相对比较灵活，但调节过程可能较慢，存在时滞。

（2）行政监管。这是指通过制订计划、政策等对证券市场进行行政性干预。这种手段比较直接，但运用不当可能违背市场规律，无法发挥作用甚至遭到惩罚，所以一般在证券市场发展初期法制尚不健全、市场机制尚未理顺或者遇突发性事件时使用。

本章小结

1. 证券市场监管是指证券管理机关运用法律的、经济的以及必要的行政手段，对证券的募集、发行、交易等行为以及证券投资中介机构的行为进行监督与管理。证券市场监管是一国宏观经济监管体系中不可缺少的组成部分，对证券市场的健康发展意义重大。

2. 我国证券市场的监管目标是：运用和发挥证券市场机制的积极作用，限制其消极作用；保护投资者利益，保障合法的证券交易活动，监督证券中介机构依法经营；防止人为操纵、欺诈等不法行为，维持证券市场的正常秩序；根据国家宏观经济管理的需要，运用灵活多样的方式，调控证券市场与证券交易规模，引导投资方向，使之与经济发展相适应。

3. 证券市场监管的原则包括：（1）依法监管原则。（2）保护投资者利益原则。（3）三公原则，即公开原则、公平原则、公正原则。（4）监督与自律相结合的原则。

4. 证券市场监管的具体内容：对证券发行的监管；对证券市场信息披露的监管；对操纵市场行为的监管；对证券内幕交易的监管；对虚假陈述、信息误导行为和欺诈客户行为的监管；对其他证券交易行为的监管。

5. 对证券发行的监管。证券发行是证券市场的基础，证券发行的监管来自市场的失灵，证券发行监管通过市场的管理和监督来保证证券发行行为的公平与公正，监管的主体是政府。

6. 对证券市场信息披露的监管。上市公司是投资的对象，上市公司必须及时向投资者披露真实、全面、完整的信息。加强对信息披露的监管可以防范市场操纵行为，降低信息不对称，进而维护市场交易的公平秩序，保障投资者的权益。

7. 对操纵市场行为的监管。证券市场监管的违规行为之一是操纵市场行为，操纵市场行为极大地破坏了市场中供需平衡形成价格的机制，打击了投资者信心，严重降低了证券市场的投融资效率，破坏了市场的资源配置功能，进而影响经济的有效健康发展。因此必须对操纵市场行为进行严厉监管。

8. 证券市场监管方式主要有如下几种：法律法规监管；行业自律性监管规则；其他监管方式。

9. 证券市场监管的方针是“法制、监管、自律、规范”八字方针。

思考题

1. 名词解释

证券市场监管　证券投资者保护基金　证券内幕交易

2. 叙述题

（1）证券市场监管的目标和原则。

（2）证券市场监管的主要内容。

（3）证券发行监管的内容。

（4）证券市场交易方式。

参考文献

1. 孙可娜. 证券投资教程. 北京：机械工业出版社，2010.

2. 证券业从业人员一般从业资格考试专家组. 金融市场基础知识. 北京：中国金融出版社，2016.

3. 张启富. 证券投资理论与实务. 上海：上海财经大学出版社，2016.

4. 刘彦文，王敬. 证券投资学. 北京：清华大学出版社，2016.

5. 孟敬，叶华. 证券投资实务. 北京：人民邮电出版社，2016.

6. 陈志军. 证券投资学. 北京：经济科学出版社，2017.

7. 邢天才，王玉霞. 证券投资学. 大连：东北财经大学出版社，2017.

8. 戴锦. 新编证券投资学. 北京：北京交通大学出版社，2016.

9. 桂荷发，吕江林. 证券投资理论与实务. 北京：高等教育出版社，2016.

10. 金丹. 证券投资学. 北京：中国金融出版社，2016.

11. 陆剑清. 现代投资心理学. 北京：首都经济贸易大学出版社，2009.

12. 王朝晖. 证券投资学. 北京：人民邮电出版社，2016.

13. 中国证券业协会. 证券投资分析. 北京：中国金融出版社，2012.

14. 吴晓求. 证券投资学（第四版）. 北京：中国人民大学出版社，2014.

15. 证券业从业人员资格考试专家组. 证券市场基本法律法规. 北京：中国金融出版社，2017.

16. 刘凤元. 证券价格操纵及监管研究. 北京：北京大学出版社，2011.

17. 李立新，等. 证券市场监管研究. 北京：立信会计出版社，2014.

18. 任俊杰. 穿过迷雾：巴菲特投资与经营思想之我见. 北京：中国经济出版社，2016.

19. 马科威茨. 资产选择——投资的有效分散化. 刘军霞，张一驰，译. 北京：首都经济贸易大学出版社，2000.

后　记

经全国高等教育自学考试指导委员会同意，由经济管理类专业委员会负责高等教育自学考试金融专业教材的审定工作。

《证券投资与管理》自学考试教材由北京工业大学经管学院李玫担任主编，北京工业大学经管学院叶青、迟远英担任副主编，中国国际石油化工联合有限责任公司李菀佳，中拉产能合作投资基金有限责任公司秦红、曹兴阳，中国对外经济贸易大学国际商学院杨理嘉，包头财经信息职业学校王琦凡，中国人保财险北京分公司苗劲松，渤海汇金证券资产管理有限公司吕晓雯，中原证券股份有限公司王斌，北京农商银行总行营业部杜向祎，西部证券股份有限公司杜桦林，北京工业大学经管学院佟巍、李晓梅、侯晓莘参与编写。全书由主编李玫统稿。

参加本教材审稿讨论会并提出修改意见的有北京大学吕随启教授、中国人民大学刘俊彦副教授及中央财经大学聂利君副教授。

对于编审人员付出的辛勤劳动，在此一并表示感谢。

全国高等教育自学考试指导委员会
经济管理类专业委员会
2018 年 1 月